A LIBRARY OF
DOCTORAL
DISSERTATIONS
IN SOCIAL SCIENCES IN CHINA

中国
社会科学
博士论文
文库

方言与中国现代新诗

颜同林 　著

导师　李　怡

中国社会科学出版社

图书在版编目（CIP）数据

方言与中国现代新诗/颜同林著．—北京：中国社会科学出版社，2008.8

（中国社会科学博士论文文库）

ISBN 978-7-5004-7127-1

Ⅰ．方… Ⅱ．颜… Ⅲ．汉语方言－关系－新诗－研究－中国 Ⅳ．H17 I207.25

中国版本图书馆 CIP 数据核字（2008）第 116865 号

责任编辑 郭晓鸿
责任校对 王兰馨
技术编辑 李 建

出版发行 中国社会科学出版社
社　　址　北京鼓楼西大街甲 158 号　　邮　编　100720
电　　话　010－84029450（邮购）
网　　址　http://www.csspw.cn
经　　销　新华书店
印刷装订　北京一二零一印刷厂
版　　次　2008 年 9 月第 1 版　　　印　次　2008 年 9 月第 1 次印刷
开　　本　880×1230　1/32
印　　张　13　　　　　　　　　　　插　页　2
字　　数　325 千字
定　　价　30.00 元

作 者 简 介

颜同林 男，1975 年出生于湖南涟源市，先后毕业于湖南师范大学、西南大学、四川大学，2007 年获四川大学文学博士学位。现为贵州师范大学文学院副教授，北京师范大学文学院博士后。

自 1992 年始，在全国各级报刊发表诗歌、散文百余首（篇）。目前主要从事中国现、当代文学与文化、中国诗歌理论等领域的研究，先后在《文艺理论与批评》、《中国社会科学院研究生院学报》、《西南师范大学学报》、《中国文学研究》、《贵州社会科学》、《名作欣赏》、《红岩》等三十余种刊物上发表学术论文五十余篇；参与主持国家、省市级社科课题五项，主持省教育厅等课题四项。

内 容 提 要

本书主要从方言这一语言学视角来切入中国现代新诗，可概述为对方言入诗的诗学考察，重点在于论述方言与现代新诗的复杂关系。

本书分为上下两编，上编按历时性维度梳理方言入诗现象与史实，主要以新诗语言为纲，以新诗流派、诗潮、个案为骨架，呈现了白话新诗发生、发展及演变过程中被遮蔽的历史细节，突出了方言入诗在白话新诗不同时期的特色、作用、意义，以及方言进入新诗的途径、效果等相关内容。20世纪前半叶整个国家都处于国语发展不甚理想与不均衡状态，受此深刻影响的诗人话语特征呈现出方言化色彩，方言与现代新诗的关系由此错综多变。下编则以方言入诗的社会、文化与语言背景，方言入诗与声音的诗学，方言入诗与新诗去方言化之间张力形成及其实质渊源等命题为主。主要观点如方言入诗是中国诗歌传统的潜流；方言入诗与新诗的发生密切相关；母语方言化影响新诗创作的思维与话语方式，新诗的白话化与方言化有同构性；"化土"与"化古"、"化欧"三足鼎立是新诗语言发展衍变的常态；方言入诗存在"正名"问题；方言入诗具有未完成性等，都是论著阐述较为深入之处。

贵州师范大学博士科研启动基金资助
贵州师范大学教材和学术著作出版基金资助

总　序

　　在胡绳同志倡导和主持下，中国社会科学院组成编委会，从全国每年毕业并通过答辩的社会科学博士论文中遴选优秀者纳入《中国社会科学博士论文文库》，由中国社会科学出版社正式出版，这项工作已持续了 12 年。这 12 年所出版的论文，代表了这一时期中国社会科学各学科博士学位论文水平，较好地实现了本文库编辑出版的初衷。

　　编辑出版博士文库，既是培养社会科学各学科学术带头人的有效举措，又是一种重要的文化积累，很有意义。在到中国社会科学院之前，我就曾饶有兴趣地看过文库中的部分论文，到社科院以后，也一直关注和支持文库的出版。新旧世纪之交，原编委会主任胡绳同志仙逝，社科院希望我主持文库编委会的工作，我同意了。社会科学博士都是青年社会科学研究人员，青年是国家的未来，青年社科学者是我们社会科学的未来，我们有责任支持他们更快地成长。

　　每一个时代总有属于它们自己的问题，"问题就是时代的声音"（马克思语）。坚持理论联系实际，注意研究带全局性的战略问题，是我们党的优良传统。我希望包括博士在内的青年社会科学工作者继承和发扬这一优良传统，密切关注、深入研究 21 世纪初中国面临的重大时代问题。离开了时代性，脱离了社会潮流，社会科学研究的价值就要受到影响。我是鼓励青年人成名成家的，这是党的需要，国家的需要，人民的需要。但问题在于，什么是名呢？名，就是他的价值得到了社会的承认。如果没有得到社会、人民的承认，他的价值又表现在哪里呢？所以说，价值就在于对社会重大问题的回答和解决。一旦回答了时代性的重大问题，就必然会对社会产生巨大而深刻的影响，你也因此而实现了你的价值。在这方面年轻的博士有很大的优势：精力旺盛，思维敏捷，勤于学习，勇于创新。但青年学者要多向老一辈学者学习，博士尤其要很好地向导师学习，在导师的指导下，发挥自己的优势，研究重大问题，就有可能出好的成果，实现自己的价值。过去 12 年入选文库的论文，也说明了这一点。

什么是当前时代的重大问题呢？纵观当今世界，无外乎两种社会制度，一种是资本主义制度，一种是社会主义制度。所有的世界观问题、政治问题、理论问题都离不开对这两大制度的基本看法。对于社会主义，马克思主义者和资本主义世界的学者有很多的研究和论述；对于资本主义，马克思主义者和资本主义世界的学者也有过很多的研究和论述。面对这些众说纷纭的思潮和学说，我们应该如何认识？从基本倾向看，资本主义国家的学者、政治家论证的是资本主义的合理性和长期存在的"必然性"；中国的马克思主义者，中国的社会科学

2

工作者，当然要向世界、向社会讲清楚，中国坚持走自己的路一定能实现现代化，中华民族一定能通过社会主义来实现全面的振兴。中国的问题只能由中国人用自己的理论来解决，让外国人来解决中国的问题，是行不通的。也许有的同志会说，马克思主义也是外来的。但是，要知道，马克思主义只是在中国化了以后才解决中国的问题的。如果没有马克思主义的普遍原理与中国革命和建设的实际相结合而形成的毛泽东思想、邓小平理论，马克思主义同样不能解决中国的问题。教条主义是不行的，东教条不行，西教条也不行，什么教条都不行。把学问、理论当教条，本身就是反科学的。

在21世纪，人类所面临的最重大的问题仍然是两大制度问题：这两大制度的前途、命运如何？资本主义会如何变化？社会主义怎么发展？中国特色的社会主义怎么发展？中国学者无论是研究资本主义，还是研究社会主义，最终总是要落脚到解决中国的现实与未来问题。我看中国的未来就是如何保持长期的稳定和发展。只要能长期稳定，就能长期发展；只要能长期发展，中国的社会主义现代化就能实现。

什么是21世纪的重大理论问题呢？我看还是马克思主义的发展问题。我们的理论是为中国的发展服务的，决不是相反。解决中国问题的关键，取决于我们能否更好地坚持和发展马克思主义，特别是发展马克思主义。不能发展马克思主义也就不能坚持马克思主义。一切不发展的、僵化的东西都是坚持不住的，也不可能坚持住。坚持马克思主义，就是要随着实践，随着社会、经济各方面的发展，不断地发展马克思主义。马克思主义没有穷尽真理，也没有包揽一切答案。它所提供给我们的，更多的是认识世界、改造世界的世界观、方法论、价值观，是立场，是方法。我们必须学会运用科学的世界观来认识社会的发展，在实践中不断地丰富和发展马克思主义，只有发展马克思主义才能真正坚持马克思主义。我们年轻的社会科学博士们要以坚持和发展马克思主义为己任，在这方面多出精品力作。我们将优先出版这种成果。

2001 年 8 月 8 日于北戴河

目　录

上　编

方言、国语与中国新文学(代序)

中国新文学的建构是在诸多矛盾性的需求和目标中展开的，这一情形的存在使得我们今天对"五四"、对白话文学的许多责难常常流于一相情愿的猜测与比附，真正的中国新文学研讨需要最充分地注意到历史事实的种种复杂。

比如方言运动与国语运动。前者来源于我们对"人民性"与"民间性"文化与文学资源的发掘，后者生发自现代民族国家建设的种种需要，前面的目标与后面的需要在有些时候是一致的，但在另外一些时候却并不一致。从历史演化的轨迹来看，20世纪上半叶是方言运动与国语运动在交织中共同推进的时期，而20世纪下半叶则是国语运动逐渐占据绝对主导并对"方言"形成很大挤压的时期。

这种因为国语运动的主导而对"方言"形成极大挤压的效果在文学研究中也有明显的体现。比如我们今天的中国新文学研究，从总体上说更多地被阐释为一次文学的国语运动，而在新文学发生发展过程中曾经产生了重要影响的方言运动却长期被人们有意无意地忽略了。学术的忽略显然掩盖了文学史上的诸多重要事实，以四川作家为例，李劼人、沙汀、艾芜的文学杰作都莫不与他们对四川方言的恰当运用关系至深，当李劼人、沙汀、艾芜将自己的母语——巴蜀方言融会为文学表达的有机组成部分之时，他们的文学便获得了个性与生命；反之，当20世纪下半叶的川渝作家努力剔除这样的母语元素而汇入时代一统——普通话写作亦即"国语"写作之时，我们的四川文学也就失去了曾经的辉煌与影响。

如何在与作为文化主流的"国语运动"的分歧矛盾中把握"方言"的文学史意义，这一"被压抑"的话题需要我们充分地展开。颜同林博士的这一研究可以说是这方面较早的成果之一，虽然它主要涉及的还是中国现代新诗，但由此衍生的学术意义却显然可以扩展到整个中国现当代文学领域。

方言与中国现代文学的关系，这个课题曾经一直盘踞在我内心，但一直不敢触碰，因为，能够选择并完成这样的课题，需要研究者很好的艺术感受能力与语言感受能力，对此，我自己并没有完全的把握。颜同林博士过去致力于中国新诗评论多年，有很好的艺术鉴赏能力，他大胆涉足这一领域，我是支持的，作为博士论文，我觉得完成得很不错，基本上达到了在这一研究空间拓荒的目的。作为他写作过程的见证人，我为他今天所取得的成果感到由衷的高兴！

当然，就像我多次与颜同林博士所讨论到的那样，学术研究是一个漫长而艰苦的过程，艺术感觉能力的优势也不总是可以利用的，对"方言"课题的研究也是如此，更扎实有效的成果依然需要研究者多方面的学术积累与学术能力，特别需要论者的耐性与潜思，这也就是说，颜同林博士也不要为这一可喜的成果而自满，我们都期待他能够取得更大的学术成绩。

李 怡

2008 年 6 月 25 日于北京

引　言

缘起、背景与视角

一

　　本书的研究对象是方言与中国现代新诗的复杂关系，主要内容围绕以下两个方面展开：一是站在一直被遮蔽的方言一端，去重新审视现代白话诗的发生、发展、演化等过程，考察方言在其中演变的线索、扮演的角色与担当的历史使命，乃至因自身优劣而导致不断论争的各种现象及其原因。二是从中国现代新诗一端来反观方言被纳入现代新诗语言体系之后，两者之间出现的动态性变迁过程，以及呈现出来的历史细节。

　　方言在白话新诗之中，是在一个不断出场与入场、提倡与质疑、诱惑与困惑相互纠缠的历史语境下艰难前行的。历史地看，方言时刻在场，它以一种活在人们嘴唇上的口语身份，在社会上被当做工具广泛地使用。不论是口头的还是书面的，方言这一流动不居的活语都是诗中不可避免的存在。然而，方言进入诗歌，以及别的文学样式，却一直被主流正统文学圈子在习焉不察中忽略乃至歧视，虽然不断有人为它正名，典型的如有论者大胆地修改"国语的文学，文学的国语"口号为"方言的文学，文学的国语"，[①] 为"方言的文

---

　　① 伯韩：《方言的使用和研究》，《文化杂志》第 2 卷第 3 号，1942 年 4 月。

学"鼓与呼。又如郭沫若、茅盾等新文学领军人物在20世纪40年代末为方言文艺所作的论辩，其激浊扬清的方式是：郭沫若称方言文学为"人民路线"的文学，"方言文学的建立，的确可以和国语文学平行，而丰富国语文学"。[①] 茅盾则不但指出"凡以北方语而外的地方语写作小说诗歌等等的，都被称为'方言文学'"这一流行着的错误观念，而且还明目张胆地宣称整个"白话文学就是方言文学"。[②] 实际上，这些代表性言论均可被归纳为争取方言文学的合法化。尽管如此，包括方言入诗在内的方言文学往往积弊难除，方言也因自身价值的不确定性、芜杂性，以及始终未改的底层化身份，始终得不到主流正统文化一以贯之的重视与实事求是的评估。具体到文学体裁中的诗歌文体而言，人们习惯于以"雅言"为诗语正宗的传统观念，诗歌语言本身所要求的"诗到语言为止"式的"纯化"的语言方式；以及接受、阐释共同体强化全国性受众意识与诗歌民族化、经典化等诸多诉求；加上随政治时局变迁而屡变的政治意识形态等外部因素的介入，这一切，都经常阻截方言对新诗大面积、长时段的渗透。

另一方面，方言纳入白话后，它成为现代新诗的语言源泉及推动力，这是客观存在的事实。作为活跃的语言元素之一，方言自有其鲜明的特色与地位。只要平心静气地重审现代新诗的创作与理论，梳理各个不同时期丰富而零碎的第一手材料，我们便能发现不同语境下方言与新诗相互生发、支撑等方面的联结。在两者的对照与互动中，我们不仅容易把握方言对新诗的催生、滋养、牵引等作用，而且还能展现出两者遭遇时所可

---

① 郭沫若：《当前的文艺诸问题》，王锦厚等编《郭沫若佚文集》下，四川大学出版社1988年版，第211页。

② 茅盾：《再谈"方言文学"》，《大众文艺丛刊》第1辑，1948年3月。

能涉及的许多诗学命题。显然这一层面上存在的事实及优势，跟上段论述中各种不利于方言入诗的因素，是在矛盾中交错着的，这也影响了研究者伴随这一过程而采取的随之起伏的认知态度。客观地说，到目前为止，我们发现两者本身的许多问题，在学术界还没有进行过广泛而又深入的学理探讨。基于此，我们提出的关键问题是：为什么这样丰富复杂的客观事实容易被忽略，其被忽略的理由与背景各是什么呢？假如重新认识、检讨"方言与中国现代新诗"这一课题，其意义与价值到底何在？除了有一般意义上所说的填补新诗研究中的一些盲点与空白之外，究竟我们应作什么样的理性分析？也就是说，方言与新诗的关系，为什么会成为在诗歌创作与研究中经常提及并不得不面对的问题，一个不得不经常需要在后顾与前瞻中回答的命题？

从收集掌握的资料与学术界的现实情况分析，论者选择此课题作为研究对象，主要出于以下思考：第一，就新诗研究现状而言，从语言学角度来专门研究新诗的论著并不多见，而在不断发展的现代语言学理论观照下，从方言角度对新诗这一具体而丰富的语言艺术进行研究，到目前为止还没有出现成体系的论述。这是一个跨学科视野中的学术荒地，与方言进入新诗本身的丰厚、复杂、不曾断流等特征大不相符。20 世纪 90 年代以来，在回到"新诗本体"的诉求下，[①] 也曾有不少学者关注被忽略的盲点，进行了一些补课式处理，但就方言与新诗关系这一论题而言，仍然远远不足。研习方言学的语言学家因视角与学术兴奋点不同，一般限于从语言取材、举为例证等方面

---

① 李怡：《中国现代新诗与古典诗歌传统》，西南师范大学出版社 1999 年版；李怡：《新时期十五年中国现代新诗研究之断想》，《中国现代文学研究丛刊》1995 年第 1 期。

偶尔有所引证；而研究新诗的学者，或对方言本身并不太了解，或因关注的焦点不同而导致这样的情况出现：缺乏相应而持久的学术兴趣。因此，像任何研究领域都可能存在薄弱环节一样，对方言与新诗这一联系的剖析与审视，在新诗研究中是相当薄弱的，这种现状之冷清无疑与这一重大学术问题本身存在相当的差距。事实上，站在现代语言学这一高度对现代新诗进行审视与反思，我们就会明显发现新诗研究的一些内在症结，如与古代汉语相比，现代白话为什么历史地充当了这一利器，同时它又为什么被理解为缺乏相应的诗性，经常被人用"非诗化"这一带有某种贬义的概念来框定限制？白话新诗之所以自足为诗的内在依据是什么？流动背景下的非诗语言与诗性语言如何区别与判定，书面语与口语之间的张力如何形成，两者之间的缝隙又如何弥合？现代诗人如何在未定型的现代汉语语境下，像古人一样通过炼字炼句来推敲句子、咀嚼诗意？又如语言变革与现代新诗之关系，现代新诗纳入外来词的模式及缘由，"复活"文言词汇与吸收方言词汇如何具体把握，其中纠缠着哪些值得探究的主客观因素？诸如此类问题中，存在一些值得可以深入持久思考的学术热点。在研究界对此还缺乏集中而深入探讨的现实面前，论者试图通过对这一系列提问的回答，来重审方言与新诗之勾连，从而既力求在新诗与旧诗之间画出一道界线，又通过方言来反观新诗语言的现代性历程。

其次，方言进入新诗本身的丰富芜杂而又零碎化的史料，以及方言入诗在新诗发展的十字路口所带来的各种启示与意义，则是本书研究颇为坚实的基础。它们既可支撑论著的骨架，充当论著的血肉，又可以供有识之士从中梳理、总结出新诗发展道路中的经验教训。方言与地域、歌谣、民间、母语等众多概念密切相关，"真诗乃在民间"作为一种理念也早已深入人心。从语言原生态角度看，土白、歌谣乃至白话新诗存在普遍联系，其中历史脉络既庞杂又较为清晰。不管是知识精英还是底层民众身份的诗作者，往往都与方言这一语言资源保持水乳交融的关系，构成一种原生态的杂语共生状态。具体地说，自晚清梁启超、黄遵宪等人提倡"诗界革命"以来，针对旧体诗歌加以"革命"的各种声音便弥漫开来，如黄氏的"我手写我口，古岂能拘牵"①，梁启超的"颇喜捃扯新名词以自表异"② 等主张，就包括诗歌用语不避俗语方言反而依赖于它们来推动诗界革命的诗学观念。他们主张以鲜活的或陌生化的、流动的语言去冲刷、更新日益僵化或老化的旧诗语言体系，加速终结了旧体诗词为诗歌正宗、古汉语为诗语唯一正宗并久居主流地位而愈加退化的历史命运。诗界革命这一趋势，在后来居上者的胡适等五四白话诗人们手中得到了新的质变。活文学代替死文学，活的语言代替僵死的语言，这一任务已因迫在眉睫而不得不有意辅以人工去大力完成。不避文言，主张方言俗语入诗，力求诗歌的口语化，这些名异实同的诗学主张，在五四时期集于"白话"一身，这样白话才得以顺利地充任了文学的唯一工具，以此语言之利器来清理新文学发展道路上的各种障碍，可谓得心应手。其中，不论冠名与否，方言入诗都是一项实质性的举措。方言以自身语言资源的优势，在十字路口关键性地替诗歌发展担负着造血与输血的角色。随后，方言入诗在中国现代新诗发展史中普遍存在。譬如，初期白话诗人群，在他们以现实性见长的诗作中，纷纷涌现出作者各自家乡方言的成分；湖畔诗人群作品的吴语特色较为鲜明；刘半农的江阴方言诗歌，在当时诗坛影响颇大；闻一多、徐志摩等新月派诗

---

① 黄遵宪：《杂感》其二，见《人境庐诗草笺注》（钱仲联笺注），上海古籍出版社 1981 年版，第 42 页。

② 梁启超：《饮冰室诗话》（舒芜校点），人民文学出版社 1998 年版，第 49 页。

人群，"土白入诗"则是他们体制与音节试验的途径之一，在韵式、辞藻、句法等各方面均有突出的表现。再由此追溯，我们不难发现，现代新诗史上既有偶然尝试方言诗或在无意识中渗透进方言的诗歌流派，也有专门把写方言诗当做风格来经营的诗人群体。在当时提倡国语但产生的实际社会效果甚微的语境下，各地诗人携带着母舌的柔韧性，不但在作品创作中充分凝聚着方言的成分，而且在作品的出版、传播、编撰、接受和历史评价等流程中，又把这一信息反馈给了整个诗歌界。不论是诗人私下之间相互吟诵作品，还是社团举行的大型读诗、朗诵诗活动，均可听到土腔土调的试验与运用，其中不乏因语言习惯而身不由己之举。他们或者对国语、普通话本身还较为陌生，或者仅仅借方言来试验新诗的音节，或者根据受众情况而企图把不同程度方言化的新诗介绍给民众，以便起到开启民智、启蒙救世、深入社会底层等作用。

仔细考察其中的原因，最主要的一点是当时整个语言环境充分方言化与母语化。现代诗人来自各方言区，绝大多数从小就在家乡求学、生活，自然离不开方言母语。① 如郭沫若20岁以前没有离开过家乡，一直接触的主要是四川乐山方言，臧克家18岁以前一直生活在胶东半岛的农村里，打交道用的是山东诸城方言。等到背负这样母舌背景的诗人们长大成人，出外求学、工作，还会遇上不同的方言环境，如北平的京白、上海的吴语、西南的川话之类。生命个体牙牙学语时习得的语言，

---

① 参见本人整理、设计的《附录：方言语境下的现代诗人地域分布概况》（见全书末尾），据表中所录，来自整个北方方言区的现代诗人为：华北东北方言区47人、西北方言区10人、西南方言区46人、江淮方言区26人，共129人；吴方言区61人；粤方言区14人；客家方言区11人；闽方言区17人；湘方言区8人；赣方言区8人。一共收录诗人248人，全国性意义上的代表诗人基本囊括其中。

不可磨灭地影响乃至左右了他们的语言能力及语言观念。一方面，本地方言无意识地潜入他们的作品中，在作品中深浅不一地留下母语方言的痕迹；另一方面，工作生活环境被异质形态的方言所包围。这为他们运用各种方言资源埋下了伏笔，不过比较而言仍以前者为主。如刘半农《瓦釜集》中的江阴方言诗与京白诗，徐志摩的硖石土白诗与京白诗，等等，便是典型例证。到了 20 世纪 30 年代，特别是抗战期间，在提倡诗歌大众化与民族形式的宏阔背景下，方言可以入诗伴随着方言文学的流行与争论，形成一时的热点，涌现出一些写作方言诗的个体与一批以本地方言为主的典型，如蒲风的客家方言诗，华南地区的粤语诗创作潮，陪都重庆沙鸥、野谷、老粗等人的四川方言诗写作，袁水拍、倪海曙等人掺杂上海方言唱的山歌等。在新诗方言化的潮流中，不仅产生了一批质量较高的作品，而且还引起了持续数年的诗学争论，一起丰富了中国现代诗学的思想库存。

　　总而言之，在 20 世纪前半叶，诗人们尽管对不同方言所持的价值立场、立足点、名目称谓有所不同，但本质上均可纳入接受"方言入诗"① 这一理论归纳之中。方言入诗，概括地说是方言如何被纳入、融化、整合到新诗语言系统中去，这牵涉到新诗语言怎样方言化的问题。值得注意的是，这一问题实践上又没有获得满意的解决，往往在前一时期还刚刚争论得相当激烈，后来又在不同的主客观条件下展开不无重复的驳议。

----

　　① "方言入诗"作为一个诗学上的词条性术语，最早见于［宋］费衮撰的《梁谿漫志》之中，在《方言入诗》一标题下有以下内容："方言可以入诗。吴中以八月露下而雨，谓之淋露，九月霜降而云，谓之护霜。竹坡周少隐有句云：'雨细方淋露，云疏欲护霜。'方言又有'勃姑、鸦舅'，'槐花黄，举子忙。促织鸣，懒妇惊'之类，诗人皆用之。大抵多吴语也。"见［宋］费衮：《梁谿漫志·卷七》，钦定四库全书子部第 864 册，台北商务印书馆 1983 年版，第 741 页。

到了建国后，快速推进的普通话写作成为抵制方言写作的导向工具，整个社会对文学的方言化都存在一种整合、钳制的趋势，难以发起更多平等、自由、客观的争论，自然其结果的倾向性也就可想而知了。即使这样，方言也在文学中顽强地发展演化，在新诗中时时隐现。由此可见，方言入诗呈现出富于歧义而又众说纷纭的特征，它是各种主客观因素综合妥协的结果，也是一种积淀着丰富历史意蕴的复杂存在。

如果说方言本身地位的不确定性，方言与现代汉语联系的复杂性，诗歌文体的雅言化传统，以及政治意识形态中对方言的遮蔽……使得方言入诗比方言入文更加难以把握的话，那么它本身的丰富存在，像方言小说、方言剧在当下遍地开花一样，又时时在敞开中发出召唤之声。尽管在目前的学术研究现状中有切入论题与言说的艰难，但沉默并不意味着真正失语。放在上述语境下，我们发现方言入诗本身不但存在一个去蔽的必然性与可能性问题，而且它内在的贮存与质地，也规定了它所具有的无可替代的价值，它像一束隐匿的光芒一样，一直照亮着新诗发展演变之路。这条路一直顽强地向前延伸、生长，向着无限未来而昂首天外。

综上所述，本书以"方言与中国现代新诗"的联系作为研究对象，对象的确定，也大致圈定了它的范围，主要内容包括方言入诗的现象、史实的系统梳理，以及方言入诗所产生的一系列诗学难题。该选题的目的在于呈现出现代新诗史上存在的新诗与活的语言之间的各种复杂关系，把握住方言入诗的动机、途径与诗性力量，并在各种可能中，反思新诗在语言资源层面上的界限。其次、论者通过考察方言入诗的节奏音韵试验，对现代白话诗另外提供一个参照系，评析现代流动的活的语言对新诗文体的支撑性，特别是音节理论，以及裁决包括方言诗在内的白话新诗的历史合法性。也就是说，与文言为诗相

8

比，广义上的现代"白话"是否可以在诗歌转型中完成自身的历史使命。再次，通过对方言地理学与地域文化的考察，论者探讨新诗与地域母体文化的结合与互动情况，并站在这一平台上，力求对曾经板结的一些结论产生质疑。换一角度，从选题意义来看，也主要出于以下考虑：本书将首次系统地从"方言"角度衡量新诗的语言创造，梳理其脉络，清理其诗学思想，这一切应是有开创意义与学术价值的。以此为中心，再一一旁及相关的问题，方言入诗展开的层面具有丰富性与多样化的特征，这有利于对新诗发展道路作出清醒而理性的判断，尤其是对于一些歧义迭出的普遍见解，如新诗是否完全受外来影响启发而发生质的嬗变，新诗反传统立场的彻底性，新诗的整个路子是否走错等等。通过对这些现象与过程的细致考察，多少会矫正一些俗常的习见。二是突破既有的新诗生成、发生理论观念，在线性的历史描述中增添研究对象本身所具有的丰富性与包容性，启发与强化地域文化研究意识，另外对日常生活诗意化的审视也存在某种美学上的参考价值。

二

紧跟着本书缘起的这一部分，论者将主要清理目前学术界相关的研究现状，并试图作出合乎实际的评估。前一部分论者曾指出方言入诗是新诗研究的盲点，这一说法主要是针对研究与创作不对称而言的，实际上也不可能全部一片空白。在论著中偶然涉及方言入诗的，也还是一直断断续续地存在的。

历史地看，在整个新诗研究史上，对方言入诗的研究一般具有零星性、偶然性、附带性等特点。下面逐一展开论述：首先言其零星性，主要是针对论述的规模、深度而言。新诗的研究与新诗的创作本来一直并行不悖，在两者互动中推动着新诗向前发展、演化。由于方言入诗一直处于被遮蔽状态，标举方言诗创作的思潮，仅仅处于潜流乃至末流位置，因此在时评性的单篇论文中，对此也零散地涉及某些方面。通常的方式是在跟踪式的诗人论或诗作评说等性质的论文中，在文章的相关段落中匆匆一笔带过，如反对初期白话诗者对白话诗"土语"性质的界定，苏雪林对刘半农《瓦釜集》、《扬鞭集》中方言因素所作的评论，便是典型的例子。其次，对方言入诗的论述具有偶然性，主要指缺乏自觉意识与文体意识。纵观所有的相关资料，除了闻一多、徐志摩在《晨报副刊》标举格律诗化、土白化期间，有饶孟侃《新诗话·土白入诗》[①] 等一二篇专门而深入的论文之外，就只有 20 世纪 40 年代沙鸥、野谷、老粗等人专心创作四川方言诗之际，在重庆《新华日报》、《时事新报》等当地报纸上展开过相关的争论，出现过一些较为自觉性的论文。[②] 在 20 世纪 40 年代的华南方言文艺运动中，方言诗也是其中一个醒目的争议对象。除此之外就很少见到自觉而深入的论述文章。至于它的附带性特征，主要来自对这一现象的概括，即在具体论述其他文学演变、思潮流派等情况时，往往对方言入诗附带一笔加以论述。如胡适在为《吴歌甲集》作序时，在强调民间歌谣时，顺便对徐志摩《一条金色的光痕》作出肯定的评论；又如一些论者在提倡新诗的歌谣化倾向时，在强调文学大众化道路时，在附和政治意识形态时，一般对新诗中的方言因素附带积极性评述。这方面比较典型的是站在群众

---

① 饶孟侃：《新诗话·土白入诗》，《晨报副刊·诗镌》第 8 号，1926 年 5 月 20 日。

② 如叶逸民：《方言诗的创作问题》，《新华日报》，1946 年 8 月 15 日第 4 版；邵子南：《沙鸥的诗》，《新华日报》1946 年 8 月 19 日第 4 版；沙鸥：《关于方言诗》，《新诗歌》第 2 号，1947 年 3 月 15 日；罗泅：《关于方言诗》，《艺风》月刊创刊号，1946 年；《再谈方言诗——论方言诗的命题、方言、形式》，《时事新报·青光》1946 年 7 月 4 日、6 日第 4 版；雪蕾：《谈谈方言诗歌》，《时事新报·青光》1946 年 6 月 29 日、7 月 2 日第 4 版。

语言高度对汲取民间语汇、句式、精神的大胆肯定，如对李季的《王贵与李香香》的时评，对《马凡陀山歌》的讨论。由于有一个时尚与态度问题，加之处于政治意识形态影响下，因此论述者在具体评述时，笔墨花得并不太多就轻轻滑离开去，没有深入探讨其中的是非得失。诸如此类的现象较为琐碎，这里就不一一罗列了。[①]

换一个时间段，即站在新时期以来的学术背景下宏观考察，我们可以找出从语言角度立论的一些论著，虽然没有具体落实到方言入诗这一话题上，但因语言本身的角度，多少有一些内在的联系。从专著来看，从现代汉语"话语"这个角度切入新诗历史，切入新诗理论和创作的研究，目前已陆续有一些，如张桃洲的博士论文一部分《现代汉语的诗性空间——新诗话语研究》（北京大学出版社 2005 年版），向天渊的博士论文《现代汉语诗学话语（1917—1937）》（西南师范大学出版社 2002 年版）便是。前者主要以单篇的论文见长，其中涉及新诗的语言、格律、语境、解诗学等内容，后者主要以诗学话语的存在样态、生成理路为研究对象，着重宏观把握。但是这一类著作基本还笼统地框定在现代汉语语言身上，触及方言的内容不多，细化得也不够充分。除此之外，高玉在博士论文基础上扩充出版的《现代汉语与中国现代文学》（中国社会科学出版社 2003 年版），从语言学和

[①] 因顾及整个方言文学的历史讨论，这里也列举笔者所见到且较为重要的若干代表性文献：（1）伯韩：《方言的使用和研究》，《文化杂志》第 2 卷第 3 号，1942 年 4 月；（2）黄楚青：《论文学上的语言运用》，《文化杂志》第 3 卷第 2 号，1942 年 12 月；（3）茅盾：《杂谈"方言文学"》，《群众》周刊第 2 卷第 3 期，1948 年 1 月；（4）王了一：《漫谈方言文学》，《观察》第 5 卷第 11 期，1948 年 11 月；（5）田仲济：《关于方言文学》，《新中华》12 卷 15 期，1949 年；（6）华嘉：《论方言文艺》，人间书屋 1949 年版；（7）黄绳：《方言文艺运动几个论点的回顾》，载《方言文学》第一辑，香港新民主出版社 1949 年版；（8）静闻（钟敬文）：《方言文学运动的新阶段》，出处同（7）。

语言哲学的角度来观照现代汉语与中国现代文学的关系，提出了一些新的看法，如语言的"两层面性"，现代汉语对现代文学的本质规定性，翻译文学的"异化"与"归化"作用，等等，富有启发性，参考价值也颇为突出，但也是出于对现代汉语、现代文学的整体考虑，方言与诗歌方面没有多少分量。

其次，就某位研究者零星单篇论文来看，也有一些立论公允、鲜明而又独特之作，如朱晓进探讨新诗语言形式的《从语言的角度谈新诗的评价问题》（《文学评论》1992年第3期），郑敏从语言角度反思新诗历史的系列文章如《世纪末的回顾：汉语语言变革与中国新诗创作》（《文学评论》1993年第3期），何锡章、王中从方言与普通话写作角度勾勒的《方言与中国现代文学初论》（《文学评论》2006年第1期），刘进才从国语与方言关系论述方言运动的合理性及其限度的论文《从"文学的国语"到方言创作》（《文学评论》2006年第4期）等等。此外，新时期以来论述现代诗人语言特色抑或全局性的论文，也有从语言个性化如何体现、其口语化与现代语言之关系等角度加以论证的零星文字，因这方面的例证过于散佚，恕不详举。总而言之，论者们或者从语言角度立论，来研究新诗语言变革的得失及其对诗歌的影响；或者从方言文学角度来清理史实，都程度不一地涉及相关层面的某些问题，但均因不是具体针对方言与新诗立论，一般没有充分深入而又自成体系地展开论述。

针对目前研究的客观情况，笔者认为有以下几点值得进一步思考。首先，在方法上，必须注重从语言内部去把握新诗发展脉络，加大对新诗语言本体研究的力度，探讨语言本身的丰富性与芜杂性。新诗作为一门语言艺术，避免不了这种可能，即从语言还原的角度去审视它的活力与质地，恢复并呈现它作为语言艺术的特质。其次，对研究对象似乎还应缩小范围，研究者应通过细化与具体化来进行微观层面的深入讨论，而不是止步在一个宏阔

12

的背景下来展开一些较为空泛的论题。这一事实反过来看，以此来立论申说，从侧面反映出研究者对方言与新诗这一研究对象，还存在普遍把握不够全面与深入的弊端。当然承上而来的问题也可能产生：如果客观强调，又会产生什么样的结局，客观还原，是否脉络清晰？尤其在今天大力提倡普通话的时代语境下，强调方言与新诗的关系，是否会与现存文化秩序及意识形态宣传产生某种内在冲突而增添论述上的束缚。我想对于这样的难题，研究界对它避而不谈或谈得很少，可以设想除了内在原因之外，外部条件不够成熟恐怕也是其中原因之一。

因此，尽管从方言入手来研究新诗，切入现代新诗历史，基本上处于空白、散乱状态，而且这一点与现代新诗史上方言入诗的现象、贡献，以及各个历史时期以此为议题所进行的热烈而持久的争论很不相称。但是，前人毕竟作出过有益的探讨，这是不可忽视的原始材料，也是论者言说的有力铺垫。本书将以上述各方面研究所取得的成果作为知识背景，从前人所忽视或论述不充分的地方入手，希望在一个比较广阔的言说背景下，具体从方言或方言入诗这一切入口切入现代新诗及其历史，对20世纪上半叶白话新诗的发生、发展模式与存在形态作出较为客观、具体的描述与分析，力求呈现被忽略过的新诗内容与历史形象。

三

上文言及选题缘起、相关背景的梳理及其反思；下面再具体从对象的预设与分析、方法论的选取与评估等方面略作补充论述。

方言与中国现代新诗的历史联系，是本书锁定的研究对象，顾名思义，这项研究包括两个主要支柱：一是方言，一是中国现代新诗，即从方言的角度来审视它"遭遇"中国现代新诗的方式、途径、原理，以及它背后所含纳的文艺思潮、社会背景等外部因素；或者也可以说是站在中国现代新诗一端，重审方言介入语言系统之利弊，并将方言化放在新诗语言的白话化走向上，去呈现不同的历史细节。这是本书试图解决主要问题的基本视点。

由于本课题研究对象的锁定，因此论者的视线重点逡巡于"方言"与"新诗"这两端之间。从"方言"这一端来看，对这一概念内涵的辨析似乎很难界定。在一般的理解中，人们较为熟悉的是解放后普通话语境中的概念，① 如果置于 20 世纪上半叶这一历史语境下，我们就会发现对这一术语的阐释，在不同历史语境下差异甚大。其中最根本的是当时的民族"共同语"还处于虚拟状态，学术界普遍对以北平话为基础来构建国语还颇有争议。像普通话概念内涵的不断添加一样，方言的内涵与人们对它的理解，同时呈现出鲜明的时代差异性与变异性。② 如果从还原历史、重返历史现场这一原则出发，完全站在今天的概念基础与历史语境上，我们对方言与中国现代新诗关系的理解就会存在较大的偏差。基于此，笔者自觉并努力地站在现代语言学基础上，从语言工具论转换到语言本体论，并在这一本体论观照下返回历史现场、重审方言。③ 由此而来，我们发现方言也具有本体论性

---

① "一种语言的地方变体。在语音、词汇、语法上各有其特点，是语言分化的结果。如汉语的北方话、吴语、粤语、闽南话等。方言在部落和部族语里不断产生和发展，在一定条件下还可能发展成为独立的语言。在民族语言里，方言的作用逐渐缩小，随着共同语影响的扩大而趋向消失。"见辞海编辑委员会编：《辞海》，上海辞书出版社 1979 年版，第 3534 页。

② 譬如 20 世纪 20 年代的方言调查会对"方言"的界定为"方言，是一国内各地方不同的语言，它的声音可以用音标表现出来，它的意义，一部分可以借汉字表现出来"。此外，当方言调查会开成立会时，对于会的命名，原拟"方音"、"方言"并列，后经审议删掉"方音"，但仍有不少学者提议把"方言"改为"方音"，以为"方音"可以支配方言。因方音不同，足以使一个地方的语音避难就易而制成特别的方言。均见董作宾：《为方言进一解》，《歌谣》周刊第 49 号，1924 年 4 月 6 日。

③ 参见高玉：《现代汉语与中国现代文学》中"绪论"部分，中国社会科学出版社 2003 年版。

质，它不仅是工具，而且构成人的行为本身；它既是思想本体，又是语言的首要规定性。人的思维过程即语言过程，人的世界即语言的世界，其中方言是语言之源，是存在之家。"方言诗""成了一种独特的文学形式"，"方言的运用表现出一种与诗中所写、所想息息相关的思维方式"。① 从方言作为语言独立系统本身来说，从技术层面分析也是语音、词汇、语法三位一体。这三个方面构成本书选择的三个小的切入点，如语音方面主要考察押方音韵、声韵调配合情况与新诗音节等内容；词汇方面主要是辨析地域性词汇的构成、结构、形式、组合以及语汇与语义场、规范化与反规范化等方面的复杂情形；语法方面则集中于词类的划分、句法成分与结构的分析以及句法与修辞的阐述等层面的内容。

　　另一方面，为"中国现代新诗"这一端起见，本书把时间跨度大致限定在 1917 年至 1949 年这一时段。这一时段的预设与框定，还出于以下考虑：其一，"现代新诗"中的"现代"概念，大致对应于目前习见的现代文学三十年中的"现代"概念。中国新文学的"现代"这一历史进程，始于 1917 年 1 月《新青年》发表胡适《文学改良刍议》之时，止步于 1949 年 7 月在北京召开第一届"文代会"之际，经历了以此类典型事件为起始标志的三十年左右的时间变迁。在这一意义上，它是一个人为的而又有历史积淀意义的时间概念，尽管目前学术界不断有学者打破近、现、当代文学的界限，开展更大历史时段的文学史研究，但"现有的学术研究格局，在未做全国性的变动之前，以'三十年'为一个历史叙述段落，仍有其存在的理由与价值"。② 不过，为了此论题自身发展的历史逻辑与演变渊源，也便于梳理诗歌某些旧

---

① ［美］苏珊·朗格：《情感与形式》，刘大基等译，中国社会科学出版社 1986 年版，第 251 页。

② 钱理群：《中国现代文学三十年·前言》，见钱理群等著《中国现代文学三十年》修订本，北京大学出版社 1998 年版，第 1 页。

质向新质的蜕变，同时考虑其历史形象的完整性等原因，论述时在主要时间段里前后均有延伸：1917年之前延伸进晚清"诗界革命"，1949年之后的触角则延伸到建国以后提倡普通话写作这一大的历史语境中。其二，在这数十年新诗发生、发展推进过程中，新诗与方言的关系形成了自身的特征。时代环境与意识形态等外部因素的牵制，方言入诗在语言维度上失去自我宰制后的反复沉浮，以及方言入诗的合法性危机与认同焦虑等，都是重要的论题。

通过上面的简要勾勒，方言与中国现代新诗，可简略地概括为对方言入诗的诗学面面观诸问题。方言入诗有它现实上的必然性与理论上的可行性，在演化过程中具备了现实性、多样性与个性化相杂糅的美学品格。通过"方言"这一楔子打入中国现代新诗内部勾连起诸多方面，本书的研究思路也由此一一显露，即通过对不同时期方言入诗的方式、程度、原因、个案，它与诗人的目的、动机以及读者、社会环境的接受和评价等诸多环节的综合考察，来探讨"方言入诗"在现代新诗史上所具有的位置。大致上说，具体的写作可分为以下两个部分，因两部分本身内容的差异与讨论角度不同，因此也相应纳入上下两编：

上编按历时性这一线性角度，把本课题本身所涉及的历史时段范围内的"方言入诗"截分为三个小的时段，即分别是1916—1925年，1926—1937年，1937—1949年，对它本身的事实作出一个符合其客观实际的历史描述。关于时段的划分，将在各部分中加以论证，这里从简：1916—1925年这一时段不但诞生了白话新诗，而且还是白话诗成立的关键时期，白话新诗能这样迅速地得以成立，晚清的诗界革命也是一个铺垫。1926—1937年这一时段则是新诗创格与各自发展的时期，相对于新诗的发生与成立而言，它是拓展、延伸，是自然的生长，是转轨与深入，新诗本身也呈现出不同风格、路子相互辉映的整体格局。而

1937—1949 年时段的划分，则强调抗日战争与解放战争这一语境对新诗的深刻影响，这一阶段奏响的主要是文艺服务战争这一主旋律，在生与死的战争考验下，包括新诗在内的文学自身的演变、综合与深化也与此密切相关。显然，这一人为的划分既以历史史实为据，也考虑了其中的主导因素。在划分的三个小的历史时段中，分别来探讨不同时段的特色与面貌，一般的处理模式是先总后分，在总述部分清理新诗发展的脉络，突出方言在内的语言因素在不同时期的特征、作用，以及它入诗的途径、效果等相关内容。在分述部分则是以个案为主，考虑到原始性资料的残缺，在分述部分标举有代表性的诗集或诗人，企图以个案见长。值得说明的是，这些选取的个案倒不是随意拈来的，它们一般具有材料丰富、影响显著，以及具备完成或开端意义等特征，同时向代表性地域方言稍为倾斜，这样力求展示各主要方言区语言与新诗的联系。

下编的基础是上编，如果说上编偏重于历时性的线性描述以及方言入诗现象的话，那么下编则不以时间逻辑为重，讨论重点也挪移到了对理论归纳与问题意识的解决上，呈现出论者出于宏观性、结构性、整体性考虑所进行的思考。它涉及的领域主要有方言入诗的社会文化背景与文学语言背景，方言入诗的审美与社会效果，方言入诗与去方言化之间张力形成及其实质成因等相关内容，具体论题如文体优劣比较、歌谣语言影响、方言音韵的意义与价值、方言化与去方言化之消长，以及文化认同焦虑与否，诸如此类，将是下编各章讨论的重点。

上　编

第 一 章

白话入诗:从潜流到激流(1916—1925)

白话新诗从发生到成立,大致在 1916 年至 1925 年这一历史时段完成。正是这一时期,中国诗歌的正统主流最终完成了从古典形态向现代形态的历史过渡与转型,结果是旧体诗逐渐边缘化,屈居末流地位,而白话新诗迅速站稳脚跟后问鼎整个诗坛的正统之尊。由此,不论其后的局部退潮或各种诗学论争如何交错更迭,一切都无碍于这一历史格局。

白话新诗的先驱者们,沿着五四白话文运动与思想革命的轨道,毫不迟疑地推进诗体大解放,否定格律与文言的绝对权威,以革命的话语及方式,决绝地换来了古老诗国焕然一新的面貌。诗歌语言的白话化与白话为诗的正统化,是新诗真正开创属于自己新纪元的关键环节。从历史长时段来看,它经历了从潜流到激流再到主流的过程;在这一过程中,白话新诗逐步巩固并扩大原有的领地,逐步形成自己异质性的传统。白话诗人在新的主流中寻找包括语言方式在内的诗歌话语方式,塑造各自在诗歌史上的历史形象。

第一节　方言入诗与中国新诗的产生

大凡新诗史性质的专著,讨论到新诗的产生时,一般愿意把

21

笔墨引向徽语区出身的白话诗人胡适身上。追溯其中带有源头性质的典型事例，是 1918 年 1 月胡适最先在《新青年》杂志发表四首白话诗，另外还有沈尹默、刘半农二人也一共发表了五首白话诗。与胡适相比，沈尹默后来既没有白话诗集问世，又埋头于旧体诗词创作的老路之中；刘半农的作品则结集较晚，自我历史形象的塑造也大为逊色。而胡适本人从创作与理论两个维度强势延续了这一努力，既坚守了不断创作白话诗的劲头，自觉出版了新诗史上第一本个人白话诗集《尝试集》，更重要的是还有被誉为"差不多成为诗的创作和批评金科玉律"①的《谈新诗》这样高屋建瓴式的相关叙述。他在不少场合也重复描述过自己独自尝试白话新诗的历史情景。筚路蓝缕之力、首开风气之功，与其身份地位，显然吻合无间。

出于对历史源头的还原，20 世纪以来研究新诗的一些学者，越过胡适的自述以及初期白话新诗相应的起讫时限，把笔触延伸到晚清"诗界革命"那儿，相应地延伸了新诗的历史，扩大了新诗源头的含混性质，也丰富了新诗历史。晚清诗界革命阵营中梁启超、夏曾佑、谭嗣同、黄遵宪、丘逢甲、康有为、蒋智由，甚至南社诗人柳亚子、马君武、高旭等一大批半新半旧的诗人与新诗的产生似乎都有某种内在的历史联系。统一在笼统的"诗界革命"这一旗帜下，"新学诗"、"新派诗"、"新体诗"等概念及其实体与"新诗"紧密相连。② 历史的纠结与事实的参差，带来不少疑惑：到底怎样看待这些富于歧义的

---

① 朱自清：《新文学大系·诗集·导言》，上海良友图书印刷公司 1935 年版，第 2 页。

② 典型的如龚喜平：《新学诗·新派诗·歌体诗·白话诗——论中国新诗的发生》，《西北师范学院学报》（哲社版）1988 年第 3 期；郭延礼：《"诗界革命"的起点、发展及其评价》，《文史哲》2000 年第 2 期。注明：凡本书中引用高校学报上的文献，均指人文社科版或哲社版，不再加注。

历史划分与联系呢？从新学诗到初期白话新诗，一路途经新派诗、歌体诗、新诗体这些带有异质性特征的发展阶段，其演变的价值究竟作何估计？倘若从语言角度来重审新诗的产生，带有活语、口语性质的白话，如何包容方言，而方言又是怎样在与旧诗的决裂中发挥自己的力量，帮助新诗从旧形式中"脱胎"出来呢？事实上，这些相关的疑问往往纠结成团，至今仍没有完全论说清楚。

一

从历史事实看来，胡适并不是"发明"新诗的第一人，[①] 但他在前人基础上作出了具有战略意义的调整，把新诗的脐带从"白话"处及时而又果断地剪断。另一方面，新诗从旧形式中"脱胎"而出，也是一个自然孕育、瓜熟蒂落的过程，带有自然进化的意味。正是在这一意义上，语言变革的演化，在新诗的产生中起到了关键的催产作用。"一首诗中的时代特征不应去诗人那儿寻找，而应去诗的语言中寻找。我相信，真正的诗歌史是语言的变化史，诗歌正是从这种不断变化的语言中产生的。而语言的变化是社会和文化的各种倾向产生的压力造成的。"[②] 这里所引论述中的"一首诗"，应视为具有划时代转型意义的诗歌时代的某一样本，通过这一样本可以把握语言的深层次变革轨迹，由此而引发对复杂线索的梳理与历史现场的考察，是具有标志性意义的。

对于我国诗歌文类的历史演变，鲁迅曾断言"我以为一切好

　　① 陆耀东：《中国新诗史（1916—1949）》第 1 卷，长江文艺出版社 2005 年版，第 9—10 页。

　　② F. W. 贝特森：《英诗和英语》，这里引自［美］雷·韦勒克、奥·沃伦：《文学理论》，刘象愚等译，生活·读书·新知三联书店 1984 年版，第 186 页。

诗，到唐已被做完"。① 这句话对诗人们来说显得相当现实而又残酷，但值得反问的是唐朝诗人们做完的是什么活？后人怎样接着做来解决自身的"失业"问题？如果细究的话，我认为鲁迅所说的是包括语言、结构、情感、题材处于类型化的文言旧体诗歌体系中，讲究感性、推重人伦、强调格律为维度的一脉旧体诗已达到某种巅峰而已。它构成一种巨大的历史压力，一个直接的结果是逼着后续诗歌潮流开始了自我矫正与疏离母体的新航向，如宋人以文为诗并以词为重，元以曲为文学之正宗，明清耸起白话小说高峰并融诗入文。向前流动的现实生活必然出现新的题材、内容，更重要的是出现新的书写模式，艺术手法在长久调整后也会经历突变而出现转捩点。面对历史压力形成的无形包袱，让后来者越到后来越难以背负；另一方面求变求新的愿望则越紧迫。如何"变"？"变"到哪里去？依托什么支撑点与基础来变革并求得创新？这些问题则是诗坛后来者日常思考的重大问题。言及此，便可纳入传统这一框架下进行申说。

中国传统文化的主体是诗歌，古典诗歌形成了什么样的传统？回答这个问题便离不开对传统本身的打量。与传统有主流与支流等概念相对的是，根据西方人类学家的区分，文化传统可以分为大传统与小传统。② 大传统指的是上层知识分子的精英文化，其背景是国家想象共同体，它们凭借并依附权力来予以贯彻实施，如我国封建王朝中对史书经籍的钦定，对科举制度、纲常伦理的设置与限定。而小传统是指民间，特别是穷乡僻壤的广大山村流行的活泼自然而又通俗易懂的草根文化，它依托于底层民

① 鲁迅：《341220 致杨霁云》，《鲁迅全集》第 13 卷，人民文学出版社 2005 年版，第 307 页。

② 人类学家雷德斐（Robert Redfield）的观点，本文引自余英时：《中国文化的大传统与小传统》，《内在超越之路》，中国广播电视出版社 1992 年版，第 192—193 页。

众数量上的极其庞大与生命本身的不竭活力，在统治阶级与文人力量影响相对薄弱的边缘地带自由自在地生长，如歌谣、小调、传说、故事等，便相应承载着底层群众及其社会的伦理道德、生活信仰与审美情趣等内涵。大传统与小传统之间既有过渡地带，两者也互相渗透、纠结乃至部分更迭。从语言角度来看，大传统有两套并行不悖的语言，立文言为宗，雅手而俗口；小传统则只有一套语言，看不懂、听不懂文言，以"俗口"为源泉，活在口里的语言就是广泛意义上的方言白话，它通俗易懂、因地而易，与日常劳动、生活本身密切相关。再具体一点，就是各地土话方言这一地域性口头语言作为媒介在支撑着小传统的传承。

从这一视角来具体考察小传统渗透并影响大传统这一现象，古典诗词中方言入诗便是一个极具历史渊源的诗学现象。不但《诗经》之前只有方言性歌谣、民歌等民间艺术形式普遍存在，而且在历朝历代的文人化精英化诗词曲一侧，小传统范畴内的韵文络绎不绝。自《诗经》、《楚辞》被列为经书后，它本身携带的方言即经文人润饰与儒家阐释后变成经典，其中的方言性质没有被抽空而是被经典化后有意遮蔽，方言入诗由大传统转入小传统圈子运行后，代之而起的是文言作为雅言这一传统的强势化与中心化。文言具有顽韧、强大的统一性与稳定性，掩盖了它易于僵化而表现力不断递减的弱势，也阻截了小传统向它渗透蔓延的趋势，让后者不断后退回缩，向旷野山村开疆辟土，在底层民众中生存繁衍下去。因此大而言之，中国诗歌的发展演变，既经过由诗而词而曲，由四言而五言而七言的正统衍变（即胡适所说的诗体大解放），又经过了由诗而散文、戏曲、传奇等文体演化。在这些衍变与演化中，小传统无时不在发挥作用，相比大传统的文字记载，它只不过主要以口耳相传的方式延续着，是承载生命的另类艺术形式。

与以文言为雅言的大传统代代相承一样，小传统则通过方言口耳相传从古流贯到今，笼统的"白话"这一语言形态，借助方言又掩盖了方言。胡适所著白话文学史追溯这一历史，也只是有限地勾勒了一部分。一路追踪下来，问题也由此而来，在白话/文言、俗语/雅言、口头语/书面语这样二元对立的紧张中，带有方言性质的白话抑或口头语又如何融入文学这一阵营来证实自己的丰富存在呢？作为天然地贴上低级庸俗、下里巴人标签的它又如何"雅"起来呢？对于前者，古典诗词中的元白传统部分地满足了方言入诗这一愿望；对于后者，则通过某种程度的以俗为雅、化俗为雅的方式得以实现。下面以楚辞为例。楚辞作者屈原生活在楚地，其作品大量吸收楚地方言，方言口语入诗典型的是带"兮"字句式的广泛运用。"兮"字相当于今天的"啊"字，属于口语中的虚词，它在楚辞中所起的作用大概为表情达意、调节语气与节奏。据考证，"楚辞"中还处处可见明显的方言语汇，典型的有数十处之多。另外"楚辞"中掺杂着不少虚词，如之、其、而、也、以、虽、夫、惟、乎、焉、哉等，这些虚词在散文中常见，在诗语中少有，但正是它们的大量出现，使得《楚辞》迥然不同于《诗经》，在两者之间划出了界线。正如有人所言："楚辞是民间诗体的扩大。……春秋战国以来的散文和所谓新体诗，其实都是白话。"① 再举中国诗歌史上的大家为例，如豪放飘逸的诗仙李白，以格律严谨著称的诗圣杜甫，被贬南方数地的苏东坡……他们也善于在创作中吸收口语，以方言入诗来追踪流动的现实生活。如李白《蜀道难》一诗中的四川方言色彩，杜甫"耶娘妻子走相送"、"牵衣顿足拦道哭"（《兵车行》）这样带方言性质的诗句……李白、杜甫们或携带家乡的方言，或在被贬的仕途中耳濡目染另外的土语，因此其诗词中不乏各地方言成分。其

---

① 郭沫若：《新诗的语言问题》，王锦厚编《郭沫若佚文集》上，四川大学出版社 1988 年版，第 405 页。

原因之一，不外乎高度雅化的语词长期沿袭使用，会日益陈腐不堪，不能表达新生事物层出不穷的当下生活；而民间的方言俗语，一则新鲜、物有所指，二则表现力强，是跟着生活本身流动的，它适当渗透在文言语汇阵列中，有助于激活语言本身的活力，在俗与雅两端中取得某种平衡。另外值得一提的是，中国诗史上还出现过王梵志、寒山、拾得这样以白话诗创作为主的诗人。他们在唐时默默无闻，在宋朝诗人那里得到了推崇，因为宋时的诗歌时尚，对俗字俚语入诗持积极态度。

二

　　尽管中国诗史上不缺少以上简要列举论述的方言入诗之例，但必须承认它是大传统偶尔借境小传统的"出格"行为，不但占的比重少，而且在历朝诗话性质的论述中大多饱受非议。这一趋势，随着封建王朝的更替持续了几千年，在统治模式上并没有出现本质变化的背景下，大传统依旧如《围城》中方家那架自鸣钟一样运行着，只是旧体诗日趋没落已成为一个不争的事实。最后终于在晚清这样一个王朝权势沦落而不得不正视世界格局这一去中心化的历史进程中，传统内部原有的运行规则才得到了根本的逆转。

　　不可否认诗界革命之所以能兴起，一个最主要的原因是19世纪末国运的彻底衰落，在眼看世界时发现与外国各方面相比相差太远。"自从与外人接触，在物质生活方面，发现事事不如人，这种发现所予民族精神生活的负担，实在太重了。"[①] 正是这种"百事不如人"的切身耻辱感，彻底改造了整个民族的心理机制，也改变了大传统与小传统的照例运行轨道，虽然不是马上

---

　　① 闻一多：《复古的空气》，《闻一多全集》三，生活·读书·新知三联书店1982年版，第457页。

彻底变得面目全非，但脱离既有轨迹进入真正意义上的转型场域，已是没有选择的历史事实。关于这一过程，大致有以下具体阶段。

诗界革命的起点较为大致的说法是 1895 年的"新学诗"，在当年秋冬之际，梁启超、夏曾佑、谭嗣同经常在北京讨论诗歌革新问题并在创作实践中加以贯彻落实，其特点是梁启超后来所概括的"盖当时所谓新诗者，颇喜挦扯新名词以自表异"①，当时的新名词就是指佛、孔、耶三教经典中的词语，自然科学与社会政治领域等新概念与新术语，系"六经所无"之新名词，因为多为外来语、西方典故的音译，这批从书面上得来的外来新词对国内读者来说，走的是陌生化的偏锋，但能指意义远远大于所指意义，艰涩难懂。不过在当时先进之士厌弃旧学、崇尚新学的大语境下，虽然只是小圈子里几个人的尝试，但这种姿态与取舍标准倒是耐人寻味的。仔细来看他们挦扯来的"新名词"，其实基本上类属于书面实词系统，如谭嗣同《金陵听说法诗》中"喀斯德"、"巴力门"等，其"新"体现在它既是古代汉语中不曾有过的，也是百姓日常语汇中不曾出现的，因此对整个以文言为主的语言系统冲击不大，掀起的相关意义其实并不明显。直到中日甲午战争清廷失败之后，黄遵宪积十数年游历异域所得的生存实感与体验，② 提出"新派诗"概念并承认自己所写的是"新派诗"，③ 一时作家队伍大为增加，其成员又大都是具有维新思想的爱国志士。"凡事名物名，切于今者，皆采取而假借之。其述事也，举今日之官书会典、方言俗谚，以及古人未有之物，未辟

---

① 梁启超：《饮冰室诗话》（舒芜校点），人民文学出版社 1998 年版，第 49 页。

② 参见李怡：《日本生存实感与中国诗歌的近代变革》，《社会科学研究》2004 年第 1 期。

③ 黄遵宪于 1897 年在《酬曾重伯编修》其二中提出，系对自己创作的称谓，见《人境庐诗草笺注》（钱仲联笺注），上海古籍出版社 1981 年版，第 762 页。

之境，耳目所历，皆笔而书之"。^① 当时"耳目所历"的主要是外国习俗、异邦风物、轮船电报、进化平等之类，特别是声光电化等现代化进程中出现的新鲜事物，自然是古人闻所未闻之物。另外，不避"方言俗谚"则与他"我手写我口"的主张相符。常唱常新的客家方言山歌民谣，也进入黄遵宪的视野之中，它们随着时代而变迁，内容是新的，语言呈口语性质，是方言化了的。

1899 年梁启超在《夏威夷游记》中正式提出"诗界革命"的口号，其关键是主张全面向西方学习、抛弃旧体诗。"今欲易之，不可不求之于欧洲。欧洲之意境语句，甚繁富而玮异，得之可以凌轹千古，涵盖一切。今尚未有其人也"。在梁启超看来，求新思变的最好途径自然是大力西化，"不可不备三长，第一要新意境，第二要新语句，而又须以古人之风格入之，然后成其为诗。"^② 这里所指的"新语句"，又"新"在哪里呢？虽然新语句地位不确定，旧风格与新意境之矛盾在当时也难以解决，但它的出现具有进步意义，新语句的多寡倒在其次。方向是对的，只是当时尝试者的胆量与勇气还不够大，对旧形式的积袭使得他们还不敢决绝大胆地予以胀破与弃绝。因此，包括日常语言在内的新语句还蜷曲在旧形式里，日常语言入诗在数量上还很有限，对虚词的吸纳也不够，仅靠增长篇幅等方法来委曲求全。这一局限到了"歌体诗"阶段，得到质的飞跃。梁启超听从黄遵宪的劝告，在《清议报》、《新民丛报》上开辟两个专栏"诗文辞随录"、"诗界潮音集"，新诗变革进入大变动时期。具体特征为：一是继续大量使用新名词，包括当时社会已较通用的日常流行语汇，以及如自由、主权、文明、进化等抽象词汇也流行开来；二是继续强

---

① 黄遵宪：《人境庐诗草自序》，郭绍虞主编《中国历代文论选》一卷本，上海古籍出版社 2001 年版，第 395 页。

② 梁启超：《夏威夷游记》，《梁启超全集》第二册，北京出版社 1999 年版，第 1219 页。

化杂言体长篇规模，讲究散文化趋势，在字数不等、长短不一中求新求变；三是在通俗化向度上大大跨越，或取道歌谣，或借助音乐，以通俗易懂为上。当时的诗歌，大量注明"俚词"、"俗调"，在标题上也以"歌"注明，这样既加强叙事性，又注重现实性。黄遵宪在给梁启超的信中曾这样提议："报（指《新小说》——笔者注）中有韵之文，自不可少。然吾以为不必仿白香山之《新乐府》、尤西堂之《明史乐府》。当斟酌于弹词粤讴之间，句或三、或九、或七、或五，或长短句，或壮如陇上陈安，或丽如河中莫愁，或浓至如焦仲卿妻，或古如成相篇，或俳如俳技辞。易乐府之名而曰杂歌谣，弃史籍而采近事"①。黄氏所提倡的诗体改革，与胡适后来尝试的方案相比已颇多相似之处，如形式介于弹词与粤讴之间，篇幅不拘长短，句与句之间字数多少不等；内容上以反映"近事"为主，这些主张均切中要害。随这一理论而生的是他的《军歌》、《幼稚园上学歌》，以及仿家乡梅县的客家山歌，都是一次对旧体诗前所未有的冲击。与胡适的白话诗主张相比，在白话是否为诗歌唯一工具论上，两者仍有相当差距，这点也毋庸讳言。

三

晚清的诗界革命，始于甲午战争前后，一直持续到辛亥革命后，其队伍除了资产阶级维新派代表人物外，还包括由维新派而成为革命派的南社诗人。"革命"所革掉的是旧体诗词的旧题材、旧辞藻、旧句式、旧精神。这些所有的诗学思想积蓄全部集中在一起，帮助以方言为基础的白话为诗，从潜流到激流，等待一次历史的总爆发。正是在这一转型的关键时候，接力棒最终传递到

---

① 黄遵宪：《致梁启超函》，陈铮编《黄遵宪全集》，中华书局 2005 年版，第432 页。

了胡适以及他的追随者们手里。

胡适是最早集中尝试白话新诗的诗人，他创作白话诗的落脚点既在"白话"上又在"诗"上，不过不少新诗研究者普遍误读他的重点在于"白话"而忽略了"诗"。到胡适视野中，原先模糊不清的"新学诗"、"新派诗"、"新体诗"等与新诗紧密相连的一系列概念，一下子转换到了"白话诗"这一概念上，由"新"到"白话"这一修饰语的转变，带来的影响是，一是目标内容具体化、清晰化；二是集中于"白话"，变革力度成倍扩张。虽然胡适经历了两个阶段，即用白话创作旧体诗的阶段和用白话创作新体诗的阶段，但是他主要聚焦于"白话"的方向始终未改，这是根本中的根本。这样既延续了诗界革命对诗歌语言的突围，又向前大大地迈出了实质性的一步。从梁启超等人最初的新词语开始，到黄遵宪的"杂谣体"，再到胡适的"白话体"，这是三个有质的飞跃的阶段，其中最后一步跨度最大。

从语言角度与文化传承来看，我认为此时小传统也悄然由潜流状态而变为激流，代替了一部分大传统，二者的界限不再泾渭分明。在当时的死活之争、文白之争中，都最终落实到了白话身上。不但如此，而且还在提倡白话为写诗的工具基础上，一鼓作气地提出以白话为唯一之利器，为唯一之正宗一说。"总而言之，今后当以'白话诗'为正体，其他古体之诗、词、曲偶一为之，固无不可，然不可以为韵文正宗也"。① 在我看来，当时争论最激烈的并不是白话写诗可否，而是白话为诗歌用语之正宗一说。与其说是白话入诗引起的导火线，不如说是以白话诗为诗坛正宗论引起的导火线，其原因与玄机也系于此。以前用白话写诗，引白话入诗、入文，是多少带有游戏笔墨的旁门左道，自生自灭而

① 钱玄同：《致胡适》，钱玄同著，沈永宝编：《钱玄同五四时期言论集》，东方出版中心1998年版，第55页。

引不起太多的关注，突然以此为正体、正宗，而正宗天然具有唯一性与排他性，因此带来的相应问题是文言的位置何在？文言诗词的位置何在，并又何去何从？这不但让固守文言为正宗的守旧者感到极大的惊讶、沮丧，而且毫无顾虑地去文言诗词的中心化，使得他们失去安身立命之本。① 置身这一阵营之内，自然有人率先出来大举反扑，典型的是守旧派代表林纾的观点，他既坚持"从未闻尽弃古文行以白话者"、"即谓古文者白话之根柢，无古文安有白话"② 的主张，更坚持认为"以说文为客，以白话为主，不可也"③。胡先骕也强调"诗家必不能尽用白话，征诸中外皆然"。④ 这于情理上可以理解，于逻辑上也可以成立。从事实来看，在白话新诗发生、发展演变过程中，在 20 世纪热衷于文言诗词创作的大有人在（包括创作大量新诗后又"改行"去创作旧体诗词的诗人），⑤ 但失去正宗地位构成了 20 世纪旧体诗词作者的最大悲剧。正统以立，其余旁支自然从中心隐退，至于如何隐退，退到哪里去，白话新诗还没有来得及为它们周密考虑。保守派林纾、严复、章炳麟等人，和学衡派代表胡先骕，吴宓、梅光迪等人后来还在押韵、平仄、限定字数等问题上存在分歧，

---

① 在五四新文学发难时，先驱者并未全盘否定古典，并未斩断与既往文学历史的联系，他们所要决绝地斩断的是与今日文坛的联系。参见刘纳：《嬗变——辛亥革命时期至五四时期的中国文学》一书，中国社会科学出版社 1998 年版，第 231 页。又如黄遵宪以"我手写我口，古岂能拘牵"的决绝姿态也主要是反感当时"俗儒好尊古"的倾向。

② 林纾：《论古文白话之相消长》，郑振铎选编：《中国新文学大系·文学论争集》，上海良友图书印刷公司 1935 年版，第 80、81 页。

③ 林琴南：《附林琴南原书·致蔡鹤卿书》，胡适选编《中国新文学大系·建设理论集》，上海良友图书印刷公司 1935 年版，第 173 页。

④ 胡先骕：《中国文学改良论（上）》，郑振铎选编《中国新文学大系·文学论争集》，上海良友图书印刷公司 1935 年版，第 104 页。

⑤ 参见陈友康：《二十世纪中国旧体诗词的合法性和现代性》，《中国社会科学》2005 年第 6 期。

这时可见大势已去，只剩下技术层面的次中心问题，讨论的价值低了不少。

在此基础上，反观"白话新诗"的"白话"本身，它其实是一种在活语为基调下的地方性方言（关于这点，在第二节中还有论述）。这一点提倡白话文运动的风云人物遮遮掩掩，如胡适后来在"国语的文学，文学的国语"等提倡中张扬方言文学之价值，其中透露出当时出于策略性考虑的原因。与他们相反的是，反对者则明确指出了这一点。仅以林纾为例，他直截了当地认为"若尽废古书，行用土语为文字，则都下引车卖浆之徒，所操之语，按之皆有文法，不类闽广人为无文法之啁啾，据此则凡京津之稗贩，均可用为教授矣"①。视"白话"为"土语"是清醒的判断，而由此推论出"可用为教授"，则似乎不合逻辑。此外他还现身说法，以自己的母语方言为闽语、亦愿学中原之语言为例来证明"白话"的复杂性与正宗身份的可疑性。林纾不但对白话的"土语"性质有清醒的认识，还在肯定古文为白话的根柢后，从《红楼梦》入手肯定北方白话口吻之犀利，试图把浑融一团的白话分化、瓦解："今使尽以白话道之，吾恐浙江安徽之白话，固不如直隶之佳也。"② 林纾对不同地方的土语有目的地进行论述，虽然语焉不详，但他说这番话的意思明显影射蔡元培、钱玄同、刘半农等江浙吴语区人和胡适等徽语区人，讽刺他们提倡的白话带有自身的吴语或徽语特色。意思是说，即使是提倡白话，也还轮不到他们的母语方言，其南方方言和曹雪芹所操的北方方言相比还相差很远。不过，这一策略没有奏效，但我认为这一

---

① 林琴南：《附林琴南原书·致蔡鹤卿书》，胡适选编《中国新文学大系·建设理论集》，上海良友图书印刷公司 1935 年版，第 172 页。

② 林纾：《论古文白话之相消长》，郑振铎选编《新文学大系·文学论争集》，上海良友图书印刷公司 1935 年版，第 81 页。

提法在今天来说，还可引发一些有趣的思考。除了歪打正着地证明北方方言以外的人对语言的方言根性有更多同情和了解外，还可以进一步联想：新文化运动（以及历史上类似的文化革新运动）不由北方方言区出生成长的人率先发难，大多由非北方方言的人首倡，这难道不是一个复杂而奇特的现象吗？这一现象因本书论题所限，不能展开多说，但总的来说，其中反中心化意味是显而易见的。来自其他弱势方言区的人，具有某种语言的先天敏感性，明显感受到语言的不平等和活语"白话"的价值。林纾自己说闽人愿学中原语言，为什么从不想一想为何要这样做，闽语方言与北方方言，只是地域大小之别，不可能有其余本质差异。另外，林纾这种先天的语言奴性与等级观念，在比较之下便可一览无余：如韩邦庆小说《海上花列传》，通体皆操吴语，其理由是"曹雪芹撰《石头记》皆操京语，我书安见不可操吴语"①。刘半农也认为不同方言不比香烟，鉴赏的人少，全不要紧，即是不能以通行范围之大小来予以衡量。②

对以方言为基础的白话来说，最突出的特征在于虚词的大量介入，这一点比较胡适的《尝试集》第一编与第二编便可清晰地看出来。通过无实际意义的虚词的大量涌入，固定的五言七言真正被彻底胀破了，旧体诗无法容纳太多的虚词涌入，本身以意象密集呈现为特色的长处也被稀释。另一方面，虚词的

---

① 据海上漱石生（孙玉声）《退醒庐笔记》，这里引自韩邦庆著、典耀整理《海上花列传》中《〈海上花列传〉作者作品资料》，人民文学出版社 1982 年版，第 614 页。此外韩邦庆在例言中说："苏州土白，弹词中所载多系俗字，便通行已久，人所共知，故仍用之，盖演义小说不必沾沾于考据也。"见《海上花列传·例言》，同上书，第 1 页。

② 刘半农：《读〈海上花列传〉》，《半农杂文》，河北教育出版社 1994 年版，第 245 页。

涌入也带来句式的复杂化与意义的凸显，这是人们较为熟悉的欧化一说。说这是欧化，一般着眼于西方诗潮的影响，但我认为也是立足于本土资源后产生的白话化，是数百年来白话化这一运动过程中，它本身所携带的基本功能。明清的白话小说，叙述清晰，句子语法成分也大体详备，为什么没有说白话小说的语法是欧化的呢？初期白话新诗与其说是欧化的，还不如说部分来自本身的白话化。从诗歌史来看，虚词的有无也是一个二律背反的过程，先秦两汉时期的古诗，虚词成分还有，但到南北朝时期沈约等人发现四声、讲究声律后，虚词逐渐退出来几乎只剩下实词系统充当一切，导致意象的密集化与物态化特征；语序的省略与典故运用、词语活用等因素的袭用，使得旧体诗总是在朦胧含蓄中隐匿着可咀嚼的诗意。到了诗界革命，特别是初期白话诗，虚词再一次大面积复活，口语化、方言化趋势进一步强化，使得新诗在意象世界与主体之间的时空关系明确化，呈示了主体的心理活动与思维过程，意义传递变得清晰明白。意脉与语序在贯通中流动，得力于虚词虚字这一系列的纽带，这样形成一个动态有序的网络，读起来流利顺口。胡适认为新诗中第一首杰作是周作人的《小河》，言说根据也大半是此诗句子成分大体齐备，意义舒展自如，散文化倾向较为明显；又如胡适所举自己一首诗《应该》的开头一行，说其意思神情是旧体诗所达不出的，从表达上看确实是这样，增添虚词使某些诗行婉转、曲折许多。① 这一现象反对者一方也是承认的。"于尝试集中求诗歌律令。目无旁骛。笔不暂停。以致酿

①　胡适：《谈新诗——八年来一件大事》，《中国新文学大系·建设理论集》，上海良友图书印刷公司 1935 年版。不过这点也引起了后人质疑，认为和"此情可待成追忆，只是当时已惘然"，"妻孥怪我在，惊定还拭泪"、"苔深不能扫，落叶秋风早"等相比，觉得古典诗在凝练、强度和层次复杂方面绝对不下于最好的白话诗。见郑敏《世纪末的回顾：汉语语言变革与中国新诗创作》，《文学评论》1993 年第 3 期。

成今日的底他它吗呢吧咧之文变。"① 看来论者对"底他它吗呢吧咧"的大量介入非常不满。除这些外，最显著的还有"了"，"了"字韵在当时不完全是当韵脚使用，而是一句话结束的标志，胡适、康白情、汪静之等人的诗中特别明显，康白情、汪静之诗中"了"字之多似乎不亚于胡适，尽管胡适的"了"字韵多得饱受非议。②

日常俗句入诗与生存实感的恢复，也是其中重要的现象。这里所指的对象包括各种语言成分与生存现象，最具体的可通过"丑的字句"这一争论现象来观察。丑的字句曾在白话诗发生后不久在梁实秋、周作人等人之间产生过争论，这里不仅指此一事件，而是以它来解释涵盖白话入诗后一种必然的倾向。只要是以白话诗为正宗，白话为正宗，日益走向口语化，"丑的字句"之出现就不可避免。"丑的字句"因前面"丑的"这一限定语，似乎总给人以贬义的印象，其实这样理解暗含一种偏见，只有破除这一偏见后，我们才会发现天下所有之物，皆可入诗。更何况还能以丑为美，化腐朽为神奇。"'世界上的事物'都可以入诗，但其用法应该一任诗人之自由：我们不能规定什么字句不准入诗，也不能规定什么字句非用不可"。③ 在诗歌文类中习惯于人为地划出许多禁区，本身过程中存在的悖谬是显而易见的。

---

① 章士钊：《评新文化运动》，郑振铎选编《新文学大系·文学论争集》，上海良友图书印刷公司 1935 年版，第 197 页。

② 如朱湘在《〈尝试集〉》中不但认为"了"字与另一字合成的组与另一组协韵时刺耳，而且次数多，可知作者艺术力薄弱。见蒲花塘、晓非编《朱湘散文》上，中国广播电视出版社 1994 年版，第 184 页。又如周策纵《论胡适的诗——论诗小札之一》一文也认为"他最大一个毛病或痼疾，就是用'了'字结句的停身韵太多了。"见唐德刚《胡适杂忆》，广西师范大学出版社 2005 年版，第 226 页。

③ 周作人：《丑的字句》，《晨报副刊》，1922 年 6 月 2 日。

四

方言入诗与中国新诗的产生密不可分，这既取决于白话本身的方言活力，也与当时整个白话文运动相关，像梁启超"学晚汉魏晋，颇尚矜炼，至是自解放，务为平易畅达，时杂以俚语韵语及外国语法，纵笔所至不检束"、"其文条理清晰，笔端常带情感"[①] 的新文体写作一样，"杂以俚语"是其中逐渐发力的开始。诗歌语言由文言而白话，从黄遵宪"我手写吾口"的主张始，一路不断通过流俗语、方言口语之类大量涌入诗歌，使新诗与白话的结合呈现出通俗化、口语化、方言化的趋势。

另一方面，在语言回归现实与生活中，由新学诗输入新名词，新派诗的不避流俗语，歌体诗的文白相杂，过渡到白话诗的完全"用白话来作诗"，既是诗歌语言由"死"而"活"的自身演变，也是相对于大众而言，对文言凌空蹈虚不作为的反动。白话为常，才能带来诗体的大解放与自由体形式的多样化，这是一种必然。正如有论者认为"白话诗的形式，在很大程度上是近代诗歌自身发展中冲突格律和白话化趋势的必然结果，绝不仅仅是外来形式的借鉴。离开了中国诗歌的母体和近代思想解放与晚清白话文运动的内因，离开了新学诗以来二十年间新诗的探索与尝度，白话诗能于'五四''文学革命'中最先问世，便是不可想象的"。[②]

总之，新诗的产生是一整套的复杂机制在发生作用，小的方

---

① 梁启超：《清代学术概论》，《梁启超全集》第 5 册，北京出版社 1999 年版，第 3100 页。

② 龚喜平：《新学诗·新派诗·歌体诗·白话诗——论中国新诗的发生》，《西北师范学院学报》1988 年第 3 期。

面如新诗的刊载、出版、结集、传播、阅读等社会评价体系的塑造，①大的方面如时代语境，如客观因素的消长，等等。可以说新诗的产生，是在历史的合力推动下最终得以完成的，相比之下，诗歌语言的变革始终处于核心位置。由此观之，从旧体诗词源头开始的方言入诗传统，一直流经晚清的诗界革命，再到胡适等人力倡的以白话为诗的唯一工具论，是小传统渗透、影响乃至更迭部分大传统的过程，也是小传统从潜流到激流这一由隐到显的过程，语言的口语化、方言化，是其中最具活力的因素，方言入诗导致、加速并实现了新诗的产生。

第二节　正统以立："白话"与"新诗"

白话诗产生后，随着五四新文化运动的顺利推进，它悄然经历了从产生到成立的飞跃过程，整个过程所消耗的时间并不太长。"白话"与"新诗"一旦联姻，马上落地生根并不断拓展生长空间，不到数年白话诗便跃居到正统以立的地位。

从草创到奠基，正统以立的白话诗在五四新文学阵营里，顺利成为一个崭新的文类，开始了自己产生、发展的历史进程与自律运动。另一方面，把白话诗直称为"新诗"，而且沿用至今，不能不让人感受到它与古典诗歌决绝后自身命名的特殊性。②尽管离不开"新"的招牌，但白话诗坦然以"新诗"的名义，曲折

---

① 如姜涛以早期的"新诗集"为研究对象，通过考察"新诗集"的出版、接受、编撰及历史评价等环节，重新审视"新诗的发生"这一历史命题，见《"新诗集"与中国新诗的发生》，北京大学出版社 2005 年版。

② 作为一种诗歌形态的命名，有学者曾论证过以"现代汉诗"来替换"新诗"，但仍未普遍挤掉"新诗"这一命名。参见王光明《现代汉诗："新诗"的再体认》，现代汉诗百年演变课题组编《现代汉诗：反思与求索》，作家出版社 1998 年版，第 16—36 页。

跨越了整个 20 世纪而进入眼下新世纪时间跑道里，伴随着中国社会现代化的进程，一直向前延伸。在这一历史长河中，截取其中从产生到正统以立的一小时段，我们是否可以洞察其成立的缘由与根据呢？是否可以追问，新诗一直未改的称谓，究竟把它自己的成立也遮盖了么？在围绕新诗所进行的近一个世纪的学术争论中，不乏关于文言与白话、旧与新、传统与现代之类的二元对举，其根源似乎仍可在回溯到当初白话诗正统以立的判断中得到辨认。

一

对新诗的未来趋势缺少大胆的揣测，在什么时限打上句号也不为人知；另外一端，对于它产生的源头，也如上节所述，没有统一的标准答案。但对于它何时有资格称为成立，应该有一个确切的说法了。从产生到成立，新诗到底消磨了多少时间，这一过程的长短有何意义，标志性的事件该划在何处？这一时段里包括哪些诗人、诗派，整体上有什么特征？在回答问题之前，我认为它大致和"初期白话诗"阶段相吻合，就"初期白话诗"而言，有论者归纳了三种主要的划分：其中流行较广的一种是，从 20 世纪 30 年代的朱自清、余冠英到 20 世纪 80 年代以后的陆耀东、骆寒超、徐荣街、邱文治、祝宽等人倾向于将新诗发展的第一个时期定为"五四前后"，即从胡适 1916 年的尝试到 1921 年、1922 年左右。"如此看来，新月诗派出现以前的中国现代新诗似都可以称作是'早期'、'初期'或'五四'时期"。① 不过，对新月诗派本身来说，闻一多于 1925 年回国加入此诗派并开始一

---

① 另外一种是少数研究者将新月诗派一并纳入"五四时期"，是目前最宽泛的五四概念。第三种是将初期定位于五四以前，以 1916 年到 1919 的创作为主，并强调这第一阶段在建设白话上的意义。参见李怡《初期白话诗研究综述》，《阅读现代》，西南师范大学出版社 2002 年版，第 248—249 页。

伙人认真试验"创格",转轨的实际意义才体现出来,因此为稳妥计,在大致时限上后延到 1925 年左右,这样也好具体对应具有实质性意义的"新月诗派之前"这一说法。正是这一时段,是白话诗正统以立的临界点。

白话诗从产生到成立的大致划分,最主要的目的有以下几点。首先,在一个由文言为工具的旧体诗传统异常深厚的泱泱诗国里,白话诗的产生与成立,显然有着不同寻常的象征意义与现实价值。论述白话诗的产生,概括地说,它能从旧诗母体中脱胎而出,既借助于西学东渐、西诗中译的时代潮流,更主要借助带有方言性的白话这一群众性、日常性工具的本质力量。像治近代文学的学者们追述晚清文学的意义一样,我们也不得不回溯到晚清的"诗界革命",因为"新诗"最初命名的由来,与 1895 年梁启超等人讨论"新学诗"一脉相承;从"新学诗"始,到后来黄遵宪等人提出的"新派诗"、"新体诗"等概念也是连成一线的。至于大多数新诗史从 1916 年胡适尝试白话新诗说起,其原因也许是考虑到约定俗成的力量,肯定他提倡文学改良、独自尝试白话诗的价值①;另外,学术界对近代文学的遮蔽忽略,迟迟不能打通整个文学史叙述线索,也是一个最主要的原因。具体时间的分歧,说明两者之间存有矛盾,但确定胡适尝试白话诗为新诗之源头,再往前追溯,也是补正一法,本书无意纠缠于此,但明确指出这一事实,主要目的是重审新诗发生的复杂机制,以及由此而生发出来的问题:白话诗何以能这样迅速而真正地达到正统以立的阶段。

其次,"白话诗"概念本身凸显的"白话"比"新"更有内容,只有"白话"才是"新"的前提,才是"新"的实质所在。新诗在当时被称为白话诗,由"白话"来替换诗界革命开始的新

---

① 新诗史著作的起始,也大致划分到 1916、1917、1918、1919 年这几年,因特别普遍,恕不详举。

诗的"新",这一限定的变迁虽然很难言说清楚,但它特殊的意义异常显眼。"白话"为什么等质于"新","白话诗"本身"新"在哪里?一路追问下去,我们也将明白,由于新诗称谓的固定,说明"白话"仍在经受太过于漫长的时间考验,以至于时时出现一些质疑的声音,如20世纪30年代鲁迅会见美国客人时的谈话所作的判断,他认为即便是当时最优秀的几位现代诗人的作品也"没有什么可以称道的,都属于创新试验之作","到目前为止,中国现代新诗并不成功。"① 这样的声音显然在20世纪并不少见。

因此,讨论白话诗由产生到成立,除了确定以上所述的大致限定于此两端外,主要着眼点是忽略意义不大的细节,集中问题于其产生的渊源(如本章第一节所述),以及它成立的历史条件。对于后者而言,其意义与价值似乎在学界按三个十年的划分中被无意地淹没了。

二

作为正统的白话诗,由产生而成立,按照常态一般有一个循序渐进的自然过程,不可能一蹴而就,也不可能由某个人在什么场合宣布一下便算完事。其间既有当时历史在场者的原始记录,又有后来学者们的辨析界定;此外更重要的是,当时大量创作与理论的支撑,自己内部开始蜕变、否定、超越的迹象也是帮助作出这一理性推断的根据。

1919年10月,胡适在《谈新诗》中描述:"文学革命的目的是要替中国创造一种'国语的文学'——活的文学。这两年来的成绩,国语的散文已过了辩论的时期,到了多数人实行的时期

---

① 斯诺整理,安危译:《鲁迅同斯诺谈话整理稿》,《新文学史料》1987年第3期。

了。只有国语的韵文——所谓‘新诗’——还脱不了许多人的怀疑。但是现在作新诗的人也就不少了。报纸上所载的，自北京到广州，自上海到成都，多有新诗出现。"① 到了 1922 年，他在《尝试集》四版自序中宣称"新诗的讨论时期，渐渐的过去了"。② 在首开风气的胡适眼里，白话诗与新诗的概念是可以随意互换的，从洗清"怀疑"的阴影，到它在全国各地普及，时间也就那么短短几年。与胡适谨慎、按而不断形成对比的是，当时较有代表性的新诗编选者有一段耐人寻味的话，不妨也摘引几句如下："最初自誓要作白话诗的是胡适，在一九一六年，当时还不成什么体裁。第一首散文诗而具备新诗的美德的是沈尹默的《月夜》，在一九一七年。继而周作人随刘复作散文诗之后作《小河》，新诗乃正式成立。最初登载新诗的杂志是《新青年》。《新潮》、《每周评论》继之。及到'五四运动'以后，新诗便风行于海内外的报章杂志了。"③ 值得分析的是周作人的《小河》，在胡适的《谈新诗》里只是视为新诗中的第一首杰作，到了这里便成了"新诗乃正式成立"的标志，显然结论还来得比较匆促草率，带有自言自语性质。比较确切的说法还有朱自清，他认为 1919年至 1923 年这四年是新诗"最兴旺的日子"，至 1927 年止所有的新诗集"十之七八是这时期内出版的"。④ 诗集出版的概述并不十分准确，但揭示了高潮的来临与消失，白话诗已开始了矫正、自审的新征程。这种新的出发，意味着对前一基础的肯定，

---

① 胡适：《谈新诗》，胡适选编《中国新文学大系·建设理论集》，上海良友图书印刷公司 1935 年版，第 294—295 页。

② 胡适：《〈尝试集〉四版自序》，《尝试集》，人民文学出版社 1984 年版，第 5 页。

③ 《一九一九年诗坛略记》，《新诗年选（一九一九年）》，亚东图书馆 1922 年版。

④ 朱自清：《新诗》，朱乔森编《朱自清全集》第 4 卷，江苏教育出版社 1996 年版，第 208 页。

它是白话诗自身基础上的再出发。

从艺术自身规律来看，正统以立的标准还并不是某人说了就算数那么简单，它一般有一个自律的自然过程，从产生到站稳脚跟，再到内部否定声音的出现与新道路的开辟，应有一个正反更迭交错的时空来容纳，正是这一时空里，各种诗潮、流派得以展开，不同风格与个性的诗人、团体也陆续登场，在不断流变中充分生长起来。更重要的是以后的改革在此基础上出入，而不能逾越它又从头再来，这才是真正成立的标志。

从语言角度立论来看，众所周知，胡适白话诗创作所操的白话，基本上不带文言词语、采用了当时北京一带的官话（也就是今天意义上的华北方言），具有明白易懂、流畅洗练等特点，它摒弃了口语状态中的琐细啰嗦的弊病，进行过某种初步的筛选，但还是比较贴近原生态的白话，虽然诗化处理得不够细腻丰富。受胡适白话诗影响的同时代白话诗人，也差不多有类似的特点，这一点也构成了白话诗内部不断有人质疑的起点。此外，它与下一阶段的衔接也提供了某种佐证，从产生、成立到二律背反的联结点，则是新月同仁尝试格律诗时期，是李金发式的象征主义大量调用文言资源时期，语言上也由"白话化"转变到白话的分化。当时概念下的白话已公然成为国语，分化后的白话，渐渐谈得较多的是各种土白入诗的尝试，各种外来语与古典词汇入诗的实践。在这一转变过程中，典型的有闻一多曾乐观地宣称："余之所谓形式者，form 也，而形式之最要部分为音节。《诗刊》同人之音节已渐上正轨，实独异于凡子，此不可讳言也。余预料《诗刊》之刊行已为新诗辟一第二纪元，其重要当与《新青年》、《新潮》并视。"[1] 母舌生疏的李金发一方面以句法欧化、句中夹杂文言语词

---

① 闻一多：1926 年 4 月 15 日《致梁实秋、熊佛西》一信，《闻一多书信选集》，人民文学出版社 1986 年版，第 208 页。

和外文带来异国情调，引领大批仿效者，一方面也宣称"余每怪异何以数年来关于中国古代诗人之作品，既无人过问，一意向外采辑，一唱百和，以为文学革命后，他们是荒唐极了的，但无人着实批评过，其实东西作家随处有同一之思想，气息，眼光和取材，稍为留意，便不敢否认，余于他们的根本处，都不敢有所轻重，唯每欲把两家所有，试为沟通，或即调和之意。"① 远的回响则如梁宗岱在 20 世纪 30 年代评论新诗的一段话可资佐证，"如果我们平心静气地回顾与反省，如果我们不为'新诗'两字的表面意义所迷惑，我们将发现现在诗坛一般作品——以及这些作品所代表的理论（意识的或非意识的）所隐含的趋势——不独和初期作品底主张分道扬镳，简直刚刚背道而驰：我们的新诗，在这短短的期间，已经和传说中的流萤般认不出它腐草底前身了。"② 这里闻一多所谓的"第二纪元"，李金发的"调和"，梁宗岱所言的"背道而驰"，是在不断后延的时间坐标轴上所出现的标签，或隐形对应着"第一纪元"这一概念判断，或在整体风格上与初期白话诗大异其趣。不但在理论上如此，在创作上闻一多引领的新格律诗群体、李金发领头的早期象征主义群体，都是有坚实的创作队伍与作品作为基础的。这一种新的流变意味着新的诗质与诗形，它脱颖而出后能够宣告一个新阶段的莅临。

这一时期不同风格与特色的诗人群体与白话诗作，也是不可忽略的主要原因。下面从作品与理论两个层面分别论述：从作品来看，这一时期取得了较为丰硕的成果。以发表白话诗的刊物而言，在 1919 年除了最先大量发表胡适、刘半农、陈独秀、鲁迅、俞平伯、康白情等人新诗的《新青年》外，还有《星期日》、《觉

---

① 李金发：《〈食客与凶年〉自跋》，《食客与凶年》，北新书局 1927 年版。

② 梁宗岱：《新诗底十字路口》，李振声编《梁宗岱批评文集》，珠海出版社1998 年版，第 126 页。

悟》、《少年中国》等十几家杂志和报纸副刊，到 1921 年全国各报刊都普遍刊载白话新诗；另外出现了专门的新诗刊物：如《诗》（叶圣陶·刘延陵等人编辑，1922 年到 1923 年）、《诗学半月刊》（《京报》副刊之一，黄绍谷等人编辑，1923 年到 1924 年）、《诗坛》（1923 年创办）等。从当时的诗歌队伍与流派而言，不但有《新青年》诗人群、少年中国学会诗人群、文学研究会诗人群、创造社诗人群、湖畔诗社诗人群、小诗运动诗人群等诗人队伍，而且有现实主义、浪漫主义与象征主义三股诗潮的互补竞争；各种白话诗体裁如自由诗体、民歌体、小诗、散文诗、诗剧等也大体齐备。从当时出版的诗集来看，已有《尝试集》、《女神》、《湖畔》等个人集或合集四五十种。另一方面，从白话诗理论来看，也可从以下两层来展开，一层是建设性质的诗学论文，既有《谈新诗》（胡适）、《我之文学改良观》（刘半农）、《白话诗的三大条件》（俞平伯），《新诗底我见》（康白情）、《论小诗》（周作人）等单篇论文，也有《三叶集》（郭沫若等）一类的专集。还有一层是陆续出现带有破坏现存白话诗并开始按个体或团体的诗学设想来重建性质的专文，如《冬夜草儿评论》（闻一多、梁实秋，1922 年）、《诗之防御战》（成仿吾，1923 年）……这些文章，主要着眼点在于对胡适开创的白话诗表示不满与反对，是站在当时白话诗基础上的理论反省。卞之琳在谈到戴望舒创制"中西交融"的模式时曾说，"在白话新体诗获得了一个巩固的立足点以后，它是无所顾虑的有意接通我国诗的长期传统，来利用年深月久、经过不断体裁变化而传下来的艺术遗产"。对比 20 世纪 20 年代而言，这是"倾向于把侧重西方诗风的吸收倒过来为侧重旧诗风的继承。这却并不是回到郭沫若以前的草创时代"。[①]

---

　　① 卞之琳：《〈戴望舒诗集〉序》，《人与诗：忆旧说新》，生活·读书·新知三联书店 1984 年版，第 63—64 页。

白话诗的"巩固的立足点",事实上在这一阶段也非常牢固地形成了,一切开端与后来的变异也由此出发,"白话"与"新诗"开始了新的联结。

由此可见,白话新诗由产生而成立,基本上在这一时期内顺利完成,白话诗在新文学上的正统地位也得以确立,它既有力地体现出初期白话诗人的历史功绩,也给后来者创造出一个广阔的生长空间,从而揭开了中国新诗史前所未有的一页。

三

初期白话新诗与古典诗歌根本的区别,带有标志意义的是它的语言工具,它经历了一个突破文言、刷新工具到逐渐解放诗体的过程。问题的关键是,白话到底与文言有何本质不同,初期白话诗试验中的白话长的是一副什么样的面孔?为什么它与古代的白话也有实质性的区别,其区别又体现在哪些层面上?这些看似简单的问题,可能求得共识也并不容易。

胡适认为文言是死文字,而"白话是活文字","活文字者,日用语言之文字"。[①] 他后来还对白话作了更全面的思考,释白话之义,约有三端:

(一)白话的"白",是戏台上"说白"的白,是俗语"土白"的白。故白话即是俗话。

(二)白话的"白",是"清白"的白,是"明白"的白。白话但须要"明白如话",不妨夹几个文言的字眼。

(三)白话的"白",是"黑白"的白。白话便是干干净

---

① 分别见胡适:《四十自述·逼上梁山》,《新文学大系·建设理论集》,上海良友图书印刷公司1935年版,第6页;《〈尝试集〉自序》,《尝试集》,人民文学出版社1984年版,第137页。

净没有堆砌涂饰的话，也不妨夹入几个明白易晓的文言字眼。①

照此理解，胡适心目中的白话是近于说话，近于口语之类的语言。顺此思路，他认为"有什么话，说什么话；话怎么说，就怎么说。这样方才可以有真正的白话诗"。② 这一白话基本上等同于口语、等同于方言了。胡适的同时代人朱自清在读了用"活的北平土话"写的小说后，思考什么叫做白话时认为"是活在人人嘴上的？这种话现在虽已有人试记下来，可是不能通行；而且将来也不准能通行。……它比文言近于现在中国大部分人的口语，可是并非真正的口语。换句话说，这是不大活的"，"用活的方言作文还只有几个人试验，没有成为风气；但成绩都还不坏"。③ "新诗的白话跟白话文的白话一样，并不全合于口语，而且多少趋向欧化或现代化。本来文字也不能全合于口语……有些诗纯用口语，可以得着活泼亲切的效果；徐志摩先生的无韵体就能做到这地步。"④ 比较之下这些说法仍说得含糊其辞，都是类比概念上的，有时甚至参差错落，残存某种悖论意味。

落实到最具体的层面，是否可以认定白话就是某种流行最广的方言，当时与之相称的应是流行地域最大的北方方言。但当时基本没有人这样直截了当，后来胡适在另外的场合，发表相关文章挑明了这一内在逻辑与关系，其原因是囿于当时提倡白话诗的

---

① 胡适：《答钱玄同》（1917 年 11 月），胡适著、季羡林主编《胡适全集》第 23 卷，安徽教育出版社 2003 年版，第 156 页。

② 胡适：《尝试集·自序》，《尝试集》，人民文学出版社 1984 年版，第 149 页。

③ 朱自清：《论白话——读〈南北极〉与〈小彼得〉的感想》，《朱自清全集》第 1 卷，江苏教育出版社 1996 年版，第 267—272 页。

④ 朱自清：《诗的形式》，《新诗杂话》，生活·读书·新知三联书店 1984 年版，第 105 页。

压力，不好直说且为规避提倡方言文学之嫌罢了。"民国九年十年（1920—1921），白话公然叫做国语了。"① 一旦白话文运动迅速进展到提倡国语、建设国语时期，胡适论调鲜明具体多了："凡是国语的发生，必是先有了一种方言比较的通行，比较的产生了最多的活文学，可以采用作国语的中坚分子；这个中坚分子的方言，逐渐推行出去，随时吸收各地方言的特别贡献，同时便逐渐变换各地的土话：这便是国语的成立。"② 所以国语必须是一种具有双重资格的方言：第一须流行最广，第二已产生了有价值的文学。这些条件既是一种资格，也有某种现实针对性。当时的北方方言区所辖地区，遍布大半个中国，从黑、吉、辽东三省到云贵川等西南地区、从长城塞外到长江流域一线，通行着一种大同小异的北方话（又称官话或普通话，后来在方言性质的书籍里把它又细分为四大区域，但区域之间还是大体相同）。与此类似的论述还有很多，其中最集中、具体的论述莫过于胡适在《吴歌甲集·序》③ 中的阐释。在胡适看来，所谓活文学、活白话，便是民众嘴里活着的方言而已，不过这一方言，因在文学上有历史积淀，在地域上又有绝对优势，其方言的局限性倒遮掩得严严

---

① 胡适：《五十年来中国之文学》，姜义华主编、沈寂编《胡适学术文集·新文学运动》，中华书局 1993 年版，第 158 页。

② 胡适：《〈国语讲习所同学录〉序》，姜义华主编、沈寂编《胡适学术文集·语言文字研究》，中华书局 1993 年版，第 302—303 页。

③ 胡适：《〈吴歌甲集〉序》，姜义华主编、沈寂编《胡适学术文集·新文学运动》，中华书局 1993 年版，第 497—500 页。择其要点而言，有以下数端：一是自己以前在《答觉僧君》所说的"将来国语文学兴起之后，尽可以有'方言的文学'。方言的文学越多，国语的文学越有取材的资料，越有浓富的内容和活泼的生命。……国语的文学造成之后，有了标准，不但不怕方言的文学与他争长，并且还要倚靠各地方言供给他的新材料，新血脉"。这一番话是当时不愿惊骇一班提倡国语文学的人，而很小心地加上几句限制的话。到 1925 年便放开说了。二是老实承认国语不过是最优胜的一种方言，国语的文学从方言的文学中生长出来。三是从文学的广义出发，则更加倚靠方言了。

实实，在一个不断去边缘化的惯性运动中，位居中心位置的优势改变了它的身份与资历。

综观初期白话诗中的语言因素，主要取向是用活的白话写诗，反对文言入诗，尽管有些文言词汇还程度不一地残存在白话诗中；其次是反对用旧体诗格律，不限字数，用自由诗体，尽量模仿声口，以自然的音节见长。在白话里，除久居京津之地而运用京白土语外，也掺杂着非北方方言的方言成分，如上海、杭州等地诗人的吴语特色。另外，也出现带有仿作性质的方言诗先声，如刘半农的《江阴船歌》，俞平伯仿作吴歌《吴声恋歌十解》等，但因出版较晚，或数量极少，实际影响并不大（刘半农的尝试，将在第二章中专门论述，这里仅提及一下）。总之，白话诗的"白话"，是以北方方言为主导的优势地域方言，是活的流动的北方话。

另一方面，自俞平伯断言"中国现行白话，不是作诗的绝对适宜的工具"[①] 后，便不断有人感觉到了当时白话语言样态的缺陷，试图引起人的注意而加以改进，如梁实秋后来追认"新诗运动最早的几年，大家注意的是'白话'，不是'诗'"。[②] 如果要完全胜任文学表现的工具"非经过一番探险，洗炼，补充和改善不可"。[③] 这些说法后来广为流传，主要是出于对大白话和散文化的反拨，参照的标准是古典诗的精练、朦胧、含蓄，重暗示而忌说明，言有尽而意无穷等审美特性。

值得反问的是，是否必须以古体诗作为必然的参照？如果最大限度地提炼白话，能否达到这一指标？白话诗有没有自身的朦

---

① 俞平伯：《社会上对于新诗的各种心理观》，杨匡汉、刘福春编《中国现代诗论》上，花城出版社 1985 年版，第 21 页。

② 梁实秋：《新诗的格调及其他》，《诗刊》创刊号，1931 年 1 月。

③ 梁宗岱：《文坛往哪里去——"用什么话"问题》，李振声编《梁宗岱批评文集》，珠海出版社 1998 年版，第 46 页。

胧含蓄与余香回味？诸如此类的问题倒是忽略了过去，不过，如何在"白话"上下足工夫，杜绝半文半白、不文不白等情况的出现，作为一个理想目标在日后提得更加响亮了，同时既兼顾白话，又兼顾到"诗"，具体把新诗的"新"在语言上定出某种规定。于是在"白话"与"诗"两者之间，形成一个钟摆，几乎左右了人们的视线。从傅斯年主张"留心说话，直用西洋词法"[①]，到废名宣称小诗时期"写新诗乃真有一个'诗'的空气，无论是写得怎样驳杂，其诗的空气之浓厚乃是毫无异议的了。其写得驳杂，正因其诗的空气之浓厚。这是新诗发展上很好的现象，好像新诗将要成为'诗'应该有这一段经过"[②]；从穆木天断言"中国的新诗运动，我以为胡适是最大的罪人"[③]，再到 20 世纪 90年代著名诗人郑敏提出"世纪末的回顾"时，指责胡适们"立意要自绝于古典文学，从语言到内容都是否定继承，竭力使创作界遗忘和背离古典诗词"。[④] 这些代表性的见解，也是在钟摆面前执于一端的理解。但事实证明，白话已是正统以立的白话诗唯一的工具，最大的让步也只能在这一基础上稍作弥补而已。当时的情况大致有以下数端，一是对文言词语的适当调用，像郭沫若《女神》、俞平伯的《冬夜》等诗集中，文言语汇还是较为普遍。旧词曲所用的语汇也不全是死文字，当初出于标举白话而画的圈子太大，到后来自觉缩小了，"词曲的音节在新诗的国境里并不

---

① 傅斯年：《怎样做白话文》，胡适选编《中国新文学大系·建设理论集》，上海良友图书印刷公司 1935 年版，第 217 页。

② 废名：《〈冰心诗集〉》，《新诗十二讲：废名的老北大讲义》，辽宁教育出版社2006 年版，第 128 页。

③ 穆木天：《谭诗——寄沫若的一封信》，《创造月刊》第 1 卷第 1 期，1926 年3 月。

④ 郑敏：《世纪末的回顾：汉语语言变革与中国新诗创作》，《文学评论》1993年第 3 期。

全体是违禁物，不过要经过一番查验拣择罢了。"① 二是对除北方方言区外的各地方言中富有表达力的方言语汇与句式适当调用，如湖畔诗人作品中夹杂的吴语成分，刘半农发表于报刊山歌中的江阴方言特色，成仿吾诗作中偶然可见的湘语成分，胡适诗作中个别的徽语特征，以及难以分辨而丰富驳杂的语气虚词。三是注重对白话的洗练、提纯。对白话的清选，是一个当时的自律过程，胡适最先提倡白话诗，主要从死文字与活文字的概念与争论出发，一手打倒死文字与死文学，哪知道活文字与活语言也并不是天生就是鲜活无比的，"活"的程度不一导致具体"活"法不同，非经一个去芜存精的过程不可，这样各白话内部太过于土俗的语言成分得到了初步过滤。

值得补充的是，白话诗当时主要还搭上了"思想革命"这一趟快车，一路势如破竹，死活截然两途。由白话而国语，由旁系而正宗，在这个过程中，活文学不断地增添活力，死文学则更朽更死，死文字与文学中的一些"文言"，即使附带性地被激活，但纳入白话这种活语中以后，其性质也发生了根本变化，处于某种附庸地位，成为有益的补充。

结　语

总而言之，像现代汉语的确立也是现代文化包括现代文学的确立一样，② 在这一语境下，白话的确立与合法化，也是新诗正统以立的根本。在这一过程中，积蓄太久的白话能量得到了全面的释放，白话诗从产生到成立，以迅雷不及掩耳之势，横扫诗坛以文言为唯一诗歌用语风习之迂腐与时人对骸骨之迷恋，以此发

---

① 闻一多：《闻一多诗全编》（蓝棣之编），浙江文艺出版社 1995 年版，第 362 页。

② 参见高玉：《现代汉语与中国现代文学》，中国社会科学出版社 2003 年版。

端，整个诗歌创作在此平台上集结、出发，这不能不说是白话对诗的最大贡献。

在此之后，白话诗经过一个缓冲期后，又一环扣一环地开始了它的自律运动，在这种符合事物客观规律的运动中，白话本身的更新也将不可逆转地展开。

第三节　打油诗、白话诗与"胡适之体"

新诗史源头上的白话诗与胡适有不解之缘，不管是旁人的附和追认还是他本人的夫子自道。时隔近二十年，朱自清编选中国新文学大系诗集卷时，在导言中劈头几句便是："胡适之氏是第一个'尝试'新诗的人，起手是民国五年七月。新诗第一次出现在《新青年》四卷一号上，作者三人，胡氏之外，有沈尹默、刘半农二氏；诗九首，胡氏作四首，第一首便是他的《鸽子》。这时是七年正月。他的《尝试集》，我们第一部新诗集，出版是在九年三月。"在朱自清看来，晚清的诗界革命，对新诗运动只是"在观念上，不在方法上"[1] 给予很大的影响。朱自清的上述话语到后来颇有历史结论的意味，一般文学史描述也大多由此而辗转阐释、生发。

而朱自清说胡适是第一个尝试新诗的人以及诸多观念判断，其根据则主要出自胡适本人《尝试集》初版自序和胡适后来在新文学运动中的不二影响。胡适在 1920 年《尝试集》初版自序中曾不无自豪地说："我的《尝试集》起于民国 5 年 7 月，到民国 6 年 9 月我到北京时，已成一小册子了。这一年之中，白话诗的试验室里只有我一人。"随后他又带动了一批新

---

① 朱自清：《中国新文学大系·诗集·导言》，上海良友图书印刷公司 1935 年版，第 1 页。

文化运动的先驱人物进行尝试，如当时尝试作白话新诗的沈尹默、刘半农、俞平伯以及周作人、康白情等人便是，这一集体的力量促成了初期白话诗的成立。这一点在胡适日后的相关论著中也有具体的交代。

然而，我们除了从他日后较为完整的叙述中可梳理其脉络外，这一历史细节还保存在他后来公开的留学日记及相关私人信件中。白话诗整个在母体中受孕、妊娠、生长的过程，都记载在案。而且当时尝试的白话诗，许多时候都冠之以"打油诗"之名，不论是胡适本人，还是与他争论的朋友们；对他最早可能成集的这类作品集子，在当时也只是用"一集打油诗百首，'先生'合受'榨机'名"①的诗句来戏谑形容，只是胡适最早成集的《尝试集》，却出于各种考虑，拒绝了这一可能。

如果说带有选本性质的叙述虚构色彩较浓的话，那么它原始的一些记载则更真实、可信。本书主要参照他的留学日记以及他当时的一些书信等材料进行论述，具体触及的问题如下：一是尝试白话诗的历史现场与胡适日后的历史叙述之对照；二是从打油诗到白话诗这一转型的轨迹之考察；三是对"胡适之体"的重审，三个问题的背后都有对方言入诗的勾连。

一

胡适在 1910 年到 1917 年这一留美时期，记有留学日记 17卷，记有他读书治学和朋友交往的札记、创作的诗文和往来书信的存稿与摘要等内容，总体上说内容既丰富又显得驳杂，比他日后提炼成形的发表文章相比，似乎更有原始参考与研究的史料性

---

① 任叔永语，见胡适《留学日记卷十五》，胡适著、季羡林主编《胡适全集》第 28 卷，安徽教育出版社 2003 年版，第 488 页。

价值。如书信方面，胡适素有"早享大名，交游极广，故与之书信来往的各界人士甚多"的"书信作家"[①]之誉，在他整个求学期间，特别是在美期间更是如此，如 1916 年全年信札情况为：收到 1210 封，写出 1040 封。[②] 这一年对于胡适与白话诗来说具有不同凡响的意义，这些书信除一小部分是与母亲、江冬秀等的家信外，大都是与朋友、同学讨论诸如白话入诗等学术问题的"重大思考"，只可惜散佚较多，只有部分存世。就现在存世的部分来看，其中酝酿、成型着"诗体大解放"的观念，以及白话是否可为文学一切文类之利器等问题，它们居于讨论核心之中。

学界一般在论析胡适尝试白话诗试验源头时，往往到 1917 年便停步了，个别追溯到 1915 年夏天，即当时胡适正与另几位中国留美学生任叔永、梅光迪（觐庄）、杨杏佛等人在美国康乃尔大学所在地绮色佳（Ithaca）度假时，常在一起讨论中国语言文字、中国文学和文化等问题。事实上，在此时段之前，胡适曾有过一些初步而具体的想法与尝试。

从个人趣味与知识结构而言，胡适写白话文字与论文早在民国纪元前六年即在上海读中学时便已进行，因幼嗜白话小说，少时不曾学对对子，喜古体诗而不近律诗，便与律诗有心理距离，初学诗近白居易一派，读杜诗也是只拣《石壕吏》、《自京赴奉先咏怀》一类的诗[③]；在上海求学及在海外读书期间，多看《新民丛报》、梁启超的"新文体"，记日记与写文章，皆用浅显文言，等等。这一切在留学日记中有相关的记载，如"余幼时初学为

---

① 见耿云志、欧阳哲生整理胡适书信部分的整理说明，胡适著、季羡林主编《胡适全集》第 23 卷，安徽教育出版社 2003 年版。

② 胡适：《留学日记卷十五》，胡适著、季羡林主编《胡适全集》第 28 卷，安徽教育出版社 2003 年版，第 510 页。

③ 胡适：《尝试集·自序》，人民文学出版社 1984 年版，第 135—136 页。

诗，颇学香山"。[①] 后来出国读书，在接受新式教育过程中因学习英文、德文、拉丁文等外语的原因而把时间精力分割得特别厉害，以致有"数月以来之光阴大半耗于英文也"[②] 之叹。因此留美期间也无暇顾及改变自己的知识结构、提高文言能力，这一缺陷让胡适经常感觉到作诗作词时有吃力、生涩之感，早在1906年的《澄衷日记》中便感觉到"且看浅易文言，久成习惯，今日看高等之艰深国文，辄不能卒读"。[③]

另一方面，胡适用浅易白话翻译包括自誉为"新诗第一纪元"的译诗《关不住了》，其实也是由来已久之事。《关不住了》仅是其中普通的一首而已，而且时间大为靠后，许多研究者依据胡适自述，实在把这一过程在时间上大为延后了。在留学日记中用《关不住了》式的白话译诗，早进行了不少年月，更不必说用白话译外来报章、文告、演说词等。仅以译诗为例，从1913年用古体译英国诗人卜郎吟、裴伦诗，到1914年8、9月间用白话译英国诗人那伊思的《联合阵线》三章、吉勃林的诗，译诗的数量较多，也较为频繁。其中还有自己先写成英文诗后再自译为白话文的，如《A SONNET》、《告马斯》、《夜过纽约港》、《今别离》等，可以看出一个一心向学的留学生在陌生的语言环境中，通过断断续续地进行这方面的练习来掌握外语所作出的种种艰苦努力。

不过，在胡适1915年8月决定去哥伦比亚大学留学时，事情发生了戏剧性的变化，这也是胡适在众多文本中叙述的开始，只是没那么详细罢了。在离绮色佳前夕，胡适遭遇到了一系列意

---

① 胡适：《留学日记卷六》，胡适著、季羡林主编《胡适全集》第27卷，安徽教育出版社2003年版，第473页。

② 胡适：《留学日记卷一》，胡适著、季羡林主编《胡适全集》第27卷，安徽教育出版社2003年版，第145页。

③ 胡适：《澄衷日记》，胡适著、季羡林主编《胡适全集》第27卷，安徽教育出版社2003年版，第24页。

外，一是与赵元任分工，作《如何可使吾国文言易于教授》一文，此系留学监督钟某"废除汉字、改用字母"刺激所为；二是告别经常吟诗唱和的数位好友而产生的插曲，其中包括《送梅觐庄往哈佛大学诗》、叔永戏赠诗，以及胡适依韵和叔永戏赠诗。这里首先涉及的是外国音译词入诗问题，相比之下，还是掺杂外人不懂的新名词而已，与诗界革命中的黄遵宪、梁启超等人提倡"新派诗"时所用的处理方式差别不大。但其中有两点原创性的主张：一是文字的死活概念雏形，一是对作诗如说话的某种腔调的好奇。在前者基础上进一步，则启示了文言是死文字，文言文是死文学的讨论；在后者基础上则启发了"作诗如作文"的诗学主张，而且这些初步设想，破坏了古典诗词语句、语法层次上的内部结构。在这两点上，胡适也似乎突然意识到自己真正革命性的力量在哪里，即刚进哥伦比亚大学便恍然大悟"近来作诗颇同说话，自谓为进境，而张先生甚不喜之，以为'不像诗'。适虽不谓然，而未能有以折服其心，奈何？"[1] 正因为要"折服其心"，胡适在随后的日记中大量记载了他追溯的良苦用心：一方面从陆放翁、杜甫、苏东坡诗中去找，到山谷、稼轩、柳永词中去找，找到的是与自己过去所作的通俗旧诗相似而已。另一方面，胡适通过大力攻击旧文学为死文学、指出吾国文学三大病（即一曰无病呻吟，二曰模仿古人，三曰言之无物）来给自己的个人情趣正名，寻找某种合法性。

白话诗的孕育，众所周知的是在胡适与梅光迪、任叔永、杨杏佛诸人的争论中逐渐成熟的。在复述中加以补充的是，胡适最早产生想法是宣布中国古文是半死或全死的文字，但梅、任却持相反意见，胡适固执己见、态度激进。结果之一是在《送梅觐庄

---

① 胡适：《留学日记卷十二》，胡适著、季羡林主编《胡适全集》第 28 卷，安徽教育出版社 2003 年版，第 313 页。

往哈佛大学诗》中提出"文学革命"的口号（《沁园春·誓诗》中则提"文章革命"的概念），在《依韵和叔永戏赠诗》里提出"作诗如作文"的口号。二者均因惹出的笔墨官司带出，前者因诗中使用了 11 个外国词语的"音译"词，被任叔永翻出新意，将其中的音译词连缀起来，作了一首类似原作风味的诗——游戏诗或打油诗回赠胡适，以示挖苦之意，诗曰："牛敦爱迭孙，培根客尔文，索虏与霍桑，烟士披里纯：鞭笞一车鬼，为君生琼英。文学今革命，作歌送胡生。"胡适沿用任叔永的诗韵作答，力倡"诗国革命何自始？要须作诗如作文"，并"愿共伐力莫相笑，我辈不作腐儒生。"但梅、任二位仍坚持己见，要做胡适所说的"腐儒生"，双方还有不少往返的辩驳之文，恕不一一详述。

在这一历史的复述中，关键的一个疑惑是，胡适为什么把尝试白话诗的时间延后呢？是否有这样一种可能，主要是与晚清的诗界革命在时间上拉开距离，只有适当地保持这段距离，胡适独自攻坚白话诗的过程与性质才凸显出来。在本章第一节中关于新诗产生的论述中，追认了这一段历史；回到这一逻辑链条上，它基本上能补充回答这一问题，这里就不赘述了。

二

围绕白话诗的各种"草案"，经过激烈的论争，经胡适之手于 1916 年诞生了样本，留学日记卷十四始便是胡适一首长达百多行的白话——《答梅觐庄——白话诗》。① 不过当时样本称为"打油诗"，胡适 20 世纪 30 年代著文时，不知什么意图还大胆沿用过。② 全诗一共五节，现只依次摘引数段如下：

---

① 据胡适自称，这首"打油诗"一半是少年朋友的游戏，一半是胡适有意试作白话韵文的开始。

② 1934 年胡适作《逼上梁山》一文自称，见姜义华主编、沈寂编《胡适学术文集·新文学运动》，中华书局 1993 年版，第 208 页。

（一）

"人闲天又凉"，老梅上战场。/拍桌骂胡适，"说话太荒唐！/说什么'中国要有活文学！'/说什么'须用白话作文章！'/文字岂有死活，白话俗不可当！"/……

（二）

老梅牢骚发了，老胡呵呵大笑。/"且请平心静气，这是什么论调！/文字没有古今，却有死活可道。/古人叫做'欲'，今人叫做'要'。/古人叫做'至'，今人叫做'到'。/古人叫做'溺'，今人叫做'尿'。/本来同是一字，声音少许变了。/并无雅俗可言，何必纷纷胡闹。"/……

（三）

"不但文字如此，/文章也有死活。/活文章，听得懂，说得出。/死文章，若要懂，须翻译。/文章上下三千年，/也不知死死生生经了多少劫/……

（四）

老梅听了跳起，大呼"岂有此理！/若如足下之言，/则村农伧父皆是诗人，/而非洲黑蛮亦可称文士！/何足下之醉心白话如是！"/……

（五）

人忙天又热，老胡弄笔墨。/文章须革命，你我都有责。/我岂敢好辩，也不敢轻敌。/有话便要说，不说过不得。/诸君莫笑白话诗，/胜似南社一百集。①

---

① 附带一提的是，此诗还非常符合胡适力倡"文学革命"所遵从的"八事入手"之说，即：一、不用典；二、不用陈套语；三、不讲对仗；四、不避俗字俗语；五、须讲求文法之结构；六、不作无病之呻吟；七、不模仿古人，话语须有个我在；八、须言之有物。

这首曾被双方定位为"打油诗"的白话诗，后来曾被文学史家司马长风所著《中国新文学史》中称作是"第一首白话新诗"。[①] 这里所引内容不齐，且多为模拟、实录梅、胡各自语气的诗句。打油诗以描摹老梅生气的神情开篇，逐渐过渡到诗学主张的分歧，如死活文字与文学观、文言与白话优劣性、白话如何锻炼等问题。全诗的构思是，胡适把书信中梅氏的反驳意见及主张，逐一摘引出主要观点再一一辩之。显然，整首诗的格调都是首开风气的，虽然寄给梅、任两位后又习惯性地受到坚持"诗与文有别，白话能为文但不能为诗"的论敌的奚落与否定。

从语言上细究之，我们发现此诗全部用俗语白话编织而成，不论是开篇描摹争论的情景，还是讨论具体的诗学问题，不论是议论还是叙事，都不乏俗语口讲的词汇与句法。胡适某些个人化的家乡方言词汇，以及北方话语汇与句式，交错相杂，正如梅氏所言"村农伧父皆是诗人"一样，纯以白话作诗，也可以敷衍成篇，而且意思清楚明白，表达起来也生动风趣。胡适考虑到当时因一时性起招惹梅氏真的动了气，便想和他开一通玩笑来达到消气的目的，因此游戏、调侃、诙谐的意味相当浓厚。尽管因这首"打油诗"再次招致梅氏来信大骂为"莲花落"、任氏指斥为"乃完全失败"，但胡适颇不心服，视之为"satire（嘲讽诗）"来替自己辩护。

由此发端，这些在当时小圈子内被认同为"打油诗"的分行文字，后来陆续在胡适等人手中涂鸦过不少。[②] 在尝试的名

---

① 司马长风：《中国新文学史》上，香港昭明出版社 1980 年版，第 34—36 页。

② 打油诗之说，如给胡近仁的信中说："适近已不作文言之诗词。偶欲作诗，每以白话为之，但以自娱，不求世人同好之也。"（同信附上《孔丘》、《朋友》二诗，信作于 1916 年 9 月），见胡适著、季羡林主编《胡适全集》第 23 卷，安徽教育出版社 2003 年版，第 118 页。

义下，胡适把这一类诗作干脆公之于众，如 1917 年 2 月首次在《新青年》2 卷 6 号上发表"白话诗八首"，第一次最先出版混杂着古典诗词的白话诗集《尝试集》。虽然《尝试集》仅收胡适 1916 年至 1920 年期间诗作 75 首，其中真正的白话诗所占比例并不太高，但"尝试"二字取代了"游戏"二字，借陆游诗句的力量扶正了白话诗。——这就是初期白话诗从受孕到分娩的整个过程，这一伴随着阵痛与欣慰的艰辛历程，对于胡适本人之于初期白话诗的开创之功，可谓功莫大焉，而对于梅、任诸公而言，他们之于初期白话诗的诞生，也似乎更不应该遗忘。

视当时的白话诗为打油诗，不但是胡适当时的自称、朋友之间打趣的游戏笔墨，也还带有某种概念、性质的界定。另外，"打油诗"的打油气息主要是白话入诗造成的，其中还不乏土语方言成分的"辅助"。胡适写了《答梅觐庄——白话诗》后，又接着写了一首闻赵元任割治盲肠炎的《打油诗寄元任》，其中既有四五个音译词，又有几句方言土味的句子："这事有点不妙！/依我仔细看来，这病该怪胡达。/你和他两口儿，可算得亲热杀：/同学同住同事，今又同到哈袜（harvard）。""前年胡达破肚，今年'先生'该割。/莫怪胡适无礼，嘴里夹七带八。"又如《打油诗戏柬经农、杏佛》一诗，对两友寄来之诗自称"仿适之"与"白话诗"，胡适则以"请问朱与杨，什么叫白话？货色不道地，招牌莫乱挂"为由进行辨正。

检阅现存胡适日记，发现其中记载有多束"打油诗"，如 1916 年 10 月 23 日《打油诗一束》、未署日期的《打油诗又一束》。据 1916 年 12 月 20 日《打油诗答叔永》中记载，任叔永曾以"一集打油诗百首，'先生'合受'榨机'名"的诗句来概括胡适的这类文字，胡适当仁不让地自称"人人都作打油诗，这个功须让'榨机'"，并以"但开风气不为师"①来肯定这一功绩。从中我们可以推测当时胡适这一类东西已集腋成裘，写了不少。

从语言质地分析，在旧体诗传统外的打油诗与胡适当时的白话诗基本上是类似的，如全部白话化、口语化，不避俚语方言。在形式上也颇多创意、变化，如用"宝塔格"体。②另外，胡适还发挥其考据之长，考唐人张打油《雪诗》作《"打油诗"解》，界定的标尺是称之为"诗之俚俗者"。自打油诗的作者遍布胡适朋友圈子后，白话诗与打油诗两者差不多重叠了，如朱经农给胡

---

① 据胡适原注，"榨机"两字系陈衡哲女士初用之，（大概由打油引申而来，胡适所作白话诗特多，朋友们则以"打油诗"统称之，故胡适打油最勤最力，有"榨机"之誉也——笔者）"人人都作打油诗"指朱经农、任叔永、杨杏佛、陈衡哲等人。其中没有梅光迪的名字，由此可见梅氏之迥异。见胡适《留学日记卷十五》，胡适著、季羡林主编《胡适全集》第28卷，安徽教育出版社2003年版，第488页。

② 胡明复1916年10月23日寄打油诗二首，二首皆有吴语方言方音、语汇内容。其中一首是宝塔体，胡适也回复了一首宝塔体，两人原作分别如下：

痴！	咦！
适之	希奇！
勿读书，[1]	胡格哩 [2]
香烟一支！	勦我作诗！[3]
单作白话诗！	这话不须提。
说时快，作时迟，	我作诗快得希，
一作就是三小时！	从来不用三小时。
	提起笔，何用费心思？
	笔尖儿嗤嗤嗤嗤地飞，
	也不管宝塔诗有几层儿！

[1] 原注："吴语读'书'如'诗'。"

[2] 原注："吴语称人之姓而系以'格哩'两字，犹北人言'李家的''张家的'也。"

[3] 原注："吴语'勿要'两字合读成一音（Fiao），犹北京人言'别'也。"见胡适著、季羡林主编《胡适全集》第28卷，安徽教育出版社2003年版，468—469页。

适的信中说"弟意白话诗无甚可取。……兄之诗谓之返古则可，谓之白话则不可。盖白话诗即打油诗。"胡适回信则极反对返古之说，宁受"打油"之号。①

"打油诗"这一名字在当时书信往返中屡次出现，但为什么这类作品没有收入《尝试集》呢？连《答梅觐庄——白话诗》也没有入集的资格。对此胡适没有片言只语予以解释，个中原因不得而知，也许只能猜测一二。首先，虽然打油诗古已有之，但在主流传统之外，一直名声不佳，给人的历史印象也仅是民间文人的游戏之作，或主流文人偶尔为之的雕虫小技罢了。承此一脉不足以谓"新"。从纯文学观念来看，打油诗充其量最多只是以俗为雅而已，它特有的讽刺风味与嬉笑怒骂的民间元素，还不具备独立高级的审美价值。其次，打油诗以粗粝、野性的面貌来掀翻主流诗歌传统，一千多年都没有实现过，积袭之深可想而知，因此如果以它来突围，显然还不够格。也许是综合考虑其得失优劣，胡适在决心"打油"的同时，开始用类似的白话语言，写了一批较为雅化的诗，如收入《尝试集》的《孔丘》、《朋友》、《他》、《赠经农》等，诗风较为纯正、端庄，诗人的创作态度也收敛得严肃起来，而且这一向度上的尝试，当时就获得了自己论敌的称许。"然《黄蝴蝶》、《尝试》、《他》、《赠经农》四首，皆能使经农、叔永、杏佛称许，则反对之力渐消矣。经农前日来书，不但不反对白话，且竟作白话之诗，欲再挂'白话'招牌"。② 朱经农还认为《孔丘》一诗"乃极古雅之作，非白话也"。③ 同样是用白话，写法不同，也能"古雅"起来。由此可

---

① 胡适：《答朱经农来书》，《留学日记卷十四》，胡适著、季羡林主编《胡适全集》第 28 卷，安徽教育出版社 2003 年版，第 435 页。

② 胡适：《留学日记卷十四》，胡适著、季羡林主编《胡适全集》第 28 卷，安徽教育出版社 2003 年版，第 463 页。

③ 同上书，第 435 页。

见，除语言外，主题、风格、纯化方式等因素也有辅助作用。再次，这也是在现实面前出于某种策略的综合考虑。在当时"白话诗"本身都很难冲破旧体诗堡垒的情况下，其历史合法性并不是打油诗所能获得的，尝试的阻隔，正名的艰难，逼上梁山似的让胡适不得不自我取舍。因此在"白话"入诗都已招人攻击，防不胜防之时，干脆丢卒保车，也不失为一步妙棋，这样让"文言/白话"之间的冲突变得集中而专一起来，诗体大解放与"白话"的联系也得到强化与巩固。

因此，白话诗在既分化又集中的关键时刻，打下了一场硬仗。有战争就有必要的牺牲，其中把打油诗悄然排除在外，便是其中战斗的细节之一。

三

胡适最先吃螃蟹，专以白话作诗为尝试之途，其个人诗集《尝试集》首开风气，影响益著。虽然真正的白话诗在诗集中比例不大，整个艺术水平也不太高，但不妨碍它成为新诗的源头。加之他留美回国后久居北大教授之席，以新文化运动的领袖登高一呼再呼，历史性地坐实了这一个位置。

他的白话新诗，后来有"胡适之体"之誉，而言其诗体，不如先言其个人口语风格。他的学生曾回忆道："胡先生所用的言语并非纯粹的国语，却略带川音，这是他少年时代在上海所学。在他《四十自述》第四编里说，当他到上海读书时，上海还是一个'上海话'的世界，教员上课都用上海话教，学生也不得不努力学上海话以便可以听懂，唯有他所肄业的中国公学教学则用普通话，也可算第一个用普通话的学校。他那时的同学四川、河南、广东人最多，别省人也有。胡先生相厚的同学多为川人，他觉得川语清楚干净，最爱学着说，所以他说'我的普通话近于四川话'。抗战时，笔者也曾在川西乐山县住过八年，我觉得胡先生的说话虽有点四川音，其实是以国语及长江流域的官话糅合在一起，造成了一种发音清晰，语调和谐，而又含着说服人的力量的特殊语言。假如写文章有所谓'胡适之体'，那么他说的话也可称为'胡适之话'。"①

这段话颠倒过来更为恰当，先有"胡适之话"作为根柢，作诗上"胡适之体"才不至于是无源之水。对于胡适的白话诗，学界有很多关于它们的历史价值与定位的评述。不过，要以一句最为准确、简洁的话概述的话，则莫过于"胡适之体"这一评语。以作者的名字称"体"来概括其特色、风格、影响，在整个新诗史上实为罕见。但进一层，一般意义上的"胡适之体"，其本身确是相当含混的，具有某种反讽意味。

说起"胡适之体"，人们一般以 20 世纪 30 年代陈子展发起讨论，圈内流行的"胡适之体"说法论之。② 这一讨论还引起了胡适的"兴趣"，于 1936 年撰文专此论述："'胡适之体'只是我自己尝试了二十多年的一点小玩意儿。在民国十一二年，我作我的侄儿《〈胡思永的遗诗〉序》，曾说：'他的诗，第一是明白清楚，第二是注重意境，第三是能剪裁，第四是有组织，有格式。如果新诗中真有胡适之派，这是胡适之的嫡派。'我在十多年之后，还觉得这几句话大致是不错的。至少我自己作了 20 年的诗，时时总想用这几条规律来戒约我自己。平常所谓某人的诗体，依我看来，总是那个诗人自己长期戒约自己，训练自己的结果。所

---

① 苏雪林：《胡适之先生给我两项最深的印象》，欧阳哲生编《追忆胡适》，社会科学文献出版社 2000 年版，第 351 页。

② 最先持此说法的是陈子展：《略谈"胡适之体"》，《申报·文艺周刊》第 6 期，1935 年 12 月；此文当时一度引起较为热烈的反响。《申报·文艺周刊》先后发表子模的《新诗的出路与"胡适之体"》、任钧的《关于新诗的形式问题》、梁实秋的《我也谈谈"胡适之体"的诗》等文，就此展开积极的讨论。胡适后来接过这一话题，在 1936 年第 12 期《自由评论》上发表《谈谈"胡适之体"的诗》。

谓'胡适之体',也只是我自己戒约自己的结果。"胡适的这些说法与他早期在《谈新诗》等文以及晚年一些谈话中的观点是一致的,他自己的诗歌创作大体上体现了上述特色,又有着更为丰富的表现。

关键问题是,为什么到 20 世纪 30 年代才涌起"胡适之体"的讨论呢?它为什么又是针对胡适 30 年代偶作的若干首类似词曲特色的诗,而不是面对五四时期的那批白话诗呢?同一名词概念下内容的滑移说明了一个什么问题?事实上,当陈子展在 20 世纪 30 年代初期搬出"胡适之体"的说法来辨认"新诗的一条新路",呼吁胡适仍拿出先驱者的精神,在新诗上创造一种"胡适之体"时,这些说法都显得有点像牛头不对马嘴一样的滑稽,似乎是开历史的玩笑。更何况当时的胡适基本上不写新诗,陈文中所举的诗例还是胡适 20 世纪 30 年代写的《飞行小赞》那首近于古代词的作品。由此可见,陈子展的提法与事实相当遥远,"老路"与"新路"一说都没有指出真正的"胡适之体"应该是啥样——这催生了哭笑不得的胡适自我申诉、证伪的动机。

在我看来,胡适早期的白话新诗与"胡适之体"才是合拍的实体,这个概念应该用在标示胡适如何从旧词曲中蜕化出来、历史性地把白话作为诗歌语言的正宗这一历史转型中去才合于时宜。其实,仔细追寻历史线索,我们发现有趣的现象是,"胡适之体"这四个字早在 1916 年就在胡适自己的笔下诞生过,只是当时针对的对象不同。因此不妨先来看追溯"胡适之体"的渊源与历史来由。在胡适《留学日记卷十》(1915 年 6 月 23 日)中有一段记载:

> 前作《老树行》,有"既鸟语所不能媚,亦不为风易高致"之语,侪辈争传,以为不当以入诗。杨杏佛(铨)一日

戏和叔永《春日诗》"灰"韵一联云，"既柳眼所不能媚，岂大作能燃死灰？"余大笑曰："果然青出于蓝而胜于蓝！"盖杏佛尝从余习英文也。今晨叔永言见芙蓉盛开而无人赏之，为口占曰："既非看花人能媚，就不因无人不开"，亦效胡适之体也。[①]

这是胡适的自我肯定，通过朋友模仿自己诗风之举，来体认作为"母体"、"范例"的自我。这源头上的"胡适之体"，开始涉及独出一格、打破常规诗法这一因素，而这一因素在初期白话诗——"胡适之体"这一历史链接中隐约地牵连着，并进一步扩大化。历史地看，这一链接最为稳妥、恰当，由此进到通过初期白话诗来打量"胡适之体"，这才构成一个最佳的角度。明白这点之后，那么，"胡适之体"有哪些特点呢？

"胡适之体"的最大特征可说是诗歌语言上的，那就是用大白话来作为写诗的唯一工具。人们习惯认为胡适新诗具有"明白如话"的特点，其源头来自胡适"诗体大解放"和"作诗如作文"的诗歌观念。胡适在《谈谈"胡适之体"的诗》一文中专门就此重复作过解释："一首诗尽可以有寄托，但除了寄托之外，还须要成一首明白清楚的诗。意旨不嫌深远，而言语必须明白清楚。古人讥李义山的诗'苦恨无人作郑笺'，其实看不懂而必须注解的诗，都不是好诗，只是笨谜而已。"又说，"我并不是说，明白清楚就是好诗，我只要说，凡是好诗没有不是明白清楚的。至少'胡适之体'的第一条戒律是要人

---

① 胡适：《留学日记卷十》，胡适著、季羡林主编《胡适全集》第 23 卷，安徽教育出版社 2003 年版，第 163 页。其中《老树行》见《留学日记卷九》（作于 4 月 26 日）全诗 12 句，每句 7 字，并有自跋：此诗用三句转韵体，虽非佳构，然末二语决非今日诗人所敢道也。末二句即"既鸟语所不能媚，亦不为风易高致。"（同书，第 111 页）

看得懂"。① 在这一观念支配下，胡适的早期白话诗创作大都以底层民众都能明白的白话入诗见长，包括不避俗字俗语在内的文学革命"八事"，才落在实处不至于悬空。通过白话工具的刷新，诗体大解放才变得具体化、有现实针对性，正如胡适所说"所以丰富的材料，精密的观察，高深的理想，复杂的感情，方才能跑到诗里去"。这几点中，尤以"丰富的材料"、"复杂的感情"最为典型。另有一层，虽然古人也有以白话作诗词者，但无人以全副精力专作白话诗词，鼓吹以白话诗为正体。不但以白话作诗，还千方百计求得白话诗作为诗歌的正体这一权利，正是"胡适之体"的最大历史功绩所在。换一角度，以白话立论可以透过语言系统本身来观照，其中最显著的莫过于虚词的涌入与多样化。周策纵先生曾指责胡适喜欢用"了"字结尾，实在缺乏语言艺术的韵致。② 据周先生统计，胡适的新体诗中有 68 首以"了"结句，共 101 行"了"字句。是否真的如周氏所说的那样，还值得商榷。回到历史现场上去体味，就会发现虚词进入诗歌，乃是白话本身的力量。通过纯粹白话的各种词类与句法，诗的意义得以凸显，各种"跑到诗里去"的东西才得以最充分地表现出来。否则跑进来而留不住（表达不出），也是没有多大意义的。至于初期的不成熟，有某些缺陷，则是不可避免的一个过程。

"胡适之体"的另一特征是通过语言变革带来诗歌真正的平民化、大众化、日常化等审美突变。综观胡适的白话诗，便可发现他的诗在题材上绝大多数是以反映普通、平凡而又真实的日常生活为旨归的，很少涉及崇高、抽象、虚幻的题材领域。在具体写法上，胡适的白话诗多采用实录和直写的方法，即印证所谓诗

---

① 胡适：《谈谈"胡适之体"的诗》，姜义华主编、沈寂编《胡适学术文集·新文学运动》，中华书局 1993 年版，第 466 页。

② 周策纵：《论胡适的诗——论诗小札之一》，见唐德刚《胡适杂忆》，广西师范大学出版社 2005 年版。

的经验主义。诗的经验主义的积极意义在于，它规定了诗的现实品格，虽然它容易导致诗歌缺乏深挚的情感和瑰丽的想象，导致诗歌的平面化和平庸化。经验的基础，加上平民之视角，使"胡适之体"的诗从整体上看，是一种日常生活审美化了的艺术。

"胡适之体"作为历史中间物的特殊价值，这一点也很重要。"胡适之体"的核心是"尝试"，既是首开风气，又兼有"首开风气不为师"的精神。胡适曾称他的白话新诗创作经历了三个发展阶段，即"刷洗过的旧诗"——"变相词曲"——"纯粹的白话诗"。但如果从新诗诗体的角度着眼，胡适早期白话新诗的诗体探索似可概括为我们所理解的以下两种情况。一种是文白杂糅的新诗，带有明显的旧体诗词的痕迹，包括胡适所说的"刷洗过的旧诗"和"变相词曲"，如《鸽子》、《人力车夫》、《新婚杂诗》等，甚至也包括胡适自认为是真正"白话新诗"的《老鸦》、《一颗星儿》等篇。在《谈新诗》和《〈尝试集〉再版自序》等文中，胡适多次谈到他采用了不少文言旧诗词的句式，又采用了双声叠韵一类的方法来帮助所谓音节的和谐，并且承认他的诗"很像一个缠过脚后来放大了的妇人回头看她一年一年的放脚鞋样，虽然一年放大一年，年年的鞋样上总还带着缠脚时代的血腥气"[①]。另一种情况是几乎毫无诗体规范的白话自由诗。这是胡适早期白话诗的另一个极端，即，一切打破，有什么话，说什么话，话怎么说，诗就怎么写。典型的例子如《看花》、《一念》以及稍后的《南高峰看日出》等。"胡适之体"本身的优劣还在其次，更重要的是作为历史中间物，像搭建的桥梁一样，供更多人从此经过，继续前行。

---

① 胡适：《〈尝试集〉四版自序》，姜义华主编、沈寂编《胡适学术文集·新文学运动》，中华书局 1993 年版，第 419 页。

四

胡适尝试白话诗是一个非常复杂的过程，他一方面远追诗界革命的余响，一方面集中于白话、方言这一活语的角度，通过打油诗一途来试探诗体的解放。"白话诗"与"胡适之体"有更多历史的重叠与对话。

总之，胡适尝试白话诗，能以"胡适之体"成为某种供人辨认的历史痕迹，其意义不仅仅体现在新诗诗体流变方面，而且还集中于语言变革方面，后者的影响更为深远。

第四节　乐山方言与《女神》

作家个性气质、作品风格的迥然不同，往往与他的出生地域、家庭环境、教育背景等因素密切相关。在他们成人之前，这些因素所施加的影响更为深远，遗留程度也最为突出。具体如语言习惯，其中一个普遍现象是，各地母语方言由不同方言区成长起来的生命个体携带着，在依附身体中做"声音的旅行"，不论是口头上的，还是书面语维度上的。正如德里达所说的"踪迹痕"（trace track）① 一样，作为存在的痕迹清晰可辨。

对来自巴山蜀水的郭沫若，更应作如是观。众所周知，郭氏基本上在 14 岁以前未离开过出生地沙湾，18 岁以前未离开过家乡嘉定（即今四川乐山），22 岁以前未离开过四川。直到他 1913 年 10 月因求学而东出夔门，经天津、北平直到当年年底东渡日本留学，从此他突然与乡土语言隔断了，而且在创作成名作《女

---

①　德里达，解构主义创始人，在著作中提出踪迹（trace）和心灵书写（psy-chic writing）为语言的发源。这里转引自郑敏：《世纪末的回顾：汉语语言变革与中国新诗创作》，《文学评论》1993 年第 3 期。

神》之前的大部分时间，是在日本这个十分欧化的陌生语言环境下度过的。不过，诗人曾有的人生经历与巴蜀地域文化已熔铸在一起，是不可能突然切割开来的，它们构成浑融的一团沉淀在他无意识的深层里，直到郭沫若日后创作自我体认为"语体诗"、"口语形态的诗"① 时，其中无意识地部分"复活"了他家乡的语言。成人之前一直在四川盆地生活的郭沫若，其日常所用的四川方言，仍是他与故土联系的一条精神纽带。换言之，乐山方言与《女神》之间内在的精神联系是相当明显的。

接下来的问题是，《女神》中的方言因素到底有何特色，占有一个什么样的位置，它又是如何具体体现的呢？讨论《女神》的方言因素，是否有损于这一名著的地位与历史形象呢？就让我们带着这些问题，回到《女神》的时代与文本中去吧。

一

郭沫若的家乡四川乐山，地处峨眉山麓，位于岷江、大渡河、青衣江的交汇处。从大的方言区域划分来看，此地属于北方方言的西南官话区，但从历史发展过程来看，包括乐山在内的四川屡遭战乱，人多逃亡，以致后来不断迁来的外省人氏居多而土著居民比例甚少，带有典型的移民社会特点。尤其是元末明初和明末清初，大量移民入境，移民来自山西、陕西、甘肃、湖南、湖北、江西、福建、广东等省，据郭沫若回忆当地人大多自称祖籍为湖广麻城。外省籍的客居人在当地均设会馆，地方观念极重，② 入乡随俗的语言虽经本地化，但仍是混杂交错、演变着的。因此虽然

---

① 郭沫若：《凫进文艺的新潮》，《文哨》第 1 卷第 2 期，1945 年 7 月 5 日。

② 郭沫若：《山中杂记·芭蕉花》，《沫若文集》第 7 卷，人民文学出版社 1958 年版，第 300—302 页。据郭沫若回忆，当他五六岁时，因母亲发了晕病，他与二哥到供福建人子弟读书的散馆里摘芭蕉花给母亲治病，家人听说是从散馆中偷摘来的，非常生气，还拉去跪在大堂上祖宗面前痛打一顿，其中"我"挨掌心是人生第一回。

属于西南官话区，内部的差别也不可忽略。郭沫若一家也位居移民家庭之列，其祖籍为福建宁化（为客家方言区），先祖于清初时"背着两个麻布上川"，[①] 到他记事时已逾数代，昔日背着麻布上川的客籍人，已艰苦创业成为乐山沙湾的中等地主家庭了。在笼统的四川方言语境下，某些客家方言仍在家庭生活的内部残留着（如称父亲为"爹"[②]）。郭沫若自称受母亲、家庭塾师（郭氏四岁半发蒙，差不多在塾师沈焕章门下受教近十年）影响甚大，其母亲系乐山本地人，出生时经历过家道中落的遭遇；塾师是乐山邻县的廪生。[③] 因此总的来看，夹杂着各地方言成分的乐山方言，构成了郭沫若整体意义上的地方语言环境，其语言接触、方言经历与创作背景之勾连，均由此发端而来。

其次，从《女神》创作的背景来审视，也与方言因素的普遍渗入多有相合之处。郭沫若在国外写新诗，据他自己最早的说法是受了四川白话诗人康白情的影响，[④] 以为康氏夹杂四川方言的白话诗是所谓新诗潮流，便大胆进行这种"语体诗的尝试"，并

---

① 郭沫若：《我的童年》，《郭沫若全集》文学编第 11 卷，人民文学出版社 1992 年版，第 15 页。

② 杨绍林：《郭沫若在家乡——沙湾》，《沙湾文史》第 1 期。这里转引自李怡《郭沫若与巴蜀文化》，《阅读现代》，西南师范大学出版社 2002 年版，第 207 页。

③ 郭沫若：《我的童年》，《郭沫若全集》文学编第 11 卷，人民文学出版社 1992 年版。

④ 康白情系四川安岳人，小郭沫若 4 岁；郭沫若有两处提到他与此相关的事情：一次是在《创造十年》，一次是在《我的作诗的经过》，且引后者如下："我第一次看见的白话诗是康白情的《送许德珩赴欧洲》（题名大意如此），是民八的九月在《时事新报》的《学灯》栏上看见的。那诗真真正正是白话，是分行写出的白话。其中有'我们喊了出来，我们做得出去'那样的词句，我看了也委实吃了一惊。那样就是白话诗吗？我的心里怀疑着，但这怀疑却唤起了我的胆量。"——因康白情是四川人，这些带有四川方言的句子，对作者而言也是饶有意味的，为什么不是其余的新诗人而偏偏是康白情呢？值得说明的是，这里几处有误，一是题目本为《送慕韩往巴黎》，二为所引诗为"我们叫了出来／我们就要做去"。

投寄出去开始了闯荡文坛的生涯。另外，他在自述写作《女神》的经过时曾说过这样一番话："我在未译《浮士德》之前，在民国八九年之间最是我的诗兴喷涌的时代，《女神》中的诗除掉《归国吟》（民国十年作）以外，大多是作于这个时期。……我在诗的创作期中，在这后半期里面觉得最有兴趣，那时的一种不可遏抑的内在冲动，一种几乎发狂的强烈的热情，使我至今犹时常追慕。我那时候的诗实实在在是涌出来，并不是做出来的。像《凤凰涅槃》那首长诗，前后怕只写了三十分钟的光景，写的时候全身发冷发抖，就好像中了寒热病一样，牙关只是震震地作响，心尖只是跳动得不安，后一半还是临睡的时候摊在被盖里写出来的。"[①] "在民八、民九之交，那种发作时时来袭击我。一来袭击，我便和扶着乩笔的人一样，写起诗来。有时连写也写不赢。"[②] 与此相类似的记录与描述还很多，这里不一一引述。这上面两段话中像"涌出来"、"写也写不赢"之类，说明郭沫若在创作进行过程中有一个灵感突发期，使得他根本来不及选择、推敲语言，无意识中把蛰伏在心灵深处的家乡方言也连带着涌现出来，显然这一思维与写作方式，与那种理智性的、经过细心挑剔或反复修改之后打磨出诗篇的方式不可同日而语。正因这样，《女神》的方言因素比较突出，换言之，乐山方言在这样的创作方式中连根带起而没有走样，得到了较多的原样保留。

曾有一篇文章比较简略地涉及这一论题，论者认为"《女神》中不随便采用方言、口语。但是，如非方言、口语不足以发挥效力时，诗人也用方言、口语，但又使你感觉不到它是方言、口语。在新诗的开创时期能自觉地、得心应手地驾驭方言、口语，

---

① 郭沫若：《写在〈三个叛逆的女性〉后面》，《中国当代文学研究资料 郭沫若专集（1）》，四川人民出版社 1984 年版，第 33—34 页。

② 郭沫若：《我的作诗的经过》，《郭沫若全集》文学编第 16 卷，人民文学出版社 1989 年版，第 217 页。

使之与书面语言浑然一体，《女神》堪称独到"①。不随便采用方言，用方言、口语是弥补非方言语的不足，这些看似详备的"说法"，一是缺乏具体深入的论证，二是这种想象诗人采用方言土语时的姿态或逻辑，虚构性大于真实性，也是笔者所不同意的。更何况当时也没有提倡普通话的时代语境，完全是根据自己的语言经历与积累在写，余次才考虑到读者因素等方面的现实原因。

二

方言作为一种带有地域特性的语言，它和今天常用的普通话一样，也具有其本身的特色，具体表现在语音、词汇、语法三个方面。本文因限于知识与材料，不涉及音节分析以及朗诵时的声音效果，也不涉及它的押韵方式与情况，因此主要从乐山方言的语汇与语法两个大的层面来论述与梳理。首先主要讨论《女神》中乐山方言词汇问题，在讨论之前不妨来梳理一下它整个的语汇系统及特色。

《女神》的语汇系统非常芜杂、丰富，与胡适的《尝试集》相比已有质的飞跃，由《尝试集》而《女神》，可以说已过渡、推进到众"语"杂生的阶段。作为新诗史上的第二部个人诗集，它比《尝试集》的语汇丰富芜杂得多，胡适说自己的诗作有"裹脚的气息"，在郭沫若的《女神》中则很难感觉得到，它呈现的是焕然一新、活力十足的新面孔。《女神》第一次实质性地强化了初期白话诗诗句容纳、汲取各类语汇的消化功能，达到无论什么语汇都可以入诗的地步，如文言词语、古语词、口语虚词、外来音译词、外文单词、方言土语词汇，这一切都被郭沫若糅合在

---

① 徐克文：《也谈〈女神〉的地方色彩》，乐山师专郭沫若研究室编《郭沫若研究论丛》第 3 辑，1990 年 6 月印刷，系内部资料。此外黄泽佩：《〈女神〉中的乐山方言词语》，《郭沫若学刊》1997 年第 4 期，黄文主要参考徐克文的文章，在其基础上有所细化。

一起，构成一个大杂烩般的语汇加工区。由于这一特点异常醒目，当时跟踪式的诗评对此多有论述："诗可以从华丽找到唯美的结论，因为诗的灵魂是辞藻。缺少美，不成诗。郭沫若是熟习而且能够运用中国文言的华丽，把诗写好的。他有消化旧有辞藻的力量，虽然我们仍然在他诗上找得出旧的点线。"① "郭君在诗的工具上的求新的倾向有两种：一是西字的插入，一是上面说过的单调的结构。不幸这两种倾向都是不好的。西字不当羼入中文诗，因为要保存视觉的和谐的这层道理，至为浅显，不必谈了。并且郭君一刻说'轮船'，而不说 steamer；一刻又说 symphony，而不说'合奏'：这完全是自相矛盾的。"② "在用字选词上，既成的由文言移植来的辞藻之外，他更加上外来语，或者是用原文，或者译音过未成为汉字写法。这真是那个转型期中的扬起过程的特征了。"③ 这些讨论褒贬不一，但大多数论者还是激赏郭沫若吞吐、含纳各类语汇的功夫。确实，《女神》融化了古今中外的辞藻，铁块似的投到作者的创作洪炉里，全都化成了他自己的血肉。不足的是，上面各种参差的评述，还显得不全面和深入，也有些难以调和的因素，典型的莫过于闻一多的意见，他一方面认为《女神》，"诗中夹用可以不用的西洋文字"是一个最明显的缺憾，一方面又肯定"我是全宇宙底 energy 底总量"中外语单词"energy"有音节圆满的妙处。④ 因此，在不失偏颇的情况下仔细考察当时白话诗在郭沫若手里取得的突破性进展，包括

———————————

　　① 沈从文：《论郭沫若》，王训昭等编《郭沫若研究资料》中，中国社会科学出版社 1986 年版，第 76 页。

　　② 朱湘：《郭君沫若的诗》，蒲花塘、晓非编《朱湘散文》上，中国广播电视出版社 1994 年版，第 191 页。

　　③ 穆木天：《郭沫若的诗歌》，王训昭等编《郭沫若研究资料》中，中国社会科学出版社 1986 年版，第 142 页。

　　④ 闻一多：《〈女神〉之地方色彩》，《创造周报》第 5 号，1923 年 6 月 10 日。

语汇的构成、糅合的形态与方式等等，都是洞察其思维方式与语言方式的一个切入口，也是标举《女神》意义的途径之一。

从众"语"共生的整个语言生态来看，《女神》或挪借、或调用、或移植、或糅合，有一种游刃自如之感。我们不妨具体地细加观察，首先来看《女神》对古语词、文言旧辞藻的激活能力。综观《女神》全部诗作，这些颇有历史年龄的语汇，时时浮现在读者眼前，如"相埒、须臾、吾曹、劳农、翘首、浮沤、耻不食殷粟、且将奈何、残月、何往"等。除此以外，《女神》中还有几首旧词语较为集中的旧体诗，如后面几辑中的《别离》等，便相当于《尝试集》中脱胎于旧词曲的诗，保留了过渡、脱胎的痕迹。

其次是与西方文明输入密切相关的语汇，这方面主要有以下数端：一是直接输入外国人名、地名与物名，有时甚至植入较为完整的段落、句子或词组；个别日文语汇的拼音化书写，也进入了诗行之中。具体有一首以外文词为题的《Venus》，其余则零星地混杂在诗行中，如"菲尼克司（Phoenix）、亚坡罗（Apollo）、泰果尔翁（Tagore）"，又如"pioneer（先驱者）、rhythm（节奏）、pantheism（泛神论）"等，在英汉互换、互译过程中，大多数是郭沫若自己凭主观印象翻译出来的，译名并不统一，与当时流行的各种固定译法也有出入，如惠特曼译成"恢铁莽"。也许是语言转换的某些障碍或出于陌生化效果考虑，郭沫若在采用时显得有点随意，没有多少规律可言。此外，在掺杂外来语时，有时杂以中文、有时照口语习惯重叠出现（重复出现时又有些用括号圈起来，显得不规范、多余，因为本来都是一个意思，只是为了告诉读者哪个是外语单词而已）。二是大量采用当时流行的西方人文与科学领域的名词术语，如"高蹈派、无烟煤、新思潮、图书馆、摩托车、玛瑙、大宇宙意志、偶像崇拜、社会革命、得摩克拉西"之类。仅以《序诗》一诗为例，"无产阶级、私有财产、共产主义、振动数、燃烧点，智光"等词语便密切地挤在诗中。这些词语的含义还比较笼统，郭沫若承认当时并不全部明白它们的意思，只是置身于当时日本这个西学东渐的中转站努力捕获新鲜辞藻而已，他后来在说到自己是个无产阶级者、共产主义者时，便承认"那只是文字上的游戏，实际上连无产阶级和共产主义的概念都还没有认识明白"。①

第三，一些带有生造性质的个人化词语，也屡屡出现。也许是根据口头语至上的原则罢，有些词语故意颠倒着写，生硬化的词语并不少见，如不说东南西北而说"西北南东"，又如"恐后争先、深湛、情炎"等词语；《女神》一些诗句，指称太阳为"圆珰"；为了押（u）韵，把惧怕写成"怕惧"；为了凑（ang）韵，生造"阻障"一词，不过这类词汇后来大多被淘汰了。总之，来源不一、各式各样的词语纠缠着串在一块儿，在《女神》中形成众"语"狂欢的场面。套用一句郁达夫"完全脱离旧诗的羁绊，自《女神》始"②的老话，也可以说"随心杂取各类语汇，自《女神》始"。它所形成的话语场与取词姿态，恐怕给当时的白话诗坛震动更大些。

如何来看待这些词语狂欢的意义？以前的评价涉及一些，其中大多不是从这个角度立论。不管出于什么原因，种种语汇能这样无所顾忌地"入诗"，是当时诗人设身处地、保持开放心态的结果，也是与世界接轨、输运"西学"的结果。诗人一方面跟踪时代的发展趋势，对新出现的科技、发明与物质世界的新内容，都确保能有确切的称呼；另一方面他追踪口语的发展，凡是嘴里说出的东西都大量地用汉字或符号来定型与呈现。虽然郭沫若当

---

① 郭沫若：《创造十年》，《郭沫若全集》文学编第 12 卷，人民文学出版社 1992 年版，第 147 页。

② 郁达夫：《女神之生日》，《时事新报·学灯》，1922 年 8 月 2 日。

时没有时间仔细推敲、取舍，但并不能仅仅视之为《女神》的缺陷，它最主要的意义显然在贡献一方面。

在这一基础上，我们再来看《女神》中的方言土语，便显得意味深长了，也清晰了许多。"乐山方言的词汇较为丰富。一些词语，普通话中有乐山话中也有；一些词语，四川话中有乐山话中也通用；作为较独特的方言词语，其中有一些不仅四川其他入声地区有，湖北入声区有，而且在湖南、两广一些地方也有。此外乐山方言区边远地带往往也通用邻接各县（市）的少数方言词语，这些都使得乐山方言词汇呈现出缤纷多姿的形态"。[①] ——这还是从相隔数十年的语境而言的，实际上以当时的情况来论显然更加突出。从方言语汇角度来看，《女神》之中，郭沫若所调用的乐山方言词语，大多比较明白易懂，因为它同属于北方方言，与今天意义上的普通话大致相近，因此一般从上下文能理解其意义。有些语词则比较特殊、艰涩一些，不论是实词还是虚词。这里先主要集中注意力于名词与动词、形容词等实词上，请看下面的诗句：

（1）你又把我推倒，/我又把你揎倒。——《光海》

（2）a：塔下的河岸刀截了一样斩齐；b：就好像一个跳舞的女郎将就你看。——《金字塔》

（3）白云呀！你是不是解渴的凌冰？——《新月与白云》

（4）嗳！你横顺爱说这样疯癫识倒的话。——《湘累》

（5）我怕读得今日以后再来的电信了！——《胜利之死·其二》

---

① 赖先刚：《乐山方言》，巴蜀书社 2000 年版，第 3 页。

"揎倒"即"推翻、推倒"之意,上文用了"推翻",下文为了避免重复,便用方言词语"揎倒",使语汇的运用显得丰富多样,从中可以看到方言词语的生命力。"斩齐"一词,与"截"、"刀"相匹配,给人一种力量感;"将就"一词的意思是乐于主动靠拢的意思,与普通话解释成"勉强适应"不同,有一种特殊的韵味,暗示了拟人化后女性娇羞、活泼的神情。"凌冰"是"冰"的意思,乐山人称"冰"为"凌冰儿",是个儿化词,这里将"儿"这一后缀省略,变成响亮的双音词。"横顺"的含义相当于"总的、一切","疯癫识倒"的意思是"疯癫、颠倒错乱"之意,富于地域特色。"怕读得"即"不敢读","怕"与"莫""莫有"(《雯月》)等方言词相近。可见,这些诗句中偶尔调用一些方言语汇,句子显得丰富、错落许多。

除此之外相类似的方言词汇还比较多,如"闹得真是怕人!""时常只解争吃馒头"(《女神之再生》),"煞是逆耳"、"欲圆未圆"(《棠棣之花》),"楼头的檐溜……"(《雪朝》),"他那筋脉隆起的金手"(《雷峰塔下·其一》),"返向那沉黑的海底流泪偷生"(《"蜜桑索罗普"之夜歌》),"四望都无有"(《海舟中望日出》)……此外,表称谓的"爹爹"(《登临》),指人身体部位的"面皮"(《辍了课的第一点钟里》、《巨炮之教训》)、"瘟颈子"(《火葬场》)。同是指称"月亮",《女神》中分别出现过"皓月、月华、月光、满月、月"等语汇。另外如零星散布在诗行中的还有"灶头、烟筒、欢喜、脑经、全盘"等等,这些方言特色词语,点缀其间,大多数是贴切而富有表现力的。这一切无疑丰富了白话诗的词汇系统,资源渐渐丰富起来,新诗发展道路也开阔不少。

其次,虚词系统的方言语汇就更丰富多了,有关乐山方言一类的书籍把叹词、语气词的运用纳入到独具地域特色的语法中，并归纳了"咳、欸、吧、唷喂（唷喂呀）、哎唷喂呀"等五个叹词，"喂、啵、吋、在、吼、嘞、呕、喔、喃、哒嘛"等十个语气词。① 这里笔者作了一些调整与处理，一是把语气词叹词统统纳入词汇中似较为妥当些。二是认为这些语汇记音的方式不同，有些语气词是可以换用另一个词来记音的，换言之，当时《女神》中虽然没有全部出现，但有可能在有限出现过的虚词中也代表了这些含义。三是如"唷喂、啵（相当于'吗'，有时以'不'字记音代替)"等词难以统一，考虑到不同时代的语境，因此不能严格、机械地一一对称性地确认。在此基础上，我认为这些带有明显方言因素的语气虚词，在《女神》文本中"初航"后便开始大量流入白话诗的创作中去，这是郭沫若对白话新诗的贡献，也是乐山方言乃至相近的四川方言对白话新诗的贡献。可见，《女神》中的方言口语虚词，带来新的气象与精神。"郭沫若的《女神》据说是受到惠特曼的非格律诗的影响，出现时确曾使不少诗人睁开了眼睛，惊奇地赞叹，今天读来觉得在语言上他开了一个不太好的风气，就是一种松散、表面的浪漫主义口语诗，好像在每行上加上一个'呀'字就能表达出多少激昂的感情。"② "不太好的风气"这样的论断显然不符合事实，当时要不是它们的涌现而导致白话诗充分进入到"口语状态"，以及凭借口语中流动的虚词去推动新诗进一步向前发展的话，说不定白话诗从产生到成立所花的时间还会更漫长。白话诗，从胡适所说的裹脚布状态再进一步解放出来，呈现出天足的姿势，事实上，还是从郭氏开始。

---

① 参见赖先刚：《乐山方言》，巴蜀书社 2000 年版，第 134—141 页。

② 郑敏：《世纪末的回顾：汉语语言变革与中国新诗创作》，《文学评论》1993年第 3 期。因论者整体上否定白话诗的发展道路，这样论评也不奇怪。

《女神》中围绕此一方向，主要从两个维度展开：一方面是标点符号中"！"的大量运用，配合某种变化着的强烈语气，"了"字结尾的诗句也较多，这两点都是延续、类似《尝试集》的做法，创意不大。另一方面则是大量口语虚词的运用，这是郭沫若的首创，也与乐山方言乃至四川方言区的虚词关系密切。在这些语气词中，主要有"吧、么、啊、呀、哦、吗、喔呀、哈哈、哟、咳、嗳"，其中"呀、啊、哦"重叠出现三四次的居多。这些当地人们日常口语中经常出现的语气词（当然不只是乐山方言所特有），跨越了原先区域的局限，通过白话诗走向全国，后来还被普通话大量接纳。这些明显带有方言因素的语气词，在《女神》中最多见的是"呀、哟、哦、啊"——这在《女神》同时代的白话诗集中很少见到，如徽语区诗人胡适的《尝试集》、汪静之的《蕙的风》，吴语区诗人俞平伯的《冬夜》，等等。

就《女神》而言，我们可以举一些具体的例子来分析。如《笔立山头展望》一诗在 16 行中有 8 行以"呀"结尾，《晨安》四节诗近四十行，每一句都以"呀"结尾，有些句子一句中还不止一个，最多的一句三个，加上句首开头的"啊"字，这类语气词在此首诗中差不多有六十以上。以"哟"结尾的有《立在地球边上放号》一诗，七行中有四行以"哟"字结尾，共六个，加上"啊啊"三个；《太阳礼赞》一共 14 行，其中 10 行诗中有"哟"。这些诗例太醒目，以至于新世纪初有诗人还认为"一口一个'哟'，一口一个'呀'，这是郭氏最基本的抒情语式"。[①]值得一提的是，这一指责得到郭沫若家乡学者的批判，其理由之一是，诸如"哟"、"呀"两个语气词，是乐山方言中表示强烈感情的特

---

① 伊沙：《抛开历史我不读——郭沫若批判》，伊沙等著《十诗人批判书》，时代文艺出版社 2001 年版，第 27 页。

色语气词，均与普通话用法大相径庭。[①]

三

《女神》中体现的乐山方言语法，也是一个特殊而又重要的现象。下面从以下几个方面来逐一论述：一是独特的构词方式与插入语成分；二是习惯表达法与句子；三是针对个别疑难句子的方言视角分析。

首先来讨论《女神》中有方言意味的构词方式与插入性语句。"儿"字作为后缀，是乐山方言的一个特色，它与名词后再加后缀"子"一样，意义不变。前者如"月儿、心脏儿、歌儿、泪珠儿、翅儿、人儿、口箫儿、山泉儿、山路儿、血潮儿、灵魂儿、形骸儿、海潮儿、轻轻儿、今儿"，后者如"舟子、妹子"等。二是重叠式合成词较普遍，在乐山话中一般为名词、动词、形容词，如"我们这五色的天球看看怕要震破！"（《女神之再生》）、"只好学着人的声音叫叫！"（《巨炮之教训》），此外如"知不知道"、"思不思念故乡？/想不想望归返"（《巨炮之教训》）也带有丰富的口语气息。其次是插入语成分方面的，乐山话中常用的一些插入语，有的具有较独特的表现力，不少插入语自身带有一定的语气（口气），这是乐山方言语法中值得关注的一个问题。虽然《女神》没有"背得住、说

---

① 赖先刚：《郭沫若早期诗作"阴气过重"吗?》，《郭沫若学刊》2002年第3期。另外此文对《女神》中的"呀、哟"还有详细的统计："《女神》中共有诗句1857句：不用'呀、哟'的1677句，占总诗句的90.31%；用上'呀、哟'的180句，仅占总诗句的9.69%。《女神》凡57篇中，不用和偶用（指篇中仅偶尔出现1—2个）'呀'或（和）'哟'的46篇（其中通篇不用的30篇），共占总篇数的80.7%；少量用'呀、哟'的5篇，约占总篇数的8.8%；此外，合用'呀、哟'较多的2篇、连续多用'哟'的2篇、几乎每句用'呀'的2篇，共占总篇数的10.5%。"换言之，据此统计可见，《女神》30篇未用"呀、哟"，27篇用了"呀、哟"。

得的、捡得的、怪子不得"等今天乐山方言中还常用的语句，但也有一些散嵌在句子中间，仅举句中夹杂"个"字的为例，如"在个孟春的黄昏时分"（《电火光中》），"我怎能成就个纯洁的孩儿"（《岸上》），这里的"个"，不是量词，也不是"一个"的省略，而是四川方言中一个特殊的代词，是"这，那"的意思。①

其次，方言意味的句法或表达法。在具体论证之前，我们可以先看别人的评价，由于《女神》里面的作品十之八九是郭沫若在日本留学时期的作品，诗人当时身处异国他乡，取材、内容、表现方法都与传统诗词有很大的不同，欧化的句子与语法也大行其时，因此有人以"欧化"之名进行过批评。"作者受到外国诗的熏陶很深，（惠特曼、泰戈尔、歌德、海涅，对于作者有很大的影响）在形式方面自然也脱不开它的影响"，"叫着在……跳着在……这不是欧化句法吗?"②"至于个别诗句如'怕在这宇宙之中/有什么浩劫要再!'新造的太阳'还在海水之中沐浴着在!'读来有点别扭。为了押韵，有时词句倒装，这在旧诗词中常见，但用在新体诗中未免不顺口，不够自然。这也许是诗人的一种探索吧。"③ 前者认定为欧化句法，后者认为是为了凑韵。其实这种以"在"结尾的句子是方言句法，它与一般意义上的存在句"在"的用法不同而已。在《女神》中，除了这两处外，还有十余处，下面不妨多摘引几句出来：

（1）你自从哪儿来？/你坐在哪儿在？——《凤凰涅槃》

---

① 参见张一舟等著：《成都方言语法研究》，巴蜀书社 2001 年版，第 225—226 页。

② 臧克家：《反抗的、自由的、创造的〈女神〉》，《文艺报》1953 年第 23 号。

③ 楼栖：《〈女神之再生〉鉴赏》，见公木主编《新诗鉴赏辞典》，上海辞书出版社 1991 年版，第 56 页。

（2）我的身心／好像是——融化着在。——《岸上》

（3）你囚在剥里克士通监狱中可还活着在吗？——《胜利的死》

（4）独坐北窗下举目向楼外西望，／春在大自然的怀中胎动着在了！——《春之胎动》

以上例子，可以看出这一句式在《女神》中是比较突出而常见的，它在句中的位置灵活，可居句中也可放在句尾，其基本句子结构是"V＋着＋在"，在乐山方言中，这种句式起着强调行为动作正在进行的作用，为了使对方听得更清楚明白，往往采用这一句式。郭沫若在诗中除了强调行为动作正在进行之外，有时为了押"ai"韵，加强诗的音乐性与照应，也巧妙地借用"在"这一句式，收到意想不到的功效。另外还有个别散句，譬如："食的是你，衣的是你，住的是你"（《地球，我的母亲！》）；"你在空中画了一个椭圆，／突然飞下海里，／你又飞向空中去。／你又突然飞下海里，／你又空中去"（《鹭鸶》），"刚才不是有武夫蛮伯之群／打从这不周山下过经？"（《女神之再生》），"我便是我呀！／我的我要爆了！"（《天狗》），"硬要生出一些差别起"。（《夜》）显然这些句子，用普通话语法去分析，显得别扭，但换为乐山方言视角去打量，觉得还是新颖别致的，语言表达的效果也生动、丰富。

最后，重点分析《凤凰涅槃》中的疑难句式"一切的一，一的一切"。关于这一特色句子，已"升格"为白话诗的疑难句之列，几十年来曾有不少人对此"难句"进行过各种解释，其中普遍的看法是把它与泛神论紧密结合加以考察，大致内容为："一"指本体（创造力），理解为泛神论的本体，在西方哲学中又归结为"火"；"一切"则可理解为表相（万物），万物不断地变为火，成为统一体而达到统一。换言之，是一切产生于一，而一产生于

83

一切，一就是"神"，是和谐。①

　　是否可以解释成这样呢？表面上看，因《女神》与泛神论确实有某种联系，所以这样推论也有历史根据。但是，这一推论的过程是值得怀疑的，作出这种解释本身有牵强附会之嫌。在我看来，虽然《女神》诞生后郭沫若不断道及一般意义上的泛神论，但主要是附加追述式的，在重复中充满了矛盾。郭沫若对当时的泛神论认识并不深入，很难在某一诗句中有如此简明扼要的哲学提升。另一方面，不同时期的解读者，在若干年后根据郭沫若自述所作的提示，不断地去《女神》文本中寻找证据，叠加、归纳出来一些新见，但大多数是为了证明郭氏的话，从逻辑上来说是颠倒性的，何况其中汗牛充栋的论述中，歧义矛盾甚多，难以说明问题。事实上，《凤凰涅槃》这首占有不少篇幅的长诗，是郭沫若在不到半个小时内快速完成的，当时考虑的是如何捕捉灵感、马上完篇，根本没时间考虑这考虑那，哲学上的重大思考还进入不了这一瞬时的灵感状态。在不人为地拔高郭沫若白话诗的前提下，这句疑难诗句倒是乐山方言中口语状态的句子，只是略加变化而已，经过了一次巧妙的变异。它最早的雏形是"一切的一切"，这是乐山方言乃至四川方言中口语状态的句子，用重复格式说来表示"全部、众多、难以计算"等意思。在《凤凰涅槃》中，"一切的一"和"一的一切"一共重复了五次，而这之前事实上有一个结实的铺垫，那就是"一切"出现过数次，"一切的一切"也出现过，如"凰歌"部分有如下诗句："一切都已去了，/一切都要去了。""凤凰同歌"部分有如下诗句："身外的一切！/身内的一

----

　　① 参见张晓东：《〈凤凰涅槃〉中"一的一切"试解》，《绍兴师专学报》1983年第2期；吴建波：《泛神论与〈女神〉中的疑难诗句》，《高师函授学刊》1995年第3期。

切！/一切的一切！/请了！请了！"后来在"凤凰更生歌"部分，因避免"一切的一切"重复的频率太多，诗人采取了省略方法来增加变化，便变成了"一的一切"或"一切的一"，但实际意义仍是"一切的一切"，即全部的全部之意，这样达到在稳固中求变化、在反复中求发展的目的，也加强了审美效果。这一富有创意的方言句型，在全诗中时隐时现，构成了一个较为稳定、富有个性、值得玩味的句式。另外，还有以下一例似乎可用来加以补充、佐证。邵洵美 1927 年出版诗集《天堂与五月》时，在版面、编排甚至句式上对《女神》多有模仿，这一模仿遭到了来自四川宜宾但出生在异乡的赵景深猛烈的批评。赵景深批评意见有五六处，其中一点与这一句式相关："他……此外模仿的地方还很多。郭沫若在《凤凰涅槃》中说了几句'一切的一切'，于是邵洵美的诗里便有：一切的一切便须贡献给你——《天堂》；一切是一切底，/一切终究是一切底——《病痊》"①虽然赵景深没有指出郭沫若这一句式是方言句式，但基本上回避了此句中子虚乌有的哲学背景与渊源，只是这一独特的方言句式，在简单模仿中变得模糊不清了。

四

总之，乐山方言从不同层面深浅不一地影响了《女神》作者郭沫若的思维与语言，以致在《女神》中自然而然地留下了一些踪迹痕。在方言因素的摒弃与袭取上，两者相互纠结，既反映出语言的继承性与无意识性，又体现出主体的某种锤炼、净化机制。《女神》中渗入乐山方言，也并不影响它的历史价值与地位，

---

① 赵景深：《糟糕的天堂与五月》，《一般》（十一月号）第 3 卷第 3 期，1927年 11 月 5 日。

因为初期白话诗并不是从零开始生长，而是动态地追踪郭沫若所说的"口语形态"，母语方言自由出入其中，影响了白话诗群中不同的个体，也培育出不同的白话诗风格，并承载着丰富迥异的地域文化基因。

第 二 章

从白话入诗到土白入诗(1926—1937)

　　自胡适提倡白话文运动并尝试白话新诗以来，什么是白话，白话如何入诗便成为一个至为关键的问题。一方面，胡适等人接续了晚清的诗界革命，黄遵宪用俗语作诗即"我手写我口"等诗歌主张得到了历史的响应与延续；另一方面，他们又抓住白话语言这一工具，顺应时代潮流一举奠定了白话为诗歌用语正宗的语体变革基础。在这一异常复杂、头绪纷繁的历史变迁中，白话与土白的内涵也经历了一次自我刷新。白话入诗与土白入诗，逐渐分道扬镳，从昔日的同盟阵营中分裂开来，形成了新诗语言上的又一轮对峙，并开始了并不对称的新的博弈之路。

　　整体看来，白话新诗中大量汲取俗语，调适土白，运用方言，是诗歌语言建构上的重要环节。俗语、土白与方言这几个名词，既在当时人们眼里几乎纠缠得难分难解，又与白话本身有非常密切的联系；它们既在不同论者字里行间可以互相替换，又在同时代的读者脑海深处不断重叠。不过，随着由白话而国语，其统治地位日益得到巩固，白话以通用语的姿态，在新诗中通行无阻，而土白方言争取在新诗中地位的斗争却变得漫长而曲折起来。土白入诗，不自觉而又历史地成为一个聚讼纷纭的议题。

第一节　扇形与球面：转轨深化中的多元拓展

　　白话诗由产生而成立，一路屡经争执与决斗，终于取得了正统以立的全面胜利。但怎样围绕白话去多角度地拓展诗歌的审美领域，怎样继续改善并加强白话语言本身的表现力，怎样兼顾白话与诗两个层面去创造互动的局面，成为胡适、郭沫若们之后的诗人们的追求。以白话为根基，在转轨深化中作扇形与球面的多元拓展，便有了不止于现实意义上的紧迫感。

　　新生事物不竭的生命活力，推动着自己按一定的规律向前运行，这是不以个人的意志为转移的通例。白话诗也拥有这种生命活力与运行轨道，经过一段时间的停滞与反思，[①]　各种诗体、诗派互相共生的局面逐渐成形。随着年轻诗人们不断涌入，刊物阵地在分化与集结中重新扩大，不同阵营的新诗流派在相互竞争、替代、演变、消长中，形成了一幅宏大、壮阔的诗歌史图景。在这个历史图景背后，语言、形式的变迁与演化扮演了一个重要的角色。限于篇幅，本书这里主要讨论四个既平行又交错、既竞争又互补的主要流派抑或团体，依次是象征派、新月诗派、现代派和中国诗歌会，它们横贯并影响了各个历史时期的诗坛，本身有较为清晰的流变脉络，语言、形式上的差异也比较鲜明，因此拿来比较、分析，通过作一综述性质的文章，论者希望能基本粗线条地呈现这一时期的历史面貌。

---

　　① 大概自五四运动后，白话新诗的高潮便退潮了，白话诗运动整体显得比较沉寂，时间从 1921 年至 1924 年前后不等，具体记载可参见以下数文：周作人：《新诗》（1921 年），见杨扬编《周作人批评文集》，珠海出版社 1998 年版，第 99 页；俞平伯：《诗底新律》（1924 年作），《俞平伯全集》第 3 卷，花山文艺出版社 1997 年版，第 582—584 页；朱自清：《新诗》（1927 年作），《朱自清全集》第 4 卷，江苏教育出版社 1996 年版，第 208—219 页。

一

中国 20 世纪 20 至 30 年代的象征主义诗歌，有两个大的分支，一是李金发式的象征主义，一是后期创造社同仁王独清、穆木天、冯乃超等人为代表的象征主义。虽然两者在许多方面的差别并不显著，如受法国象征主义诗歌的影响，讲究象征暗示、强化诗的贵族化、反对直白平实的诗风等，但前者对暗示、含蓄格外关注，后者对音乐性、音节节奏兴趣更浓。

1925 年 11 月，李金发在周作人的帮助下，在国内出版了他在异国他乡所写的新诗集《微雨》，诗风怪异、文白夹杂，不久便有人冠之以"诗怪"。[①] 后来同道中人对他有过不少评价："他的诗不缺乏想象力，但不知是创造新语言的心太切，还是母舌太生疏，句法过于欧化，教人像读着翻译；又夹杂着些文言里的叹词语助词，更加不像——虽然也可说是自由诗体制。"[②] "对本国的语言（无论是白话还是文言），没有感受力"[③]；"中国话不大会说，不大会表达，文言书也读了一点，杂七杂八，语言的纯洁性没有了。"[④] 这些评论几乎都怀疑李氏基本的口语表达能力。事实上，胡适当年大力提倡白话入诗的激流到李金发手中似乎堵塞、断流了，更不可思议的是这种不文不白、似通非通的诗风，却意外地引来一大群模仿者，如胡也频、石民、沈从文、林松青、林英强、张家骧、侯汝华等人便是。早期象征主义的另一分

---

① 黄参岛：《〈微雨〉及其作者》，《美育杂志》第 2 期，1928 年 12 月。

② 朱自清：《中国新文学大系·诗集·导言》，上海良友图书印刷公司 1935 年版。

③ 卞之琳：《新诗与西方诗》，《人与诗：忆旧说新》，生活·读书·新知三联书店 1984 年版，第 189 页。

④ 孙席珍语：见卞之琳《新诗与西方诗》一文中，《人与诗：忆旧说新》，生活·读书·新知三联书店 1984 年版，第 190 页。

支，则大力倡导"纯诗"，迷恋诗的音乐性，力求散文与诗有明确的分野。如穆木天认为"诗越不明白越好。明白是概念的世界，诗是最忌概念的"，[①] 王独清引为同调说："不但诗是最忌说明，诗人也是最忌求人了解！求人了解的诗人，只是一种迎合妇孺的卖唱者，不能算是纯粹的诗人！"[②] 两个分支都叛离了白话为诗、崇尚明白清晰的主要审美倾向。因此，这一楔子的介入，在诗坛引起了新的裂变。

象征主义诗歌的神秘、难懂、晦涩，与他们的语言风格紧密相关。如李金发大胆地摒弃白话，以文言、外来词为常用语汇，杂以欧化文法，既与古典诗词不同，又与流行的白话诗不同。综观其诗，不但大量夹杂"之、若、亦、欲、惟、遂"等文言单音字，也处处可见"羞恶、枯骨、哀戚、烦闷、丘墓、蜷伏"等十分书面化的双音词；不但有故意不说完整而是人为折断后只取一部分的词组，而且还拥有一些个性化的词语，如"游蜂、翼鞋、翼、羽；搏虎、武士；羞怯、战栗"等之类。穆木天、王独清、冯乃超等人则不同，明显没有那么多的文言语汇，但掺杂的外文单词较多，在诗句的跳跃、省略、诗思的断裂等方面，与李金发如出一辙。他们通过以下两条途径来实现诗的语言传达上的陌生化，达到创新求异的目的："一个是不同官能的修饰语的交错搭配，即'通感法'；一个是正常语法逻辑的主观的空缺，即'省略法'。这两种方法，在他们的诗中，常常是交互使用的。"[③]

这一切，个中原因似乎很难说透，但明显可以肯定的是，在白话诗流行的过程中，白话越多而诗味越少，引起了人们的普遍

---

① 穆木天：《谭诗——寄沫若的一封信》，《创造月刊》第 1 卷第 1 期，1926 年 3 月。

② 王独清：《再谭诗——寄给木天伯奇》，《创造月刊》第 1 卷第 1 期，1926 年 3 月。

③ 孙玉石：《中国现代主义诗潮史论》，北京大学出版社 1999 年版，第 106 页。

不满与反动，其中文言"回潮"现象恰在此时弥补了这一空荡荡的缺陷；作为"原型"的旧体诗辞藻又一次证明了自己不"死"的活力。只是文言语汇是夹杂在自由诗体的形式与躯壳里，与后来 20 世纪 30 年代汪懋祖们提倡文言复兴、读经运动相比有质的不同，招致的指责也还比较温和。文言入诗与欧化语法双管齐下，带给白话诗一种全新的陌生感与新奇感。反过来看，在中国初期白话诗人奋力摆脱旧体诗及文言语汇而纷纷趋向白话的过程中，当时唯恐不够"白话"化，但一旦超过某一界限，诗歌内部的某种生态平衡便打破了，问题也跟着出现。有论者认为李金发"恰恰是从白话的反面来强调，于是能够在白话过分膨胀而导致贬值的情境中，打破白话时尚而树立新的文言入诗时尚"，[①] "20世纪 20 年代中期白话新诗已经几乎走到了极端，膨胀到明显大幅度贬值的地步，李诗才来得正是时候。当然就这个时机而言，与其说是李金发的自觉把握，不如说是他正巧碰上。"[②] 这些论述，在阐释缘由上具有代表性。

　　承此而来的问题是，为什么偏偏李金发这样幸运"正巧碰上"呢？如果以文言入诗而论，其中有没有一个较为大致的比例？换言之，划界线要划在什么地方才能充分促进白话与新诗本身的发展，它对文言的袭取要保持一个什么样的比例才算合理？回答这些问题，首先要认识到李金发个人对祖国大陆新诗坛与北方话本身的双重隔膜。李金发出生于广东梅县这一客家方言区域，小学毕业后便到香港粤语区读书生活，后来长期旅居国外，日常所习除了古代文言之外，便是客家话、粤语和法语，对胡适等人倡导的白话新诗也所知不多，因此他对北方话这一主流白话

　　① 王毅：《中国现代主义诗歌史论 1925—1949》，西南师范大学出版社 1998 年版，第 35 页。
　　② 同上书，第 37 页。

甚为陌生，已是不争的事实。从这一角度看，李金发在诗的创作过程中除使用文言外，是否还夹杂一些母语方言，如方言语汇、一些特殊的语法与句式，我认为是有可能的，只是笔者对此并不熟悉，以此存疑，待以后再作补充论述。

其次，以白话为主干，适当调用文言辞藻乃至一些句式，这其中的"度"如何把握，在当时似乎没有任何共识可言。当诗词只取"六经所有"之字词时，它不可避免地成为一种滥调、套语；同样，当仅限于白话时，另一种单一的文腔也令人疑惑，正如时人所说"一切作品都像个玻璃球，晶莹透明得太厉害了，没有一点朦胧。因此也似乎缺少了一种余香和回味"。[①] "中国人现在作诗，非常粗糙，这也是我痛恨的一点"。[②] 不过值得强调的是，它是在白话诗文已经占据了正统地位以后，"必当弃模拟古文而用独创的白话，但同时也不能不承认这个事实，把古文请进国语文学里来"，[③] 使古文元素成为现代新诗语言的有机组成部分。另外，当这一趋势渐渐成为白话诗圈子里诗人们的新潮流时，当初的引路人胡适们基本上失语了。与李金发同时期的俞平伯、废名等人，或一以贯之、或破格以求，却不约而同地在试验采用文言词语以增加文章的涩味与古味。

宏观上看，综览中国诗歌史，至少二元对立的格局是一直并

---

① 周作人：《〈扬鞭集〉序》，《语丝》第 82 期，1926 年 5 月。

② 穆木天：《谭诗——寄沫若的一封信》，《创造月刊》第 1 卷第 1 期，1926 年 3 月。

③ 周作人：《国语文学谈》，杨扬编《周作人批评文集》，珠海出版社 1998 年版，第 212 页。此外，周作人在此文中对国语文学的认识也很有建设性意义，他认为"一国里当然只应有一种国语，但可以也是应当有两种语体，一是口语，一是文章语，口语是普通说话用的，为一般人们所共语；文章语是写文章专用的，须得有相当教养的人才能了解，这当然全以口语为基本……两者的发达是平行并进，文章语虽含有不少的古文或外来语转来的文句，但根本的结构是跟着口语的发展而定，故能长保其生命与活力。"出处同上，第 211 页。

存不悖的，一类偏于含蓄多解，如诗无达诂的温李一派；一类则崇尚明白易懂，如元白传统一派。两种"原型"至少是大体上的口味与风格分化。因此含蓄多解"原型"这一元的及时跟进、补充，促使胡适式的明白易懂的诗风这一一统天下局面的合理终结。事实上，爱好不同是人之天性，一目了然式的作品，读多了也不利于鉴赏习惯与阐释能力的提升。正因如此，象征主义诗歌多解艺术的出现，这一格局补充性地与前者并立，两者互有所长，也有所短，达成互通有无的双线结构。可见这一结构性的调整，还真来得恰是时候。

二

如果说以李金发等人为代表的象征诗派，着重于文言语汇的复活与欧化语法的引进，那么新月诗派则以新诗的规范化、格律化为旨归，复活了旧体诗词整体形式的重要一端。白话新诗在求得"白话"本身的发展时，如何图"新"并关注"诗"的形式，已成为一个迫切问题。在形式和内容的有机结合与统一上，传统诗词的潜在影响再一次凸显出来。

与李金发的尝试很难得到认同相反，以闻一多、徐志摩、陈梦家为代表的新月诗派，通过确立传统的艺术形式与美学原则，为白话诗提示了一个崭新的方向，在当时也渐成风气。"那时候大家都作格律诗；有些从前极不顾形式的，也上起规矩了"。[1]

1925年闻一多留美回来，把自己的家变成了"一群新诗人的乐窝"，[2] 开始有条件地实现自己以前"径直要领袖一种之文

---

① 朱自清：《中国新文学大系·诗集·导言》，上海良友图书印刷公司1935年版，第6页。

② 梁实秋：《新诗的格调及其他》，《诗刊》创刊号，1931年1月。

学潮流或派别"①的夙愿。新月诗派由此粉墨登场,它前期以北京的《晨报副刊》诗镌为基本圈子,后期则以《新月》、《诗刊》等为阵地。新月诗派的主攻方向是在新诗与旧诗之间建立某种联系,重心是从初期白话诗人关注白话转向"诗"本身,这样使得白话诗既是用白话书写,而且"诗是诗",中国新诗进入另一个自觉的时期。具体进行的途径如次:一是形式格律化,以理性节制情感,给形式、语言带上"镣铐"。"如果说,早期白话诗人是从中国诗传统中处于边缘位置的宋诗那里,获得反叛的历史依据与启示;那么,现在新月派诗人就开始与中国诗传统的主流取得了历史的衔接与联系。"②这里所说的"中国诗传统的主流"主要指的是外在形式,外在形式对白话产生束缚,需要对现代白话进一步提纯。在闻一多《诗的格律》一文中,提出广为人知的"三美"主张,即音乐美、绘画美、建筑美,三者中都有对语言的思考,如音乐美重视音节,绘画美即辞藻美,建筑美中包含限定诗行字数,讲究对称、均匀等。在强化现代汉语词汇的搭配与本身色彩的谐调中,也包括对方言土语词汇的挪用,对古典诗词有生命力词汇的激活。在这一取向中,不管是闻一多、徐志摩、陈梦家,还是其他新月诗人都不同程度地存在类似的现象,虽然也经历过略显生硬、有拼贴化缺陷的起始阶段,如闻一多的《红烛》、徐志摩《志摩的诗》中一些作品。但与李金发式诗风相比,新月诗人融化的功夫大为增强,不但颇有诗味,而且和谐匀称,到后来生硬化的现象大为减少,形成以口语为主的优美典雅的语言风格。此外要补充的是建筑美主张对句子的限制,讲究句的均齐与划一,如何做到呢?因为现代白话是双音节词占多数,这一

---

① 闻一多:1922 年 9 月 29 日《致梁实秋、吴景超信》,《闻一多书信选集》,人民文学出版社 1986 年版,第 64 页。

② 钱理群等著:《中国现代文学三十年》修订版,北京大学出版社 1998 年版,第 129 页。

问题尽管在当时有音尺一说，但从整体上看，还是硬性规定也有其合理的一面，因为要限制字数，又蜷缩在有限的诗行中，必然逼迫作者事先有一个周密的选择、推敲字词的过程，这个过程虽然有点呆板、单调，但也是不无益处的基础。

其次，新月诗人普遍加强抒情诗中的叙事成分，或进行叙事诗的创作，在既有故事情节又有人物对白的寻言过程中，掺入原生态的土话、口语；对新诗的戏剧化、小说化的尝试，也在文体交叉上兼顾语言的多元化。新月诗人，沿袭白话这一主导语言，进行"土白入诗"的试验最为自觉，有团体化倾向。如闻一多的《罪过》、《天安门》、《飞毛腿》，徐志摩的《大帅》、《一条金色的光痕》、《罪与罚（二）》，蹇先艾的《回去！》，饶孟侃的《"三月十八"》，卞之琳的《酸梅汤》等，这些作品把戏剧中的对话与独白引入诗中，采取合乎人物身份的土白方言，来塑造人物形象，表现人物个性与命运。这些人物，较多地集中于人力车夫、乞丐、村妇、小贩等底层者身上，其"土白入诗"的源泉，主要是各诗人家乡的方言与北京土白。

新月诗人作品的语言形态，总体而言是立足于现实生活，在原生态的口语基础上，趋向雅化。闻一多丰富的想象力、辞藻色彩的捕获力和沉郁冷凝的才情结合在一起，在现代语言中产生芜杂的张力结构，语言的表现力得到强化；徐志摩、朱湘等诗人，在运用语言上呈现出雅洁、圆熟的气息，艺术加工程度较高。这一切说明白话本身随着生活在不断丰富、发展，熔铸欧化语与口语，把一切有益的语言成分充分吸收到现代白话中来，已是较为普遍的现象了。形象地说，如何糅合、调适白话，在圈内人卞之琳所说的"化古"与"化欧"之间，还可以加上"土白入诗"基础上"化土"的问题，这三者的结合，正是新诗语言健康发展、建设的主要源泉。

三

20 世纪 30 年代的现代派是后期新月派与 20 世纪 20 年代末的象征诗派演变而来的,① 并在 20 世纪 30 年代中期达到鼎盛时期。在全面抗战前两年,现代诗派曾处于被誉为"新诗自五四以来一个不再的黄金时代"。② 整体上打量,现代诗派的新诗,不但内容、题材进一步得到拓展,而且艺术技巧、手法也臻于成熟与多样化,不同风格的优秀诗人也涌现得较多,可以说是一个诗质与诗形都均匀发展的流派。

这一流派的刊物主要有《现代》、《新诗》、《水星》等,代表人物除被称为现代诗派的"诗坛的首领"戴望舒外,还有施蛰存、卞之琳等汉园三诗人以及废名、林庚与金克木等。③ 他们都是个性鲜明的诗人,如戴望舒以诗风的典雅细腻取胜,施蛰存以意象的繁复见长;何其芳的缠绵婉转、卞之琳的含蓄亲切、废名的晦涩恍惚……都是极富个性化的。

施蛰存作为《现代》的编者,对新诗来稿与发表的作品作过一个估计,④ 后来还进一步认为其中有相当完美的肌理(texture),在回答读者的问题时提出带有流派宣言性质的诗学主张:

---

① 艾青:《中国新诗六十年》,海涛等编《艾青专集》,江苏人民出版社 1982 年版,第 293 页。

② 路易士:《三十自述》,《三十前集》,诗领土出版社 1945 年版。

③ 据蓝棣之编《现代派诗选》一书,除以上提及的外,还有曹葆华、常白、陈江帆、陈时、番草、禾金、侯汝华、李白凤、李健吾、李心若、玲君、刘振典、路易士、吕亮耕、罗莫辰、南星、钱君匋、史卫斯、孙毓棠、吴奔星、辛笛、徐迟、赵萝蕤等人,人民文学出版社 2002 年版。

④ 施氏后来总结称:"它们的共同特点是:(1)不用韵。(2)句子、段落的形式不整齐。(3)混入一些古字或外语。(4)诗意不能一读即了解。这些特征,显然是和当时流行的'新月派'诗完全相反。"见施蛰存:《〈现代〉琐忆》,《沙上的脚迹》,辽宁教育出版社 1995 年版,第 35 页。

"《现代》中的诗是诗，而且是纯然的现代诗。它们是现代人在现代生活中所感受的现代的情绪，用现代的辞藻排列成的现代的诗形。"① 这里强调的颇具含混性质的"现代"一词，重复出现七次，均指向新诗现代性的自觉追求。如果我们细加察看的话，也还有不少值得深思的地方，如"现代的辞藻"到底是什么呢？施氏当时在文中曾有一个解释："采用一些比较生疏的古字，或甚至是所谓'文言文'中的虚字，但他们并不是有意地'搜扬古董'。对于这些字，他们没有'古'的或'文言'的观念。只要适宜于表达一个意义，一种情绪，或甚至是完成一个音节，他们就采用了这些字。所以我说它们是现代的辞藻。"这里所说的意见显然有窄化的一面，稍一浏览 20 世纪 30 年代现代派诗歌作品，我们不难发现作品呈现出来的远不止这些，只不过文言词语入诗相当引人注目罢了。文言词语经李金发等人大量调用，已有一段较长的历史了，相比之下，现代派诗人调用文言语汇时，选择的余地更为开阔，可供挑剔的资源也丰富了许多，而且基本上没有李金发式的拗口、生硬等毛病。按当时的说法，文言词语已逐渐融入现代诗的语言中，从"白话入诗"已逐渐过渡到"散文入诗"阶段②，现代诗的散文化也就是口语基础上的散文化，这一历史的逻辑推进呈现出纵向深入的趋势。这是在前人基础上的进步，诗与语言的结合更为紧密。

试以戴望舒为例。戴望舒在 1922 年到 1924 年开始写诗的阶段，便对当时通行的诗风有一个大概评价，认为他们通行狂叫，通行直说，以坦白奔放为标榜，并对于这种倾向私心里反叛着。③ 反叛的结果之一，传统旧诗词的辞藻，在自己的诗中镶嵌

---

① 施蛰存：《又关于本刊中的诗》，《现代》第 4 卷第 1 期，1933 年 11 月。

② 番草（钟鼎文）语，转引自蓝棣之：《现代派诗选·前言》，人民文学出版社 2002 年版，第 19 页。

③ 杜衡：《望舒草·序》，上海复兴书局 1932 年版。

似的散布着，直到《我的记忆》出现才开始自觉张扬现代性的语言，完成他自己所说的"为自己制最合自己的脚的鞋子"① 的工作，如《我的记忆》便娓娓道来从容洒脱，完全是口语化的，大量排比复沓句式的运用，造成某种缠绕着的旋律，给人亲切、含蓄的审美感受。熟悉戴望舒的人对他的诗歌语言、形式曾作出积极评价："在亲切的日常调子里舒卷自如，锐敏，精确，而又不失它的风姿，有节制的潇洒和有工力的淳朴。日常语言的自然流动，使一种较有韧性因而远较适应于表达复杂化、精微化的现代感应性的艺术手段，得到充分的发挥。"② 提倡诗的散文美的艾青也认为他"较多地采有现代的日常口语，给人带来了清新的感觉。""都是现代人的日常口语，而这些口语之作为诗的语言，在当时，是一大胆的尝试。"③ 从这些赞赏性评论可知，说话的调子、自然流动的口语，明显更适应于主体表现对复杂、精微的现代生活的感受，自由诗体与生长的口语相配合，已进入新的轨道运行。

在句式结构上，现代诗派也有新的突破，主知诗、智性化的诗得到重视与模仿，如"在这里，亲爱的，在这里/这沉哀的，这绛色的沉哀"（戴望舒《林下的小语》），"墙上下等的无线电开了，/是灵魂之吐沫"（废名《理发店》）、"是谁窃去了我十九岁的骄傲的心，/而又毫无顾念地遗弃？"（何其芳《雨天》）、"友人带来了雪意和五点钟"（卞之琳《距离的组织》）……这些典范性的诗句，或巧用通感、或推敲诗眼，都可以说拒绝了诗句的直白平实的意义传达，而是在暗示、含蓄、亲切中引人品咂、咀嚼；

---

① 戴望舒：《望舒诗论》，《现代》第 2 卷第 1 期，1932 年 11 月。

② 卞之琳：《〈戴望舒诗集〉序》，《人与诗：忆旧说新》，生活·读书·新知三联书店 1984 年版，第 65—66 页。

③ 艾青：《望舒的诗》，海涛等编《艾青专集》，江苏人民出版社 1982 年版，第 262 页、264 页。

语言的弹性、张力也大为扩张。

四

中国诗歌会是 20 世纪 30 年代贯彻新诗现实主义诗风的代表性团体。它自 1932 年成立于上海后便活跃在诗坛上，虽然在抗战前自动解散，但其成员在抗战诗歌中仍继承了现实主义的诗风。

"左联"于 1930 年成立后，在左联执委会决议（1931 年 11 月）中便指出"文学的大众化"方向。为了新诗的"大众化"，随后成立的中国新诗会肩负起了这一责任。在四个流派中，它的规模最大，组织性更强。它本身是左联领导下的一个群众性诗歌团体，有组织、有刊物、有固定的人员：中国诗歌会成立后先后创办了《新诗歌》、《诗歌》、《中国诗坛》等七八种刊物，除上海总会外，还在河北、广州、青岛、东京等地设立分会，会员有二百人左右，所出版的诗集有四五十册之多，可以称之为理论与创作两轮驱动的社团。

从历史传承来看，中国诗歌会继承并发扬了初期白话诗的现实主义风格，又接过早期无产阶级诗歌的旗帜。前者如刘半农、刘大白等人反映阶级对立、贫富分化的诗作，后者如早期共产党人邓中夏在《新诗人的棒喝》、《贡献于新诗人面前》等文中提出的革命工具论。事实上，黑暗恶浊、民不聊生的社会现实，一直在要求诗歌作出迅速而具体的体现，在现实与审美的关系上，肯定需要诗歌中的某一流派来担任这一任务；新诗除了面向知识分子外，如何面对现实苦难生活，如何面向农民与农村，始终是一个艰难的选择。从以前的白话诗平民化过渡到农民化、大众化，蒋光慈、殷夫的诗便是具体的例证。所以中国诗歌会之所以成立并迅速壮大，一方面接受的影响是"五四"以来包括早期共产党人主张在内的现实主义诗歌传统；郭沫若、蒋光慈、殷夫等人的影响；苏联革命诗人的影响。另一方面则是由于徐志摩、李金发、戴望舒所代表的三个流派的诗人，"严重脱离现实，甚或有意无意地歪曲现实!"① 依此逻辑，到中国诗歌会手里，有必要恢复这一被"歪曲"的现实图景，有必要回到这一现实中来。

中国新诗会代表性诗人除蒲风、穆木天、杨骚、任钧等人外，还有柳倩、王亚平、温流、关露、田间、林林、杜谈等骨干分子，他们在机关刊物《新诗歌》的《发刊诗》中宣称："我们要用俗言俚语，/把这种矛盾写成民谣小调鼓词儿歌，/我们要使我们的诗歌成为大众歌调，/我们自己也成为大众中的一个。"② 这一宣言独特新奇而又不失标举现实之意。但问题是如何"捉住现实"呢？如何反映并成为这"一个"呢？按鲁迅的话来说就是要占领读者，把新诗从文字的艺术变成声音的艺术。③ 在中国新诗会诗人那儿，就转换成了占领农村的读者，为底层民众服务；强化新诗的大众化，通过新诗达到宣传教育、开启民智的目的。

正是在这一意义上，以底层劳动者为题材的新诗大量涌现，它们主要是反映农村的苦难、觉醒与抗争，如以母子对话展开诗篇的《茫茫夜》（蒲风），描述 20 世纪 30 年代农村破产与骚动的《乡曲》（杨骚）……在手法上，他们大都是直接描摹现实，具有写实性倾向；长篇叙事诗较多，从短到长，数十行到数百行乃至

---

① 任钧：《略谈一个诗歌流派——中国诗歌会》，《社会科学》1984 年第 3 期。

② 穆木天：《〈新诗歌〉发刊词》，《新诗歌》创刊号，1933 年 2 月 11 日。

③ 鲁迅给中国诗歌会当时成员窦隐夫（即杜谈）回复论诗的一封信里（1934 年 11 月 1 日）指出："我只有一个私见，以为剧本虽有放在书桌上的和演在舞台上的两种，但究以后一种为好；诗歌虽有眼看的和嘴唱的两种，也究以后一种为好；可惜中国的新诗大概是前一种。没有节调，没有韵，它唱不来；唱不来，就记不住，就不能在人们的脑子里将旧诗挤出，占了它的地位。"随后主张："我以为内容且不说，新诗先要有节调，押大致相近的韵，给大家容易记，又顺口，唱得出来。但白话要押韵而又自然，是颇不容易的。"引自鲁迅《341101 致窦隐夫》，《鲁迅全集》第 13 卷，人民文学出版社 2005 年版，第 249 页。

上千行的都有。典型例子如蒲风的《六月流火》和《可怜虫》，杨骚的《乡曲》，田间的《中国，农村的故事》，穆木天的《守堤者》和《江村之夜》，温流的《我们的堡》等。在语言上贴近群众口语，没有歧视地把方言化的群众口语予以大量接纳，并通过歌谣化、音乐化等形式化为民众歌唱的声音。诗人们还创作了一批歌词，被音乐家谱曲后广为传唱，如蒲风的《摇篮歌》、任钧的《妇女进行曲》、百灵的《码头工人歌》等。这是上述流派所没有的现象。

因为要考虑广大民众这一底层读者群的接受水平，中国诗歌会诗人当时向下看的姿势较为典型。为了使新诗成为读者的听觉艺术，诗歌会诗人的作品，基本上回避了文言词汇与外来语辞藻，书面化的语汇也较为少见，方言土语倒吸收得比较多。另外，因为热心于向民间歌谣汲取资源，各种民谣体式得到了充分的挖掘，如民歌、民谣、小调、大鼓书等形式就广为借用，仅蒲风一人，就尝试过大众合唱诗、童谣、寓言诗、歌词、明信片诗等不同体式。可以说，在阶段性过渡中，他们痴迷新诗的方言化，对旧形式也颇为顾恋。这一手法在抗战后不久，虽然没有以中国诗歌会的名义继续推行，但到后来发展成为"方言诗"运动，如在《中国诗坛》上辟有"方言诗歌特辑或专辑"；主将蒲风身先士卒，出版了客家方言叙事长诗《林肯·被压迫民族的救星》、客家方言体叙事诗《鲁西北的太阳》等。①

结　语

这一时期，四个流派的竞争、互补，构成了健康有序的诗歌生态圈，白话诗在转轨、深化中达到了它历史的新高度。语言在

---

① 两本方言诗集在报刊发表后，均以诗歌出版社名义于 1939 年在广东梅县出版。

提炼中进一步诗化，也一直在推进。另一方面，诗人们也感觉到本身还蕴藏着各种危机，如当时有人呼吁现代诗要有野蛮、朴直、粗犷、新鲜的青春活力，必有野蛮大力来始能冲破诗的僵化。[①] 另外题材、语句的雷同与陈旧，也在呼唤更深层次的变革。

但不幸的是，这一内部缓慢的变革，被全民性的战争语境所制约。随着抗战的全面爆发、大批国土相继沦丧，在各种流派分化与重组中，不同风格的诗人在流亡中或消失或重现，或衰颓或振兴，纷纷面对抗战的炮火，辗转着经受战争血与火的考验。不同方向的诗艺尝试，变得整齐划一、雄浑响亮起来，个性化的声音被湮没在集体的声音中，战争与时代的合奏又拉开了帷幕。

第二节　刘半农：举灯者的足迹

在早期的白话诗诗人队伍中，集语言学家与诗人为一身的刘半农是一个不可忽视的存在，他的新诗作品不但承载着北京土白，而且涌进了他的家乡土白——江阴方言。茅盾曾说："'五四运动'以前，在白话诗方面尽了开路先锋的责任的，除胡适之而外，还有周作人、沈尹默、刘复、俞平伯、康白情诸位。这几位先生中，继续写白话诗比较久的，似乎只有俞平伯。"[②] 这里接着茅盾的话补充一句，"而最会翻新鲜花样、试验体裁最勤，且以驾驭口语见长的，似乎非刘复莫属"。可惜的是，他的诗集问世较迟，直到 1926 年才把三卷白话诗出版，[③] 在这一尝试维度

---

① 柯可（金克木）：《杂论新诗》，《新诗》第 2 卷第 3、4 期，1937 年 7 月。

② 茅盾：《论初期白话诗》，杨匡汉、刘福春编《中国现代诗论》上，花城出版社 1985 年版，第 306 页。

③ 三卷白话诗分别为：《瓦釜集》，北新书局 1926 年版；《扬鞭集》上，北新书局 1926 年版；《扬鞭集》中卷，北新书局 1926 年版。

上没有发挥应有的影响。新月诗派的土白入诗试验，其局内人士也未曾承认是受他的影响与启发。①

从方言入诗的角度来审视的话，作为"新诗人当中对于音调上写得特别流利的一个作家"，②刘半农可以说是新诗史上第一个自觉而又坚韧的尝试者，从初期白话诗阶段进而延伸到20世纪20年代中期以后，历史地担当了"举灯者"这一首开风气的角色。在他不断进行各种体裁试验的"自己的园地"里，如何培植那株把方言与新诗发展结合起来的幼苗，则始终是刘半农关注的焦点。事实上，这一努力与他最先躬耕于民俗、歌谣领域，以及留洋时专攻实验语言学与音韵学等专业背景相吻合，因此刘半农在方言入诗上所积累的经验很有启发意义。这里仅举两例以资佐证：其一是当时刘氏就被誉为"中国文学上用方言俚调作诗歌的第一人，同时也是第一个成功者"。③其二即上个世纪末，一位台湾学者的评价："刘半农是启蒙期新诗人中，能自旧诗词的桎梏中蜕变出来的少数作家之一，而运用口语之灵活，驾驭方言之纯熟，所作具有白描之美，表现纯朴自然之意境，不能不推为启蒙期诗人中之第一位。""至今日为止，新诗人中用方言写作民歌最为成功的，仍不能不推刘半农"。④当然针对他的尝试，在新诗史上也不乏贬损他的声音，如苏雪林出于文学是贵族的而非平民的私见，在赞赏这类诗"生动佳妙"的同时，最

————————

① 朱湘认为，"拿土白作诗，在中国还没有第二个诗人像徐志摩这样做过。饶孟侃则把土白诗尝试视为徐志摩'对新诗最大的贡献'"。

② 赵元任：《刘半农先生》，鲍晶编《刘半农研究资料》，天津人民出版社1985年版，第351页。

③ 渠门：《读〈瓦釜集〉以后捧半农先生》，鲍晶编《刘半农研究资料》，天津人民出版社1985年版，第277页。

④ 秦贤次：《刘半农面面观》，《海南师范学院学报》1991年第2期。

后认定为是"一种文艺游戏","不能叫做文学"。① 这也并不奇怪，方言入文、入诗历来便受到打压，只不过是在见仁见智的名义下聊备一格而已。不过，平心静气地仔细考察、比较、斟酌一番，则可发现评论界褒贬不一的结论，大多凭空建立在一些印象式的感受上，缺乏较为充足而深入的论证。本节则力求在前人有所涉及、研究的基础上，试着作一具体而深入的探究，主要是围绕刘半农方言入诗的探索、实践，从以下几个方面略加梳理：一是把他的方言入诗现象放在他的整个诗歌创作过程与诗歌建设理论主张中，分析背后潜藏的创作资源，特别是语言资源。二是以《瓦釜集》为重点，结合《扬鞭集》，从搜集与仿效两个维度剖析他的方言诗歌创作过程与情况。

一

有上海才子之称的刘半农，出生于江苏江阴，在家乡度过童年与青少年时期，从母语环境来看是典型的北部吴语方言区。因家境较为贫寒，投身《新青年》及新文化运动之前的青年时代，曾有一段在上海卖文、演戏为生的经历，从江阴到上海，语言环境相差无几。后来他积极地致力于新文化运动，"活泼，勇敢，很打了几次大仗"②，最具代表性的莫过于 1917 年 5 月、7 月，在《新青年》上先后发表《我之文学改良观》、《诗与小说精神上的革新》等响应文学革命的文章。随后工作与生活地点也由上海搬到了北京，职业也基本上改为教书为主，业余从文。在北大教书之余，他一边参与《新青年》、《歌谣》的编辑工作，一边以各种形式尝试白话新诗的创作，整个过程结合征集编辑全国近世歌

---

① 苏雪林：《〈扬鞭集〉读后感》，鲍晶编《刘半农研究资料》，天津人民出版社1985 年版，第 296—302 页。

② 鲁迅：《忆刘半农君》，《鲁迅全集》第 6 卷，人民文学出版社 2005 年版，第73 页。

谣、研究方言等语言学专业等诸项工作，可以说，刘半农是一个为整个白话新诗寻找生长空间、带来新的生长点与可能性的先驱者。

从以上概述中，可以发现并归纳刘半农新诗创作的几个特点：一是自身的诗歌创作过程虽然只有十余年，但存在几个明显的阶段性，呈现出变化多、进境明显且过程明了清晰。从脱胎于《游香山纪事诗》式的旧诗词，到初次亮相《新青年》的《相隔一层纸》，可见从旧体诗向白话诗转化的痕迹；再到《扬鞭集》中的口语诗风与山歌体，再到《瓦釜集》这一方言民歌体阶段，可以冠之为几个大的"跨级跳"。二是翻样花色多，尝试的新诗体裁是当时新诗人中最为突出的。正如他自己所言，"我在诗的体裁上是最会翻新鲜花样的。当初的无韵诗，散文诗，后来的用方言拟民歌，拟'拟曲'，都是我首先尝试。至于白话诗的音节问题，乃是我自从 1920 年以来无日不在心头的事。"[①] 三是始终保持着对口语的敏感，追踪其发展、变化，同时又能摆弄得很妥帖。这些特点于他当时的自己，以及同时代的评论者，都有或多或少的文字记载。如周作人在《扬鞭集》的序里曾说过："那时作新诗的人实在不少，但据我看来，容我不客气地说，只有两个人有诗人的天分，一个是尹默，一个就是半农。"这一评价是针对当时的整个白话新诗而言，后来学界中人辗转引述甚多。依我看来，似有不实之嫌，这一定位不应扩大化，而主要应不脱离这一范围：即从追踪口语，关注口语，驾驭得住口语，乃至毕生重视口语的价值等诸方面着眼，在这些方面刘半农确实担当得起"诗人的天分"这一赞誉。

另外需注意的是他的专业背景与兴趣。也许是受老朋友语言学家钱玄同的影响，以及出国留学前曾参加过教育部"国语统一

---

① 刘复：《扬鞭集自序》，载《语丝》第 70 期，1926 年 3 月 15 日。

筹备会"等与语言学相关工作的原因，刘半农赴欧留学四五年，主要时间与精力都花在语音学上，后来则以《汉语字声实验录》与《国语运动史略》等论文获得法国国家文科博士学位。回国后，刘半农任本专业教授，从事相关工作，如发明测语音的仪器，专心于四声实验，方言调查，搜求整理宋元以来俗字谱。直到最后赴绥远山西等地调查方言，沿途记录语言声调，采集民谣民俗等事而染病身亡。在传统语言学过渡到现代语言学的转型环节中，他作出了开创性的贡献。

与此相关的是，他还是一个知名的民俗学者，对民谣、歌谚一直情有独钟。众所周知，北大"歌谣研究会"系当时全国唯一征集与研究歌谣的学术机构，其前身"歌谣征集处"则是由刘半农与沈尹默两人提议发起的，时间是 1918 年春。[①] 翌年 8 月，刘半农趁回家乡的机会，在路上从船夫口中记录下 20 首民歌，刊于《歌谣》周刊，当时周作人曾作一序文，标举民歌的价值。后来刘半农的新诗集《扬鞭集》中的一部分以及《瓦釜集》的全部作品，均为模仿民歌体，包括文字与体裁、形式。

最后关键而重要的一点是，不能不提及他的诗歌主张——这一主张与上面的几点也有密切的联系，可以归纳为几个大的方面：一是坚持文学是平民的而非贵族的观点，沿此则可延伸到文学的平民化，通俗化道路，以及方言与文学的关系。这是他事关新文学、新文化方向性的主张，如 1917 年发表的《我之文学改良观》，接续胡适提出的文学改良主张，对其中如何改良，改到哪里去进行了深入的思考。文中论述了五个重大问题，其一名为"韵文之当改良者三"，内容为：第一曰破坏旧韵重造新韵；第二曰增多诗体；第三曰提高戏曲对于文学上之位置。第一条便从根

---

① 刘半农：《国外民歌译自序》，《半农杂文二集》，上海书店 1983 年影印本，第 9 页。

本上关系到方言入诗的存在与发展理由。由各地方音到北京土白音，再到国语标准音，刘半农的计划中，对各地活的口语之重视不同一般。"他的治方言音韵不是翻新花样为自己造荣誉，而是替新诗打算百年大计。"① 因此，各地平民的语言、生活也有进入文学、新诗的可能，自然"引车卖浆之徒所操之语"入文入诗也名正而言顺。从这一角度理解他笔下的小贩、车夫、农妇、乞丐、奶娘、学徒，凡是他们的真实生活、所操持的语言，刘半农都把它们纳入了自己的笔下。

　　这一现象背后，概括地说则有一个基点，即方言与诗歌的关系。刘半农认为"国语与方言是并立的：方言是永远不能消灭的。方言既不能消灭，在方言中就有了语言的教育②。""我们要说谁某的话，就非用谁某的真实的语言与声调不可；不然，终于是我们的话"。"我们作文作诗，我们所摆脱不了，而且是能运用到最高最真挚的一步的，便是我们抱在我们母亲膝上时所学的语言：同时能使我们受最深切的感动，觉得比一切别的语言分外的亲密有味的，也就是这种我们的母亲说过的语言。这种语言，因为传布的区域很小（可以严格地收缩在一个最小的地域以内），而又不能独立，我们叫它方言。从这上面看，可见一种语言传布的区域的大小，和它感动力的大小，恰恰成了一个反比例。这是文艺上无可奈何的事。"③ 从这里观察，刘半农对方言入诗的理由充满信心。他对方言与小说的关系也抱同样的观点，如《读

---

　　① 汪铭竹：《刘半农论》，鲍晶编《刘半农研究资料》，天津人民出版社 1985 年版，第 337 页。

　　② 刘半农：《〈四声实验录〉序赘》，《半农杂文》，河北教育出版社 1994 年版，第 154 页。

　　③ 刘复：《瓦釜集代自序》，见《语丝》第 75 期，1926 年 4 月 19 日。此外，他在此文中交代写方言诗歌的动机，是"起于一年前读戴季陶先生的《阿们》诗，和某君的《女工之歌》"。

〈海上花列传〉》中认为此小说记事用"普通的白话",记言用"苏白",不得不让人佩服作者的斟酌尽善,因为口白中包含着"地域的"神味;方言文学非但"可以存立"而且"必须提倡",即使"方言文学作品不能博得多数人的了解与赏鉴"也"无须顾虑"。① 还有一例便是在国语问题讨论中,刘半农认为消灭一切方言,独存一种国语是绝对做不到的事,因为方言也有它自然的生命,是永远不能消灭的。并且主张"国音乡调"反对"国音京调",更反对定京语为国语。②

第二方面是立足于创造,新诗在从外国输入的同时,更重要的是本土化与母语化。如何达到这一目的呢? 答案则是包括向西洋诗歌翻译、模仿,点石成金之外,不忘记潜心于全国各地山村乡镇的山歌、民谣、小调,甚至是儿歌、童谣之类,这同样是一个采集、加工、效仿的资源。他自己的《瓦釜集》全部运用江阴方言和"四句头山歌"的声调写成,《扬鞭集》中的部分诗,则是采用方言、民歌和儿歌的形式创作,虽然其中仿效的成分还残存得比较丰富。"现在白话诗起来了,然而作诗的人似乎还不曾晓得俗歌里有许多可以供我们取法的风格与方法,他们宁可学那不容易读又不容易懂的生硬文句,却不屑研究那自然流利的民歌风格。这个似乎是今日诗国的一桩缺陷罢。"③ 与此并行的是刘半农对诗歌本质的理解是"真"。他说:"作诗本意,只须将思想中最真的一点,用自然音响节奏写将出来便算了事,便算极好"④。诗的

---

① 刘半农:《读〈海上花列传〉》,《半农杂文》,河北教育出版社1994年版,第243—246页。

② 刘半农:《国语问题中一个大争点》,《半农杂文》,河北教育出版社1994年版,第139—149页。

③ 胡适:《北京的平民文学》,《读书杂志》1922年第2期。

④ 刘半农:《诗与小说精神上之革新》,《新青年》第3卷第5号,1917年7月1日。

真，主要是思想、情感、性情之真，正因为有诗人之真的存在，所以"求真"过程就能见出主体的真性情。同时有了真性情，诗的格律也自然地被包括了，另一方面则不必刻意去求格律。这个主张，也就是刘半农版的"诗体的解放"。

综上所述，这几点都相关一个立场、根基、价值观问题，概括地说就是平民百姓创造而享受文学，他们的口头文学是真的而非虚假的文学。以这一眼光来看，旧体诗词就走到了虚假文学的迷魂阵而不能自拔；诗人的眼光应向下面对底层民众，以写出他们的情感世界为旨归。在这一过程中，劳动者的语言活在他们的嘴上，标举白话、方言，就是诗人所凭借的语言载体。

二

通过作品与评论，大体上可以了解刘半农在这方面工作的概貌。问题是这些尝试，作为举灯者的足迹，它们到底是怎样产生的呢？为什么在刘半农手里能出现这批"土特产"式的成果？在搜集与模仿之间，诗人又是如何取舍、权衡？虽然这几点也互相密切相连着。

从挖掘隐匿于民间的歌谣一事来看，整个过程也是一个搜集、加工、解释、定型的综合过程。如在《手攀杨柳望情哥词·小序》里就说到采集整理短歌时采取割裂、剪裁等手段时，刘氏认为"用品评文艺的眼光看去，反觉割裂之后，愈见干净漂亮，神味悠然；因为被割诸章，都拙劣讨厌，若一并写上，不免将好的也要拖累得索然无味了[1]。"各地芜杂的民歌，什么是真的，什么是有文艺价值与研究价值的？本身并不是一件容易甄别的事，有人总简单地认为不过是记录而已，其实在记录中也伴随着

---

[1]　刘半农：《手攀杨柳望情哥词·小序》，见《刘半农诗选》，人民文学出版社1958年版，第113页。

筛选、提炼。

从刘半农整理的船歌、民歌来看，主要是江苏江阴一带流行的家乡特产。其内容主要有以下几类：一类是私情歌，一类是劳动生产方面的谣曲，一类是反映阶级压迫对立的民谣。艺术手法主要有起兴、问答、比喻、排比、道情等，其中多少折射出社会民风民俗。下面仅举第二歌为例："栀子花开十六瓣，/洋纱厂里姐倪捏只讨饭篮！/情阿哥哥问我'吃格啥个菜？'/'我末吃格油氽黄豆茶淘饭'。"诗人自注：阿，助语词，无所取义。氽，俗字，浮也，读如吞上声；此言炸。淘，浇也。此外，除这些方言字词外，像"姐倪"、"讨饭篮"、"吃格啥个"、"末"都是吴语中的方言词汇，其中包括以习见的方言衬字组成词汇的情况。这一首山歌以栀子花起兴，以对答方式记录口头语，中间加以衬字来摹仿吴语声调，显然带有吴地歌谣婉转的软语特色。题材上除有道情性质外，还记录了民生艰难的画面。

其次，是用方言直接创作的诗歌，有几种大致方式，一是适当加入方言、谚语成分；二是完全仿效，仿佛是道地山歌模样。方言类型则主要是北京土白与江阴方言。北京土白诗，不是刘半农的首创，北平本地很少"出产"诗人，但它汇集了全国各地涌入北平生活的诗人，他们久居京城，因和下层本地人打交道之故，在耳濡目染当地的北京土白之后，对北京土白即京语的熟悉也是可想而知的。至于刘半农，则似乎多了一层理解，北京土白在他眼里不过只是一种普通土白、方言而已。刘半农用京语写过几首方言诗，[①] 如《面包与盐》，《拟拟曲》二首，其中"拟"的意思即设计、模仿之意，恰巧这几首诗都是写下层劳动者——包

---

① 苏雪林认为《相隔一层纸》、《车毯》也是京语方言诗，这二首诗的京语色彩似乎并不明显。见《〈扬鞭集〉读后感》，鲍晶编《刘半农研究资料》，天津人民出版社 1985 年版，第 296—302 页。

括人力车夫的，与刘半农模仿说话人物的初衷相吻合。《面包与盐》作于巴黎，时间是1924年5月，这首诗系刘半农在巴黎街头一家"面包与盐"的小饭馆的店名上得到启发，联想到几年前在北京生活时从旁人之口听到对北京穷人吃饭寒碜的谐谑言词，同时也对照自己相似的留学生活而感喟不已，用京语作成此诗。诗句主要是刻意"实录"穷苦老哥儿们的对谈，在语言的仿效中颇得他们的神韵。全诗近四十行，未分节，开头几句是这样的"老哥今天吃的什么饭？／吓！还不是老样子！——／俩子儿的面，／一个锕子的盐，／搁上半喇子儿的大葱。／这就很好啦！／……"两个穷苦人彼此吃得差而不存吃好的奢望，但也拼命卖力守住这么一点儿，自己养活自己，这也是"做活"的意义。到了全诗最后，讲"大葱"那句诗则变成了"可别忘了半喇子儿的大葱!"令人感受到苦中作乐而又略显自虐意味的精神风貌，引人回味。至于二首《拟拟曲》，一首是模拟北京两个车夫的口吻，写出了底层民众对民国成立之后北京在军阀控制下那份乱世态隔膜而又厌倦的心情。全诗因没有用引号注明，但在排列上以参差之诗行区别两人所说言语；从每句话来说，都尽量与人物身份、经历相符，议论朝政时既扯到造铁路破坏风水等迷信上，又以"笑话"、"瞎闹"、"丢脸"等说法予以批判，兵荒马乱的年头既要面对受水灾影响而导致拉车生意惨淡的时局，又要在祸不单行中听任寒冬所带来的生死考验，最后还是穷苦人自命为"英雄好汉"式的豁达占了上风："只能学着他们干总统的，／干得了就干，干不了就算!"诗中"车夫"们心思之跌宕、曲折、丰富、奇异，也可见一斑。另一首《拟拟曲》行文、排列、手法与前一首相仿佛，内容大相径庭，篇幅上则数倍于前。此首诗写的是老五、老六两个车夫在空闲时谈到曾在一起拉车的车夫老九之死的事，曲折地反映出车夫的真实生活，如有病无钱医只能活活地慢慢拖死；因生活贫苦而跟媳妇儿常怄气拌嘴；同为车夫的"老哥"们相互体贴、扶持……然而车夫老九死后，却像艾青笔下的大堰河一样，同着几十年的屈辱撒手而去，"报答"他一辈子奔忙的还是街坊碰头化缘攒点钱草草下葬而已。

三

与刘氏偶然写北京土白诗相比，他用自己家乡的方言写的山歌、拟儿歌、拟拟曲等则显得生动、丰富、圆熟得多，数量上也较为可观。主要是江阴方言诗集《瓦釜集》（除"开场的歌"之外，共有 21 首歌），在《扬鞭集》里也有一些，如几首相同题名的《拟儿歌》、《沸热》、《三十初度》、《一个小农家的暮》、《一个失路归来的小孩》等。这里首先来看《扬鞭集》里几首江阴方言诗。

《拟儿歌》作者自注"用江阴方言"，从题名上一看就可以知道带有童谣色彩，是仿效儿童方言口吻写的。全诗不长，主要呈现出两幅画面：一是模拟在被结（方言谓系）着的羊即将面临宰杀时发出的哀叫声，以及无望的神情："低下头去看看地浪格血，/抬起头来望望铁钩浪！"二是一家人买回羊肚肠后你夺我抢而招致家庭乱成一团的情形。这一情形显得很滑稽风趣，如气坏仔阿大娘，打断仔阿大老子鸦片枪，还连带赔上前来劝架的隔壁大娘一根拐老杖（即拐杖）。这两幅画面是对比着写的，在羊与人之间，在生命与美味之间，寄托着某种难以言说而又微妙的寓意。《一个小农家的暮》是诗人在大洋彼岸回忆家乡农村生活的一首杰作，自发表之日始便流传很广，曾被选入多种选本。全诗共六节，以白描见长，勾勒出了一幅农家小景图：如灶下煮饭、脸孔嫣红的农妇，衔着烟斗、干完农活后以调弄照料狗与牛为乐的农夫，都像山柴燃烧时发出的"必剥"声一样真切、生动，其动作、神情、心思都写得细腻丰富，个性化较为突出。尤其是最后两节，饶有情趣与童心，不妨照录如下：

> 孩子们在场上看着月，/还数着天上的星：/"一、二、三、四……"/"五，八，六，两……"//他们数，他们唱：/"地上人多心不平，/天上星多月不亮。"

农家小孩，成群结队地在暮色昏黄之际，在土场上看月亮、数星子、唱家乡方言民谚，江南一带农村风味自然溢了出来。其中因刚学会数数而屡屡数错的稚子神态，唱着未曾明白其意的"江阴谚"的神情（作者自注末二句为江阴谚），确实给人耳目一新之感，就那么跟着唱啊哼啊，一种怀念乡土、故国的情愫油然而生，而整个过程却是那么不着装饰、雕琢，宛如清水芙蓉，"忍耐"着不想点破。刘半农在创作这批土白诗时，采用的视角有二：一是仿效下层民众的话，即追踪、实录"引车卖浆者言"，以模仿口吻惟妙惟肖见长，也止步于此；二是常以孩童的角度来写，采用儿童语言入诗，或为孩子编唱儿歌，或模仿儿童声口。

下面主要针对新诗史上第一部个人方言诗集《瓦釜集》略作分析。《瓦釜集》一共 22 首歌，其中有"劳工歌"、"农歌"、"渔歌"、"船歌"、"牧歌"、"悲歌"、"滑稽歌"，以及占了一半的"情歌"。这些作品，触及长江下游江阴一带底层劳动人民的真实生存状态，"一有机会，他（指一般意义上的生命个体——笔者注）就要借着歌词，把自己所感所受所愿所喜所冥想，痛快的发泄一下，以求得心灵上之慰安。"① 与农事相涉的事关生产的歌谣，是《瓦釜集》的主要内容，情感体验范围则是反映农事的艰辛、困苦，曲折地揭露劳动者被剥削、受奴役的命运，以及对不

---

① 刘半农：《国外民歌译自序》，《半农杂文二集》，上海书店 1983 年影印本，第 13—14 页。

公平、不公正社会的血泪控诉。如劳工之歌对"世上三桩苦，摇船打铁磨豆腐"的诠释；车夜水的农歌中对不同年龄、家境、理想的五人心思、口吻、形象的呈现与勾勒；女工之歌中对隔壁阿姐除了承担一家六口衣食而夜以继日做工之外，而不得不忍痛承受"厂里先生"调戏的沉痛复述；船歌中通过三个摇船人互相对答、捎口信而带出船家生活深重苦难的画面……这一切多方面地呈现了底层体力劳动者生存的困顿。至于为什么会这样，诗人在别的作品中回答了这一问题：地主、资本家、地方甲长、典当行老板残酷的压榨剥削，造成了这一幕幕人间悲剧。正像滑稽歌里所言，是人比人来比杀人，财主人家与穷苦人家的生活有着天壤之别：两者在吃、穿、喝、玩，病甚至死后送葬等方面都不可同日而语，如财主吃得胖如三白西瓜、穷人则束紧裤带；财主白米喂家畜，穷人连糠都"呒不一把"，只能卖儿鬻女把一家老少卖干净。也像女工之歌说的那样："我勿晓得为啥靠仔十只指头要呒饭吃？/为啥来要碗饭吃就要鞠面孔？"既揭露社会的阶级对立，又揭示了社会吃人的本性；既从贫富悬殊的差异中揭露穷人求生无望的现实，又揭示被掩盖的字字皆泪、句句皆血的历史真相。

其次，关于青年男女相恋的情歌，差不多占了总体的一半。这是各地民歌中的一个母题，由古至今一以贯之的母题。这些诗用江阴方言写出，似乎写的是当地的人与事，实际并不像作者所言，因方言关系而所能感动的社会地域有相当局限，而是跨越地域局限而在更大范围内引起民众的共鸣。这些当地情歌，既有"同看仔一个油火虫虫飘飘漾漾过池塘"的《郎想姐来姐想郎》，也有"情愿姐田里熟来我自家田里荒"的《亮月弯弯照九州》。此外，既有"勿送我蔷薇也送个刺把我"，以便"戳破仔我手末你十指尖尖替我缚一绑"的痴情男子（《姐园里一朵蔷薇开出墙》），也有直率地看过心上女子在毒太阳下打麦而心里难受的汉

114

子（《你联竽幽幽乙是幽格我？》），用具体的写法，写出了婚嫁前青年男女互相追求的曲折性、真实性与亲切性。下面实录第十九歌《河边浪阿姐你洗格啥衣裳？》，权作代表来略为分析一番：

> 河边浪阿姐你洗格啥衣裳？/你一泊一泊泊出情波万丈长。/我隔仔绿沉沉格杨柳听你一记一记捣，/一记一记一齐捣勒笃我心浪。

再次，正如每首诗均有方言词汇一样，这首诗也有一些北部吴语区通行的地域性词汇，如"浪"、"阿姐"、"洗格啥"、"一泊一泊"、"隔仔"、"绿沉沉格"、"一记一记"、"勒笃"、"心浪"。其中"一记一记"与"勒笃"由作者注明，分别是"一下一下"与"在"的意思。其余没注的如"浪"即"上"，"阿"方言前缀词，"格"、"仔"则是方言衬字。在疏通方言词语之后，全诗的意思还是比较明朗的。由关心心上女子而引起关注她干的所有事，包括她去河边洗衣裳这一件小事，在洗衣裳过程中，男子"我"始终躲在杨柳中全神贯注地看、听，如看到激起的有形的水纹联想到心中无形的情波，正可谓心头涟漪也荡漾着扩展开去；听到一下一下有节奏的捣衣声，产生错觉，似乎正捣在自己心上。诗人这样写，写出了热恋中男主人公的敏感、素朴而又缠绵的情愫。

总而言之，《瓦釜集》里的方言山歌，大多显得想象奇特，格调粗朴，情致风趣。它们或偏于俚俗，或不避粗犷；或定格于一帧生活风情画，或尽情涂抹各种典型的事物，但一般都能做到在真切的基础上绘其声色、摹其世态、状其风俗，显得轻灵、活泼而又不失人性之美。

在形式上，《瓦釜集》则是以"四句头"山歌体为主，但每行字数不等、长短不一，如第十一歌以滑稽句出之，诗句参差不一，三四句据说采取自然诗歌中一种滑稽的方法，拉得特长，其语言资源来自元人杂剧，这样便于情感的自由抒发。艺术手法上或用民歌传统的比兴开头，或以当地方言谚语打头引出主题，或对比或问答，或夸张或譬比，造成手法上变化多端。同时，诗篇用语多为诙谐语言与俗语方言，叠字、复沓等语言艺术手段也常常信手拈来，加之嵌套吴语方言中习见的转语、助词、衬字、疑问词等，都使得这一文人化的方言山歌音节流畅、舒展，有一唱三叹之感。

四

富有方言意味的原生态歌谣自刘半农首倡、采集后，在全国造成大规模的文艺运动。与此相联系，文人开始涉足方言诗创作，被誉为"第一个用方言来写新诗的中国 Robert Burns"①的刘半农手里燃起举灯之火。这些泥土味十足的作品，虽然在面世过程中得到的评论毁誉参半，但这一尝试带来的意义是不容抹杀的，这一举灯的姿态在新诗史上不应该被轻易遗忘。

下面就以沈从文似乎并不吝啬的赞美结束本节："他（指刘半农——引者注）有长处，为中国十年来新文学作了一个最好的试验，是他用江阴方言，写那种方言山歌。用并不普遍的文字，并不普遍的组织，唱那一切成人所能领会的山歌，他的成就是空前的。一个中国长江下游农村培养而长大的灵魂，为官能的放肆而兴起的欲望，用微见忧郁却仍然极其健康的调子，唱出他的爱憎，混合原始民族的单纯与近代人的狡猾，按歌谣平静从容的节拍，歌热情、郁怫的心绪，刘半农写的山歌，比他的其余诗歌美丽多了。"②

---

① 赵景深：《刘复诗歌三种》，《我与文坛》，上海古籍出版社1999年版，第27页。

② 沈从文：《论刘半农〈扬鞭集〉》，《文艺月刊》第2卷第2期，1931年2月。

第三节　土白入诗与新月诗派

自胡适尝试并提倡白话新诗以来，白话入诗在当时便处于整个新文化运动的浪尖之上。诗歌中人对白话诗为正宗的理念也经历了从怀疑、争辩到默认、张扬的转变过程。但是，一旦白话站稳脚跟，其本身问题也先后冒出来，一方面是当"我手写我口"式的诗歌主张得到有力的延续时，晚清诗界革命中讨论过的问题还会出场，如如何容纳诗意、如何展现诗人的个性与才情，语言如何创新而避免陈陈相因等；另一方面，白话本身如何建设，也成为一件大事。对于文言、方言口语与外来语来说，它们如何通过新生的白话来吸附、整合？这一过程中，白话与土白的身份更是经历了从同盟到对阵的刷新。

一

白话新诗调适运用俗语、土白，提取各地方言，是白话诗向前推进的必由之路。当时俗语、土白与方言这几个名词，几乎纠缠得难分难解。不过随着白话统治地位的逐渐形成与日益巩固，土白方言变得醒目起来，在诗中如何吐纳也似乎一路曲折颠簸着。土白如何入诗，在被划定为新月派的诗人们手中，开始了新的语言试验。

仔细追溯新月派诗人"土白入诗"的新诗语言试验，以下问题大概是无论如何也绕不开的存在。其一：什么是土白？土白能否入诗？它入诗的理由何在？如不能入诗，反对者最为充分的根据又是什么？其二：一旦土语方言领到了入诗的门票，诗人又是如何面对它，怎样运作，如何给新诗发展再一次的开疆拓土呢？诸如此类的问题，在素有同气相求的新月诗人这一群体中，恐怕也是一直在探索中寻找并不完全雷同的答案吧！

简言之，土白即方言，它是相对于一个民族、国家的共同语而言的，它是语言的支派与变体。在语言发展历史上，方言又被称为"土语、土话、土白"；旧时也称"乡音、乡谈、乡语"等。与此对立的民族共同语，在历史上则被称为"雅言、通语、普通话、官话"。两者的区别主要在于流通的广泛性与代表性上。由此须注意与订正的是，当初白话文运动的"白话"是相对于占统治地位的文言文而言，后来"白话"自身成为通用语以后，一跃而起，改变了曾为方言、土语的身份与地位。与此同时，方言、土白则与"白话"这种带有"官话"性质的通用语对立起来。曾被称为"引车卖浆者流"所操之语言这顶帽子也就自然戴在土白、方言的头上。与土白相适应的是它往往给人一种土里土气的印象，作为下里巴人的语言，它很难登上大雅之堂。土白既然是文化程度较低的阶层的标志，便往往为上层人物与社会精英所不屑。但奇怪的是它得到了新月诗派这一精英群体的青睐，这是一次精神上的纽结与错位，形成了新诗史上阳春白雪与下里巴人相映成趣的现象。

二

新月诗派浮出历史的水面，经过了一个曲折、反复的过程。虽然它后来被誉为"中国新诗史上活动时间最长、诗人辈出、有鲜明艺术纲领，并在创作中取得了很高成就的一个重要诗派。它活跃在 20 世纪 20 年代和 30 年代前期的诗坛上。作为一个诗歌流派和一股文艺思潮，它已经成为一个历史现象"，[①] 但是，关于新月诗派的各种评价，仍在争议中重叠着不断展开。仅就"土白入诗"与新月诗派而言，以下几点是相辅相成的。首先，从主体来看，新月诗人群是一个有着精英意识、绅士风情的精英群体。精英趣味、习气是长在骨子里头的。众所周知，与新月俱乐

---

① 蓝棣之：《新月派诗选·前言》，人民文学出版社 1989 年版，第 1 页。

部、新月派略有歧义，新月诗派作为"诗"的派别创作活动，主要是在《晨报副刊·诗镌》创刊开始起步的，随后又有《新月》、《诗刊》助其成。除此之外，新月书店也出版过成员的诗集，受徐志摩委托、陈梦家编辑的《新月诗选》则是一次较大规模的集体亮相。他们主要是以闻一多、徐志摩为核心的一群诗人，如清华"四子"，以及刘梦苇、于赓虞、蹇先艾、朱大楠、邵洵美、方玮德、林徽音、方令儒、陈梦家、卞之琳、沈从文等。成员大多有西式教育或欧美留学背景，精英意识较为突出。

其次，纵览当时新诗本身的发展状态，到新月诗派升起时，白话新诗已到了一个何去何从的十字路口。胡适式的新诗逐渐凸显出它固有的缺陷，如很难摆脱外国译诗的影响，重说理与描写、不重想象，辞藻较为贫乏，诸如此类的毛病比较突出。怎样推进新诗的发展，新诗语言还有哪些选择，横亘在新月派诗人面前。朱自清对他们曾有过评价，不妨摘引如下："他们（指《诗镌》时期的闻一多等新月诗人——引者注）要'创格'，要发现'新格式与新音节'。……他们真研究，真试验；每周有诗会，或讨论，或诵读。梁实秋氏说'这是第一次一伙人聚集起来诚心诚意的试验作新诗'。"并说徐志摩是"努力于'体制的输入与试验'"、"尝试的体制最多"。[①] 正是延续了胡适式的尝试精神与勇气，新月诗派推动着新诗缓缓向前流动。简言之，它是在"三美"主张下力求格律化的诗体试验，其中包括新诗语言的思考与尝试——土白入诗。土白入诗，作为"体制的输入与试验"之一环，在当时既有理论探索的指引，又有创作实践经验的支撑。关于这一点，徐志摩曾有一段相关背景的介绍："我在早三两天前才知道闻一多的家是一群新诗人的乐窝，他们常常会面，彼此互相批评作品，讨论学理。……我们的大话是：要把创格的新诗当

---

① 朱自清：《新文学大系·诗集·导言》，上海良友图书印刷公司 1935 年版。

一件认真的事情做"；"我这生转上文学的路径是极兀突的一件事；我的出发是单独的，我的旅程是寂寞的，我的前途是蒙昧的。直到最近我才发现这道上摸索的，不止我一个；旅伴实际上尽有，只是彼此不曾有机会携手。……我们的责任是替它们搏造适当的躯壳，这就是诗文与各种美术的新格式与新音节的发现"。① 类似的回忆与记载，还可参看沈从文、闻一多等人的文章或带有纪念他们性质的同人所著的各类文字。不过，这些文章主要聚焦于新诗"音节"，"土白入诗"包括在这一宏大的概念中。仅以《晨报副刊·诗镌》为例，它一共出版了 11 期，共发表 22 位作者的 105 篇诗文，其中新诗 83 首，文 20 篇，译诗与英文诗各一首。其中新诗作品中就有徐志摩、闻一多、饶孟侃、蹇先艾等人的土白诗作品和理论讨论，尤其是饶孟侃的《新诗话·土白入诗》是一篇非常重要的历史文献。②

饶文主要论述两个问题，一是主张土白能入诗的理由，一是讲土白在新诗里的成绩。对于前一个问题，即土白能不能入诗，这确实是一个值得讨论的问题，有人怀疑，反对用土白作诗，最大的理由是因为他们主张作诗应该有一定的辞藻。支持土白入诗的饶孟侃，不但相信土白有入诗的可能，而且相信土白诗在新诗里要占一个重要的位置。同时强调："土白在新诗里有大发展的可能，并不是指新诗都应该用土白写，其实土白诗在新诗里将来至少也不过占一个小部分。不过它决不至于和小诗一样，处于附庸的地位，它至多和别的新诗只该有体裁上的区别，我曾经屡次说到一种特殊的情绪应该有一种特殊的音节和体裁，才能够充分的把它的妙处表现出来。新诗里所以有时候定要引用土白，也即

---

① 徐志摩：《诗刊弁言》，《晨报副刊·诗镌》第 1 号，1926 年 4 月 1 日。
② 饶孟侃：《新诗话·土白入诗》，《晨报副刊·诗镌》第 8 号，1926 年 5 月 20 日。

是因为有几种情绪，非土白诗不能表现"。其次，作者进一层说，唯一的困难就是怎样去运用它，即如何"土白入诗"。"我们都知道言语并不是诗而承认言语中有诗，所以土白诗也最不容易运用，因为作诗到这种时候全要特别在诗句的组合上用工夫，他得用纯粹的土白去组合有节奏的诗句，一不小心马上就有露出破绽的危险。所以在新诗当中要算土白诗最难作，也即是因为一切都得作者自己去创造，去搜求，绝对不能假借描写来掩饰；所以要是一个作家能够用土白把诗写好，我们就可断定他是个真诗人，因为能写好土白诗，别的体裁当然更是不成问题。"在全文中，还举徐志摩的《一条金色的光痕》和闻一多的《天安门》为例进行有力的论证。从《诗镌》上占相当比重的土白入诗作品，以及结合其他相关论文内容猜测，"土白入诗"在这一圈子中是一个热门话题，曾经引起过多次讨论，尝试的积极性也很高，虽然具体过程、讨论的最终结果因缺乏原始资料而语焉不详，留下一些遗憾。既然土白入诗基本在圈子同人内部之间达成共识，剩下的主要问题不是土白能否入诗的问题，而是怎样入诗的问题，怎样调用同人各自的"土白"语言资源的问题。

至于土白诗能否像饶孟侃及新月派诗人所预言的那样，在新诗中占"一个重要的位置"，充任衡量一个人是否是真诗人的标准，则似乎很难说清。它表明的只是"土白入诗"作为精英知识分子的新诗语体尝试，一方面牵涉到如何掀动新诗语言的板结，如何通过人为的松动，寻求活的语言而走出这一不断丛生的困境，另一方面则与精英群体的平民化立场和人道主义有关。平民化是一种价值立场，在朱湘、饶孟侃、沈从文、蹇先艾等人的文章中均有论述。与此同时，在理论的背后更重要的则是创作实践中的诗语尝试，"土白"新诗创作取得的成就，才是检验"体制的输入与试验"的最佳平台。

三

新月诗派作者群围绕土白入诗，创作了一批个性鲜明、"土"味十足、地域文化浓郁的土白诗，在圈子内部不断传阅，在交流中进一步筹划如何"土白入诗"。其中包括两大系列的土白诗，一是以诗人各自家乡的方言入诗所创作的土白诗，一是以北平土话入诗而产生的土白诗。两个代表诗人则是徐志摩与闻一多。

首先来看前一个系列的土白诗。众所周知，新诗史上北平诗人层出不穷，人才辈出，但土生土长的北平诗人却并不多见，新月诗人群中绝大多数都是外地人，可以套用一句话，叫"外地人在北平"。他们因青年时期长大成人后或求学或工作而较长时期内生活在当时的北平，而童年、青少年这一段是在各自家乡度过的。如闻一多是湖北浠水人，徐志摩是浙江硖石人，蹇先艾是贵州遵义人，朱湘与刘梦苇为湖南人，饶孟侃是江西南昌人，林徽音为福建闽侯人，陈梦家为浙江上虞人……他们自小耳濡目染的是各自的方言环境，最熟悉的语言也是各自的家乡土话，虽然在长大后也能说一口带有各自口音的蓝青官话。因此方言因素是比较普遍的。其中，以"××土白"为副题的诗作有徐志摩的《一条金色的光痕》，蹇先艾的《回去！》。至于没有这样明确，但夹杂着方言词汇的则更多一些，如徐志摩的《再休怪我的脸沉》、《"拿回吧，劳驾，先生"》，蹇先艾的《江上》、《家乡》、《寄韵》，闻一多的《欺负着了》、《比较》、《春光》，饶孟侃的《天安门》，沈从文的《梦》……我们不妨先来看徐志摩的硖石方言诗《一条金色的光痕》，这是一首非常圆熟、地道的土白诗，写的是一位贫苦妇人请求富户徐家太太捐资埋葬她邻居老妇的事。全诗四十余行，诗中的语言源于当地一个贫苦老妇人之口，细碎、婉转、纯正。请看摘引下来的开头几行：

得罪那，问声点看，

我要来求见徐家格位太太,有点事体……

认真则,格位就是太太,真是老太婆哩,

眼睛赤花,连太太都勿认得哩!

是欧,太太,今朝特为打乡下来欧,

乌青青就出门;田里西北风来度来野欧,是欧,

……

从一入眼的用字与开篇的语气分析来看,此诗给人一种扑面
而来的海宁土味。具体地说,从用字看,其中"格位"即这位,
"事体"为事情,"欧"和后文中"嗳"、"喔唷"等词为语气助
词,"乌青青"指天快亮时,"度"为大的意思。其中"格位"、
"度"估计是记方音用的生造字。诗句句子均短、灵活,妇人的
口气、神态、音调、节奏,全给带出来了。如果试着出声念这段
诗,就会使你想起在徐志摩家乡所习见的妇人,其言行、举止都
是贴切、传神的,用口语来写人,把人写得活灵活现,跃然纸
上。沿着这几句诗,还有一些土白词语,如"我拉"、"老阿太"、
"勿"、"野"、"伊拉"、"大官官"、"那介"、"呒不"……其次,
从语气来看,这是一位当地妇人的独白,其中夹杂叙述、对答,
语气比较舒缓,人物心理随着施舍者一方而曲折着、变化着,力
透纸背地刻画出一位有求于人而又能言会道的贫妇形象。

值得强调的是,全诗发表于 1924 年 2 月 26 日的《晨报副
刊》,当时闻一多尚在美国,读诗会也未举办,实在是徐志摩独
自尝试土白诗的开始。[①] 其次,此诗当时发表时有一段长序,全

---

① 后来在新诗史上对徐志摩这方面尝试的评价也似乎高出同时代人许多,包括
与闻一多相比,如陈从周在 20 世纪 40 年代编诗人年谱时追认了三点,其中第三点为
"第三,在五四运动后,他对白话文,白话诗的提倡,尤其是以方言入诗,人文,开
现在诗文中运用新语汇的先锋,这些都向着传统的旧文学挑战"。见《徐志摩年谱·
编者自序》,陈从周编:《徐志摩年谱》,上海书店影印本 1981 年版,第 8 页。

诗开头还有一节七行的官话交代，这一节交代本是与这节长长的土白诗体构成全诗，形成一种重奏，后来收入《志摩的诗》初版时也是照单全收。也许是土白诗运动兴起时，为突出土白诗，将第一节七行诗删除，其中包括吸纳饶孟侃、朱湘等人的批评意见。最终，《一条金色的光痕》定型为一首纯土白诗，并见于后来各种版本的志摩诗集之中。

徐志摩的土白诗尝试颇为大胆，也有某种建设性指引作用。①《庐山石工歌》一诗也带有口录性质，由石工的劳动号子提炼而成，"浩唉、浩唉"声调的不断重复，重现了劳动的节奏与场面。与此同时，塞先艾的《回去！》则是用贵州遵义土白写的，全诗一共六节，每节四行，开头两节是这样的：

> 哥哥，走，收拾铺盖赶紧回去！/这乱糟糟的年生做人才难！/想计设方跑起来搞些啥子？/我们不是因为活得不耐烦。//哥哥，你麻利点儿来看画报！/哎！这一帕啦整得来多惨道！/男人们精打光的滋牙瓣齿，/女客们只剩下破裤子一条。

这首诗发表时后面还有方言词汇的"注"，一共八个，即"年生：年头；搞些啥子：做些什么；麻利点儿：快些；一帕啦：一群人；亥：还；兜：都；争回：这次；不欠：不惦记"。其中以上两节诗占四个。不过，除此之外，还有一些土白词语未曾作注，如"想计设方"、"滋牙瓣齿"等，据我看来大概是生造的，不过意思也还大体领会得到。与徐志摩《一条金色的光痕》相

---

① 蒲风曾认为徐诗中最值得我们注意的，应该不在整齐的形式和美丽的辞藻，而是下面二点：（一）用土白写诗，（二）是神话传说中的故事诗。见蒲风：《几个诗人的研究·徐志摩的诗》，《蒲风选集》下，黄安榕等编，海峡文艺出版社1985年版，第847页。

比，《回去！》的写法也是一样，主要通过方言土白辞藻的大胆植入来体现土白韵味。两者都具有模拟性质，以仿效人物的口吻见长。后来蹇先艾很少用土白写诗，改成用土白写小说，在现代文学史上有"乡土作家"之称。

除以上在全诗中纯用土白作诗外，在新月诗人诗中夹杂各自家乡土白词汇的诗则更多，不过较难辨别。仅举两个土白辞藻为例，如涉及写"大雁"这一飞鸟时，不说大雁，或修饰性的秋雁、孤雁，而是说土白词汇"雁子"，如陈梦家的《雁子》一诗、沈祖牟的《孤零的歌》，闻一多的《"你指着太阳起誓"》中为"凫雁"（后选诗订正本改为官话词汇"寒雁"）；不说"星星"，而是说"星子"，如沈从文的《我欢喜你》、方玮德的《微弱》、陈梦家的《寄万里洞的亲人》中均可见到——这应是南方方言中的习惯叫法。其中还可提一笔的是沈从文，由于他是湖南湘西人且有苗族血统，湘西苗语的一些土白说法与名称称谓也被他带到诗中，如在新诗中称月亮为"亮圆"；他还有土白民歌体新诗，主要是描绘湘西生活的，如以"镇筸土话"写的新诗就有《乡间的夏》、《镇筸的歌》、《初恋》、《还愿》，以及用土白对歌体写的诗剧《春》，其中有些收集与创作来的土白山歌、谣曲，还被他纳入湘西题材的小说、散文等作品中。

与新月诗人以各自家乡土语方言创作的新诗相比，他们以北平土话写的新诗则相对多一些。北平土白，是他们身在异乡——北平——工作生活接触最多的方言。由于北平是故都，北方方言的重要据点之一，因此来自各方言区的知识分子纷纷奔赴北平，在北平生活，能简单听说北平土白也很自然。其次，因为平时免不了和土生土长的底层北平人打交道，熟悉北平底层劳动者的语言与生活，这也构成了他们新诗语言的另一源泉。如徐志摩的《太平景象》、《卡尔佛里》便是。下面来看徐志摩典型的北平土白诗——《残诗》的开头：

怨谁？怨谁？这不是青天里打雷？

关着，锁上；赶明儿瓷花砖上堆灰！

别瞧这白石台阶儿光润，赶明儿，唉，

用北平土话写诗，也具有蓝青官话所不能替代的地方气息与
特殊韵味，何况它写的是故宫的闭塞与荒芜。诗中既有北平话的
方言表达句式，更有显著的土语词汇，如最为典型的儿化词、语
气词。此外，《大帅》、《谁知道》也是比较优秀的北平土白诗。
与徐志摩一样，闻一多也创作了一批北平土白诗，如《飞毛腿》、
《罪过》、《天安门》，都收入他的代表性诗集《死水》。我们具体
来分析一下《飞毛腿》，它写的是北京一个爱幻想、有追求的
"车夫"不幸因贫贱而死的悲惨故事。开头几行是这样的：

我说飞毛腿那小子也真够别扭，/管包是拉了半天车得
半天歇着，/一天少了说也得二三两白干儿，/醉醺醺的一死
儿拉着人聊天儿。/他妈的谁能陪着那个小子混呢？/"天为
啥是蓝的？"没事他该问你。/还吹他妈什么箫，你瞧那副神
儿，/……

《飞毛腿》采用北平土白体的形式，通过熟悉"飞毛腿"的
一个北平人——也许是车夫的嘴，来写车夫的不幸遭遇。"飞毛
腿"是拉洋车的无名小伙子的外号，暗示他的年轻、敏捷、强
壮，是刚入城的骆驼祥子式的人力车夫。但社会没有给他追求精
神的自由，也没有给他养家糊口的生存空间，贫穷、困苦让他以
及他的老婆年纪轻轻便死了。显然这是通过写一个底层劳动者的
家庭悲剧，来寄寓诗人深切的人道主义关怀。与他的《天安门》
一样，它是诗人通过"独白"的方式，记录北平普通民众的口语

来写底层人的生存状态。从土话词汇来揣摩，带有后缀"儿"的词语也很多，全首诗不足 14 行，儿化词一共 6 个。此外，"别扭"、"一死儿"、"神儿"、"且擦且不完"、"嘻"等北平语词汇也强化了北平土白诗特有的京味儿。

从徐志摩、闻一多等代表诗人两大系列的土白诗来看，它的主要特点是土语词汇的集中，以及当事人语气的模拟与实录。其次还可略为提及一下土音入韵现象，这关系到方言发音的问题，由于不是诵读，我们很难看出诗人当时完篇之后是怎样读的，但土音入韵在徐与闻的诗里都普遍存在。"徐志摩的诗很少是不押韵的，而他采用的韵式又很少是雷同的。他通过韵的通、转、疏、密以及组合韵等路子，发展演变出了多种多样的韵式，给人以一诗一韵的印象，非常丰富。"① 正因这样，对韵的考察也就名正言顺，朱湘对他们两位的评论中均指出第一个大缺点是土音入韵。如闻一多"了"与"ao"为韵母的字协韵，"么"与"a"为韵母的字协韵，"的"与"i"为韵母的字协韵，"着"与"uo"为韵母的字协韵；"洞"与"风"、"精"与"庚"、"美"与"在"通押，"河"、"过"与"我"通押……这些在《红烛》与《死水》中俯拾皆是，尤其在《红烛》中更为普遍。徐志摩则典型表现于"ai"、"ei"不分，"ai"、"an"不分。再次，从口头语语法角度来看，新月派诗人都或多或少地有一些土白中的习惯表达说法，如：

> 管包是拉了半天得半天歇着（闻一多《飞毛腿》）
> 我知道今日个不早了（闻一多《罪过》）
> 我说拉车的，这道儿哪儿能这么的黑！（徐志摩《谁知道》）

---

① 毛迅：《徐志摩论稿》，四川大学出版社 1991 年版，第 159 页。

听炮声，这半天又该是我们的毁！（徐志摩《大帅》）

吓！你大襟上是血，可不？（饶孟侃《"三月十八"》）

我卷起一个包袱走，/过一个山坡子松（林徽音《旅途中》）

在那时你会将平日的端重减了一半，/亲嘴上我能恣肆不拘。（沈从文《悔》）

你镇日歌舞着无昼无夜！（朱大柟《逐客》）

这样一些具有方言习惯说法的诗句，在土白入诗的掩护下，频频见诸新月诗人的笔下，仔细琢磨感觉到有点拗口，但它们在口头语中实际存在，很难舍弃掉。自然，这也是土白入诗的一种呈现。

此外，整体来看，新月诗人的土白入诗尝试，还有一个共同的特点是通过人物的独白、对白、旁白等方式与口吻来完成，这在上面的分析中也零星涉及。土白诗与"口语"写诗是分不开的，这样使人觉得是采自真人真话，生动传神，有现实生活做底子。另一方面，土白入诗的写作路子是跟着口头语走，往往与鲜活的、丰富的生活并行着，具有流动不居的特点。不论是闻一多的《天安门》、《飞毛腿》、《罪过》，还是徐志摩的《大帅》、《这年头活着不易》，还是杨子惠的《"回来了"》等诗，几乎都采取这一模式。正如其中一位后起之秀所回忆的那样："总喜欢表达旧说的'意境'或者西方所说的'戏剧性处境'，也可以说是倾向于小说化，典型化，非个人化，甚至偶尔用出了戏拟（parody)"，"同时，始终是以口语为主，适当吸收了欧化句法和文言遣词"。[①] ——这与新月诗人的戏剧化诗歌方式也有关系，这里就不展开讨论了。

---

① 卞之琳：《雕虫纪历·自序》，人民文学出版社 1984 年版，第 3 页。

四

新月诗人采取"土白入诗"方式写作的土白诗,在当时整个圈子内部受到普遍重视,也得到了诗界积极、正面的评价。首先,这种声音来自新月同人内部。朱湘把这一类诗归入"平民风格的诗",这些诗有两点特别的地方,即"一是取材平民的生活,一是采用土白的文体。"并辩证地认为:"拿土白来作诗,不过表面上的一时新鲜,作得多了,要是诗中的本质很稀薄,那时候也就惹人厌。但是拿土白作诗,或作文,却另外有一方面可以充分发展,这便是某一种土白中有些说话的方法特别有趣,有些词语极为美丽,极为新颖,是别种土白或官话中所无的,这些文法的结构同词语便是文人极好的材料,可以拿来建造起佳妙的作品。"① 卞之琳则认为志摩的诗"用现代汉语,特别是以口语入诗,都能吐出'活'的,干脆利落的声调,很少以喜闻乐见为名,行陈词滥调之实②。"对于闻一多的北平土白诗,饶孟侃认为"是土白诗又更进一层做到了音节完善的境界。这首诗发表以后不但一般读者没有认识它,忽略了它的好处,而且作者为这首诗还挨了一个大诗人的骂,真是冤枉③。"

这上面的评论,是对徐志摩与闻一多运用土白写诗的评论,其实,这些评论似乎可以视为对新月诗人尝试土白入诗的评论。评论者从优劣两方面展开对土白诗的追踪与描述,在今天也还管用。如何评价新月诗人数量不多,但达到的艺术水准很高这一现

---

① 朱湘:《评徐君〈志摩的诗〉》,《小说月报》第 17 卷第 1 号,1926 年 1 月 10 日。

② 卞之琳:《徐志摩诗重读志感》,《人与诗:忆旧说新》,生活·读书·新知三联书店 1984 年版,第 26 页。

③ 饶孟侃:《新诗话·土白入诗》,《晨报副刊·诗镌》第 8 号,1926 年 5 月 20 日。

象呢？我认为应从以下几方面去认识。

首先，土白入诗与口语化紧密相连，与诗人追寻活的嘴巴上的语言密不可分。土白诗概念的关注与思考，说明当时诗人对原生态语言的反思与重视。他们将土白诗与口语拴在一起，是在寻源头活水。口头语是土白中最为灵动的资源，它是鲜活的，是向前发展的。

其次，尝试用土白写诗，它的入诗方式是始终跟着口头语走，是在不断凝滞的白话中涌起反戈一击的叛逆冲动，是在板结的语言中寻求不断松动的捷径。因此，它往往没有现成的辞藻、表达句式来铺垫，而是像饶孟侃所说的依赖诗人自己的发现与创造。由此可见，土白入诗是有难度的写作，它带着永远的未完成性向一代代诗人召唤。这才是内在的、本质的，也是诗歌语言保持源头活水般的根基之所在。正如天籁比人籁难为一样，土白入诗写作的难度往往使"体制的输入与试验"者浅尝辄止。这一点，从新月诗人所创作的数量上似乎也可见一斑。①

总而言之，新月诗人通过土白入诗这一写作方式尝试了口语的活力，领略了土白入诗的难度，他们带着这一经验在新诗史上留下了令人鼓舞的脚印。这自然也是一种姿态，一种存在，一种召唤。

第四节 "化土"：在"化古"与"化欧"之间——以卞之琳为例

20 世纪 30 年代诗坛上的现代派，是由后期新月派与 20 年代末的象征诗派演变而成的。带有某种个人代表意味的是有"诗

---

① "向来还有一种误解，以为写古文难，写白话容易。据我的经验说却不如是：写古文较之写白话容易得多，而写白话实有时是自讨苦吃。"周作人著，止庵校订：《儿童文学小论中国新文学的源流》，河北教育出版社 2001 年版，第 57 页。

坛的首领"之称的戴望舒，经过由《雨巷》到《我的记忆》的自我蜕变；团体性的则是 1932 年 5 月《现代》杂志的创刊，以及随后的《现代诗风》、《新诗》等刊物陆续出版，为新诗的现代走向画出了一个不小的圈子，戴望舒、卞之琳、施蛰存、何其芳、废名、林庚等诗人都是圈子内的优秀诗人。

从地点来看，主要以上海、北平为中心；在时间上则从 20 世纪 20 年代末持续到抗战前夕；从语言来看，则是日趋成熟的现代日常口语，成为新诗的主要语言流向。但当时代表性的说法，要么是施蛰存氏宣言中所勾勒出"古化"、"化古"的话，要么是其余诗人在别的场合提出以"欧化"、"化欧"为对称性语言资源。如卞之琳在回忆一生的写作历程时说："我写白话新体诗，要说是'欧化'（其实写诗分行，就是从西方如鲁迅所说的'拿来主义'），那么也未尝不'古化'。一则主要在外形上，影响容易看得出，一则完全在内涵上，影响不易着痕迹。……就我自己论，问题是看写诗能否'化古'，'化欧'。"① 但在我看来，除此两种之外，对于自初期白话诗后不断曲折前行的白话新体诗而言，发展到现代派的时代后，在"化古"与"化欧"之间还存在一个"化土"的诗学现象。本文为了论述的方便与切题的准确，仅仅以个案方式即以卞之琳为例来予以阐释。

一

现代派代表诗人中，卞之琳无疑是不可忽视的一位。作为上承"新月"（徐闻），中出"现代"，下启"九叶"（尤其是 20 世纪 40 年代西南联大的一些年轻诗人）② 的诗人，卞之琳证明了他在

---

① 卞之琳：《雕虫纪历·自序》增订版，人民文学出版社 1984 年版，第 15 页。

② 袁可嘉：《略论卞之琳对新诗艺术的贡献》，《卞之琳与诗艺术》，河北教育出版社 1990 年版，第 15 页。

新诗史上特殊的传承与贡献，其中包括诗人在语言追求上所取得的成绩，如诗体建设、语言资源、艺术形式探索等等。凡是接触卞之琳诗作与诗论的读者，对卞氏自我体认的"口语"印象最为深刻："我写新体诗，基本上用口语，但是我也常常吸收文言词汇、文言句法（前期有一个阶段最多），解放后新时期也一度试引进个别方言，同时也常用大家也逐渐习惯了的欧化句法。"① "口语"诗风，掺杂在他另一种"化古"与"化欧"的表述中，无疑有某种内在的冲突。对于其中关键的问题——如何"化古"与"化欧"，以及"化"得怎样？另外扩大开来考察现代派诗人个体具体怎样个"化"法？学界已有论者顺着诗人的思路进行过不少不乏精彩的论述，这里不再重复。不过，顺着本人前面的疑问，"化土"这一重要现象与关键问题在两者之间，却顿时凸显出来。

首次提出"化土"这一概念，它第一个需要解决的问题是什么叫"化土"呢？这是笔者根据卞之琳所说的"化古"、"化欧"概念杜撰出来的新术语，与这两者并列，即如何融会贯通、妥善安置"土语"、"方言"，如何把自己最为熟悉的方言中时常挂在嘴边的口语词汇、句法，带有方言、土话色彩的语言资源，安排"进入"新诗中去。也许是方言、土语一直受到排挤、影响也不甚大的原因，卞之琳在讲到相关的情况时总是喜欢以"口语"或"口语化"来遮掩、替代，偶尔也只是承认在解放后"一度试引进个别方言"。这一现象，也在后来的不少研究者论述中得到印证。如有论者认为在新诗发展史上，卞氏承担了融古化欧、承上启下的历史作用，其中"新诗口语化"位列他的四大贡献之首。②

---

① 卞之琳：《雕虫纪历·自序》，人民文学出版社 1984 年版，第 15 页。
② 袁可嘉：《略论卞之琳对新诗艺术的贡献》，《卞之琳与诗艺术》，河北教育出版社 1990 年版，第 1—16 页。

不过，日益模糊化的"口语"到底是什么成色呢？口语又是如何"化"的呢？不论是诗人自己，还是论述者，都没有说清楚。这一概念泛化的口语或口语化，直截了当地说，就是在卞之琳的整个白话新诗创作过程中，都存在有限度地陆续引进方言、土语的现象。只不过是从"土化"到"化土"这一主体逐渐介入的过程中，主体融化的工夫使它变得面目模糊些罢了，或像卞氏所说的"不易着痕迹"而已。事实上坦言"土化"、"化土"对诗人而言似乎也有不相称之感：一、卞之琳像一个精致、慢工出细活的雕花木匠，如他的诗集《雕虫纪历》标题所暗示的那样，用他的话来说是"喜爱淘洗，喜爱提炼，期待结晶，期待升华"。① 二、卞之琳一生所写的诗，几乎都是短诗，一生创作的诗作准确数字是 170 首。体裁上不离短诗，数量上又如此之少，明显的好处是有利于以"认真到近于痴的努力"的工夫去慢慢斟酌、打磨词语、句子，让他成为具有当今学者所称赞的古典精神，且是少见的能经得住新批评式"细读"的诗人。② 然而富于戏剧性的是，卞之琳一生中（特别是他诗歌创作的前期）始终活在一个离不开方言的语言环境中，方言土语无意识地植根于诗人的脑海深处，无意识地流注于诗人的笔端。这也是作为社会的人所摆脱不了的。

从事实来看，卞氏在他 19 岁来到北平上大学之前，一直在家乡吴语区长大，随口而出的是"缓缓的语调"是"浓浓的吴音"③，以致"由于声调轻细，他那口乡音特重的江苏官话，大概可听懂十之六七"④。除了吴方言作为母语之外，北京话也是

① 卞之琳：《雕虫纪历·自序》，人民文学出版社 1984 年版，第 1 页。

② 王毅：《中国现代主义诗歌史论 1925—1949》，西南师范大学出版社 1998 年版，第 106—136 页。

③ 江弱水：《圈子外的圈子外》，《收获》1994 年第 2 期。

④ 洛夫：《诗人卞之琳初晤记》，《卞之琳与诗艺术》，河北教育出版社 1990 年版，第 143 页。

他耳濡目染的另一方言。诗人虽然行踪不定，但在北平上学期间，以及以北平为基点短时间地（指抗战前）出入各地，较为熟悉的仍是北方话，特别是北京土话。吴语与京白，构成了他最主要的语言资源与背景。加之诗人奉行"口语为主"的写作观念，使得这两种方言、土语多少不等地在他的诗作中都有遗存、化用等普遍现象，只是由于提炼、择取土语中相对较为流行的普通词汇、句子，并且这两种方言后来化入普通话时占有优势，① 以致今天的读者去阅读卞之琳的作品，显得不大看得出来，痕迹不是那么明显和突出。

二

在肯定卞之琳诗歌创作中具有"土化"、"化土"的语言取向基础上，接下来的问题是，面对特别熟悉的方言、土语，卞之琳是如何"创化"、"融化"的呢？他调动了哪些手段、技巧来达到这一目的呢？下面让我们带着这些问题来依次阐述、归纳。

如何"化土"，素有技巧专家之称的卞之琳，对付、调用的方式、技巧、手段也呈现出纷繁复杂的特点。首先，诗歌是主体介入生活的一种存在方式。"旧社会所谓出身'清寒'的，面临

---

① 汉语普通话是以北方方言为基础方言，由于北京一地特殊的地位，北京土话进入普通话的机会最大。这一论断几成共识。仅举一例，从编纂《现代汉语词典》时选词原则可见一斑，"北京话是北方话的代表。由于文化上和政治上的长期影响，它逐渐取得普通话的领导地位。除了……已经缩小到只有北京少数人还在使用的土话以外，现代汉语词典对于在北京话里习见于书面的方言词应该从宽收入，在比例上要比任何其他地区方言词多收一些。"孙德宣：《中型现代汉语词典的选词》，韩敬体编：《〈现代汉语词典〉编纂学术论文集》，商务印书馆 2004 年版，第 101 页。此外，吴方言是汉语最重要的方言之一，用吴方言写作的作品相当丰富。吴方言词语进入普通话的机会仅次于北方方言，对于汉民族共同语的发展有较大影响。这一看法可参见闵家骥等编：《简明吴方言词典·后记》，上海辞书出版社 1986 年版，第 466 页。此外，本文据此词典来参照、辨别吴语方言词汇，特此说明。

飘零身世，我当然也是要改变现状的……我对于北行的兴趣，好像是矛盾的，一方面因为那里是'五四'运动的发祥地，一方面又因为那里是破旧的故都；实际上也是统一的，对二者都像是一种凭吊，一种寄怀。""我更多借景抒情，借物抒情，借人抒情，借事抒情"。① 诗人对自己的身世、性格、气质、心态，乃至创作方法都毫无隐讳地和盘托出，无形中给了读者一把读解他作品的钥匙。他是在细致观察，也是在不断寻找，前者体现在对同归没落的底层人事的体验，后者更多地反映出前途渺茫的格调。在诗的题材上，卞之琳一以贯之地执著于个人的身边琐事，他前期最早阶段集中写北平街头灰色景物，以及社会底层平凡人、小人物便是例证。小茶馆里的茶客，捏磨核桃打发时光的闲人，卖冰糖葫芦、酸梅汤的小贩，以及算命的、拉二胡的、提鸟笼的……这一诗歌中的群体，实际上也是某地土话的主要使用者，而卞之琳则习惯地在短诗中掺杂他们的声音，把他们嘴上的声音信手拈来，稍加打磨便成为现成的诗句：像"从远处送来了一声'晚报！'"（《记录》），"什么，有人在院内/跑着：'下雪了，真大！'"（《寒夜》），"'早啊，今天还想卖烧饼?'/'卖不了什么也得走走。'"（《苦雨》），"'好家伙！真吓坏了我，倒不是/一枚炸弹——哈哈哈哈！'"（《春城》），"（闲看流水里流云的）/'请教北安村打哪儿走?'"（《道旁》）……这些诗行，正因采自京城下层小人物的活语，原汁原味地品咂出京白的味道，也借此勾勒出他们各自的性格与精神风貌。与此相反的是诗中人物沉默寡言甚至无言起来，在无多大意义的现实面前，话语似乎是多余的，如"不说话"（《胡琴》），"不作声"（《噩梦》），"怎又不说呢?"（《傍晚》），或昏昏欲睡，或与梦为邻，唤醒他们的还是仿效合乎人物身份的语言，其中所用的词语、句子，相当多地带有土话性质。还有一

---

① 卞之琳:《雕虫纪历·自序》，人民文学出版社 1984 年版，第 1—3 页。

类与前二者略有不同，诗人在采取人物语言时，并不直接录入，而是东拼西凑式地糅合，相当多的是以自言自语形式，反复地呈现出一股股语流。这一方式在表现典型的茫然、无奈、彷徨感时最为得心应手，如"'现在我要干什么呢？'／'真的，我要干什么呢？//……你替我想想看，我哪儿去好呢？'／'真的，我哪儿去好呢？'"（《奈何（黄昏和一个人的对话）》）"只说，'我真想到外边去呢！'／虽然我自己也全然不知道／上哪儿去好，如果朋友／问我说，'你要上哪儿去呢'？"（《登城》）"可是我总觉得丢了什么了——到底丢了什么呢，／丢了什么呢？我要问你钟声啊，／你仿佛微云，沉一沉，／荡过天边去。"（《中南海》），此外还有像《路过居》、《西长安街》、《春城》，因为找不到生活的意义而徘徊、寻找，不断地反问、重复，企图有所解脱，其言语自然切合诗中人物。

下面我们通过对一首诗的简单分析，可以清楚地看到，卞之琳如何设置具体情境，在对白、独白中大量夹入北京土语，此诗甚长，为了解读的方便，不妨首尾各节录一部分，诗的题目是《酸梅汤》：

> 可不是？你这几杯酸梅汤／只怕没有人要喝了，我想，／你得带回家去，到明天／下午再来吧；不过一年／到底过了半了，快又是／就在这儿街边上，摆些柿，／摆些花生的时候了。哦，／……

再看诗的结尾：

> 老李，你也醒了。树荫下／睡睡觉可真有趣；你再睡／半天，保你有树叶作被。——／哪儿去，先生，要车不要？／不理我，谁也不理我！好，／来吧。……这儿倒有一大枚，／喝

掉它！得，老头儿，来一杯。/今年再喝一杯酸梅汤，/最后一杯了。……啊哟，好凉！

这首诗宛如一个戏台，一位喜欢闲谈，带点乐天派性格的洋车夫居于戏台的中心位置。另外卖酸梅汤的老头儿、同行的车夫老李、走过的先生，居于配角位置，至于其余若干人等，则因不重要而隐在背后。具体场景则是北平街头树荫下一个角落，在秋初的黄昏街头有一群底层者在困厄、惨淡中如何打发时光。全诗差不多是主人公洋车夫的闲聊、独语与心理过程，如首先根据自己的经验对生意清淡的卖酸梅汤老头儿的调侃、劝说；然后在沉默寡言的老头儿不作声时，再一次在设问中独语，前后两次说话的内容不同，只是岁月催人老时感觉到人生的灰暗、无常与老境的颓唐。紧随着诗思的发展，无言的老头儿已引不起洋车夫调侃、打趣的劲头，于是他把话头转向"吵醒"的老李，从内容分析，老李可能是"我"的同行，因无人可拉而在树荫下睡觉，醒来时枯叶掉在身上不少，引起了"我"谈天的兴致。直到有一位可能坐车的先生出现，全诗顿现一点生气，但在兜揽不成中马上又复归平静。最后独语、揣度性地说了半天的洋车夫"我"，倒出最后一枚铜板，照顾卖酸梅汤老头儿生意喝了今年"最后一杯"。最末一词"好凉"，确实让人在通读中感受到它内蕴的绵延与丰富，胜似天凉好个秋。从戏剧性情境设置来看，诗人"我"躲在一边，刻意客观地呈现的是现实的某个角落，通过不同底层人物的言行来揭示人物心态、处境、性格。诗中的"我"指洋车夫，因视角不同，诗中的"你"指向不同的对象，构成以"我"为中心的某个群体。从遣词造句与语气分析，显然出自"洋车夫"即"我"一个人之嘴，用北京土白来逼真地模拟他的口吻，也就是必然的事。

其次，卞之琳诗歌中有相当一部分全篇不是以捕捉对白、独语见长，而是在陈述、描摹、抒情句子中适当地镶嵌某些吴语与京白中的土语词汇乃至句子。试举例如下：

> A：①想在天井里盛一只玻璃杯，/明朝看天下雨今夜落几寸。（《雨同我》）
> ②今朝你重见了，揉揉眼睛看/屋前屋后好一片春潮。（《无题一》）
> ③哈哈！到底算谁胜利？/你在我对面的墙上/写下了"我真是淘气"。（《淘气》）
> ④"采菱勿过九月九，"/十只木盆廿只手。（《采菱》）

> B：⑤哪儿是暂时的住家呢。啪啪！/什么？枪声！打哪儿来的？（《西长安街》）
> ⑥在街路旁边，深一脚，浅一脚，/一步步踩着柔软的沙尘。（《一个闲人》）
> ⑦叫卖的喊一声"冰糖葫芦"，/吃了一口灰像满不在乎；（《几个人》）
> ⑧得，得，得，都该歇息了，（《发烧夜》）

上面一共八句，以"A、B"分类分别标示为出自吴语与京语，其中 A 类①至④句中方言词语与谚语分别为"天井"、"明朝"、"雨……落"（系"落雨"一词的变通）；"今朝"、"屋前屋后"；"到底"、"淘气"；"采菱勿过九月九"、（以及用"木盆"采菱系地方民俗）。B 类四句分别为："哪儿"、"住家"、"打哪儿来？"；"深一脚、浅一脚"；"满不在乎"；"得"、"歇息"。这些词语除"明朝"、"今朝"、"勿"分别为"明天"、"今天"、"不"，"住家"、"歇息"分别为"住处"、"休息"之外，其余语汇一般读者都已因熟见而可参详其意，似乎不存在理解错误的问题。这里值得补充的有两点：一是一二诗句的诗，均是在《装饰集》中，题赠当时女友张充和之作，也许是张氏亦为生长在吴语区的苏州人，诗人在题赠之作中较为密切地调用了吴语词汇，除此之外，如"一脉"、"来客"（《半岛》），"门荐"、"渗墨纸"（《无题三》），"今朝"、"流水账"（《无题四》）均是，这样很容易获得亲切感，私密性意味较多。二是像上文论及的那样，方式也有相似之处，如掺入农谚、纳入口语句子等，这里就不再重复了。

再次，除土语词汇、方言句子时时化入之外，卞之琳押方言韵也是神不知鬼不觉的。王力在《汉语诗律学》屡次举出卞之琳押方言韵的情况，并说"现代汉语诗人大约没有故意用协音的。他们有时候押韵像是协音，其实只是方音的关系：依普通话念起来是协音，依作者的方音念起来却是极和谐的韵"①。计有《望》、《淘气》、《无题》等多首，《慰劳信集》中也有几首。卞之琳曾承认于全国解放后在参加江、浙（因当地是吴语区，系卞氏母语环境，因有语言之便自愿选择此地）进行农业合作化试点工作时写了几首新诗，"多数是度用一点江南民歌的调子，特别是《采菱》这一首，那却又融会了一点旧词的调子。这些诗都还试吸取了一些吴方言、吴农谚"②。具体根据是依照吴音来押方言韵，如"心"与"印"叶（《从冬天到春天》），"一小颗"与"一小朵"叶、"汁"与"色"叶（《采桂花》），"阁"与"足"叶、"平"与"劲"（《叠稻罗》），"绷"与"当"协韵（《收稻》），"窠"与"果"协韵（《大水》）。事实上，透过卞之琳的自我表述，不只是解放后的创作有此现象，我们发现在他前期的创作中

---

① 王力：《汉语诗律学》增订本，上海教育出版社1979年版，第873页。
② 卞之琳：《雕虫纪历·自序》，人民文学出版社1984年版，第10页。

也有不少类似的现象，比例上还多一些，除王力指出的外仍有不少。这里参照王力在讨论诗律学时的例证，节录两节作为代表来予以分析：

> 门荐有悲哀的印痕，渗墨纸也有，／我明白海水洗得尽人间的烟火。／白手绢至少可以包一些珊瑚吧，／你却更爱它月台上绿旗后的挥舞。　　　——《无题三》
>
> 淘气的孩子，有办法：／叫游鱼啮你的素足，／叫黄鹂啄你的指甲，／野蔷薇牵你的衣角……　　　——《淘气》

前一节采取的是偶句押韵，"火"与"舞"在吴音中分别是"hu、vu"，第二例是押随韵 ABAB 式，"法"与"甲"押"a"韵，"足"与"角"则是押方言韵"o"。此外，如选入《汉园集》，但没有入选《雕虫纪历》的诗《工作的笑》，全诗为商籁体，为四四四二格式。押韵严格，前三节均是双句押韵，最后二句押韵，一节变换一韵。其中第三节押的字为"鞋"与"在"，韵脚为（ai），这是典型的押方言韵。另外如"报页"中"页"的韵母读为"i"、"石阶"中"阶"的韵母读为"ai"……都出自方言韵。总之，卞之琳一直强调新诗的语言基础就是日常口语，与此相联系的是标举新诗的"诵调"与旧诗的"吟调"之别，而新诗因以二字尾结束，调子倾向于说话式，即诵调，因此卞诗中无意中总是露出吴语方言音韵的尾巴。

三

紧跟着如何"化土"相关的问题是，诗人"化"得怎样呢？如果说前者指的是途径与方式，后者则具体指向效果、影响如何的问题。

首先，从总体来看，卞之琳在"化土"上花的工夫是不少的，不管是土词入诗，还是押土音韵，整体上化得自然、巧妙。对于吴方言本身而言，诗人一般是选用一些流行范围较大的，试着推敲词语的大众性质，特别"土"的局限在某一地域小部分人所说的话，很少吸纳进来。此外，吴语方言和普通话都是从古汉语一脉相传下来的，它们之间有很多共同点，相同的基本词语随处可见。又由于几十年"推普"工作，某些典型的吴方言词汇也被普通话吸收，例如"垃圾"、"老板"、"标致"、"像煞有介事"、"瘪三"等。另外，现代文学史上吴方言区出身的作家最多，人们或多或少阅读过他们的作品以及作品的评论与注释，因而逐渐模糊了这一区别。对于北京土白来说，则是批量地化入了普通话。二者合成一股综合力量，一起推动卞之琳作品中"土语化"的隐匿与"消失"，给人一种化得不着痕迹之感。举例来说，如吴语系统中的土词"淘气"、京语中的"深一脚，浅一脚"便令人难以察觉了。因此对今天的读者而言，痕迹在这一"去方言化"的过程中消失了。与此相类似的还可以举很多，如常见的名词"茶馆"、"洋车"、"铺子"、"灰土澡"、"瓦片儿"、"清道夫"、"住家"、"话匣"、"信面"、"老庄稼"、"邻家"、"明日"、"小妮子"；动词类如："胡闹"、"比劲"、"乘风凉"、"欢喜"、"串门儿"；形容词类为"像满不在乎"、"开心"……这些词语，由于日常生活中经常碰上，又由于时间的流逝，各地方言包括北京方言也执著于向普通话靠拢，所以不存在较大的误读与错漏。

其次，土音押韵与诗人的音节、"顿"的诗学主张相关。卞之琳采取的建行模式、押韵方式最富创意，其押韵方式以追求复杂化为上。一般很少一韵到底，常见的是韵随意转，换韵较为频繁；同时又密集地押中间韵、阴韵等。复杂、密集的押韵方式、手段，让一般习惯认为新诗不讲究押韵的读者不容易体会其中的良苦用心，或者在不注意音韵的阅读中忽略过去。如《白螺壳》

"套用了瓦雷里用过的一种韵脚排列上最复杂的诗体"[1]，《一个和尚》重复两个脚韵，多用 ong（eng）韵来表现单调的钟声，给人厌倦的情调。《叫卖》一诗，在设计呈现一个镜头时就巧妙地嵌入了穿街走巷的小商贩的北平土语："小玩意儿，/好玩意儿!"，"小"与"好"连着后面的北京土白词"玩意儿"押阴韵。除此以外，土音押韵还有"贫韵"作为保护，如"协音"这一贫韵在卞诗中较为多见。

　　另外，土话词汇、句子、土音押韵在新诗史上似乎也不占重要地位，密集讨论的并不多见。对于卞之琳而言，即使是 20 世纪 30 年代中期卞之琳与李健吾、朱自清的讨论，也一般局限于意义晦涩、隐藏巧妙和趋于多解等方面。可见，卞之琳诗歌中方言因素的隐性存在，并没有得到当时评论者的留意，也许是方言语境过于自然与强大，这一现象往往被忽略过去。下面不妨看一首完整的诗作，它从未被人指出其中的方言因素，但确实存在，诗的题目是《睡车》：

　　　　睡车，你载了一百个睡眠，/你同时还载了三十个失眠——/我就是一个，我开着眼睛。/撇下了身体的三个同厢客，/你们飞去了什么地方？/喂，你杭州？你上海？你天津？/我仿佛脱下了旅衣的老江湖，/此刻在这里做了店小二。

　　从语汇来看，"睡车"、"撇下"是方言口语词，"我就是一个"与"开着眼睛"的"开着"也十分口语化；其次是有明显方言意味的句子："你们飞去了什么地方？/喂，你杭州？你上海？你天津？"除此容易了解的外，带有方言特色的还有"老江湖"

---

　　① 卞之琳：《雕虫纪历·自序》，人民文学出版社 1984 年版，第 17 页。

与"店小二"两词。这两个词语在北方方言区的山东、河北等地较为流行，近代汉语词汇性质的词典也称之为方言词，并指出在元杂剧或明清白话小说中常用，意思分别是"长期在外闯荡因而阅历丰富的人"和"店肆伙计"①。"老江湖"与"店小二"这一对带有地域性、渐趋老化的方言语汇，在《睡车》中被巧妙激活，顿时像擦拭过后的铜器一样，颇有古雅、诙谐的气息。另有一层，"老江湖"与"店小二"是对称性的犹如双星照耀全诗，缺一不可。无论只单独留下哪一个，都是不完整的，如单独把"老江湖"换成"老顾客、老油头"之类，或者单独把"店小二"换成"服务员、服务生"之类，都极大地破坏了这一对方言语汇的和谐性与整体感。

　　在这一基础上，再来分析一下诗句就会有新的发现。全诗前三行显然是为后五行设定戏剧性场景，使第四行开始的后半部分有迹可循，不至太突兀。前三行相当于戏剧"情景说明"中的"道具布置说明"，还不是戏剧正文。接下去，借助这个情景说明，在短短的五行中诗人展开了一场精致的对比。借了梦的翅膀，三个同厢客"撇下了身体"，各自飞去，与此相对的是，"失眠"的我"开着眼睛"已无梦可做，也不想去寻梦，不是没做过而是不再（不敢？）做。"我"得了一种超脱的力量。全诗篇幅不长，但一系列相对关系所构成的张力撑开了一个辽阔的寻思寻言空间，如动荡不安、变幻莫测的江湖，与供人歇脚、日日如常的小店；东奔西跑、追寻梦想的"老江湖"与安分守己、平淡为常的"店小二"。这些还仅仅是表面的联想与对峙。再进一层，诗中把"老江湖"与"店小二"精彩地予以等同与转换，从老江湖

---

　　① "老江湖"词条参见王世华等编著：《扬州方言词典》，江苏教育出版社1996年版，第155页；"店小二"词条参见钱曾怡编著：《济南方言词典》，江苏教育出版社1997年版，第232页。

变成店小二，其间就隐秘地省略了一个前提，即"老江湖"的前身很可能是一个从店小二起步的小人物，展现了一个小人物原先由不甘平淡、不甘做一个店小二而跃入江湖的寻梦之旅，在经过动荡、艰辛、传奇为基调的江湖生涯后，再退出江湖重归平淡，但最后的平淡与当初懵懂不谙世事不可同日而语，其间经历了多少沧海桑田、物是人非的变迁，演绎的是绚烂之极归于平淡的人生哲学。

从具体内容来看，这首诗最先结集于颇具爱情私密性的《装饰集》，与有苏州才女之称的张氏有不解之缘，[①] 是否还可挖掘其中的隐性内容呢？如"江湖"到底指什么？脱下的是一件什么颜色与情感基调的"旅衣"？曾经做过而不再做的是什么梦？是重做"店小二"还是另起炉灶躲开尘世，开始新的心灵之旅？我想对于读过《无题》诗的读者来说，留下的悬念也足够多了吧？！

四

卞之琳在新时期重评徐志摩的诗创作时，认为他最大的艺术特色"是富于音乐性（节奏感以至旋律感），又不同于音乐（歌）而基于活的语言，主要是口语（不一定靠土白）。它们既不是直接为了唱的（那还需要经过音乐家谱曲处理），也不是像旧诗一样为了哼的（所谓'吟'的，那也不等于有音乐修养的'徒唱'），也不是为了像演戏一样在舞台上吼的，而是为了用自然的说话调子来念的（比日常说话稍突出节奏的鲜明性）。……基本

---

① 据卞之琳所述，"在1933年初秋，例外也来了。在一般的儿女交往中有一个异乎寻常的初次结识，显然彼此有相通的'一点'。由于我的矜持，由于对方的洒脱，看来一纵即逝的这一点，我以为值得珍惜而只能任其消失的一颗朝露罢了。不料事隔三年多，我们彼此有缘重逢，就发现这竟是彼此无心或有意共同栽培的一粒种子，突然萌发，甚至含苞了。我开始做起了好梦，开始私下深切感受这方面的悲欢。"卞之琳：《雕虫纪历·自序》，人民文学出版社1984年版，第6页。

原因就是像他这样运用白话（俚语以至方言）写诗也可以'登大雅之堂'"①，"徐善操普通话（旧称'官话'和'国语'），甚至试用些北京土白，虽然也还带点吴方言土音"。②

其实这些谨慎、客观而又精到的评语，用在卞之琳他自己身上也是非常恰当的。北京土白与吴方言土音，事实上曾多次自称为"南边"人（其实这词也是北京土白词汇）的他，一辈子都在使用，在打交道，以口语入诗，适当融化一些方言、土语，吐出"活"的、干脆利落的声调，这是他卞之琳达到的境界，这是融古化欧之外"化土"所带来的情趣与创新。像卞之琳把所受的广泛而复杂的古典与西方影响，创造性地转化到他的诗作中一样，土语、方言这一语言资源所施加的影响，也在诗人独具匠心中化入到他的诗作中。虽然可以对这些影响与痕迹加以抽离与分析，但彼此之间像维生素融入身体一样，已化为血肉成为有机的统一体。"化土"也像诗人为人所称道的"化古"、"化欧"一样，树立了一个成功的典范。

---

① 卞之琳：《〈徐志摩选集〉序》，《人与诗：忆旧说新》，生活·读书·新知三联书店 1984 年版，第 33—34 页。

② 卞之琳：《〈冯文炳选集〉序》，《人与诗：忆旧说新》，生活·读书·新知三联书店 1984 年版，第 47 页。此外，《徐志摩重读志感》、《新诗与西方诗》等文也持类似观点，均见《人与诗：忆旧说新》一书。

第 三 章

转折与嬗变:救亡语境下的方言
与新诗(1937—1949)

　　带有划时代标志的"七·七"事变,于 1937 年 7 月爆发,它造成了前所未有的历史大灾难,犁开了积淀着无限苦难与悲怆的土地。在随后的十多年时间里,战争与和平、生存与死亡、独立与解放、民主与自由既是社会历史的伟大内容,也是文学艺术的永恒主题。

　　正是这样残酷血腥的历史,正是这样烽火遍地的年代,中国新文学发生了历史性巨变。具体到中国新诗这一新生不久的文体,经受住了战争严酷的考验;在救亡图存与独立解放目标的驱动下,不同流派的诗人都投入到时代的洪流中去。诗歌的大众化,诗的民族形式因素,这些主张得到前所未有的重视。在如何面对需要启蒙宣传的、以农人兵士等为主体的广大受众时,新诗语言再一次大面积地散文化与口语化,夹杂各地民众方言在内的日常口语,成为战争语境下新诗语言的常态。

第一节　驱赶与停留:战争语境下新诗的
地域置换及空间性

　　1937 年 7 月,卢沟桥事变爆发。全民族的抗日战争由此全方位展开，经过八年浴血奋战，中国人民终于在付出沉重代价后取得了全面胜利，但随后几年里又发生了全国内战，战火一直燃烧到 1949 年中华人民共和国成立。十多年连绵起伏的全国性战争，让整个国家、民族处于一个非常动荡的历史时期，经历了从血火中走向新生的大转折。

特殊的时代、历史环境，内在地要求文学担负起相应的历史使命，战争深刻影响乃至左右诗人创作的心理、姿态、目的、方式，并在题材、主题、手法、风格等方面呈现出来。自抗战开始到解放战争结束，新诗开始适应战争语境这一外界因素的干扰与挤压。无情血火中你死我活的生存体验，被驱赶与停留相交错的个体经历，彻底改造了诗人敏感的心灵与神经，诗人的思维方式、审美心态与价值取向，也得以大面积地适应性更新。诗坛对峙的不同流派，或悄然隐失，或重新合流，服务于民族救亡、解放与胜利成为诗歌中不可阻挡的主流。可以说，这一阶段的开端、发展、演变，都是以前新诗所没有经历过的。和其他历史时期不同的是，因战争形成的地缘政治文化，对新诗的发展造成普遍的制约：既从物理时空上划分为国统区、解放区、沦陷区以及类似上海"孤岛"现象的不同板块，又从时间的线性演变上把这些区域变成一个屡经变迁的流动性概念。

正是这一背景，带给诗人们除了传统来自书面文字、传媒的伤痛记忆外，最具体的莫过于因受战火影响而不断逃亡。个体生命不再有一个安逸、舒适而又稳定的生存环境，不论从物质上还是精神上。他们被成群地驱赶，逃亡于祖国不同地理位置上的中小城市，以及广阔荒凉的山村旷野之中，从北平、上海、武汉，一路撤退到重庆、香港、桂林等大西南一隅，或是延安、三边大西北某一角落。其间又有多少人刚刚安顿下来，在喘息未定中又准备再一次避难逃亡。辗转逃亡中，他们有机会接触以农民为主体的底层社会，在与各地不同方言区域的民众交流、生活中，空间维度上的撤退与延续，带来了包括新诗语言在内的空间性变异，战争、地域与诗的关系，生命、土地与人民的关系，语言、读者与新诗的关系，诸如此类新的课题，彼此纵横交错，新诗的地域置换与空间性也由此敞开。

一

　　战争与新诗关系的勾连，给新诗的惯性运行加入了新的元素。典型的是前一历史时期五彩缤纷的新诗流派，出现了一齐向现实主义诗风汇流的趋势。中国诗歌会虽然分化、解散了，但它所倡导、鼓吹的时代感与战斗性相结合的大众化写实诗风，成为不同流派诗人共同的信仰，象征派、新月诗派、现代派等流派，或是集体转型、自我蜕变，或是茫然不知所措、悄悄隐失，新诗的诗风突然变得现实、硬朗与整齐起来。

　　告别《二十岁人》的现代派诗人徐迟，在亲历战争之后发出了《最强音》（1941 年版），他曾说："也许在逃亡道上，前所未见的山水风景使你叫绝，可是这次战争的范围与程度之广大而猛烈，再三再四地逼死了我们的抒情的兴致。你总是觉得山水虽如此富于抒情意味，然而这一切是毫没有道理的；所以轰炸区炸死了许多人，又炸死了抒情，而炸不死的诗，她负的责任是要描写我们的炸不死的精神的。"① 战争造成抒情的放逐，但紧随着的问题是，怎样来描写剩下的"炸不死的精神"呢？虽然精神是"炸不死的"，但"炸"得诗人们随着军队、难民边战边退，直到占据西南、西北之险来稍作停留则是事实。当时从沿海、从东南、从华北一线一路撤

---

　　① 徐迟：《抒情的放逐》，《顶点》第 1 期，1939 年 7 月 10 日。

退或溃退，纵横数千里直到大西南的川滇黔一带，到了那里也许还有不安全感。① 如果来不及逃亡，也许等待自己的是被抓被毒打被野蛮血腥地处死，有侥幸者则隐名埋姓躲藏起来，前者如戴望舒，1941 年滞留香港时被日军逮捕、投入监狱面对"灾难的岁月"。后者如沦陷区诗人，到目前为止还在资料、评价定位上存在许多未解之谜，也成为新诗史书写忽视的某种理由。

另一方面，除了撤退到后方这一选择外，许多诗人直接参加战地服务团之类的组织，深入火线前沿和敌占区，活跃在各抗日根据地和游击区。② 如臧克家、韩北屏、邹荻帆在武汉战区、大别山一带辗转流亡从事战时文化工作；何其芳、卞之琳、曹葆华、柯仲平、萧三、林山等人从不同途径进入解放区，在西北军队中或长或短地进行文化工作；钟敬文、王亚平、柳倩等在第四、第九战区工作，走遍了江、浙、湘、赣等省；又如老舍、姚蓬子、王礼锡、杨骚等人参加战地访问团一类的活动，在前线，在各战区从事文化宣传等工作……这一切，充分说明后方与前方有时呈犬牙交错状态，诗人在行动，在体验战争中的一切变化。在与来自不同地域的兵士、民众相识、攀谈的过程中，在"看看报纸，研究着地图，谈论着战事和各种问题"③的过程中，不论是大后方还是前线、敌占区，不论是相对稳定的学院派诗人还是随军队流动而不断迁移的诗人，都会具体亲身体

---

① 如时为重庆《新华日报》副刊主编的刘白羽给作者沙鸥的信："万一日寇到重庆，可否在乡下山区找一暂避之处？"当时日军侵入贵州，国民党军队节节败退，日军大有直逼四川陪都重庆之势。见晏明《飘飘何所似天地一沙鸥（上）》，《新文学史料》2001 年第 2 期。

② 可参见艾青《中国新诗六十年》，海涛等编《艾青专集》，江苏人民出版社1982 年版。

③ 闻一多：《八年的回忆与感想》，《闻一多全集》3，生活·读书·新知三联书店 1982 年版，第 545 页。

验战争带来的深刻变化。

在被驱赶、逃亡途中，在新诗史上取得最高成就的莫过于被划入七月诗派后又超脱出来的艾青，以及中国新诗派的代表诗人穆旦。下面举例分别论述一二。对于艾青而言，在"七·七"事变前夕到 1941 年初这一时段中，战争像一条疯狗似的驱赶他不停地逃难：从杭州到金华，从战时文化中心武汉到山西临汾，半个月后又因战火蔓延到临汾而返回武汉，在徐州失守的情况下被迫离武汉去湖南衡山，滞留两三个月后向大后方的朋友写信希望找一份"所得能维持生活就好"① 的差事来安身立命，后来在桂林稳定了半年多又重返湖南新宁，再经长沙、宜昌去重庆，在重庆又因国民党监视而化装奔赴延安……以他的原话说"完全是逃难性的"，② 常常是前脚刚走敌人后脚马上跟来。国土大批失守，这一点似乎参照敌我形势分析图之类的书籍也可看到，虽然中间偶有拉锯战，但大多失守后便沦为敌占区。即使在后方，也面临敌人不断的轰炸，在喘息未定中又不得不筹划还有哪一个更为安全的地点。③ 诗人渴望能拥有一张平静的书桌，但现实把它掀翻了。

与艾青相比，穆旦也有两次独特的传奇经历。一次是作为流亡学生经历了从北平到长沙、从长沙步行到昆明的三千里远途迁徙，接触了湘黔滇的底层民众，经历了战火中的现实人生。当时主要感受是沿途所见所闻的新鲜、当地百姓生活的苦难、迁徙情

---

① 艾青给 S（即胡明树）的信："你能否为我在贵校设法一下？或者别的学校？望你能帮助我，所得能维持生活就好了。"转引自周红兴《艾青研究与访问记》，文化艺术出版社 1991 年版，第 272 页。

② 周红兴：《艾青的跋涉》，文化艺术出版社 1988 年版，第 120 页。

③ 如艾青好不容易到了重庆，刚刚在"文协"宿舍安顿下来，在一次日机对重庆的大轰炸中，人是躲藏在防空洞里安然无恙，但住地已是一堆废墟，不得不从瓦砾堆里挖出被褥、衣服、书籍等用品，迁到远离市区的北碚居住。

绪的高昂、结伴而行的惊险劳顿等方面。① 另有一次穆旦直接参加中国远征军出征缅甸抗日战场，亲历与日军的战斗及随后的逃亡大撤退。② 这一切，给穆旦带来了诗风硬朗的现实品格，也带来他重新思考生命、土地、语言存在的机会。这里仅举一例为证："后来到了昆明，我发现良铮的诗风变了。他是从长沙步行到昆明的，看到了中国内地的真相，这就比我们另外走海道的同学更有现实感。他的诗里有了一点泥土气，语言也硬朗起来。"③这也许是众多变化中的冰山一角，这样的经历，对一个人的改变是致命性的，说来残酷的是，也只有在这一背景下，中国新诗坛才诞生了具有大师气象的诗人，在他们手中涌现出一批优秀的诗作。

二

　　诗人肉身的驱逐与灵魂的逃亡，使新诗掺和着地域的概念，与土地、生命、人民等宏大命题一一联结起来。其中最直接的反映之一便是诗歌题材的变化。在战争这一母题背景下，相关的题材得以集中，现实性大为加强，如逃难中的艾青，在抗战开始前几年写出了他一生最好的作品，如《复活的土地》、《乞丐》、《雪落在中国的土地上》等；还有穆旦的诗，如《防空洞里的抒情诗》、《出发》、《在寒冷的腊月的夜里》、《赞美》等。现实的挤压带来题材的开拓、深化，为新的美学风格的形成铺垫了某种基

---

① 因资料原因，这里以闻一多参加三千多里的另类"长征"为参照，因为穆旦当时也是其中成员之一，经历有类似之处。参见刘烜《闻一多评传》，北京大学出版社1983年版，第197—204页；陈登忆：《回忆闻一多师在湘黔滇路上》，三联书店编辑部编《闻一多纪念文集》，生活·读书·新知三联书店1980年版，第275—280页。

② 参见王佐良《一个中国诗人》，穆旦《穆旦诗集1939—1945》，人民文学出版社2000年版，第117—119页。

③ 王佐良：《穆旦：由来与归宿》，杜运燮等编《一个民族已经过来——怀念诗人、翻译家穆旦》，江苏人民出版社1987年版，第1页。

础。另一方面，由于诗人走出书斋，接触了当时的现实与底层，广大民众、兵士的日常生活、情绪表达、情感原型等，都是观照的对象。除此之外，争取民主、自由、呼唤和平的诗篇；揭露社会腐败、黑暗的诗篇；反映农民受兵役、苛捐杂税的诗篇；反映市民不堪物价飞涨的诗篇，等等，都糅合着泥土味、烟火味。整体上看，纯粹属于个人低声哀叹、缠绵往复的诗作，倒是很少见的，也是整个社会不愿读到的作品。

随着题材的变化，艺术手法上也有相应的变动。纯诗的写法被悬置，抽象、象征、哲学化、意识流等手法越来越失去吸引力，直抒胸臆、平铺直叙、白描叙述、呐喊宣泄的手法则普遍蔓延开来。因为要服务于战争，宣传发动广大民众投身到战争中去的问题变得异常尖锐起来，这就要求文艺阵线上最具有适应性的诗，不能不具备宣传鼓动助阵的战时特征。当时，诗歌的民族化、群众化、大众化等口号的提倡是最为有力的，加之国共两党之间因不同阶段所出现的合作现象，使得政治意识形态领域关于文学大众化、民族形式等的讨论全国化，这样让新诗向民间、大众靠拢。民间形式如小调、山歌、大鼓词、皮黄、金钱板等传统土生土长的艺术形式被充分采掘，即使是不太适用的"旧瓶"，也装上了"新酒"。诗坛不但有冯玉祥、陶行知那样的诗人，也有像小说家老舍一样的客串者。具体如老舍，他受战争宣传影响，也鼓起勇气去尝试用大鼓调写长诗《剑北篇》，他说："大体上，我是用我所惯用的白话，但在逼不得已时也借用旧体诗或通俗文艺中的词汇，句法长短不定，但句句要有韵，句句要好听，希望通体都能朗诵。"① 新诗能"朗诵"，在新的语境下再一次爆发，因为追求新诗的民族化、大众化、群众化，诗朗诵运动从精

---

① 老舍：《三年写作自述》，《老舍生活与创作自述》，人民文学出版社 1982 年版，第 68 页。

英化的"读诗会"蜕变出来,变成"听觉艺术"是自然的事。如在上海、南京失守之后,武汉三镇成为战时文艺中心,高兰、光未然、冯乃超、徐迟等人开始认真组织、尝试诗朗诵活动,后来武汉也不幸失守,朗诵诗运动在大后方城市如重庆、成都、昆明、桂林等地,以及以延安为代表的各解放区根据地,面向普通市民或工农兵为主体的群众,此起彼伏地开展过,并取得了较好的宣传效果。[①] 另外,像街头诗、传单诗、枪杆诗等便于宣传鼓动的新形式,也涌现出来,它短小、鲜明、形象,加大了新诗朝"广场"、"民间"的渗透与扩张能力,达成的共识是新诗必须通俗、易懂、明白、昂扬。

其次,诗人的地域流动与分化,带来地域空间视野中流派的重新集结,如七月诗派、中国新诗派、延安民谣体诗派等。众所周知,七月诗派是在艾青影响下,在以理论家兼诗人胡风为中心、以《七月》及以后的《希望》、《诗垦地》、《诗创作》、《泥土》、《呼吸》等杂志为基本阵地而形成的青年诗人群,其主要代表诗人有阿垅、鲁藜、绿原、牛汉等,他们在国统区的武汉、重庆、成都等地不断流动,团结成一个战斗整体。七月派诗人们张扬主观战斗精神,正视现实深入生活,从客观对象具体形态中开掘出深广的历史社会内容,创造出一批诗风沉郁、开阔而又厚重的优秀诗作。比七月诗派稍后的是活跃在国统区西南一角——昆明的中国新诗派,他们生活在大后方最高学府西南联大里,告别流亡,在相当安静的校园里,与现实政治保持一定的距离与个人风格,"在现实与艺术间求得平衡,不让艺术逃避现实,也不让

---

① 可举一例,据徐迟回忆:"1944年秋天起雾时,国民党的贪污腐化已经发展到了极度。……马凡陀写了一首《责问他》的诗,我们在上清寺广播大厦的朗诵会上朗诵了:'责问他!责问他!……揭发他!揭发他!'国民党受不住了,下了一道禁令:从此以后,不准举行朗诵会。"见《重庆回忆(三)》,韩丽梅编著《袁水拍研究资料》,中国国际广播出版社2003年版,第174—175页。

现实扼死艺术","诗作的极不相同的风格证明诗发展的多种可能的途径"。① 他们认为诗与现实、政治有关，但也有相对的独立性，应是一种高度综合的艺术。中国新诗派诗人敏感地意识到现实人生的种种矛盾与困惑，关注人的精神处境，是经过驱赶后"停留"的诗，写出了对生命、战争、土地的不同认识。另外，以陕甘宁边区为中心的新诗群也有自己的新质，不但在群众性诗歌运动中涌现出一批纯粹用民间文艺形式来写作或演唱的农民诗人，而且还有一大批经过延安文艺座谈会整风过后产生的知识分子诗人，他们创作出了革命气息相当浓郁的优秀作品，如田间的街头诗，李季的《王贵与李香香》，阮章竞的《漳河水》，张志民的《王九诉苦》、《死不着》等。这些作品，主要受众是农民与兵士，采取他们喜闻乐见的传统的民间文艺形式，已成为当时一种普遍的模式。

三

从语言角度来说，这一时期的新诗语言既有大的变化与转折，又有新的进展与分化。"抗战以前新诗的发展可以说是从散文化逐渐走向纯诗化的路"，"抗战以来的诗又走到散文化的路上。"② 这一评价是笼统的，不过指出从纯诗化到散文化，一方面是日常语言的复活，一方面是面对民众口语的现实吐纳。向散文化发展，自由诗体再次崛起，成为抗战时期诗歌的主流，这方面的具体表现，我们可以从"口语"主张上大致有所洞悉。与"口语化"主张相关的内容是有复杂微妙的层次的，主要方式起码有以下可以再分下去的两类：一

---

① 袁可嘉：《诗的新方向》，《论新诗现代化》，生活·读书·新知三联书店1988年版，第219页。

② 朱自清《抗战与诗》，《新诗杂话》，生活·读书·新知三联书店1984年版，第37—38页。

是艾青、穆旦式的知识分子口语观；一是解放区诗人及解放战争年代提倡的群众口语观。下面以此两类作为代表来稍作梳理。

艾青在 20 世纪 40 年代从创作与理论两个方面，提出了著名的"诗的散文美"主张，这是在现代派诗人戴望舒采用现代日常语言观影响下提出的新思维，具有朴素、形象、简约、明朗等美学特点。例如他在《诗论》中提出"最富于自然性的语言是口语。尽可能地用口语写，尽可能地做到'深入浅出'"。[①] "散文是先天的比韵文美。口语是美的，它存在于人的日常生活里。它富有人间味。它使我们感到无比的亲切。而口语是最散文的。"[②] 与此类似的论述还有一些，问题是，艾青经常提到的"口语"到底是什么样的？纵观艾青的相关表述，我们发现他既认为初期白话诗是"采用了人民日常的口语"，又认为戴望舒《我的记忆》一诗也是现代的日常口语，可见"口语"概念是比较模糊、静态性而又富于包容性的概念，是白话基础上最接近活的口语的东西，是某种大白话。作为当时主流派自由诗体所能达到的历史高度的代表，艾青的诗歌语言，讲究口语基础上的洗练、纯化，略有方言意味但并不太浓郁。他诗歌的语言，与真正活着的语言，构成一种互动关系，两种是相互裹挟着向前流动的。

与艾青类似，人们对穆旦的语言风格也一般冠以"口语"。穆旦拒绝文言，坚持五四现代白话诗的传统，对他熟悉的批评家一方面说，"他的诗歌语言最无旧诗词味道，同过去一样是当代

---

① 艾青：《诗论》，海涛等编《艾青专集》，江苏人民出版社 1982 年版，第 133 页。

② 艾青：《诗的散文美》，海涛等编《艾青专集》，江苏人民出版社 1982 年版，第 154 页。

口语而去其芜杂，是平常白话而又有形象的色彩和韵律的乐音"，① 走到了"现代汉语写作的最前沿"②。"穆旦的诗歌语言试验的意义：几乎不带丝毫文言字词、句法，完全用白话口语来表达唯现代人才有的现代诗绪和现代诗境。"③ 一方面又说还有"不同程度的欧化倾向"④。在我看来，穆旦的语言对口语与书面语的结合、把握很出色，在欧化的语法指导下，强调的是意义的呈现。他充分发挥了日趋成熟的现代汉语的弹性、多义，通过词语组合的张力与句式的繁复、错落，来表达现代社会深刻的思想与诗情；同时又自觉地大量运用带有欧化意味的关联词，以揭示抽象词语、跳跃句子之间的逻辑关系。正如有人所论，"语词和句子本身甚至是不重要的，重要的在于句子背后那些勇往直前的情绪之流。而这一切，都得力于那些数量众多的意义抽象的词语，得力于句子间的严密逻辑关系"。⑤ 在这一现代口语形式下，诗人的主体意识才可能得到自由的伸展、运动，才可能随心所欲地支配语言文字，达到郑敏所评述的那种"扭曲，多节，内涵几乎要突破文字，满载到几乎超载"⑥ 的特殊审美效果，对传统的语言形式而言，这无疑是一种典型的陌生化。

　　到了艾青、穆旦那儿，现代日常的口语并不纯粹，而是对口

　　① 王佐良：《穆旦：由来与归宿》，杜运燮等编《一个民族已经过来——怀念诗人、翻译家穆旦》，江苏人民出版社1987年版，第7页。

　　② 曹元勇：《走在汉语写作的最前沿》，杜运燮等编《丰富和丰富的痛苦：穆旦逝世二十周年纪念文集》，北京师范大学出版社1997年版，第126页。

　　③ 钱理群：《追寻生存之根：我的退思录》，广西师范大学出版社2005年版，第283页。

　　④ 袁可嘉：《九叶集·序》，辛笛等《九叶集》，作家出版社2000年版，第13页。

　　⑤ 参阅李怡《穆旦：黄昏里那道夺目的闪电》，《现代：繁复的中国旋律》，中央编译出版社2001年版，第208页。

　　⑥ 郑敏：《诗人与矛盾》，杜运燮等编《一个民族已经过来——怀念诗人、翻译家穆旦》，江苏人民出版社1987年版，第33页。

语与书面语的双重矫正与驾驭，在说话的国语与文学的国语之间，存在某种妥协、扭曲与相互克制。同时因为文学创作的语言终归呈现出来的是某种书面语，因此都是推动这一书面语向前发展的，两者之间有一定的并行性。带点方言成分的鲜活口语，与逻辑意义上的散文化句式配合，来改造新诗的句子表达。"穆旦的这一番努力可以说充满了对现代口语与现代书面语关系的崭新发现，它并不是对口语要求的简单'摆脱'，而是在一个新的高度重新肯定了口语和散文化，也赋予了书面语新的形态。"①

　　与上述口语观相对立的是一以贯之的群众口语观，它主要以全国各地没有书面文化知识的群众口吻与语汇来写诗，其中的方言成分非常突出。其地域分支遍布全国各地，但以西北方言为基础的解放区新诗，以及以四川方言、粤语为基础的四川、广东以及香港等地方言诗人为主。前者主要是以陕北延安为中心的诗人群体，一般在语言上追求朴实、易懂，大量采用口语、土语方言入诗，以普通不识字的工农兵能听懂为新诗通俗化的标准，在句式上，尽量吸收、借鉴民谣的形象原型、体式、表现手法、韵律与语言，追求自然、自由而又富有节奏感的音乐效果。典型的是1943年艾青的《吴满有》与1946年李季的《王贵与李香香》，和艾青与穆旦的口语存在差异相似，这里也存在内部差异性。艾青写《吴满有》时主要还是知识分子浅显的口语，中间掺杂个别陕北方言，当时艾青写完后念给吴满有本人及村里人听时，也只是听取内容真伪上的意见予以修改，诗人总结的规律是："一般地说，农民欢喜具体，欢喜与他直接相关的事，欢喜明快简短的句子，欢喜实实在在的内容。"② 而李季创作《王贵与李香香》，虽然在字面上也是群众语言，但几乎是稍经提炼过的陕北方言，

---

　　① 李怡：《现代性：批判的批判》，人民文学出版社2006年版，第205页。
　　② 艾青：《吴满有·附记》，《解放日报》1943年3月9日。

土白、方言气息相当突出，是一次面对诗歌题材、受众的"土化"转向。后者如四川方言诗人沙鸥、野谷，[①] 粤语区方言诗作者符公望、楼栖、丹木、黄宁婴、林林、犁青等人，也是纯粹的方言诗化，或者也有若干方言诗作。另外，围绕上海、香港的《新诗歌》、《中国诗坛》等刊物，诗人们坚持现实主义道路写政治讽刺诗，也侧重歌谣、方言诗、叙事诗等的创作。[②] 这一线索上的新诗，用典型而又纯粹的四川、粤语方言，知识分子自身的口语被掩盖得较为严实；值得一提的是在当时还引起了持续多年的方言文学、方言诗的论争。其中的代表性意见是冯乃超、邵荃麟等人的总结报告[③]和郭沫若、茅盾等人的个人意见，前者总结认为方言文学的提出是为了文艺普及的需要，提倡方言文艺是从实际出发的，其服务对象是工农兵，从而建立人民的大众文艺；发展方言文艺优势明显，与普通话是相互支撑的关系，"用普通话夹杂一些方言写作……这有助于方言的流通，也有助于普通话更丰富"；同时提醒注意不要对方言文艺产生偏见，对方言的偏僻和原始也应有深入的认识，进行必要的加工和提炼。另外，指出这样的事实，解放区文学作品的陆续出版对方言文艺是一个有力的刺激。后者如郭沫若、茅盾、钟敬文等人先后著文参与华南文艺界的方言文学讨论，郭氏认为方言文学"和马华化的

---

① 当时诗刊所载"诗简讯"中有"野谷在渝写方言诗甚勤"之语，见《新诗歌》第 5 号，1947 年 6 月 15 日出版。

② 《新诗歌》，沙鸥、李凌、薛汕编辑，1947 年 2 月创刊，1948 年转移到香港重新出版。与稍后在广州出版的《中国诗坛》在诗歌主张、诗人队伍上有直接关联，他们对华南诗歌运动影响甚大。参见薛汕《四十年代的〈新诗歌〉》，《新文学史料》1988 年第 1 期；陈颂声、邓国伟：《中国诗坛社与华南的新诗歌运动》，《学术研究》1984 年第 3 期；犁青：《从"南来作家"到"香港作家"》，《新文学史料》1996 年第 1 期；犁青：《四十年代后期的香港诗歌》，《新文学史料》2005 年第 3 期。

③ 冯乃超、邵荃麟执笔：《方言文艺问题论争总结》，见华嘉：《论方言文艺》，人间书屋 1949 年版，第 46—58 页。

问题有一脉相通之处，在我个人也是举起双手来赞成无条件地支持的。……假使是站在人民路线的立场，毫无问题，会无条件地支持方言文学的独立性。"① 茅盾则似乎唱出了以前不曾有过的调子，不但"对于这次论争是把它当做'华南文艺工作者如何实践大众化'来了解的，而不是把它当做仅仅讨论了'方言文学之应否建立'，或'如何运用方言'，'怎样去发扬方言文学'"。② 而且在随后的长文中从方言文学与白话文学、方言文学与文学大众化、大众化与民间形式三方面强调方言文学的必要性与必然性，断定"白话文学就是方言文学"。③ 从中可以看出当时主流批评对方言入诗、入文的重视程度。曾当过广东方言研究会会长的钟敬文不但在当时著有七八篇论方言文艺的文章，而且在 20 世纪 80 年代回忆时明确定调为"我们大力提倡方言文学运动，就是要把毛泽东同志'文艺大众化'的主张应用到南中国的特殊方言区（广东），从而教育、鼓舞更多人民为当时的解放战争而奋力"④。

四

从抗战开始到 20 世纪 40 年代末，中国新诗一路经过综合与深化的发展，走完了曲折起伏的历史进程。诗人们对于战争年代的社会现实和人的处境的体验深化，对应着不同的诗艺探索，有现实主义主流也有现代主义等的支流，整体上是面向民众、服务

---

① 郭沫若：《当前的文艺诸问题》，王锦厚等编《郭沫若佚文集》下，四川大学出版社 1988 年版，第 211 页。

② 茅盾：《杂谈"方言文学"》，《群众》周刊第 2 卷第 3 期（香港），1948 年 1 月 29 日。

③ 茅盾：《再谈"方言文学"》，《大众文艺丛刊》第 1 辑，1948 年 3 月。

④ 钟敬文：《我与散文》，《芸香楼文艺论集》，中国文联出版公司 1996 年版，第 223 页。

战时需要的。

新中国成立后新诗道路再一次经受历史的大转型，在新的政治意识形态下，党和国家既对新诗历史进行重新评估，又通过批判、出版等不同渠道为当代新诗确立新的规则，这样重新在背离中分流整合，绝大多数诗人融合新社会、新体制后被卷入颂歌的大合唱与狂欢中；另一方面，普通话写作的逐渐升温，在语言取向上更为集中与统一，一起服务于建立统一的民族国家想象共同体，新诗新的一页又以新的方式与想象翻开了。

第二节　上海方言与马凡陀的山歌

在抗日战争胜利前后到解放战争期间，新诗的民族化与大众化走向继续延伸，定格为一个较为主流的诗歌审美标准。依此标准，马凡陀山歌最先纳入视野的几率，可以说是相当靠前的。它一度曾被指认为是"诗歌深入人民，和人民结合"的"山歌的方向"①，"新诗歌创作的一个新方向"。② 作为国统区诗歌的代表，与戏剧方面的《升官图》、小说方面的《虾球传》一起，在第一次文代会上被茅盾总结为表现一种"新的倾向"，即"打破了五四传统形式的限制而力求向民族形式与大众化的方向发展"③。后来还被整合到毛泽东的"文学新方向"之列，由此可见其当时影响之大。

事实上也是这样，通过马凡陀之手，习惯于自由自在地生长

---

① 默涵：《关于马凡陀的山歌》，韩丽梅编著《袁水拍研究资料》，中国国际广播出版社 2003 年版，第 254 页。

② 劳辛：《〈马凡陀的山歌〉和臧克家的〈宝贝儿〉》，韩丽梅编著《袁水拍研究资料》，中国国际广播出版社 2003 年版，第 263 页。

③ 茅盾：《在反动派压迫下斗争和发展的革命文艺——十年来国统区革命文艺运动报告提纲》，《茅盾全集》第 24 卷，人民文学出版社 1996 年版，第 52 页。

于大自然旷野的山歌，改变了局囿乡野、土头土脸的形象，从农村飞向都市，在都市民间文化形态中占据了应有的一角。山歌声誉与形象的变迁，带来一种重振旗鼓、高歌猛进的时代气息，但遗憾的是，马凡陀的山歌反而随着全国解放后政权的更替而消失得无影无踪①，后来还随着作者袁水拍在"文革"中的一些污点，受到了学术界的冷落，不但评论稀缺苛责，而且肯定的声音也并不多见，这一点纵观新时期以来的论著便可一览无遗。在今天同样需要马凡陀山歌的时代，却听不到类似山歌的声音。难道马凡陀的山歌只能在特殊时期昙花一现？它的隐退是今天的读者不需要，还是社会客观条件的限制？另外，如何正确评价新诗中的山歌道路？它固有的口语化、方言化、大众化的运行模式，以及以针砭丑恶黑暗现实为旨归的价值取向，会成为不屑一顾的历史陈迹吗？……这些问题，仍是值得深入思考的。

一

袁氏出生于江苏吴县（今苏州市）远郊，从小迁到苏州城里生活，一直生活到青年时外出谋生为止。后来袁水拍一生主要是在香港、重庆、上海、北京等大城市生活。因此，诗人的吴语这一母舌因素，对他的创作有着潜在的影响；另外因久居都市，对万花筒般的都市生活这一整个生态，无疑相当熟悉。

马凡陀是袁氏集中写讽刺诗时的笔名，另外较为通行的是他的另一笔名袁水拍，其本名和其余数十多个笔名倒很少有人提到。"袁水拍"一名用途很广，而"马凡陀"却几乎仅用了山歌，这一笔名用意是意味深长的。诗人发表诗作，凡属抒情诗创作一

---

① 如自1950年后，以马凡陀为笔名的文章与诗作共仅六篇，而且其内容、主题也大异其趣。

类时大多署名"袁水拍",大唱山歌、专事讽刺诗时则以"马凡陀"行世。前一笔名,系当初他客居香港、思念故土时改之,取南宋诗人梅尧臣一诗中"朱旗画舸一百尺,五月长江水拍天"诗句之意;后者则是世界语 Movado 的音译,意为"永动",Movado 的读音与乡音苏州话"麻烦多"谐音,足足可见"麻烦多"与马凡陀山歌的内在精神联系。

当时马凡陀声名远播,地点变迁过程是从重庆到上海,时间跨度则主要为 1944 年到 1948 年。他的山歌结集有《马凡陀的山歌》(1946 年)、《马凡陀的山歌》续集(1948 年)、《解放山歌》(1949 年)。集中所录山歌系当时本地报章所载,这些山歌几乎均作于战时陪都重庆与收复后的大城市上海,"在某种意义上,这实在是两个具有代表性的重要地方,因为表现这两个地方,也就把中国的事情表现出大半了"。① "把中国的事情表现出大半了"似乎是夸大其词,如具体缩小到中国市民阶层的事情,倒比较符合实际。马凡陀的山歌,在代表当时大中城市的市民意志上,占据优势,马凡陀名字能深入下层市民中间,不能不说是新诗发展大众化进程上的一个显著标志。

从语言资源上看,从重庆到上海意味着四川方言替换成上海方言,语境变迁对袁水拍写作山歌来说可以形容为如鱼得水。上海话与苏州话相近,同属吴语区,与他从小熟稔的吴侬软语又一次亲密接触,诗人针砭时弊、嘲讽揶揄等方面的创作才华再一次显露出来。"马凡陀山歌到了上海,回到诗人自己的家乡吴语地区,语言的运用更加自由了"。② 从马凡陀山歌创作的数量与质量看,诗人自回到上海的 1946 年始,山歌确

---

① 李广田:《马凡陀的山歌》,韩丽梅编著《袁水拍研究资料》,中国国际广播出版社 2003 年版,第 237 页。

② 徐迟:《重庆回忆(三)》,韩丽梅编著《袁水拍研究资料》,中国国际广播出版社 2003 年版,第 176—177 页。

实唱得更为娴熟、地道，整体上达到了写山歌的巅峰状态。除上海方言，以及他的处女作《我是一个田伶老》，是用熟悉的吴方言写作外，因出外谋生所需，基本上操一口蓝青官话。在香港重庆等地先后学了一些粤语与四川话，在山歌中偶有体现，但与他在上海得心应手地用上海方言相比，显得分量太轻。

因此，马凡陀代表性地提炼都市生活素材，在上海夹杂着大量的本地方言来书写山歌，是有渊源可言的。同时，作为市民阶层民意的代表，他耳闻目睹了现实中一幕接一幕的丑剧、闹剧，为山歌的创制铺垫了一个良好的环境。首先，国共两党政治势力的并存、竞争与消长，在当时形成鲜明的对照。作为黑暗腐朽代名词的国统区，涌现出无数光怪陆离的社会现象，新中国建立后人民文学出版社出版《马凡陀的山歌》时有一段绘声绘色的简要概括，从内容上看还是比较全面的，现略引如下：

> 敌人的祸国殃民的罪行、荒淫无耻的勾当，在作者的笔下，被讽刺得淋漓尽致。其中有囤积居奇、大发国难财、在美国存款三亿美金的贪官污吏；有乌烟瘴气、相互倾轧的"国民参政会"以及蒋匪帮豢养的伪造民意的反动社团；有满胸脯金质银质勋章、行李箱笼堆成山的"抗日建国英雄"和接收大员，他们一面高喊"还政于民"、一面以武力镇压工人运动和学生运动、一面又摇尾乞怜向美国主子伸手要钱；还有打着"遣送日俘、任务未毕"的幌子，在上海等地街头横冲直撞、任意杀人的美国军队；有汉奸带着铜床在牢里养神；有美帝国主义伪装正人君子"调停内战"、国民党的停战阴谋；还有那一个臭名远扬、愚弄人民的"新生活运动"；还有丑态百出的伪国民大会竞选狂想曲；还有半吞半吐、小骂大捧的伪善的报纸；还

有那些所谓第三方面的"英雄"们的嘴脸；等等，不胜列举。①

这"不胜列举"的社会丑闻，弄得民生凋敝、民怨沸腾。袁水拍曾用"沸腾的岁月"来命名这一时期（他指的是 1942—1946 年，其实还可后延几年）。② 这一个意义上，山歌应声而起，担当了民意代表。其次，作者的山歌情结也是不可忽略的一环。诗人青少年时期曾特别喜好苏州评弹，对吴地民谣、山歌有着特别的感情，按他自己的说法叫"偏心"③；正因如此兴趣，他还翻译过霍斯曼、彭斯的诗，这两位域外诗人的诗歌风格均接近明白易懂的民谣体。不过，虽然他隐约感觉到"这是民谣复兴的时代"④，但最关键的莫过于辗转流传到国统区的《在延安文艺座谈会上的讲话》的牵引。1944 年胡乔木从延安到重庆，向党员作家袁水拍介绍毛泽东《讲话》的基本精神；另外《新华日报》以及诗人周围的文友，综合性营造了一种批判、讽刺诗风，在诗与政治、文艺如何为人民服务等大的方向上，积极地发挥了导向作用。

二

新诗逐渐深入市民阶层，在这一阵营里引起共鸣、激起心灵的回响，客观地说，在马凡陀的山歌之前还不曾做到，到马凡陀手里却慢慢地实现了一部分。一向流传不广的新诗与广大

---

① 人民文学出版社编辑部：《马凡陀山歌·出版说明》，人民文学出版社 1958 年版。

② 袁水拍：《沸腾的岁月·后记》，新群出版社 1947 年版。

③ 袁水拍：《冬天·冬天》的《前记》，桂林远方书店 1944 年版。

④ 袁水拍：《祝福诗歌前程》，转引自游友基著《中国现代诗潮与诗派》，广西师范大学出版社 1993 年版，第 185 页。

市民取得某种联系，山歌这一形式无疑在两者之间架起了一座桥梁。

当代学者陈思和曾提出"民间文化形态"① 这一概念来梳理从抗战到"文革"这一段文学史中"民间"的浮沉，其中从小说入手阐释了现代都市文化与民间形态的关系。这里姑且借用过来概括马凡陀山歌与都市民间的内在联系。在人们习惯性的理解中，在城乡对峙的格局中，民间一般指向广大农村，其实不然，在各大中城市里，下层市民也会形成一个类似的都市民间，孕育着都市情调的民间文化形态。除了陈思和指出的虚拟性等共性之外，都市民间还有世俗性、依存性、漂浮性等特点。对严重依存于都市的市民们而言，他们知识比农民丰富、处世比农民灵活。作为市民，有他最本真的世俗保守的一面，也有改变现状、希望社会进步的一面。他们像农民挂念天气一样关心工资与物价的涨跌，在满足了柴米油盐等日常生活之需外，业余时间的娱乐消遣，便打发在包括对时局发展、国家大事的议论等社会性活动中。都市民间文化，在庞杂性、世俗化中还有它自由活泼的审美性，在与国家权力、意识形态相抗衡的过程中，有妥协也有反抗。庞大的市民阶层，其喜怒哀乐也会影响到社会的变革与进程。

综观袁水拍的所有诗作，我们可以发现它们对都市下层市民

---

① 据陈思和介绍，他部分地吸收西方"民间社会"讨论者的观点，提出民间与民间文化形态概念，它是与国家相对的一个概念，民间文化形态是指在国家权力中心控制范围的边缘区域形成的文化空间。其特点有三：一、它是在国家权力控制相对薄弱的领域产生的，保存了相对自由活泼的形式，能够比较真实地表达出民间社会生活的面貌和下层人民的情绪世界；虽然在政治权力面前民间总是以弱势的形态出现，但总是在一定限度内被接纳，并与国家权力相互渗透。二、自由自在是它最基本的审美风格。三、它既然拥有民间宗教、哲学、文学艺术的传统背景，用政治术语说，民主性的精华与封建性的糟粕交杂在一起，构成了它独特的藏污纳垢的形态。参见陈思和《中国新文学整体观》，上海文艺出版社 2001 年版。

读者群的关注是相当典型的；其山歌能引起轰动、争议，也得力于这一群体的推动与介入。1944 年以前，袁水拍写过零星的山歌体讽刺诗，如《一个"政治家"的祈祷》，后转向集中力量写山歌、唱山歌的开头，山歌调子还不太流畅，后来则渐入佳境。到 1946 年，他越写越妙，简直达到了最好的民歌手的出神入化之境。① 他"渐入佳境"、"越写越妙"，一方面是手法技巧的提高进步，一方面则是对市民日常生活诗意化的把握也在提高进步。马凡陀山歌的读者，从知识分子队伍扩大到以工人、公务员，以及店员、学徒、家政等一般服务性从业人员等组成的市民阶层中，透过他们的普通生活向形而下看，把他们日常离不开的事情与社会深层的实质性问题联系起来，达到揭露社会本质的目的。举凡内战、通货膨胀、选举、税收、就业、工资、购物、上学等事，都是山歌的素材。正如马凡陀的《感谢读者》所言："大家想说就说出来。/如果藏在肚子里，/天下无话只有屁！"避雅就俗，以俗取胜，马凡陀唱出了市民们心中想唱的山歌，把各种"麻烦多"的事物凝聚在一起，构建了都市民间文化的一部分。

自然，这些与吴歌类似的新诗，不论题材内容，还是表达方式，都与市民社会密切相关。尤其在时代即将面临巨变的过渡阶段，市民社会的山歌题材层出不穷。大至国家大事、时局态势，小至柴米油盐、邻舍纠纷，都在源源不断地充实这一源泉。诗人作为市民阶层的民意代表，凡为市民隐约中感觉到的一切不合理的事象，都在他的笔下呈现出来。这种对漂浮着的民意的及时捕捉，体现了马凡陀从生活中来，到生活中去的现实主义优势。原来司空见惯的事象，一旦艺术性地表现出来，便显得格外形象、鲜明。实践证明，只有从

---

① 徐迟：《袁水拍诗歌选·序》，人民文学出版社 1985 年版，第4页。

市民的生活入手，留心其生活、体味其情绪，再行讥讽嘲弄、嬉笑怒骂之实，才是有的放矢，才能挑动起市民们本真的情感，诗人的心才能在此平台上与市民们的心一同跳动。——至于马凡陀偏向于挑选其中稀奇古怪的丑闻与滑稽剧等，加以讽刺与批判，这里就涉及题材去留、价值取向的问题。"这些山歌无情地解剖、暴露和抨击国民党和美帝国主义凶恶暴行和无耻谰言"，[①] 是"现实的体温表"[②]，这一类的论述从某一方面概括，自然是站在马凡陀同样立场上得出的结论，现实也需要这种结论。

另外，都市民间文化形态一般起步于都市底层，并在这一层面由下至上流传构建。对应这一点，马凡陀的山歌，最先也是不登大雅之堂的。它们起先并不在大刊物上发表，更多的是在小报、晚报的报屁股角落里出现。作为市民业余的快餐式阅读，有助于市民读者群找回平衡失调的心态，在提高判断是非的能力上，或认识社会真相等层面上，起了一些作用。随着马凡陀山歌差不多每日在报上刊载，影响渐深，竟成了一个品牌，它不但是市民们茶余饭后的谈资，还在文艺晚会、游行示威等活动中显露出山歌的力量来。像《责问他》、《王小二历险记》、《毛巾选举》、《发票印在印花上》、《新丈夫去当兵》、《朱警察查户口》等作品，在城市各级文艺晚会的朗诵节目里赫然在目；有的发表被市民争相传诵，被借用到游行队伍的旗帜上，若干山歌还在当时谱成曲子，变成流行歌曲广泛传唱，一步步地深入都市民间文化的腹地中去。

另一方面，马凡陀的山歌在市民阶层中声誉日隆之时，在诗

---

① 徐迟：《袁水拍诗歌选·序》，人民文学出版社 1985 年版，第 4 页。

② 李广田：《马凡陀的山歌》，韩丽梅编著《袁水拍研究资料》，中国国际广播出版社 2003 年版，第 237 页。

歌界却引起了非议与争论。① 现就几个相关点再阐述一下：其一是马凡陀山歌是诗还是非诗的问题。针对当时人们对山歌是否是诗的质疑，大多数论文在笼统地引出有人怀疑马凡陀的诗不能算是诗等看法之后，均坚持"山歌即诗"的观点。代表性的如方远的《怎样看马凡陀》、李广田的《马凡陀的山歌》，② 其中李广田进而认为"其为诗，也正如三百篇中国风之为诗，这正是今天的国风"③。把民歌风格的诗，喻为《诗经》中之"国风"，是新诗史上一以贯之的譬喻，也是对此路诗风的积极肯定。新诗走民谣山歌的道路，包括从民谣山歌上汲取新的生命，不论取材、结构，还是技巧、文字，都应融而化之。与这一思路比更激进的是，也有人认为山歌是新诗唯一的道路，这一极端化的主张，也得到了当时论者的反驳与矫正。

其次是包括语言在内的民间资源问题。马凡陀的山歌大量调用下层民众熟悉的歌谣小调，或袭用或改编，群众喜闻乐见的民间文艺形式大面积地复活了，此外在语汇上大量活用上海方言（当时以民间语汇或口语化称之）。也许因作者开始借用时还存在生疏僵硬、生吞活剥甚至削足适履等情况，因此反对者以此为由，唱反调以示反对。如洁泯先后两次提笔，批评马凡陀只是袭用既有的俚谣、民歌的外衣；只是在山歌中加了政治的"作料"，缺乏主观精神与创造性，等等。与此相反，默涵、冯乃超等人看重的是马凡陀山歌与人民结合的程度和战斗性品格，他们把山歌

---

① 韩丽梅：《一位山歌作者的足迹》，韩丽梅编著《袁水拍研究资料》，中国国际广播出版社 2003 年版，第 26—31 页。此外可参考潘颂德一书的相关章节，潘颂德：《中国现代新诗理论批评史》，学林出版社 2002 年版，第 680—683 页。

② 这一方面的论文及以下各点提及的论文，均见韩丽梅编著《袁水拍研究资料》一书，中国国际广播出版社 2003 年版。

③ 李广田：《马凡陀山歌》，韩丽梅编著《袁水拍研究资料》，中国国际广播出版社 2003 年版，第 241 页。

扩大到市民阶层看成是民族形式的生长与自然延伸。"马凡陀把小市民的模糊不清的不平不满，心中的怨望和烦恼，提高到政治觉悟的相当的高度，教他们嘲笑贪官污吏，教他们认识自己的可怜的地位，引导他们去反对反动的独裁统治"①，这其中的政治隐喻意义是显而易见的。至于其中民歌民谣形式的袭取、市民活的口语资源的利用，在"为我所用"论的旗帜下则是枝节性、技巧性的问题。可见由"山歌"现象引发的诗歌功能上的"方向之争"与"雅俗之争"，论争双方的出发点与论述重点并不完全一致。

　　山歌是广大底层民众的精神食粮，靠工薪生活的底层市民，他们有自己的艺术口味，民谣小调、打油诗、顺口溜都与他们的趣味相邻。只要言为心声，唱出自己的所思所想所感，文艺的形式是不拘一格的，而内容的现实品格，才是首选。所以，马凡陀的山歌，以山歌为形式，客观地反映了都市民间生态之一角，这一贡献无疑是独特而深远的。

三

　　前面曾一笔带过上海方言与马凡陀山歌的联系，这部分试图具体考察两者的互动关系。在分析马凡陀对原生态山歌大量借鉴的基础上，重点从语言角度来分析马凡陀山歌的独特韵味。

　　马凡陀山歌最鲜明的特征就是对民间形式的充分借鉴。从源头来看，诗人广泛采用了民歌、民谣、顺口溜、儿歌、小调等为底层群众熟悉的形式，不管是乡村的还是城镇的，只要挪用袭取得上，就大胆拿来。如用"王大娘补缸调"来写《抗战八年胜利到》，用"调寄'朱大嫂送鸡蛋'"写《朱警察查户口》，仿贺绿汀"游击队歌"调子来写《登记狗》、《下江人歌》，仿黎锦熙的

---

① 　冯乃超：《战斗的诗歌方向》，《大众文艺丛刊》第 1 辑，1948 年。

情歌"妹妹,我爱你"调来写《黄金,我爱你》。从技巧性上看,大多追求形象化、个性化,诗人化抽象为具象,围绕一个中心层层剥茧抽丝,把揭露、抨击编织到嬉笑怒骂之中。从结构来看,或者是以评书、讲故事方式引申开来,如《三万万美金的神话》;或是强化设问形式、通过一问一答来结构全篇,如《挤电车》、《文艺节之歌》;或者重视复沓回环,反复加深读者印象,如《张百万》、《副官自叹》……至于语言模式,既有四句山歌体、五七言体,也有四言六言体、自由体。形式上变化多样,音节上大多押韵,符合"上口"的艺术标准,有鲜明的山歌风味。

这里不妨具体来看一首诗——《人咬狗》,来细察民众口头流传的歌谣与马凡陀糅合改编的山歌的区别与联系:

(一)忽听门外人咬狗,/拿起门来开开手,/拾起狗来打砖头,/又被砖头咬了手。①

(二)忽听门外人咬狗,/拿起门来开开手,/拾起狗来打砖头,/反被砖头咬一口!//忽见脑袋打木棍,/木棍打伤几十根,/抓住脑袋上法庭/气得木棍发了昏!

前面一首是民间以"拗口令"形式流行的歌谣,其长处在于颠倒主客关系而产生某种荒诞感,带有游戏意味。马凡陀耳闻目睹当时国民党特务在人民的集会上大打出手,反动警察反而把打受伤的学生送上法庭这样的荒诞不经之事。他创造性地沿用了原有歌谣的表现手法,不但前一节基本相似,而且后一节也是照样画葫芦。这样一番"旧瓶装新酒",却形象深刻地把这一生活中发生的荒谬透顶的事,艺术性地揭露出来。以"人咬狗"取

---

① 引自孟植德记录的《河北歌谣》,题为《人咬狗》,见《歌谣》周刊,第2卷第8期,1936年5月23日。

臂，把"木棍与脑袋"之间的主客颠倒，由此对比生发去影射当局丑行，可以说独出心裁。由"抓住脑袋上法庭"的客观事实，逆向联结到"脑袋打木棍"之类的幻觉，反映出怪诞与真实的有机统一，不言而喻此诗真正的批判锋芒，是指向反动统治者的，他们是真正"发了昏"的暴徒和颠倒黑白的禽兽。

民间各类艺术形式与技巧的充分借鉴和灵活运用，是马凡陀山歌的第二个特点。马凡陀在具体构思时，或拼贴杂糅、或文白掺杂，大多能构成形象化的有利因素。纵览马凡陀山歌，我们可以发现它们有的以对比见长（《冻结》、《主人要辞职》、《上海的感觉》、《今年这顿年夜饭》），有的靠夸张、反讽取胜（《"亲启"》、《一个秘密》、《加薪秘史》），有的强化拼贴模拟的功效（《一只猫》、《四不象》、《民国三十五年的回顾和民国三十六年的展望》），有的讲究虚构、情节（《克宁奶粉罐铭》、《王小二历险记》、《王小二检举不肖房东记》），有的抓住逆向思维不放（《报载妓女应穿制服》、《上海之战》、《发票印在印花上》、《万税》）……诗人或直抒胸臆，或旁敲侧击；或勾勒铺陈，或大胆夸饰；或庄谐并出，或调侃挖苦。总之，它们带给读者一种在荒唐中惊觉、在迷茫中清醒、在深思后振作的审美效果。

马凡陀山歌的又一个显著特点是语言取向上的"口语化（方言化）"倾向。"马凡陀的又一个特点，是用通俗、易解的民间语汇来写诗""马凡陀的山歌的方向，就是用了通俗的民间的语汇，和歌谣的形式来表现人民（在他主要是市民）所最关心的事物，来歌唱广大人民的感情和情绪"，是使诗歌深入人民，和人民结合的方向。① 民间语汇，换言之便是提炼过的上海方言。其表现有以下几点：一是出自大白话，直接取自市民语言，哪怕是"丑

---

① 默涵：《关于马凡陀的山歌》，韩丽梅编著《袁水拍研究资料》，中国国际广播出版社 2003 年版，第 253—254 页。

的字句"入诗。市民方言,不论粗鄙与否,反正只要是嘴上可说的,皆可以写入山歌中,如"拉屎"、"撒泡尿"、"脱裤子放屁"、"踏进茅房"之类。除此之外,有许多习惯说法,不一定规范或正确,也通过拆解、组合来造成一种陌生的诗意,如承接"民主一点"而说"运气一点",在"高高在上"之后来一个"低低在下",在说阔人只图"快活"后马上对上一句不管穷人"死活";或者根据口语至上原则,把一些习惯的短语、词组拆散成新的表达法,如"横冲又直撞"、"最最好"、"顶呱呱",把"瓜代"分成"什么瓜,什么代"之类。或者诗人还干脆杂取报刊上刊载的某要人发言的只言片语,稍加剪裁便插入诗中,如"人无分老幼,/地无分南北"(《施奶》)。这些语料是现实所在,也是引发诗意的触媒,拈来入诗便于加强讽刺的针对性,如此等等,都说明马凡陀山歌的语料来源之广与杂。这样,大大强化了山歌的现实品格与批判力量。

其次,是不避典型的方言特征词汇,大胆运用最本土化的方言土语和最先在上海流行的外来语等时髦话。解放后由生活·读书·新知三联书店出版的《马凡陀的山歌》,作者自注的方言词语较多,约有数十处。抛开典型的四川方言如"硬是"、"死硬"、"硬是要得"等数语,以及掺杂粤语的"方桌改成圆台面,/稀饭吃在干饭先"(《改革歌》)等少数词汇与句式外,最普遍的是上海话。上海方言的普遍程度,到了招之即来的地步,既有掺杂在诗行中的"勿"、"纸头"、"猪猡"、"清道夫"、"垃圾"、"尴尬"、"假光火"、"白相"、"豁虎跳"、"打中觉"、"不坍班"、"事体"、"娘姨"、"亭子间"、"弄堂"、"柴爿"、"今朝"、"朝晨""拆滥污"、"吃生活"、"慢慢交"(即"慢些")、"睏扁头"(即"太糊涂")等上海方言特征词,也有《大胆老面皮》、《拆洋烂污》、《活弗起》、《纸头老虎》等直接用来做标题的方言词汇。另外,在上海流行开来的外来语舶来品,如一些带"洋"字开头以及

172

"派司"等音译词、"经理、老板、茶房、出顶、认账"等商业性词语，也在马凡陀的山歌中较为常见。下面再略举二例：学费，学费，/贵勒邪气！/阿拉缴弗起，/侬亦缴弗起。/卖脱狄件袍子，/卖脱侬格大衣，/还差十七万七千几。（《学费》）踏进茅房去拉屎，/忽然忘记带草纸。/袋里摸出百元钞，/擦擦屁股蛮合适。（《踏进茅房去拉屎》）这两首短诗中的上海方言是比较多的，前一首不论是词汇，还是句式，都是尽量方言化，它模拟一个上海市民发牢骚的言语，来抱怨学费太贵，暗示当时靠工薪过活的市民低下的消费能力。后一首在语言上则有提炼的痕迹，但方言词语也有三四处。它字面意义很俗，但俗得有力，通过"百元钞"与草纸的互换，毫不留情地嘲讽了纸币贬值，最终嘲弄发行纸币的反动当局。与此题材相关的还有《关金票》、《大钞在否认发行声中出世》等十多首，可见钞票在市民生活中的分量。

上面所述是从方言语汇而言的。从方言音韵来看，押方言韵的也不少，如《送旧迎新》中，"会"与"爱"、"谈"与"快"、"拍"与"完"、"万"与"来"押韵，从全诗韵脚看，是押"ai"韵。"泪"与"害"押韵，"财"与"干"、"权"与"罪"、"灾"与"暗"、"办"与"来"押，从韵脚看，也主要押"ai"韵，明显可见"ai"与"an"韵不分，有时与"ei"韵也分得不清。因此可以推论出马凡陀山歌对言前韵与怀来韵、灰堆韵在方音中分不清楚。另外一个通例是大多数人辰韵与中东韵不分，鼻音不清晰。

四

1949年5月上海解放，马凡陀从避难地香港又回到短暂离开的上海，尚未开始工作便去北京参加第一次文代会，后一直在京工作并担任一些文艺界的领导职务。于是他放弃了"马凡陀"这一笔名，也许他的生活中找不到"麻烦多"的事体了吧。代替山歌的是他曾放下过很长一段时间的抒情诗，另外一些政治讽刺诗也是针对国际题材而言。这样，马凡陀的山歌便隐失在新中国的颂歌声中了。

虽然马凡陀的山歌成了历史的陈迹，但是，新诗中的山歌道路仍是敞开的，其口语化、方言化、大众化的运行轨道，以及针砭现实的品性，仍然作出召唤的姿态。

第三节　自我突围与方言自觉：论沙鸥的 四川方言诗创作

20 世纪 40 年代中后期的重庆诗坛，有一位诗风独特、影响甚著的本地方言诗人——沙鸥。书评家止庵系沙鸥之子，曾这样整体评价他："探索一生、不断突破的诗人，他的诗在每一次突破后，风格都非常鲜明，在艺术上都达到一个新的境界"①。这自然是针对他整个一生的创作而言，沙鸥一生写诗，确实经历过不同的阶段，每一阶段都具有转型意义。本节这里无意于全部观照，只是就 20 世纪 40 年代的沙鸥与四川方言诗作一分析与评价。20 世纪 40 年代的沙鸥已有十余年诗龄，发表作品无数，在编辑诗歌刊物或出版诗歌丛刊方面异常活跃，其中出版的个人诗集共有五部②，除《百丑图》是杂有方言性的讽刺诗集外，其余四部全部是纯粹的四川方言诗集。——这在新诗史上是独一无二的，诗人执著于家乡四川方言的诗歌创作，贯穿了整个 20 世纪 40 年代。本文以三本四川方言诗集为主（因

---

①　止庵：《沙鸥简传》，《佳木斯大学学报》哲社版 1998 年第 2 期。

②　分别是《农村的歌》（春草社 1945 年版）、《化雪夜》（同前，1946 年版）、《林桂清》（同前，1947 年版）、《烧村》（香港新诗歌社 1948 年版）、《百丑图》（同前，1948 年版）。这里我要向止庵先生、龙扬志先生致谢，他们向我提供了其中一些资料。

《烧村》没有寻获）来分析沙鸥到底是如何通过抓住四川方言来寻找自己作诗的特色与声音的；其次是站在整个现代方言入诗的流变中，审视沙鸥究竟如何自足性地把握与呈现方言诗，他抒情的方式、手法与他的创作目的、原则是否相吻合。

一

20 世纪 40 年代的农家青年沙鸥，在家境贫寒、旧学与新学都无多少家学的背景下，能迅速走上诗坛并以方言诗引起轰动、称著一时，这一过程本身并不容易。总体来看，以下几个方面的因素起了关键作用。首先，一个人的出生背景与成长经历，往往影响他以后的人生道路与价值取向。从沙鸥的大致经历来看，这一点首当其冲。沙鸥原名王世达（沙鸥之名系 1940 发表诗作时所用笔名，来自杜甫律诗《旅夜书怀》诗句"飘飘何所似，天地一沙鸥"，后主要以此笔名存世。为论述方便，下文统称沙鸥），1922 年 4 月出生于重庆巴县蹇家桥一户穷苦家庭。父亲为当地一中医，不幸六岁丧父，哥哥王世均长兄为父，在生活、读书、工作等方面对沙鸥帮助甚大，特别在沙鸥因受一爱好诗歌、文艺的同学引领与激励下学会涂抹并发表第一首诗以后，王世均赞赏有加，不仅继续在经济上慷慨相助，而且带他走进了在重庆小有名气与资源的编辑、作家等朋友圈子，为他迅速走上诗坛做了较好的铺垫。

时为青年小伙子的沙鸥在政治意识形态上也有鲜明突出的特征。他在高中读书时便参加抗日救亡运动，"从死读书的小屋中卷了出来"，"诗歌成了武器"，即积极投身政治运动，或编墙报、写宣传诗、上街游行、参加当时带有"反抗性"的文艺界活动；或参加共产党的外围组织，接受党组织指派的农村调查工作等等，并以当时高中生的身份，在 16 岁时加入了共产党。正因如此，他所具有的思想上的苦闷与愤激、对时局的牢骚与指责都甚于同龄人，办诗歌刊物结社与文朋诗友的胆量与热情也甚于同龄人。巧合的是，沙鸥开始把笔尖流贯出的新诗作为投枪射向国民党反动政府时，这一姿态与立场也恰好和有党的喉舌之称的《新华日报》合拍。沙鸥的四川方言诗，最初几乎全在重庆《新华日报》副刊上以"失名"的笔名发表（因提防国民党迫害而未用真名）。这一类诗大多在主题、立意上尖锐揭露国统区农村的黑暗与残败。当时《新华日报》副刊编辑们十分重视具有这一价值立场的诗作与诗人，如刘白羽、何其芳自延安带着宣讲"延安文艺座谈会上的讲话"精神的目的来重庆后，敏锐地像伯乐一样培植四川方言诗这一株幼苗。编辑们与沙鸥建立了密切而互信的编读关系，如及时而又大量的通信、发稿等等。以国统区农村为对象、题材的四川方言诗，正是因特殊的题材、主题与语言，与共产党宣传方面的意识形态背景一拍即合，导致了四川方言诗被迅速推上强势传媒渠道，轻松地走出四川而面向全国辐射开去。

　　沙鸥选择四川方言诗为自己的大本营、为自己的创作新路标，也与他在起步后经过长期的徘徊而勇于自我突围相关。这方面的经历可以形象地概括为从"艾味"到"川味"。"艾味"指的是"艾青味"，"川味"指的是"四川方言味"；换言之，即由模仿艾青"转型"到用四川农民的语言（方言）来写农民的苦难生活，并获得成功。沙鸥写诗最先从模仿起步，对艾青的作品达到爱不释手的地步，艾青诗的语言、想象、感情基调、自由诗体形式都潜移默化地吸引、影响了他。"他成了'艾青迷'，常常朗诵艾青的一些名句，以抒发自己内心的感情。他早期发表的诗，也带有'艾味'。"[①] 这里举一首诗为证，如艾青有一首诗叫《愿春天早点来》（1944 年艾青还在桂林出版《愿春天早点来》的诗

---

　　① 晏明：《飘飘何所似　天地一沙鸥（上）》，《新文学史料》2001 年第 2 期。

集），沙鸥也有一首效仿之作，连标题都一样①。但模仿艾青并不容易，只能在表面词句上往返，不可能有实质性超越。诗人自己感觉到最大的问题是"没有特色"，没有"自己的个性"。②随之而来的问题是，写什么，怎样写，不来一个突围显然深入不下去，但又向何处突围，突破口在哪里呢？这些相互牵连的问题因没有及时、有力地得到解决而极大地困扰着青年诗人沙鸥。后来机会终于来了，诗人是这样描述与回忆的：

> 一九四四年的暑假，我去离重庆不远的马王坪农村舅父家里。这年和第二年的寒假，又去了万县白羊坪的山区农村。农民的穷苦生活和悲惨命运，把我带到一个全新的题材的天地。我开始用四川农民的语言来写农民的苦难。我一方面深入了解当地佃农和贫农的生活，一方面把写的诗念给他们听，听他们的意见。我写的有短的抒情诗和小叙事诗，有的也受到四川及西南民歌的影响。
>
> 这些诗最初是在《新华日报》发表，并引起广泛注意。四川方言诗在当时可以说是一种创新。

---

① 艾青的《愿春天早点来》全诗如下："我走出用纸糊满窗格的房子/站立在阴暗的屋檐下/看着田野//黄色的路/从门前经过/一直伸到天边/畏缩这严寒/对于远方的旅行/我踌躇了//而且/池沼依然凝结着冰层/山上依然闪着残雪的白光//而且/天依然是低沉——明天恐怕还要下雪呢//于是，从我的心头/感到了/使我瑟缩的凉意//为了我的烦忧/我希望：/春天/它早点来//等路旁吐出一点绿芽时/我将穿上芒鞋/去寻觅温暖"。此处选自《艾青诗选》，人民文学出版社1955年版。沙鸥的《愿春天早些来》，全诗如下："严寒使周身都僵冻了，/春天——/我愿你早些来。//昨夜，/天空流着眼泪，/我推开窗门，/一股冷风扑熄了我的灯，/我在冷得开裂的黑夜里，/让这死色的季节/在我心尖淋淋上滴滴的痛苦，//你春天呀！/为了我的梦能刷上金粉，/为了我冰凉的灵魂/能得一次温热，/你早些带着百花的使者，/跨过隆冬的门槛，/向我走来呵！"选自《文学》第2卷第2期。
② 沙鸥：《关于我写诗》，止庵编《沙鸥谈诗》，首都师范大学出版社1996年版，第91页。

从写自己的空虚与苦闷，变为用农民的语言写农民的苦难，对我写诗来说，是一个十分重要的转折。我突破了自己的禁锢。我很快觉察到，不仅这个新的天地有写不尽的题材，自己的诗风也变化了。①

正因这一次突围，沙鸥在新诗的创作、发表、影响，乃至个人风格的形成等诸方面，都发生了深刻而又显著的变化。四川农村题材与四川方言的结合，便是沙鸥紧紧抓牢的两个基点。20世纪40年代中期与后期，均是这样，直到新中国建立后中国社会发生翻天覆地的大河改道式巨变，才被迫放下。此外值得一提的是，沙鸥的四川方言诗在《新华日报》及重庆当地进步文学期刊与报纸刊载以后，引起了激烈的争论与异乎寻常的关注，结果因《新华日报》等力量的肯定与赞赏而得到大面积的扶持与倡导，于是"在沙鸥的带动与影响下，一批更年轻的四川诗人也写起四川方言诗来。一时间掀起了四川方言诗的热潮。沙鸥——方言诗；方言诗——沙鸥，几乎成为同义词。"②

整个过程大致如此，但沙鸥到底是如何具体展开的呢？他在国统区农村访贫问苦时，主要从学习农民的语言着手，这似乎是毛泽东同志《在延安文艺座谈会上讲话》精神的体现。后来沙鸥在关于理论资源与武器的回忆时，连接上了这一点，他认定方言诗"是一个大众化的问题"，"什么叫大众化呢？就是我们的文艺工作者自己的思想情绪，与工农兵大众的思想情绪打成一片。应从学习群众的言语开始……方言诗正是用群众的语言，使诗歌从知识分子的手中，还给广大的群众、与群众取得结合的开始。"③

---

① 沙鸥：《关于我写诗》，止庵编《沙鸥谈诗》，首都师范大学出版社 1996 年版，第 92 页。

② 晏明：《飘飘何所似　天地一沙鸥（上）》，《新文学史料》2001 年第 2 期。

③ 沙鸥：《关于方言诗》，《新诗歌》第 2 号，1947 年 3 月 15 日。

和群众结合的最好方式是向农民学习，把他们的生活诗意性地记载下来。沙鸥先后搜集当地许多农民方言，一句一条记在笔记本上，四川方言丰富、生动而又形象的特质，让诗人感觉到它是一个抒情达意的好工具。尽管沙鸥在贫寒农家长大，童年时也偶有失学、缺衣少食之虞，但相比之下毕竟缺乏川东农村如此苦大仇深的人生体验。在川东农村与当地佃农、贫农打交道时，他们的悲惨命运与非人遭遇，特别是与当地农民密切相关的极其繁重的征租、送粮，草菅人命式的抽丁、拉夫，尖锐对峙的阶级冲突、贫富分化，诸如此类，把诗人带到了另一世界。

二

沙鸥选择用四川农民的语言来写国统区黑暗残败之农村，在突围与执著中开辟了前人没有开垦过的领地，下面从内容、语言、形式等方面分别论述。

在论述之前，补充一个问题，就是《农村的歌》、《化雪夜》、《林桂清》三本方言诗集的篇目数问题，从诗集目录上看，依次为15首、7首和13首，实际上目录上有许多是以组诗的名义列出的，实际篇数分别为67首、7首和32首。因有许多工具性著作均以上一组数字统计，这里根据诗集具体统计后加以更正，免得以讹传讹。此外，沙鸥在当时报刊上到处发表这类四川方言诗，就我所见也还有一些没有及时收到他自己的集子，由于现在也难以全部收集齐，因此主要限于这百余首方言诗。

这批四川方言诗，从主题、题材上看是从多层面、多角度、立体写大后方农村、农民的现实生活，其中虽然不乏充满活泼、欢快等亮色的诗作，但主要的是以呈现灰色、暗淡、悲惨的生活与遭遇为基调的。这是沙鸥作为知识分子到农村中去

"诗歌下乡"① 后得到的收获，在新诗史上并不多见。国统区的旧农村，农民们生活在偏远的乡下，他们面朝黄土汗流满面、遇水而居、看天吃饭，有自己生活的圈子与习惯，这一切在沙鸥方言诗中有所体现。除纯粹描摹山乡晨雾村景的一二首诗外，题材范围有以下几方面，或是偏向于反映农忙、抢收、砍柴、烧饭、看牛等日常农事，或是以青年男女恋爱、进城拉车谋生、祈神算命、上茶馆请人解决家庭纠纷为素材，同时也不忘把笔伸向过年过节赶场等节庆时村民上街贸易购销农产品、吃烂牛肉汤锅、聚众赌钱、上坟许愿等带有民俗性质的生活细节。这类以反映普通农家日常琐事为主的方言诗占总数的二成左右，它们呈现着农家的生活情趣、乡土气息，其中虽然不乏艰辛的画面，但基本上保持了在大自然、农村面前的宁静、安详与欢快的基调。

其次，三本方言诗集中涉及了天灾人祸给农民带来的悲苦与困厄，给读者以民生维艰、欷歔长叹之慨。其中有因借债度日以助农事或做垮庄稼而陷入困顿的（《茶馆里》、《空屋》、《除夕》、《讨饭》、《生活》），有因雨雪失度而导致农作物歉收的（《雨》、《麦苗》），也有因人畜得病死亡而陷入绝境的（《化雪夜》、《死》、《猪》、《死牛》、《岩洞》、《那人》），还有因家境清寒失学而陷入迷茫的（《保国民校》、《上学》）……正应了"天灾人祸、祸不单行"那句老话，较为典型地反映了在赤贫线下挣扎的农民生活，显然不能以"悲惨"两字来全部归纳。

如果说上面所举的天灾人祸还只是活得异常艰难、极其不易的话，那么残酷的阶级压榨更是把他们往绝路上逼，如地主老爷在荒年对佃农的加租退佃、奸淫民妇、残害农人之举，国民党政府不顾民意而悍然发起内战导致的大量"捕抓"壮丁等政府行

---

① 参见失名（即沙鸥）：《关于诗歌下乡》，《新华日报》1945 年 4 月 14 日，第 4 版。

为，这些非自然因素把水深火热中的大后方农村，变成了真正意义上的人间地狱。加之执行政策的乡公所、保甲长等机构或个人，或无所顾忌徇私舞弊、或颠倒黑白公报私仇，导演了多少无助农家家破人亡的悲剧。这一部分在整体方言诗中占多数，具有数量多、分量重、体验深刻、控诉性最强等特点。地主对佃农敲骨吸髓式的残酷榨取，在贫农们中也差不了多少，所有的一点土地、家产，也在不可调和的阶级对立与冲突中丧失干净。地主、老爷、保甲长相互勾结、横行乡里，他们动辄以加租退佃相威胁，时时以巧取豪夺相迫害，如《逼债上吊》写的是郭华堂过年前因还不了账而上吊自杀，《债》写的是张老汉为免债而被迫亲手拿刀杀死三岁的亲生娃，《是谁逼死了他们》述说的是佃农李家因庄稼做垮而被逼租只好全家自杀，《池塘》一诗里烈士家属刘幺嫂因交不起乡丁催交粮谷而投水自尽……穷人走投无路时，除了冒险去偷腊肉，去当强盗、拦路抢劫之外，就只有投水、上吊、吃毒药自尽这一条老路，他们都是以不正常死亡来尖锐地揭露、抨击社会黑暗冷酷，来昭示、警告世道人心。

与此形成鲜明对比的是，地主、统治阶级的生活却又是那么荒淫、无聊、空虚。如以财主生活为题材的《陈大老爷》一诗，内容细节便是陈大老爷一边吞云吐雾吃烟土，一边在妻妾成群中吃大鱼大肉，简直养得像肥猪似的；他一边随性收租、加租、发行高利贷，横行乡里而暴富，一边又狡诈、刻薄又以假哭穷著名。又如对比富人与穷人过年的《火炮》；有钱人买到临时参议员头衔而炫耀乡里的《临时参议员》；相互倾轧夺权之事的《乡长》，揭露兄弟通奸丑事的《大户的子女》；父子两辈轮流偷着去烟馆抽鸦片的《父与子》……均从各个方面典型地反映了剥削阶级腐朽堕落的生活侧面。至于以"政府名义"收取钱财、搜刮民脂民膏的更是无奇不有：如乱抓壮丁而陷人于难的有《保长》，私吞壮丁安家费、乱派捐税、欺凌孤儿寡母的有《安家费》、《孤儿》、《不敷费》(即乡公所办公费不够开支而征收的一种捐税)、《又在拉人了》、《瞎子》、《声音》等。这里具体细化到与壮丁相关的诗,这一类诗大概有近三十首,涉及与日军作战时的征夫与打内战时的征夫两种,其中以后一类为主。诗中写的是农人不愿打内战,以免成为被活活拖死的冤大头等事,他们躲避抓夫的方式及造成的后果形形色色,如宣传自己人搞不得、不要去冤枉替死的《教我从那说起——哭内战阵亡"国军"》、《场上》,自己刺瞎眼睛、砍伤手脚想因致残而躲避壮丁的《他自己宰错了手》、《一个老故事》、《母子遭殃》,在新婚之日自杀身亡的《这里的日子莫有亮》……诸如此类,曲折地在意识形态影响下写出了大后方农民的人心向背。另一方面,可贵而又令人欣喜的是,除了那些或自残或投水或自尽的悲剧外,诗作还尝试性地写出了农民的反抗、奋起与斗争。除了《饿》一首写一家人铤而走险、拦路抢劫等系盲目行为之外,余下诸篇都晃动着向压迫者生死抗争的身影:如《火把》、《空屋》中写农民上山当土匪夜抢地主家产的故事;《这里的日子莫有亮》中新娘在新婚丈夫上吊后拿刀杀死了直接元凶李保长,最后自己也一死了之;《寒夜难挨的日子》写佃农刘老幺因妻子被保长强奸后和两个孩子自尽,他愤而用刀杀死保长报了家仇。这批方言诗,诗风淳朴、笔触细腻,给人印象也特别深,正如时人评论所说"写得最动人的有农民与牛的关系","拉壮丁的悲剧,也写得最动人"。①

三

上面分析了沙鸥用"四川农民语言来写农村、农民的生活与遭遇"的一个方面,即农村农民的生活与遭遇,这一部分来看"四川农民的语言"。四川农民的语言即四川方言,在沙鸥的笔下

---

① 邵子南:《沙鸥的诗》,《新华日报》1946年8月19日,第4版。

得到了大量而灵活的运用与表现。他当时搜集川东地区的许多农民方言，包括口语、谚语、俗讲，还包括四川民歌等语料。他还把写好的方言诗念给会讲四川话的朋友听，念给当地农民听，哪怕是目不识丁的农民，征求他们的意见：一是求得音节上的顺口，以"听得懂"为上；二是争取妇孺皆知，在题材与语言上都与农人打成一片。因为农民95％不识字，听是第一位的，看倒是属于第二的。①

他的诗作"以客观描写为主，语言口语化，并以方言入诗，有意识地探索诗歌的大众化"②。叙事诗创作上"以方言俚语入诗，叙事带有说唱文学的特点。"③ 他的方言特色体现在什么地方呢？这里尝试着从以下几方面来分析：一是方言词汇表达法；二是以一种四川方言句式来予以剖析；三是比喻、拟人所体现的特色。

方言词汇往往是最为醒目的标签，在沙鸥的四川方言诗中，这一部分川语中特有的词汇比比皆是。从人称方面来看，称呼一家的男主人为"老板"（地主则称老爷；另外生僻词汇在随后括号内注明普通话中有类似意思的词汇），女人则为"××嫂、娘子"，小孩子则是"细人"、"娃娃"、"细娃"、"奶毛头"。排行最小的冠以"幺"字，如诗中出现的"幺麻子、幺娃子、幺嫂子、赵老幺、陈幺爷"；以"头、子"作为名词后缀的构词法："茶馆头、提兜头、田头、心里头、外头、城头、奶毛头（婴儿）、后头（后来）、门外头、屋头、肚子头、月黑头、缝缝头、院子头、

---

① 失名（即沙鸥）：《关于诗歌下乡》，《新华日报》1945年4月14日，第4版。

② 对《农村的歌》方言诗集的简评，见陆耀东等编著《中国现代文学大辞典》，高等教育出版社1998年版，第150页。

③ 对《化雪夜》方言诗集的简评，见陆耀东等编著：《中国现代文学大辞典》，高等教育出版社1998年版，第131页。

老辈子屋头、坟头；李胖子、小毛子、黑娃子、小婆子（姨太太）、名子（姓名）、鸡子、空位子、苍蝇子、谷草烟子（烟雾）"；以及词素重叠构成名词的，如"兜兜（袋子）、土堆堆（土坟）、坪坪上、白壳壳（秕谷）"。另外除了"朗个办、朗个活"、"脑壳"、"啥子"、"笑扯扯的"、"阴惨惨的"、"摆龙门阵"、"莫得"、"晓不得"、"怕不要"、"硬是"、"包谷"、"门角角"、"脚杆"、"缩起手"等外，还随处可见以下方言词汇："箩兜（箩筐）"、"小耗子"、"害人死的"、"转个弯（转身）"、"年辰"、"天老爷"、"二指姆（食指）"、"落坡"、"牯牛"、"精精灵灵的（聪明、伶俐）"、"堰塘（池塘）"、"括毒（刻薄）"、"皱皱（皱纹）"、"上坡（上山做事）"、"颈项（脖子）"、"打抖抖"、"光脚板"、"看眼（看一下）"、"破朽朽的（破烂）"、"几向（几间）"、"闹热（热闹）"、"跑脱（跑掉）"、"歇房（卧室）、庄稼"做垮"、"挞谷"、"开斗"、"想法子"、"大太阳天"、"仗火（战争）"、"眼睛水（眼泪）"、"晒"、"乡头"、"刀头（敬神的猪肉）"、"心子（心脏，良心）"、"死人子"、"刷粉亮（天刚亮、黎明）"、"犯娃子（小偷）"、"今朝子（今日）"、"老鸡婆（老母鸡）"、"告化子"、"捞柴"、"宵夜"、"蚂蚁子"……总而言之，沙鸥的方言诗，几乎不避原生态的方言语汇，只要是四川农村百姓会说能说和正在说的，都采取"拿来主义"的态度，统统大胆地植入诗行之间。

另外一层便是一些四川方言中带有地域性的句子与习惯说法，在他的诗中也相当集中，下面不妨举若干例子来具体分析：

①莫气我，你娘是吃眼睛水过日子。（《上学》）
②乡公所是把言语拿顺了的，/若县府派人来，送路费的就在这地点。（《烟馆》）
③横顺是一个干人，出不起钱的。（《不敷费》）
④像逃荒一般又忙又乱，/小娃儿也拿起括子和扫把，/

把胡豆和麦子装进箩兜里。（《晒坝》）

⑤在山坡坡的小路上，/女人梳个光光头在前走，/男的提个送情兜兜跟在后头。（《拜年》）

从①到⑤所引的诗句来看，一是都不乏上述所及的四川方言语汇，像"莫、眼睛水"、"言语、拿顺了的"、"横顺、干人"、"小娃儿、括子、箩兜"、"山坡坡、光光头"之类便是，这些词语基本上属于方言特征词，但因四川方言属于官话子系统，一般根据上下文可以推测、揣摩其意义，没有理解上的障碍。在这基础上，上面的每一句诗，都是口语性的，相当贴近嘴唇上流动的原生态活语状态。它写的是农民、农村的生活，思维方式、情感态度、人生观念等也都是农民本身所具有的，那种朴素纯净、无奈粗野的格调，浸润在乡土人情的勾勒与描摹中。另外，还可以从方言句法角度举例来予以直接呈现：

（一）就指望这些菜呀！/把一家人的命从饿死中捞起。（《偷菜》）

（二）这场，赌摊有八处了，/像蚂蚁子搬蛆一样的挤起。（《赌摊》）

（三）吃一碗，板凳一空下又有人坐起。（《汤锅》）

（四）刀一晃，过路人的荷包便伸进老二的手，/常常有遭杀死的人在路边摆起。（《夜路》）

（五）他哭横了心一下冲出了房门，/他是向堰塘摸起去，/他用眼睛水淋着田坎。（《是谁逼死了他们》）

（六）雪风把大门都封起（《村庄》）

（七）清鼻子在胡子上吊起（《冬日》）

（八）那晓得自己人一下又搞起（《教我从那说起》）

185

这里仅集中引用了带"起"的四川方言语法，重庆方言（当时属于四川）中，用在谓词后的口语常用字"起"，在方言语法中被划为语气词、助词，它有以下四种作用[①]：表示动作、性状处于某种状态或动作正在进行，如例（二）（三）；表示动作的完成和趋向，如例（六）（八）；表示动作、性状的延续，如例（四）（七）；可以连接述语和补语，如例（五）。这些方言性质的表达法，在普通话中没有类似丰富的说法与含义，其内部结构和表现形式与普通话有或大或小的差异，如表示动作、性状正在进行的"起"，大致相当于北京话的动态助词"着"，但也不尽然；又如普通话的复合趋向动词系统中，"起来"没有"起去"跟它配对，四川话中有"起来"也有"起去"，如"V起来"、"V起去"以及更复杂的"V起XY"句式。总之，其间的微妙之处，是其余方言区民众难以察觉出来而四川民众习焉不察的。

沙鸥方言诗，在比喻、拟人等修辞手法层面，也体现出鲜明的地域特点与方言意味。如比喻的本体与喻体之间的想象方式与联系点，如拟人、夸张的对象性因素，都是西南农村较为常见的，符合底层百姓具体化、形象化、日常化的理解与表达习惯。它与农村的现实生活存在对应关系，如"风从门缝里伸进手来"（《灯》），"王大爷说这期银子紧，/弄钱像莫得灯笼赶夜路一样不容易"（《茶馆里》），"太阳红得不打一个阴，/田坎上有挑谷的去晒坝了。"（《收割》），"风吹在脸上像刀刀在刮"（《一个老故事》），"像磨盘背在背上"（《债》），"像躲煞一样躲壮丁"（《望太平》），"是不是玉皇娘娘打泼了胭脂粉，/你看，半边天都红了"（《火烧天》），"像甩梭子"、"像泂水沱的水"（《赶场天》），等等。这些举不胜举的诗句，或拟人、或譬喻，都是农村习见的生活事

---

① 参见喻遂生《重庆方言的"倒"和"起"》，《方言》1990年第3期；参见张一舟等《成都方言语法研究》，巴蜀书社2001年版，第398—410页。

象，思维跳跃的幅度不大，抽象的强度也较弱，理解起来是相当容易的，虽然少了几分含蓄。

下面再看三首这一方面的完整短诗：

　　大牯牛滚水回来了，/它的尾巴把太阳扫落土了。//外婆坐在门前的竹凳上，/一只手搓麻线，/一只手还抓谷头喂鸡子。//蚊虫嗡嗡地朝起王来，/隔壁的幺嫂子又在喊宵夜了。
　　　　　　　　　　　　　　　　　　——《黄昏》①

　　有凶人用枪把子打门，/用绳子捆走年轻人。//有人用刀剁甲长，/有的用扁担砍死乡丁。//夜晚又回到一年前的老样子，/连狗也得不到安宁。　　　　——《夜》

　　一间黑屋点起灯，/屋头有做庄稼的，有兵有甲长。//不晓得是那一个一刀剁在甲长背上，/刀一弯，刀尖断在肉头了，/甲长一声怪叫，像杀条牛，/乱滚在地上闭起眼睛喊娘老子。//杀人的遭捆起了，/做庄稼的还是遭捆起手，/乡公所的兵问甲长朗个做，/甲长已人事不省的痛昏过去了……
　　　　　　　　　　　　　　　　　　——《甲长》

　　这里所引用的三首诗，不论是从语言上还是从思想内容上，都是粗略一看便知是写西南农村生活的，除第一首看不出具体的时代语境外，后面两首明显有"王保长传奇"一类的时代信息，因都是写保甲长的事，与战争、农村势力等方面便有勾连。第一首带有农村牧歌的味道，类似于西方写实派《拾穗者》式的油画，诗人截取农家生活的黄昏一角，来呈现乡村祥和、安静的生活。后面二首显然打破了这种宁静与祥和，荡漾着暴力反抗反动当局的血腥气息，有人物、有画面、也有情节，诗人"我"隐在

---

　　①　四川乡下称蚊虫在黄昏时叫为朝王。

画面后面，似乎没有情感的宣泄，但在叙述、描绘的心理节拍中似乎可以听到不满与愤恨的声音。这几首诗，在语言思维上也非常通俗，不论是字词还是句子，它几乎没有多少深奥难懂的抽象句子，取譬浅显，但弥漫着一种农民式的情绪。在形式上看也难以划分出是抒情诗还是叙事诗，它们或是恬静的乡曲，或是素描中的写意，或是故事中的述说，都在短小的篇幅中寄托了某种客观性的人性关怀。另外，整体上排列均较为整齐，带有民间歌谣、时调、小曲等特点，即使是叙事，情节也没有多少曲折、波澜，看上去浅，但一琢磨，意味还是深长隽永的，其中的四川方言味也相当浓厚。

四

总而言之，《农村的歌》、《化雪夜》、《林桂清》实际指向同一个主题，即都是"四川农村一曲无声的悲歌"。诗人沙鸥用他们自己的语言，在写出他们的悲欢离合时抓住典型，突出撤开"欢"与"合"来写"悲"与"离"，带有控诉、代言的色彩。

深入民间、直面惨淡的人生，体察民情、为民生多艰代言，在这一点上，沙鸥完成了一次突围，这是他以自己的母语方言作为突破口所带来的；其全局意义在于，这既是他自我风格、特色形成的关键所在，也是新诗与方言这一领域大有可为的一个积极信号。

第四节　叩问经典:陕北方言和
《王贵与李香香》

李季的叙事长诗《王贵与李香香》，自 1946 年 9 月在延安的《解放日报》副刊连载发表以来，一时洛阳纸贵，成为解放区诗歌史上不同凡响的一页。① 发表当时，就配编辑评论在副刊第 4 版头条刊载，随后得到了共产党中央宣传高层部门及时的肯定，同时以中英文两种文字，由新华社第一次用电讯向国内外全文广播。另一方面，就受众而言，它不但在知识分子读者中引起强烈反响与讨论，而且还迅速在陕甘宁边区农村口耳相传，并马上扩展到国统区，还改编成歌剧等各种艺术形式，备受以农民为主体的基层读者的欢迎与称赞。可以说，几十年来，《王贵与李香香》被视为新诗民歌化、大众化方向的范例。

不可否认的是，以"自带的籍贯登记表"即操着"满口浓重的河南乡音"②的诗人李季，在陕北生活仅四五年，既能纯熟地编唱陕北民歌，熟练地掌握陕北方言，还能以陕北方言入诗，写出不可多得的成名作。他是凭直接的亲身体验和生活实感来写作，照他的话是把"从心里爱着一个地方，把你自己变成一个不折不扣的当地人"，"类乎'本色演员'的角色"③。方言与诗歌特别是和民歌体新诗联姻，充分展示了作为某一地域母语的顽强生命力。作为丰厚的地域文化、民俗风情的载体，方言以自己入诗的方式、姿态，给寻求民谣体诗歌道路的诗人们带来了信心，也给更多不同地域方言入诗的尝试与探索带来期待。毋庸讳言，以纯熟、地道的陕北方言捧出的名篇——《王贵与李香香》，呈现出经典的另一副面孔。方言与诗歌的磨合，终于以自己独特的方式书写自己的历史，它叩问、重塑经典的方式、手段、风格，

---

① 《解放日报》1946 年 9 月 22、23、24 日。因《王贵与李香香》发表后，在不同时代、条件下陆续出版、印刷时有较多的修改现象，本节论述时所作引用均依最初发表本，即《解放日报》版本为准。同时参考了李季：《王贵与李香香》，人民文学出版社 1959 年版等不同版本。

② 李季：《乡音》，《李季文集》第 4 卷，上海文艺出版社 1986 年版，第 369—374 页。

③ 分别见李季《我和三边、玉门》、《〈李季诗选〉编后小记》，《李季文集》第 4 卷，上海文艺出版社 1986 年版，第 284—286、501 页。

显然富有不可轻视的借鉴意义。

一

从语言角度来梳理、审视《王贵与李香香》，首先遇到了一个不可回避的问题。诗人自己与评论群体，在论述此作的语言成分及技巧时，除了以出色、纯熟等不带内涵的形容词概括外，都没有提到"方言"字样。陕北土白、陕北方言之类的称呼，也从没有跳进人们的眼界之中，而代之以"群众语言"、"民间词汇"之类的名字。"方言"这一名称不自觉的消失，蕴涵着某种时代信息。

在延安，党报《解放日报》无疑具有某种喉舌与权威性质，这也影响到报纸副刊的用稿标准，具有某种规约性与牵引性。《王贵与李香香》全诗共分三部，分三天刊载完毕，发表时改自来稿标题《太阳会从西边出来吗?》为《王贵与李香香——三边民间革命历史故事》。发表该诗第一部的当天，作为编辑的黎辛以"解清"的笔名著文介绍说，它除了极生动极有地方特色地为我们刻绘了一幅边区土地革命时农民斗争图画外，还有以下两点与语言、风格相关：一是"它的最大最主要的特征即在于它的形式的自由而生动，是以民间的口语和形象，来表现人民思想及生活的各个方面。在边区工作及生活过的人，很容易或多或少地看出作者在这篇千行的叙事诗里采用了不少民间'信天游'的原句子和原节；但是，这绝不能说它就不是创作，相反的，这样更增加了作品夺目的光彩。"二是"《王贵与李香香》的创作，又一次说明民间艺术宝藏的无限丰富，值得我们文艺工作者去虚心地学习，这样才能使我们的作品增加一些新的手法，新的意境及新的血液"①。随后四天，在延安负责宣传工作的中宣部部长陆定一

---

① 解清：《从〈王贵与李香香〉谈起》，《解放日报》1946 年 9 月 22 日，第 4 版。

也著文予以好评，在介绍自"文艺座谈会"以来表现出成绩的依次是戏剧、木刻、小说与说书以后，陆定一按捺不住内心的激动，说："比较来得更迟的，就是诗人。《王贵与李香香》，就是这样的新诗。用丰富的民间语汇来作诗，内容形式都好的，在外面有袁水拍先生，现在我们这里也有了。"① 此外，在国统区的郭沫若则誉之为"文艺翻身"的"响亮的信号"；身在香港的周而复称赞："一颗光辉夺目的星星，从西北高原上出现，它照耀着今天和明天的文坛。"② 在这里，"民间的口语"、"民间语汇"等字眼，说的是什么呢？可以肯定的是，它折射了当时语境下，向人民群众学习，包括学习他们的语言成为一种普遍的现象。显然，这一提法与"方言"这一说法有较远的距离：它重视的是"民间""群众"的价值、立场，在此基础上的口语化，本质上是要把包括诗歌在内的文艺还给广大群众。换言之，要想不脱离群众，就得既在作品中让他们活着，还得让受众即服务对象牢牢地框定在这一特殊而又庞大的群体中。因此，与"民间词汇"相联系的是"群众语言"。文艺作品，不但要让群众听得懂，看得明白，还得千方百计满足这一要求。正如李季后来所说，因为我们的诗是为广大工农兵群众写的，不能怪群众水平太低，怎样解决呢？"解决的方法，就是学习群众语言，学习用群众语言来写诗。""把诗的语言和群众日常的语言，画个等号，这当然是不完全妥当的，还得要提炼、精选。但提炼、精选的基础、原料是什么呢？主要的还是群众语言。"③ 正是在"民间口语"与"群众

---

① 陆定一：《读了一首诗》，《解放日报》1946年9月28日，第4版。

② 郭沫若：《序〈王贵与李香香〉》，《华商报·热风》1947年3月12日。周而复：《写在〈王贵与李香香〉诗后》，引自周韦编《论〈王贵与李香香〉》，上海杂志公司1950年版，第8页。

③ 李季：《兰州诗话》，《李季文集》第4卷，上海文艺出版社1986年版，第432页。

语言"两者之间来回巡逻，诗的语言问题就不是一个单纯的技术问题，而是立场、方向等根本问题。简言之，诗人在创作时树立的衡量标准就是，一切从群众中来，到群众中去：既要让群众看得懂、听得惯，用他们的语言来写，主题鲜明、故事曲折、阶级分明、个性突出便是应有的题中之义。①

　　其次，在当时闭塞贫穷而又自由热烈的陕甘宁边区，广大群众当家做主的意识，通过边区政府依靠边区人民而立足的思路与实践，以及还政于民的方式得到了较为健全的培育与巩固。在敌我双方力量悬殊的特定背景下，群众的政治地位在现实生活中从各个方面予以确立和保证，其中语言也成为一个标志。正因如此，民间语汇、群众口语之类的名词、说法，压过了带有地域局限的方言这一提法。似乎可以作为旁证的是，全国解放后在"去方言化"的讨论中，提倡去方言化的一方不敢提"去群众口语化"的口号。"民间口语"或"群众语言"与各地群众的"方言"本来是同一事物，却因政治、意识形态等原因造成两者之间具有一种分裂性，而这种分裂性，与特定的时代语境密切相关。其中最为关键的莫过于毛泽东《在延安文艺座谈会上的讲话》成为整个整风运动的文件与指南，以及由此提倡的新诗民族化、群众化、大众化道路的开辟。

二

　　像《小二黑结婚》、《白毛女》、《兄妹开荒》等优秀作品一样，《王贵与李香香》也是在毛泽东《在延安文艺座谈会上的讲

---

　　①　当时有论者认为诗人是"地道的民谣作家"，"不仅在许多地方巧妙地运用了现成的民谣，更值得注意的，是他自己创作的绝大部分，各方面都跟自然的民谣那样神形毕肖。"见钟敬文《谈〈王贵与李香香〉——从民谣角度的考察》，《芸香楼文艺论集》，中国文联出版公司 1996 年版，第 471—472 页。

话》思想指引下产生的诗歌代表作,不但当时与后来的评论者在褒贬不一的评论中把二者联系起来进行考察,就是诗人李季自己也是这样自我体认,借此强调自己的写作动机、目的及创作价值的。[①] 文艺座谈会上的讲话,带着如何领导文艺工作,怎样创造出适合本阶级利益要求的崭新的文艺这一目的,划定文艺是隶属于整个革命机器的一个组成部分,集中回答革命文艺为群众和如何为群众这两个中心问题。答案即是:一、明确具体地提出文艺服务的对象是工农兵;二、文艺工作者在"如何为群众服务"这一问题上应改造自己,在世界观与思想情感上向工农兵靠拢,落在眼前的历史任务是"必须长期地无条件地全心全意地到群众中去,到唯一的最广大最丰富的源泉中去,观察、体验、分析、研究一切人,一切阶级,一切群众,一切生动的生活形式和斗争形式,一切文学和艺术的原始材料,然后才有可能进入创作过程。"[②] 和工农兵打成一片,改造自己以便为群众服务,创造出群众喜闻乐见的文艺作品,是文艺工作者的责任。熟悉李季的朋友和诗人李季自己也是这样领会与理解的:"对于一个真正属于人民和时代的诗人来说,他是通过属于人民和时代的这个'我',去表现'我'所属于的人民和时代的。小我与大我,主观与客观,应当是统一的。而先决条件是诗人和时代同呼吸,和人民共命运。"[③] "我觉得,口语化,也就是用人民群众喜闻乐见的生动活泼的语言、形式来写诗,不

---

① 李季:《我是怎样学习民歌的》,《李季文集》第 4 卷,上海文艺出版社 1986 年版,第 405—412 页。

② 毛泽东:《在延安文艺座谈会上的讲话》,引自《毛泽东选集》第 3 卷,人民出版社 1966 年版,第 817—818 页。

③ 贺敬之:《李季文集·序》第 1 卷,上海文艺出版社 1986 年版,第 3—4 页。

论在什么时候，什么地方，应当都是每一个写诗的人的严重任务。"① 正因如此，《王贵与李香香》才在大量吸收民歌营养的基础上，通过特定的主题、思想、美学风格和具体的表现手段来身体力行地实现这一目的。

其次是民歌道路。众所周知，《王贵与李香香》一诗最大的特色就在于对陕北民歌"顺天游"这一民间文艺形式的借鉴与创造，在顺天游这一"旧瓶"中装进了"革命＋恋爱"并且大团圆这一新酒。全诗数百行，无论是具体的叙事内容，还是一以贯之的叙事技巧，无论是结构框架与情感取向，还是诗歌本身的语言形式，处处浸润着深厚的民歌味、乡土味。陕北特产"顺天游"，千百年来流行于晋、陕与内蒙古等周边地区。作为一种地域性的民歌样式，其特点是两句一节、长短不拘、押韵自由、连绵不断，并具有惯用比兴、结构灵活等优势。从内容上看，或咏叹农事之艰，或倾诉私情之苦，承载着陕北一地之民情风俗。而且自陕北作为革命的圣地后，它还能表现革命、土改、翻身等时代母题，既有高亢嘹亮、真率粗朴、热情豪迈的一面，也有哀怨缠绵、沉吟低诉、舒展自如的一面。作为在三边（指当时边区的定边、靖边、安边等三县所辖之地）基层工作过多年的诗人，李季对采集、整理、琢磨"顺天游"发生了强烈的兴趣，并前后辑录了三千多首，后有两千多首出版问世（现据《李季文集》第四卷里所附录的说明及全部作品为准，后文所引的原生态顺天游与《王贵与李香香》一诗有所参照，均据此）他说："对于'顺天游'，由于对三边人民生活、语言接触较多、感受较深，我不仅是一个单纯的收集记录者，我甚至能同农村工作干部、和同路相伴赶毛驴的脚户们，

---

① 李季：《兰州诗话》，《李季文集》第 4 卷，上海文艺出版社 1986 年版，第 456 页。

以及那些在崖畔上，沙滩里放牧羊群的放羊老汉，即兴地编唱新词问路、交谈。"① （与此对比，写《菊花石》时则因困难颇多，一是对于湖南民歌一无所知；二是对许多湘方言中地方方言、土语弄不明白）在此基础上，李季对民歌资源的利用与创化，也达到了出神入化的地步。在《王贵与李香香》全诗中，既有现成的"顺天游"的袭用与改进，又有推陈出新的佳句妙语。在移植中甄别、提炼，在借用中糅合、打磨，在仿效中改造、创新。下面逐一展开阐释。

一、在移植中甄别、提炼。《王贵与李香香》共七百多行，原封不动地移植进来的诗行还是比较多的，对照他自己收录的顺天游二千首，大概有数十行之多，如"大米干饭羊腥汤，/主意打在你身上"；"满天星星没月亮，/小心踏在狗身上"。当然这一移植也还是比较谨慎、仔细的。如上举第二例，与此夜里来拉话而小心狗儿咬叫意思相近的有以下几首："大黑狗儿门道里卧，/哥哥来时小心着"；"哄狗馍馍怀里揣，/狗吃干粮你再来"。此外还有"脚步放轻气压定，/好象狸猫蹓墙根"等若干首表达夜里男女约会时女方嘱咐如何处理的顺天游。但李季还是剔除了不正当的"打伙计"常用的诗句，通过设计满天星子，没有月亮的夜来烘托王贵与李香香正当而带有浪漫气息的恋爱情景，与不正当的偷情行为有本质区别。同时也曲折地刻画了李香香害羞、心细而又期待追求自由恋爱的纯洁心情。由此可见，诗人在袭取、套用中还是牢牢不忘自己的取舍标准。

二是在借用中糅合、打磨，这一部分比前者更多，大概有百多处之多。下面举例来说明（"｜"前诗句录自《王贵与李香

① 李季：《〈菊花石〉重版后记》，《李季文集》第 4 卷，上海文艺出版社 1986 年版，第 498 页。

香》，"｜"后诗句为李季采集到的意思相近的顺天游）：

A：

风吹大树嘶啦啦响，/崔二爷有钱当保长。｜风刮树叶嘶啦啦响，/梦也不梦你扛钢枪。

拔起黄蒿带起根，/崔二爷做事太狠心。｜拔起黄蒿带起根，/丢下娃娃出远门。

羊肚子手巾包冰糖，/虽然人穷好心肠。｜叫一声哥哥好心肠，/羊肚子手巾包冰糖。

七碟子八碗摆酒席，/看下的日子腊月二十一。｜天天顿顿摆酒筵，/七碟子八碗吃不完。

有朝一日遂了我心愿，/小刀子扎你没深浅！｜有朝一日天睁眼，/小刀子扎你没深浅！

B：

二道糜子碾三遍，/香香自小就爱庄稼汉。｜二道糜子碾三遍，/我自小就爱庄稼汉。

小曲好唱口难开，/樱桃好吃树难栽；｜樱桃好吃树难栽，/朋友好交口难开。

山丹丹花来背洼洼开，/有那些心思慢慢来。｜山丹丹花背凹凹开，/有那些心思慢慢来。

烟筒里卷烟房梁上灰，/我回去叫他小子受两天罪！｜烟筒里卷烟房梁上灰，/我叫你小子当两天鬼。

手扒着榆树摇几摇，/你给我搭个顺心桥！｜手把上榆树摇几摇，/你给我搭个顺心桥。

这里以 A、B 两类的方式呈现，A 类主要是借用、糅合顺天游两句中的一句，或前一句或后一句，并没有一定规律；B 类主要是把原盛行在民间的顺天游略作改动。诗人为什么这样处理？

依我看，主要是民歌资源的丰富性与湮没性，前者的表达方式很有力、生动，后者主要是湮没了诗人的主体性，可以以"拿来主义"的方式达到妥帖安插的目的。这两者都体现了陕北民歌顺天游本身的自足与丰盈。诗人在创作时可以忘怀自己，一任自己湮没在民歌的海洋中，给人一种顺手拈来的感觉。其次，从内容来看，当时三边地区流行的顺天游，主要是两类，一类是颂扬红军、刘志丹、毛泽东的，另一类是大量的私情歌，李季所收集并出版的二千首中，两者都有，且两者比例大致为一比五。巧合的是，《王贵与李香香》中的两个母题与此暗相吻合，因此在这方面大量挪用、抽取、糅合成为可能。

三、在仿效中改造、创新。在全诗上，不但故事内容因添加革命内容而有所变化，而且整个故事，体现了诗人的独创性。因为顺天游长于抒情、短于叙事，形式短小、连缀不长，虽然能不断头，但主要是以主题转换与重复见长，不见得能叙述这样一个曲折的故事。在这一部分，大部分体现了诗人的独创工夫。这一创造性发挥是不可忽视的全诗主干，具有不可重复的审美价值。此外，值得一提的是，王贵与李香香新婚后，由于王贵去参加部队而经常离家，在描写、形容离别时两人恋恋不舍的情景时有一段捏泥人的细节，这一细节既是地道顺天游的扩展性铺垫，也汲取了中国古代民歌资源。在李季收集的顺天游里有这样两句："情郎是水妹是土，/和来捏做一个人。"而到了全诗中，扩展为五节十行，尽显铺陈之能事。[①] 譬比新颖，构思巧妙、含蓄，把二人新婚小别时如胶似漆的缠绵恋情表

---

① 除了受这两句影响外，可能还受明代民歌《汴省时曲·锁南枝》（原见《南宫词纪》卷六）的影响。全诗为"傻俊角，我的哥！和块黄泥儿捏咱两个。捏一个儿你，捏一个儿我，捏的来一似活托；捏的来同在床上歇卧。将泥人儿摔破，着水儿重和过，再捏一个你，再捏一个我；哥哥身上也有妹妹，妹妹身上也有哥哥。"转引自游国恩等主编《中国文学史·四》，人民文学出版社 1964 年版，第 131 页。

达得很细腻传神。

三

《王贵与李香香》采取的是陕北民歌"顺天游"这一民族形式。如上所述,它是用陕北方言来记录、吟唱陕北人们的现实生活的,带有鲜明的地域特色,也承载着陕北民俗的烙印。陕西北部,今天主要包括延安、榆林两个地区,与当时的整个边区有所区别,但从方言区属来看,大致比较稳定地隶属于北方方言的西北官话区,虽然也有方言内部的些微差别。下面纯从方言词汇角度与地域民俗文化方面略作分析。

从陕北方言角度进行静态语言分析,一眼便可看出此诗有押方言韵现象,也有一些不经解释也能意会到的习惯语法用词或惯用语,但最主要的莫过于具地域文化韵味的方言词汇。首先,全诗中有屡见不鲜的当地说法与命名方式,或者尽管与普通话词汇相同,但词义范围大小也不尽雷同。如名词类民间语汇就有:称牛犊为"牛不老",小孩为"娃娃",父亲为"大",小羊为"羊羔子",白毛巾为"羊肚子手巾",妹妹为"妹子",年轻小伙子为"后生",牲畜为"牲灵",井边为"井畔",土豆为"山药蛋",夜里为"黑里",公鸡为"鸡子",角落为"圪垯",山岭为"崄畔"等等;动词、形容词、副词类民间语汇如称做活为"揽工",欠钱为"短钱",说话为"拉话",谈恋爱为"交好",胡作非为为"胡日弄",那时为"那达",很快为"快里马撒",放心为"安生",劲头足为"心劲一满高",而今为"尔刻"……此外王贵骂崔二爷为"老狗日",以及崔二爷比喻穷苦百姓为"粪爬牛"、"穷鬼",后来被捉而"浑身软不塌塌"。这些都与众所周知的陕北"婆姨"、"蓝格盈盈"之类的本地词汇一样,尽显地域特色。此外,有些习惯说法,如"瞎子摸黑路难上难"、"手指头五个不一般长"、"打听谁个随了共产党"、"老王八你不要灌迷汤"、

"狗咬巴屎你不是人敬的"、"三抢二抢夺不到手"、"不见我妹妹在那里盛（'住、闲呆着'之意）"①……这些类似句子也可以说遍布全诗，贯穿首尾，都属于方言、口语句子，方言因素存在较为丰富，很难一一具体指陈。

其次，从词汇构成的附加法而言，除了北方方言构词中一般加词头"老、阿、第"，或加词尾"子、儿、头"，还有加"格、圪"等无意义的字，构成词义有些微变化的新词。另外，最突出的则莫过于丰富的重字叠词。陕北方言字、词重叠，意思不变，但词的感情色彩有些微妙的差异，一般可以概括为"小儿用语的成人化借用"。这样使得语气变得亲切、柔和，不乏亲昵、欣悦的情绪流变，成人一下子在语言上变成满嘴"儿童话"而呈现出幼稚、可爱和"小"的意味。从词性上看，一般是名词、形容词、量词、动词、拟声词为主，如窝窝、苗苗、瓣瓣、阵阵、蓁蓁、滚滚、咩咩、喳喳。这些辞藻，还抽象为具象，不论是作为本体，还是作为喻体，都能胜任，显然带有初民社会的思维特点。从方式看，单音节词可以化成双音节词，而本身为双音节词的，其中两个音节则可以任意各自重叠，如山崖——山山崖，光塌——光塌塌，磨面——磨面面。其中包括大量的表示山水草木、鸟兽虫鱼这类自然物象的词，如"巧口口说些哄人话"、"山丹丹开花红姣姣"、"一阵阵黄风一阵阵沙"，分别指樱桃小口的甜美，身材的姣好，或自然风沙之大与崔二爷的毒辣无情。此外，是表音字"来"随意插入词语中，把两个短句组合成一个并列句，丰富了句子的黏合能力。

---

① "盛"在介绍陕西方言的有些书里记做"幸"。当时关中方言这种京畿之地的语言，在中国很长一段历史时期，作为中国的官方语言存在。"幸"字在人们印象中用于宫廷之中，是天子所用的词流传到了民间，还是民间的语汇进入宫中，已不可考，不过这也是周朝"雅言"的活化石见证。见田长山、连曾秀《方言误读》，陕西人民出版社 2003 年版，第 101—102 页。

最后，再举一具体的方言语法现象，在陕北方言中有几个特殊的语气词，如"价"、"哩"等便是。这里以"哩"为例，陕北方言中没有"呢"，而有"哩"，其作用基本同于普通话的"呢"，功能是用于陈述句，表肯定；用于疑问句，表示疑问。在全诗中一共有十余句带"哩"的诗句，没有一处带"呢"的句子。如"绣花手磨坏怎个哩？"这句子里的"哩"在语气上表疑问，同时与起兴的第一句最末一字"提"相叶。

除以上进行语言阐释外，《王贵与李香香》在民俗文化方面也承载着丰富而独特的地域文化。陕北地理上处于中国东部与西部的结合地带，草原、沙漠和黄土高原交错相间，停留在游牧文化与农耕文化之间，其文化形态，也由此而定。不论是地质地貌、村舍院落、居室布局，还是服饰打扮、饮食起居、民俗风习，都积淀、演绎着一系列文化信息。

在地质地貌方面，陕北地处黄土高原，风沙、黄土、滩地、山崖、沟壑、圪崂，以及遍地的苦菜、沙柳，大小不一的羊群，养育了陕北人淳朴、粗犷的个性。一代代陕北人适应着恶劣环境的侵袭，靠地吃饭，加上广为人知的延河水、杨家岭、枣园等革命摇篮的熏陶，民风强悍的陕北人把陕北变成了革命与斗争相结合、农耕与游牧相结合的一方圣地。在村舍院落方面，则是贴着大红剪纸、挂满玉米红椒的窑洞、储藏粮食的地窖、用斗绳汲水的井……这些在《王贵与李香香》里都有或多或少的描述，为叙事诗里人物的性格、心理以及情节的演变创造了一个典型环境。至于当地百姓的服饰打扮、饮食起居、民俗风习等，则与前者密不可分，是进入地域文化层次的跃动的音符。陕北人一般习惯冬穿棉袄羊皮袄，夏着土布衣褂，头蒙羊肚子手巾，饮食则以玉米荞面糜子等杂粮与羊肉、羊杂碎等为主，出行则以骡子、毛驴为运输工具，"文娱生活"大概以唱顺天游等民歌来发泄、寄托各种内心跃动的情思。具体到《王贵与李香香》一诗中，如"羊肚子手巾缠头上"的王贵,由在滩地上身穿破羊皮的放羊娃,变成了"肩膀上背着无烟钢"的游击队员,通过融入集体与所属阶级而获得力量,获得自由与幸福,他既报了崔二爷活活打死亲大(即父亲)的私仇,又痛快地捍卫了穷苦人的婚姻。虽然其中有波折、有血泪,但基本上可以说是有惊无险。另一主人公李香香则集陕北女子勤苦、贤惠、聪明、忠贞于一身。她从掏苦菜唱曲等习见的民风中与苦命儿王贵相识相知,在崔二爷与王贵的现实选择与情感判断中表白了"贫女"高尚美好的内心。其间既经受住了地主老爷的威胁利诱,又艰难地度过了家破人亡、被逼做妾的绝境,最后和王贵一样,把自己的命运与游击队等革命事业深深地联系在了一起,双双迎来了打败白军与地主势力的最后胜利与个人幸福。在这一类似宏大叙事的叙述中,处处夹杂着三边地区的民情民俗,方言因素也非常浓郁,这里仅举一例作为代表。在三边死羊湾闹革命的时代风云中,为形容劳苦大众自动起来造反、斗争地主时有这样一节诗:"紫红犍牛自带耧,/闹革命的心思人人有。"前一句是兴,由兴带出人物的活动,由"自带耧"引申出闹革命心思的自发性、自主性。其中还反映了丰富的地域文化:耧是西北地区农民播种用的农具,由牲畜在前牵引同时进行开沟与下种的农活,播种时一般由一人在前牵着牲畜慢走,后面一人扶着耧摇动;而训练有素的牲畜则不需人牵系,只需扶耧的人在后边吆喝,牲畜则能听懂农人的话,这样节省了一个人力。这自然是下地干活的得力帮手,惹人喜爱的。至于为什么选择"紫红"色,为什么偏偏又是犍牛,答案是前者以毛色漂亮受陕北庄稼人欢迎,后者因力气大、性情温顺而为农人所喜。可见短短二句顺天游,却包含如此丰富的地域文化信息。

总而言之,像陕北三边的黄土高坡以盛产陕北民歌、陕北腰鼓著称一样,王贵与李香香这一对陕北三边的优秀儿女,把男女恋情贯通于阶级革命之中,具有广泛而独特的文化地域性,成为充溢着地域文化情结的文化符号。与赶牲灵的脚户们的吟唱，骡子、毛驴的清脆铃声，崖畔畔盛开的山丹丹花相似的是，《王贵与李香香》用陕北方音，再一次阐释了另一种"米脂婆姨绥德汉"的故事，生动而形象地向世人展示了陕北地域文化的面貌与魅力。

四

《王贵与李香香》是新诗史上的经典，不论是主题的鲜明、典型，形式的自由、活泼，还是整个构思时结构的严谨、细密，情节的曲折、传奇，以及语言的洗练、方言化，都融为一体。几十年来，虽然随着时代思潮的变化也有否定的声音，如有论者称李季的诗"理过其辞，淡乎寡味"，"永远跟在主题的后面，看不出构思的主动性；其形式则始终未能从民间歌谣和说唱文学的狭隘性中超越出来。"[①] 但我认为，带着对民歌资源的偏见，无视时代的具体背景，对作品作类似分析有粗暴而又简单之嫌。

整理、加工盛传于民间的恋爱故事，加入革命内容以达到介入现实生活的目的，并采取"革命加恋爱"的模式，本身没有什么可以指责的。"不是闹革命穷人翻不了身，/不是闹革命咱俩也结不了婚"，和"咱们闹革命，革命也是为了咱"的时代主题，也没有过不过时的问题。全诗通过颠覆现代文学史上曾有的"革命"与"恋爱"不可兼得的模式，以一种崭新的眼光来处理革命与恋爱的关系，显得相当出色。同时，人物形象适当脸谱化，如反面人物崔二爷漫画化等，也是符合底层群众的审美趣味与习惯的。劳动生活（放牧与掏苦菜）、阶级斗争（地主与农民，白军与红军）、自由恋爱（忠贞不渝、安于贫贱）这几类主题的处理

---

① 犹家仲：《理过其辞，淡乎寡味——论李季的诗》，《河池师专学报》1994年第4期。

也富有诗意并得到了升华。

　　纵观新诗史上的叙事长诗，能与《王贵与李香香》比肩者并不多见。当时涌出的少量作品，如张志民的《王九诉苦》、《死不着》，田间的《戎冠秀》、《赶车传》（第一部），阮章竞的《圈套》、《漳河水》等，在方言、土语入诗方面均有类似的特点，但整体达到的艺术水准还要逊色一些。事实上，扎根于陕北方言与陕北民歌基础上的范例《王贵与李香香》，仍是现代诗歌史上不可替代的经典名篇。

下　编

第 四 章

作为背景的歌谣与方言文学

在现代新诗史上，方言入诗随着不同历史时期大相径庭的时代内容而发生相应的变革。一方面，不同诗人寻言的过程是紧紧追随主体诗思的不同展开向度而宛转的；另一方面，白话诗作为现代汉语培育出的文学中的一类文体，它与现代汉语现代化、口语化、当下化密不可分。如果说本论文上编主要讨论的是时间维度上的方言入诗历史情节推进与更迭流变的话，那么下编除适当地兼顾到白话诗时间流变上的情况外，还将开始重点集中于方言与新诗这一复杂关系的内部形态的考察。

本章集中探讨方言入诗中新诗与歌谣、方言文学的关系，通过对方言入诗的文学背景与艺术借鉴等因素的考察，进一步识辨方言入诗的缘由与新诗吞纳方言的文体特质。另外，在作为现代白话新诗关键词之一的"口语"概念中，方言入诗本身的口语化与它也有内在的联结。

第一节　歌谣：新诗的语言资源与精神资源

对于歌谣与新诗关系的探讨，早在晚清诗界革命伊始便开始过，这一活动，既承接了歌谣与古典诗词之间既有的复杂渊源，又启示了在诗界革命后，民俗或文艺工作者在白话新诗的不断流变中对歌谣因素的持续关注。在现代新诗史几十年的交错发展中，虽然也时有低潮出现，但在潮起潮落之间，仍可看到歌谣与新诗两者之间纠结的纹理。

试具体以《歌谣》周刊为例。[①]《歌谣》周刊断续支撑了数年，横跨二三十年代，它对全国各地歌谣的搜集、整理与流布，以及作者队伍中胡适、周作人、朱自清、梁实秋、钟敬文等一大批新文学作家对歌谣的不断研究、肯定与弘扬等，都是其中较为突出、鲜明的历史细节。另一方面，自《歌谣》周刊标举"本会搜集歌谣的目的共有两种：一是学术的，一是文艺的"、"从这学术的资料之中，再由文艺批评的眼光加以选择，编成一部国民心声的选集。意大利的卫太尔曾说'根据在这些歌谣之上，根据在人民的真感情上，一种新的民族的诗也许能产生出来'，所以这种工作不仅是在表彰现在隐藏着的光辉，不再引起当（疑是"将"之误——笔者）来的民族的诗的发展"[②]以来，歌谣除了在学术上（即民俗学）具有特殊的贡献与意义之外，它与新诗（甚至也包括新文学）的关系，也落实在由"文艺的"而"民族的诗"这一宏大框架里。具有不同地域文化特色，在底层民众之间口耳相传、野生野长着的歌谣，对新诗的产生、发展，对新诗的转折、流变等都有着至为重要的内在影响，是一个不可忽视的参照物。胡适曾接着白话文学革命断言"我们的韵文史上，一切新的花样都是从民间来的。""中国新诗的范本，有两个来源：一

---

① 为便于集中论述，本文较多地涉及《歌谣》周刊上的原始性论文与歌谣作品。《歌谣》周刊，1922 年 12 月 17 日创刊，北京大学研究所国学门歌谣研究会出版，北京大学日刊课发行，前后由常惠、顾颉刚、魏建功、董作宾等主编，是当时刊载歌谣作品和发表研究歌谣的文章及介绍各地风俗、方言等的主要刊物。它一共出了 150 期，自创刊始到 1925 年 6 月 28 日，出至第 97 号以后停刊；1936 年 4 月 4 日复刊，复刊后改称第 2 卷，第 2 卷有 1 至 40 期，第 3 卷有 1—13 期，终刊日期为 1937 年 6 月 26 日。

② 《发刊词》，见《歌谣》周刊创刊号，1922 年 12 月 17 日。

是外国的文学，一个是我们自己的民间歌唱。二十年来的新诗运动，似乎是太偏重了前者而太忽略了后者"。[①] 持类似观点的论者还有不少，此起彼伏的讨论也时时可闻，这里不一一征引。但值得指出的是，这里又回落到"洋"与"土"两个层面的难题上，很难寻找到合理答案。像《春蚕》中老通宝一家对待蚕种一样，"洋"种与"土"种的区别与现实的物质实利纠结着，在整体"西化"的新文学背景下，重"洋"而轻"土"乃至弃"土"，具有某种普遍性，因此胡适所说的新诗"太偏重"外国文学影响而"太忽略"我们自己的民间歌唱，一直都有某种合理性。

但是，如果"民间歌唱"的歌谣之于新诗的意义，是对源自西方的白话新诗予以矫正、补充乃至本土化回归的话，那么两者之间本身的勾连背景、方式，以及具体个案渗透的深浅、得失等问题便是向中国诗史的再一次敞开。面对这一切，疑问与反思也会随之滋生出来。歌谣影响着甚至暗中支配诗歌文体的演变，一以贯之是充任主角，民间歌谣往往走在文人诗歌的前面，几千年都是这样，为什么到 19 世纪和 20 世纪之交就缺席了呢？在现代新诗史发展脉络中，两者又是如何暗中结合、呈现的？把歌谣与新诗放在一起，是一种历史的存在，它对应着不同的解读。

一

就新诗的渊源来说，较为流行的看法是它发生质变的原因是域外诗歌影响完全占了主导地位，本国的古典诗词传统暂且抛在一旁，民间歌谣也失去了它固有的滋生、牵引作用。梁实秋曾断言"新文学运动的最大的成因，便是外国文学的影响；新诗，实际就是中文写的外国诗"；[②] 卞之琳认为颇受翻译诗影响，新诗

① 胡适：《复刊词》，《歌谣》第 2 卷第 1 期，1936 年 4 月 4 日。
② 梁实秋：《新诗的格调及其他》，《诗刊》创刊号，1931 年 1 月。

走的是欧化一路；① 著有《中国歌谣》一书，在大学讲堂里正儿八经讲授歌谣的朱自清论述甚详："新诗不取法于歌谣，最主要的原因还是受外国的影响；别的原因都只在这一个影响之下发生作用。外国的影响使我国文学向一条新路发展，诗也不能够是例外。按诗的发展的旧路，各体都出于歌谣，四言出于《国风》、《小雅》，五七言出于乐府诗。……照诗的发展的旧路，新诗该出于歌谣。……新诗虽然不必取法于歌谣，却也不妨取法于歌谣。"② 相对于五四时期的胡适、周作人等人充分肯定民间文学资源对新诗的本土影响，朱自清等人对歌谣影响新诗的价值与意义所作的评价是比较低的。从这里所引的一处来看，从"不必"一词转到"不妨"，体现了歌谣地位、影响的衰落。不过，作为诗歌传统差不多唯一的潜在资源，歌谣在古典诗词向现代诗转型的过程中，虽没有占到固有的位置，经历了由主角向配角的滑离过程，但也不是能够可有可无地加以抹杀的。事实上新诗史上产生过较频繁的新诗歌谣化运动，不同时期的大批诗人、学者如何"看待"与"取法于歌谣"也显得参差丰厚。歌谣隐现过程中体现的牵引、中介、互补功能怎样具体落到实处，其文化与心理机制又如何复归传统，诸如此类事项，既是见仁见智之事，又是有大量历史事实作为根据的。

民间歌谣与新诗的关系错杂纷呈、纠缠难分，在20世纪上半叶这一历史时段，歌谣与新诗运动的消长并不平衡，在高潮与低潮交错中起伏较大。就以形势高涨、结合紧密、关系融洽等为

---

① 参见卞之琳：《新诗与西方诗》，《人与诗：忆旧说新》，生活·读书·新知三联书店1984年版，第186—193页。

② 朱自清：《真诗》，《新诗杂话》，生活·读书·新知三联书店1984年版，第86—87页。

主要特征的运动而言，现代新诗史上大致出现过三次较大的波峰。① 第一次是借梁启超、黄遵宪等人的"诗界革命"之力，在五四时期形成高峰。众所周知，采歌集谣、吸取歌谣营养这一走向在"诗界革命"队伍中是持续存在的，也在当时的议事日程之内。如黄遵宪提倡"我手写吾口"之后，青睐故乡客家山歌，创作过不少改作与模仿的新体诗，"诗界革命"诗人试图以新鲜活泼的"活的"民间形式，来冲刷、刺激古典诗歌的僵化与凝滞，以换得某种新质。承此一脉，到以《尝试集》出版为标志的初期白话诗诗人手里，也大量开挖歌谣这一源头活水，如胡适为了立论的充分历史化与合理化，就一直把新诗的源头个人化地追踪到白话文学史里去，反复申述"一切新文学的来源都在民间。民间的小儿女，农夫村妇，痴男怨女，歌童舞伎，弹唱的，说书的，都是文学上的新形式与新风格的创造者。这是文学史上的通例，古今中外都逃不了这个通例。"② 与胡适差不多同时进行新诗创作的诗人，如刘半农、沈尹默、钱玄同、周作人等人则是北京大学歌谣研究会和后来《歌谣》周刊的发起者或编辑者。其余《新青年》撰稿作家，受胡适等人影响的新潮社诸君子，以及社会上接受这一思潮的少量先驱人物，对歌谣及新诗歌谣化刮目相看者均不乏其人。典型的是周作人、刘半农、刘大白、俞平伯等人，周作人围绕民间文学资源做过不少专门的论述，是五四时期贡献较大的一位。最先想出"征集歌谣"创意的刘半农，则在歌谣与新诗之间往来不断，如不断从故乡江阴采集民谣刊行于世，《歌谣》24 号就刊有其《江阴船歌》二十首；后来索性自己动手，用江阴方言按照"四句头山歌"仿制数十首，精挑细拣后选了二

---

① 参阅李怡：《中国现代新诗与古典诗歌传统》的相关论述，西南师范大学出版社 1999 年版，第 110—132 页。

② 胡适：《白话文学史（上）》，安徽教育出版社 1999 年版，第 20 页。

十余首编成《瓦釜集》，个人诗集《扬鞭集》中也重复刊载了一些，以达到"把数千年来受尽侮辱与蔑视，打在地狱底里而没有呻吟的机会的瓦釜的声音，表现出一部分来"① 的目的。刘大白刊布的《卖布谣》、《田主来》等诗也直接模仿了民间歌谣的体式；俞平伯除了在《冬夜》等诗集中偶有所作之外，还曾仿其家乡情歌，仿作《吴声恋歌十解》；② 胡适则有不少没有入集的打油诗，颇有山歌、小调之风。

第二次较大规模的运动大致落在从提倡革命文学到 20 世纪30 年代前期这一时段。当新月诗派的余绪仍在流行、象征诗风与现代派诗歌大行其道时，走向大众化、提倡大众语创作之类的呼声也吸引过一部分"向下看"的诗人的关注。鲁迅、瞿秋白等人偶尔戏作或尝试民歌体诗作，如鲁迅用上海方言创作的《公民科歌》，瞿氏用北平话与上海话写的《东洋人出兵》，以及模仿无锡景致小调的《上海打仗景致》等便是；以中国诗歌会诸诗人为主力的左翼革命诗歌，则集体性地在天真与热情中充当了民谣体新诗创作潮流的代表。③ 从他们作品的内容与形式分析，语言的浅显、俚俗，风格的歌谣化、大众化，是其首要标志。当时发起人兼中坚力量如穆木天、蒲风、王亚平等人，均有大量试验性的诗作和一些相关理论文章，对歌谣、时调、弹词、小曲、鼓词等

---

① 刘复：《瓦釜集代自序》，《语丝》周刊第 75 期，1926 年 4 月 19 日。

② 这与俞平伯始终重视对张扬民间文学、平民文学等不无关系，如"我有一信念，凡真的文学，不但要使用活的话语来表现它，并应当采用真的活人的话语。……我觉得最便宜的工具毕竟是'母舌'。"见俞平伯：《〈吴歌甲集〉序》，顾颉刚等辑、王煦华整理《吴歌·吴歌小史》，江苏古籍出版社 1999 年版，第 16—17 页。此外，参见俞平伯：《诗的进化的还原论》、《民众文学的讨论》诸文，均见《俞平伯全集》第 3 卷，花山文艺出版社 1997 年版。

③ 他们在机关刊物《新诗歌》的《发刊诗》中就宣称："我们要用俗言俚语，/把这种矛盾写成民谣小调鼓词儿歌，/我们要我们的诗歌成为大众歌调，/我们自己也成为大众中的一个。"

民间形式的利用与改造,也具有相当的专业水准。特别是诗风不断变革的蒲风,不但有诸如大众合唱诗、朗诵诗等创作,而且还专门发表、出版方言叙事诗《鲁西北个太阳》、《林肯,被压迫民族救星》等。这些展开诗歌"大众化、口语方言化"[①] 的诗群,企图通过模仿、借鉴歌谣,达到贴近民众、还原民间的目的,并且想"借着普遍的歌谣、时调诸类的形态,接受它们普及、通俗、朗读、讽诵的长处,引渡到未来的诗歌"。[②] 可惜的是,这一当下性目标,在否定五四以来的白话文潮流中也没有走出太远,即使瞿秋白、蒲风等人也缺乏流传甚广的经典力作,在新诗史上的地位似乎也并不高,虽然蒲风还曾获得茅盾等人的称赞。[③] 另外从背景上言,"一二·九"运动,是日军全面侵华的前奏,一些诗人也预先感受到民族战争血腥气息的弥漫;读经复古和重提文言的复古运动,引起新文学阵营的反击,这一切都导致了后来的提倡大众语运动、通俗读物编刊运动。当时流行的名词就是"旧瓶装新酒",歌谣就是被誉为"旧瓶"一类之物,以反帝反封建、大众化民众化为主题的"酒",陆续装进这样的"旧瓶"之中。整体来看,"旧瓶装新酒"重在宣传与启蒙,在文艺自身的建构上也颇多创意与实绩,但取得的一切似乎没有得到积极的肯定。

第三次是从 20 世纪 30 年代中后期到 20 世纪 40 年代的抗战胜利前后,整个民族救亡图存的现实考验,像把散沙凝成一团一

---

① 蒲风:《诗歌大众化的再认识》,《蒲风选集》下,黄安榕等编,海峡文艺出版社 1985 年版,第 951 页。

② 《我们的话》,《新诗歌》第 2 卷第 1 期。

③ 茅盾称之为向民谣学习"尝试成功的第一人",见茅盾:《文艺杂谈》,1943 年刊于《文艺先锋》;在另一文中称"抗战以前,我们的优秀诗人已经吸取了歌谣的特点,使新诗歌放一异彩。在这上面,蒲风的成就,我们尤其不要忘记。"见茅盾:《民间、民主诗人》,《茅盾全集》第 23 卷,人民文学出版社 1996 年版,第 374 页。

样凝聚民心于一体，在这一体化过程中就包括诗人们与普通民众之间距离的暂时隐失。在战争年代，随着战线的全面铺开与持久深入，农村和城市一样成了战争的前线，出身于农村的兵士与广大农民一样，在"国破山河在，城春草木深"的时代背景和面对敌人的侵略与屠杀的现实中，切身体验着你死我活的战争人生。人们或者忍痛掩面直对家破人亡，或者辗转流亡奔走在异国他乡，整个民族涌动着殊死抗争的求生本能，燃烧着生生不息的复仇之火。遗憾的是，包括新诗在内的文艺并入作为软武器的战时宣传系列之后，却遭遇了大多数民众不识字、愚昧落后而又习惯于接受歌谣等传统的民间文艺这一现状。为受众计，自然而然向广大民众靠拢、走近乃至"屈就"，成了压倒一切的大事，战争无情地摧毁了象牙塔而重建了民间，五四以来饱受非议的新文艺不得不再次相信并依赖歌谣等民间文艺形式。在歌谣、大鼓词、时调、民间故事等形形色色的说唱文艺背景下，涌现出传单诗、街头诗、朗诵诗、口号诗、方言诗、明信片诗、诗标语、慰劳诗、大众合唱诗等诗歌形式，并涌现出一大批诗人，如艾青、田间、柯仲平、高兰、光未然、臧云远、卞之琳、王老九……诗人们或多或少地注意吸收民谣形式、语言、精神等方面的长处，新诗的歌谣化特征较为明显。抗日战争胜利后，解放战争接踵而来，这一趋势因此没有得到实质性的改变。举例来说，解放区的李季、何其芳、张志民、阮章竞、严辰等诗人从陕北民谣"信天游"里找到了艺术的源泉与灵感，或收集或借鉴，除整理出版《陕北民歌选》、《信天游》等民歌选本外，[①] 还留下了《王贵与李香香》（李季）、《王九诉苦》、《死不着》（张志民）等一大批优

---

① 鲁迅文艺学院编：《陕北民歌选》，新华书店 1947 年版；田间编：《民歌杂抄——民歌四十八首》，星火出版社 1946 年版。另外解放后不久还有严辰编：《信天游选》，海燕书店 1951 年版；李微含、刘厂韦编：《信天游》，天下图书公司 1951 年版。

秀作品；国统区的臧克家、袁水拍、徐迟、沙鸥、倪海曙等诗人，或取材于民间、或"胎息于'吴歌'"①、或追求纯方言特色，在讽刺诗、叙事诗、方言诗上取得了突破。至于像贺敬之、魏巍、严辰等这些后来在诗坛崛起的诗人，以及广大民众以无名氏方式产生的诗篇，一起形成一股合力推动了新诗朝歌谣化趋势挺进。

这三次诗歌潮流，不论是声势还是实绩，不论是广度还是深度，都呈递升态势。另外除了这些显著的因运动方式而隆起的浪峰外，分布在浪尖之间的是散失的歌谣化新诗，星星点点，虽然没有形成大型化规模化态势，可是从一些诗人在某一个时段、或某一本诗集中间夹杂若干类似性质的诗作来看，倒是非常庞大而芜杂的。这一由点到面、随处可见的与歌谣为邻的现象，说明了什么呢？——其中最主要的原因恐怕不外乎以下数端：一是建立在"向下"、"平等"、"启蒙"等观念上的价值取向，其中还复杂地包括读者因素的问题。诗人们推开书斋之窗，生灵涂炭、民生维艰这一血与火的现实，让诗人在再次抉择后重新认识了时代，更何况到了全民族战争下，自己也不得不放逐肉体凡身，混在民众中逃亡。二是寻找知识分子在战时的工作岗位，尽自己的力量把文艺与宣传合成一股合力汇入到抗日的洪流中去。为了同民众、兵士这一庞大主体相配合，知识分子精英队伍中的诗人们迅速地向社会基层、底层扑去，这是没有太多犹疑的举止，它付诸行动，接过外部环境抛给自己的白手套。三是寻找艺术自身的变迁，不管你以何种姿态、目的写作，都会有一个艺术借鉴、模仿的对象与过程，个人的文学才华不是无源之水，而当时西方文学

---

① 茅盾：《民间、民主诗人》，《茅盾全集》第 23 卷，人民文学出版社 1996 年版，第 374 页。此外，茅盾在谈到这一情况时还说："一些青年诗人的'方言诗'亦往往有佳制；'方言诗'的格调也和民间歌谣有血脉相通之处。这一趋势，显示了我们的新诗歌正在大众化的路上快步前进"。引处同前。

资源并没有源源不断而来，有时甚至被完全掐断，剩下的只是脚下那片燃烧着战火的土地，而那战火甚至把自己的家园也烧为灰烬了。一个直接的问题就会油然而生：除了高度雅化的古典诗词之外，几千年的民间歌谣都不断地成为历代诗人们的创作源泉，为什么就会在最需要的年代断送呢？歌谣文艺像空气与水分一样，成为主体不可避免的潜在资源。有学者这样认为："在理想的晶莹润泽与现实的枯萎干涩之间，起着平衡调剂的是什么呢？我认为，这就是以《国风》、《乐府》为原型、又弥漫生长在广大民间的歌谣艺术。是歌谣这一完全非文人化、非贵族化的淳朴自然的诗歌样式，不断带给中国诗人新鲜的刺激，促使他暂时离开固有的轨道，汲取丰富的营养，借民间艺术的活力稍稍拨正那过分扭曲的'正统'诗路，维持着诗的历史运动。"① 这一论述涵盖了自古以来歌谣对诗歌的影响，自然也可拿这样的眼光来看新诗史上歌谣与诗的互动和影响，可谓切中肯綮。

二

新诗与歌谣密切联系的模式，差不多沿袭了诗史上既有的路数，虽然有人不断地通过贬低或者回避来淡化上面论述的这一关系，但也有不少论者还是较为客观地承认并张扬了这一事实。接下来的问题是，不同诗人、学者如何看待新诗"取法于歌谣"呢？歌谣隐现中体现的滋生、牵引、互补功能怎样全面影响创作？从两者的思想情感、结构章法、语言风格、精神实质等方面都能作出不同的回答，这里主要从语言、精神角度来略作梳理。

从语言角度审视，歌谣的语言载体则完全是各地民众嘴上流动的语言，歌谣口耳相传的特点，使得它首先是活在嘴巴上的活

---

① 李怡：《中国现代新诗与古典诗歌传统》，西南师范大学出版社 1999 年版，第 115 页。

语，以致有人还固执地认为歌谣一写下来就会死去。歌谣的语言是"活语"，对活语的具体化阐释，就是各地方言，虽然在不同时期也有诸如"大众语"、"群众语言"之类的称呼。早在20世纪20年代，周作人就宣称"歌谣原是方言的诗"；[1] 胡适也以具体歌谣为例，称之为"地道的白话诗"、"呱呱叫的大众语的诗"[2]。"山歌是民俗的诗，方言的诗。要很好地记录它，就必须通过这种关隘（民俗、方言等），才能体会到它的妙处。"[3] "歌谣是现成的有节奏有音韵的白话诗"。[4] 可见，歌谣与活的方言，以及以"上口"为标准的白话诗之间没有鸿沟，歌谣与白话诗是近亲近邻，方言只是活的工具而已。从个案来看，五四以来的《歌谣》周刊，在征集时就强调各地歌谣搜集者在具体执行时要"方言成语，当加以解释；歌辞文俗，一仍其真，不可加以润饰；俗字俗语，亦不可改为官话。"[5] 在具体的刊物编辑流水线上，钱玄同、顾颉刚、沈兼士、周作人、刘半农等负考订方言之责。这些承载着各地民俗风情的方言，虽因地域不同而在语言交流上存在障碍，如方音的实录，有音无字现象等，但要想存其真，就只能借助于注音符号、罗马字母或国际音标来帮助记音，用同音字或别字来因声求意。这是口头与笔头的区别，如有损耗也是无

---

① 周作人：《歌谣与方言调查》，《歌谣》第31号。

② 胡适：《复刊词》，《歌谣》第2卷第1期，1936年4月4日。

③ 钟敬文：《晚清改良派学者的民间文学见解》，《钟敬文文集·民间文艺学卷》，安徽教育出版社2002年版，第325—326页。

④ 梁实秋：《歌谣与新诗》，《歌谣》，第2卷第9期，1936年5月30日。

⑤ 《本会征集全国近世歌谣简章》，刊于创刊后的《歌谣》周刊各期。类似的征集函后来在20世纪40年代的《新华日报》、《华商报》等共产党主持的党报上也刊登过，譬如中华全国文协香港分会方言创作组，为收集研究方言文艺资料在《华商报》上公开向社会发出《征求》："一、广州话、客家话和潮州话的方言词汇，或成语俗谚。（最好能加以解释）二、各地的方言山歌及民谣，能连曲谱一齐寄来最好。三、各地民间故事，手抄本或木刻印本都可以……"见《华商报》1948年4月22日。

可奈何之事。如沈兼士认为："歌谣是一种方言的文学。歌谣里所用词语，多少是带有地域性的，倘使研究歌谣而忽略了方言，歌谣中的意思、情趣、音调至少有一部分的损失，所以研究方言可以说是研究歌谣的第一步基础工夫。"[①]

综观《歌谣》周刊上搜集的各地歌谣，绝大多数在字面上是北方语充分方言化，用当时白话基本上能解决记录、整理等相关工作。相反，因当时广东、福建、湖南、江西等方言区记音困难，甚至有自己方言区属特征的字词符号，相应征集歌谣就很少。而北方方言区绝大多数是写得出字的，所以整个《歌谣》周刊上登载的各地歌谣，绝大多数都具有可懂性，对非北方方言区改编、加工的痕迹则突出一些。

在此基础上，我们再来看新诗在运用语言与精神上如何借鉴歌谣、如何取法于歌谣这一特征。这里可分几层来说：首先，是语言精神取向上的口语观，它是简短、朴素、生动而又原生态的，它突出一个"真"字。自从明朝李梦阳在诗论中标举"真诗乃在民间"之后，这一理念便深入人心，而真诗在民间所体现的"真"，既包括语言质地上的"真"，也包括精神价值上的"真"。简洁、凝练、朴素，富有表现力；鄙陋、简短、粗俗也有自身的表现力，关键是看表现什么对象、如何表现。芜杂的口语除了供语言炼金术提炼之外，我们不应忘了它本身也有表现力而不仅仅只是原料。歌谣突出的是个体自我关于苦难、反抗、亲情等方面的真情实感，它往往与粗粝、质朴、野性有缘，因此在温婉、雅致、精巧的语言体系中有必要嵌入具有野性力量的粗笨化语词与精神气质。只有语汇、句式的丰富与层次的多样化，才能对应着多元化的客观现实。真的文学，首先是存在的真，是语言本身的真，如果正视这一点，我们就可以一直感受到底层民众生活的普

---

① 沈兼士：《今后研究方言新趋势》，《歌谣》周刊第 35 期，1923 年 12 月。

遍艰难性与被掠夺性，不论是哪个朝代，都是重演底层民众被压迫、榨取的历史，简单而丰富的爱情、繁重而愉悦的劳作、俭朴而本质的人伦，与谴责强权奴役、讽喻权贵贪婪等母题都是双向展开的，而这一切在歌谣的语言与精神背景中是合二为一存在的整体。[①] 这也是倘若反映一个社会的真实，从歌谣上去考察往往要厚实得多的原因之所在，它与闲适文人之间毫无血色的文字游戏也就不可同日而语。

其次，歌谣语言因纯方言化、纯口语化而呈现出地域母语化色彩，一方面，它像一个用之不尽、取之不竭的语言仓库，源源不断地输送给养。歌谣语言是大白话，听得懂、念得上口，绝对是流动不居的；同时不断新陈代谢，一边创造一边丢弃，可以说是自动式"扬弃"。另一方面，这一以"粗、俗、白、活"为价值的口语取向，从源头上回避了雕琢式的陈陈相因的可能。正因这些长处，拉长历史来看便可知道它给新诗的启示也是多方面的：一是新诗包括新文学整体上词汇的贫瘠与单调，要从活语中去寻找、充实，抛开方言词汇，当时所谓的"国语"就成了无源之水，无本之木。二是语法、方音上面也有可资借鉴之处，不同地域语言表达同一对象时可能的句法、句式，都有可能大异其趣。如刘半农《拟儿歌》、《拟拟曲》对北京底层劳动者的写真，《瓦釜集》中用江阴方言对江阴一带民众爱情、劳动的描摹；徐志摩土白诗对现实更毕肖的显现；马凡陀山歌对大都市居民生活的投影……都具有某种难以言说的特殊韵味。可以大胆地说，只

---

① 五四时期一位学者对此还有以下代表性意见，他认为村歌俗谚"实在这些都是国民情调的表现，简直可作为国风小雅一例看待——这些歌谣，写的是真景，抒的是真情，会的是真意趣，绝对真实的表现，是极端自然的文章。不管是田夫野老的所唱，是榜人渔夫的所唱，或且出之于十三四岁女孩儿的口中，就歌词来讲，情景总是很深，趣味总是很浓，就音节来讲，声韵又是无不调和的。"见绍虞：《村歌俚谚在文艺上的位置》，《歌谣》第 12 号，1923 年 4 月 1 日。

要接触歌谣与广大民众，即使不会被方言所俘获，也不会本能地排斥方言土语。不过，方言土语也有两面性，对于不熟悉它的外地人而言，它也会造成表层上的阅读障碍，但这障碍到底有多大，似乎还值得算一笔账。单纯从读者基数上讲，有两种可能：一是全国意义范围，如果作品只能普及到小知识分子层面，这一队伍也并不太大；如果局限于某一地域，作品得到大多数民众喜欢，在数量上也很可观。另有一层，单纯从数量上也不能得出决定一切的结论，它并不是价值判断唯一的标尺。

更重要的是，歌谣中优秀的作品，其技术之灵巧、音节之流畅、语言之漂亮，至少是可以供新诗作者揣摩、借鉴的。音节是现代新诗面对的难题，白话诗不能没有音节，但是白话往往有啰唆、冗余之痼疾，读起来觉得不顺口、更谈不上吟诵。"歌谣的音节正是新诗作者所应参考的一个榜样。因为平民还保存着对于有音节的文字的喜悦，若说这是野蛮的遗留亦无不可。……至于歌谣的用字之简朴，以及抒情叙事之手腕，均能给新诗作者以健康的影响，自更不待言。"[①] 另有一层，新诗的创作都离不开模仿、参照，孤身前行的任何文体，至少也要摸着石头过河。在现实与文艺关系中，歌谣永远是生活的牧歌，我们不排除新诗发展中"取境"于域外诗坛的一维，但本土资源也是不可偏废的参照系，是一排排帮助过河认路的"石头"，摸着这些标志物过河，不至于无路可走。

最后与此相关的几点，也补充交代如下。歌谣在写法上，往往追求技巧上的故事性、叙事化，偏于具体、客观呈现。这一手法影响新诗诗人的技巧运用，如胡适一生强调以具体、清楚、明白的写法至上；如刘半农、刘大白、沈玄庐等人的诗作均以"白描"手法为主，在具体刻画下层人民的形象及其生活实际上有出

---

① 梁实秋：《歌谣与新诗》，《歌谣》，第 2 卷第 9 期，1936 年 5 月 30 日。

色的发挥。在 20 世纪 30 至 40 年代，歌谣化传统给新诗史带来了一个十分重要的诗学现象：即叙事诗特别是长篇叙事诗急遽增多，如田间的《赶车传》、李季的《王贵与李香香》、阮章竞的《漳河水》、张志民的《死不着》、李冰的《赵巧儿》等都是名噪一时的佳作。我们还可以扩展开去，看一看中国现代新诗史上强化叙事、故事性、戏剧化的有关现象，如朱湘、臧克家、艾青、何其芳这些"文人色彩"浓厚的诗人，也在特定的外部条件下创作过类似风格的优秀作品。

总而言之，不管是模仿还是独创，不管是抒情还是叙事，歌谣化趋势所渗透的影响普遍存在。只要不缺乏持久的试验与体验，不只是应景式的浅尝辄止，它必将以朴素、鲜活的精神，以崭新的词汇、句法灌入新诗，像输血一样加强了新诗本身的造血功能。

三

为什么新诗发展到每一个十字路口后思考再如何走，走到哪里去时，歌谣因素便会彰显出来？新诗与歌谣作为远亲兼近邻，它们结伴而行的同盟关系到底如何评估，并如何再进一步延续下去？下面先分别以三个时期的代表性作家为例来予以简要论述，再回到以上问题中来。这里所举的诗人，分别是刘半农、瞿秋白、李季。

在五四时期，刘半农就白话新诗取法歌谣方面的尝试可谓首开风气，也最为大胆。出于"我们要说谁某的话，就非用谁某的真实的语言与声调不可；不然，终于是我们的话"① 的观念，刘半农既创作了几十首用江阴方言配合"四句头山歌"形式创作的

---

① 刘半农：《寄〈瓦釜集〉稿与周启明》，《半农杂文》，河北教育出版社 1994 年版，第 136 页。

诗，还创作袭取歌谣复沓形式，喜欢营造回环往复、多个诗节在重复中略有变奏的诗作，如《教我如何不想她》等。诗人致力于仿效，不论是形式、格调、口吻，还是诗句的用词、句法，都达到以假乱真的地步，模糊了人工之花与自然之花的界限。

瞿秋白对歌谣的重视主要立足于政治领袖对民众的宣传鼓动上，他在非议五四以来白话文取向上，提出"歌谣化"主张，像强调"诗歌应当与音乐结合在一起，而成为民众歌唱的东西"①一样，他的目的是求得可诵性与可唱性，既把文艺与政治结合起来，初步实践文艺为政治服务的方针，又力求从视觉型艺术转移到听觉型艺术，以便于普及到识字不多甚至不识字的工农大众中去。在历史的承接上，他拒斥文人传统，热心向民间歌谣汲取资源与话语权势。因此，作为一个曾任过党中央总书记与负责人的瞿秋白，对新诗乃至新文学的不满，与他的文艺重建思想与政治眼光息息相关，正是在这一链条上，他所能凭借的莫过于民众与民间所出产的本地文艺。关注现实民生、申诉民间疾苦、煽动民众不满，也自然在他的视界范畴之中。

20 世纪 40 年代的李季以《王贵与李香香》得名，其后一生耕耘似乎也没有超越此作。在创作此诗前，他曾广泛收集陕北的顺天游三千余首，大概可以分为情歌与战歌两大类，这两大类暗自吻合《王贵与李香香》"革命与恋爱"主题的二重奏。诗人在汲取陕北歌谣资源时所进行的改造与创化，几乎达到了出神入化的境地。在《王贵与李香香》全诗中，既有现成的"信天游"的袭用与改进，又有推陈出新的佳句妙语。在移植中甄别、提炼，在借用中糅合、打磨，在仿效中改造、创新。仅举数例为证，全诗有两个重要情节处理，一是第一部第四大段《掏苦菜》中，从"玉米开花半中腰，/王贵早把香香看中了"到此节末尾，共 18

---

① 穆木天：《关于歌谣之制作》，《新诗歌》第 2 卷第 1 期，1934 年 6 月 1 日。

节 36 行；二是第三部第二大段《羊肚子手巾》中，从"手扒着榆树摇几摇，/你给我搭个顺心桥！"到"马高镫短扯首长，/魂灵儿跟在你身旁"部分，共 17 节 34 行，前一处是王贵与李香香大唱小曲互诉私情，后一处是王贵走后李香香借唱曲诉说苦衷并盼望王贵回来，这两处充分发挥了民间歌谣既有的优势。

综上所述，可见不同时期的新诗诗人，或出于求真意志，或出于政治目标，或出于语言优势，均能驾驭与地域、母舌相近的土语方言资源，对方言化的歌谣有一种亲切、上口、顺耳的潜在美感。

这一切与人的生活经历似乎密切相关，大而言之，现代诗人，大部分都出自农村、乡下经济状况殷实、富足的大户人家，其中虽然有些家道中落，但也与一般农家区别较大。较常见的是，他们一般在家乡接受家教，在私塾性质的学堂念书，大部分是在成人后走向社会、走出家庭并融入陌生的都市，因此语言上自然有亲和力。在现代新诗史上，我们虽然找不出普遍力倡方言诗歌的主张，但也很难找到抨击把方言土语纳入新诗主张这方面的原始文献，即使有朱湘、李健吾、梁宗岱、袁可嘉等人偶然流露出一些不满，但这种不满都是论者或携带个人恩怨，或针对歌谣化运动走向极端并力倡一元化主张时进行的善意反拨。

其次，歌谣本身在底层生长，有自己的生态平衡系统，千千万万民众灵与肉的心之呐喊，源源不断地保证了它的正常生长。它构成民间文化形态的一部分，在边缘地带自由自在地长存着，只要不去人为地破坏、糟蹋，它就千百年来自生自灭着，真可谓野火烧不尽，春风吹又生。另一方面，歌谣的自在状态与它的优劣也是密切联系的，歌谣大量发挥作用的时候，往往是仰赖人力辅佐的原因。如政府机构以行政命令的方式，发动文人去采集、加工、裁剪，来一个去芜存精的过程，《诗经》、《乐府》、歌谣周刊、延安时期的《陕北民歌选》之类，莫不如此。歌谣的影响与局限，客观地说也是在这里辩证存在，如抗战中后期使大众化的朗诵诗处于独占的地位而非独立的地位，就招致了朱自清的反对；如果把方言文学、方言入诗作为主潮，一旦政权变革马上就会调整，具体例子莫过于建国后对文艺与方言关系的讨论，相当一部分看法就是强调提炼来疏离方言。

从这个角度看来，歌谣与新诗都各有自己的宿命，两个运行的圈子始终只有部分重叠。建构新诗传统中的现代诗人，每每从歌谣这一民间艺术里汲取营养，推动文人化创作向着更精致更纯熟的方向迈进，正如有人所言"歌谣不但是诗的母体，而且永远是它的乳娘"。① 一旦完成这一建构，歌谣的地位从高到低滑落，歌谣因素，对古典诗词这样，对新诗也莫不如此。两者一道前行，在离合之间滑行。另一方面，两者之间也相互生发，互利双赢。歌谣得到现代诗人自觉而完整的总结，能提升到一个全新的历史层面；文人化的新诗创作因歌谣的催迫而实现自我否定与螺旋上升，歌谣所能给它的是一种特殊的艺术新质，缓和了它因僵化而来的枯萎。以此而言，歌谣是新诗最可靠而不求索取的同盟军，它的意义在于无私地敞开，而不是有力地替代。关于这方面，诗集《农家的草紫》的作者何植三有一段精彩的话："歌谣所给新诗人的：是情绪的迫切，描写的深刻；本来作诗须有迫切的情绪，有情绪然后很逼迫的写出来；否则便不是诗，便不会成诗"。② 换言之，就是在真正有感而发的情况下艺术性地加以书写，虽是一句老话，但也有时时搬出来老调重弹的必要。

四

前面说过，新诗从歌谣那里获得的艺术原质是全方位的，如

① 钟敬文：《诗与歌谣》，《芸香楼文艺论集》，中国文联出版公司 1996 年版，第 170 页。

② 何植三：《歌谣与新诗》，《歌谣周年纪念增刊》1923 年 12 月 17 日。

复沓、比兴的艺术手法，如素朴、明朗的美学风格，如真挚、纯正的现实精神，如顺耳、流畅的语言品质。在两者的通道上，或从地域语汇、句法，或从文本篇章、结构上，歌谣向新诗这样长期敞开着，很难设想，如果没有歌谣为邻，白话新诗如何独立产生、成长。

有论者认为："在这种新的诗歌言说方式的建构中，胡适、沈尹默等人利用'白话'的自由和灵活胀裂了传统诗体的桎梏，是一种倾向；而刘半农等人以民间谣曲等'小传统'为资源，又是一种倾向。民间谣曲从本原上说是一种在'口里活着'的文学，语言上是口语化的，内容上不太受正规道德规范和文人价值的约束，因而能给'白话诗'注入清新活泼的意趣和口语化、现实化的品格，顺应了'新诗'从文人化向平民化转变的时代要求。"① 这一论断针对的是五四时期歌谣之于新诗的意义，可谓一针见血。沿此思路，从新诗流变历史某一长时期延伸来看，这一判断似乎也有效，因为桎梏并不能一次性"胀裂"，"小传统"的资源也就不会是一次性消费，它是一场永无休止的历史接力赛。

第二节　方言文学视野下的方言诗

方言与文学、地域文化关系之密切，古今皆然。作为语言的艺术，文学本身离不开以地域方言为基本质素的自然语言之存在与发展，它与人类社会生活、日常经验等存在的事物唇齿相依流贯至今，像任何地域都能自足地出产不同生物群一样，某一地域的方言也是自足的生命存在，并借此建构独特的地域文化。反映

---

① 王光明：《现代汉诗的百年演变》，河北人民出版社 2003 年版，第 84—85 页。

人类生活的文学艺术，因离不开语言而离不开地域方言，不论是古典诗歌、词曲等大的正统文体，还是小说、戏曲、笔记等旁类文体，都与方言保持不同程度的融合，构成一种难以绌绎的共语胶着状态。按胡适的双线文学史格局来看，[①] 他所钩沉出的近千年的白话文学史，更是以方言口语为基础，国语文学乃是自然语言一千多年历史进化的产物。这样一路追溯而来，再具体缩小到中国现代文学这一版图上，其实质也大致如此。

地域方言的存在和演变，与中国现代文学总的演变、发展历史暗暗吻合。自五四时期新文学作家始，现代作家认识到白话与方言的内在联系，重视方言作为民族化石的价值和人们口头"活"的语言的意义，对这一语言形态多有眷顾，到胡适所倡导的"文学的国语，国语的文学"阶段，"国语"在撮入方言、同化方言、实现国语与方言的融会贯通也是一以贯之的。作为时间概念上的现代文学，与作为传统观念中的方言"白话"文学，两者的纵横交错、合流互补的局面，始终是主流。另一方面，具体延伸到某一类型的文体上，则体现出不同的形态与层面性，也就是说，方言在不同文体中渗透、影响的方式与介入程度不尽相同。不同文体如小说、戏剧、散文、诗歌，与方言彼此结合程度不一，产生效果不一，得到的评价也参差不齐。

基于此，本节把方言入诗整体放在现代文学格局下，参照方言文学这一背景进行审视，主要围绕以下几个方面进行阐释：一

---

① "文学史上有两种潮流，一种是上层的，上层文学是士大夫阶级的，是贵族的，守旧的，保守的，仿古的，抄袭的。一种是下层的潮流，下层潮流又有无数的潮流，这下层的许多潮流都会影响到上层去。这下层全从老百姓中来的，在随时随地创作文学上的新花样。老百姓的文学是真诚朴素的，它完全是不加修饰的，自由的，从内心中发出的各种的歌曲。每一时代之新文学，都是来自民间。"见胡适《中国文学史的一个看法》，胡适著、季羡林主编《胡适全集》第 12 卷，安徽教育出版社 2003 年版，第 233—234 页。

是国语文学与方言文学的纠结；二是方言文学指掌图中的文体分布情况；三是方言诗歌与方言文学及地域文化的关系。

一

国语文学与方言文学关系如何，这是一个颇大的话题，总的来说，两者之间有重叠和交叉，也有出入与分歧。这里不妨首先从五四新文学的产生说起。

自胡适《文学改良刍议》与陈独秀的《文学革命论》发表以后，对旧文学的发难便接踵而至。为了达到推倒对手的目的，白话文运动也策略性地开展"统战、团结"工作与自身的强身健体活动。典型的如胡适刚抛出刍议不久，于1918年又在《新青年》杂志上发表《建设的文学革命论》，从推倒到建设的时间相当短暂，"彼可取而代也"的心理也更为迫切。就关于如何创造活的新文学，如何建设好全国性质的国语问题上，他提出的口号是"国语的文学，文学的国语"，其大旨是"我们所提倡的文学革命，只是要替中国创造一种国语的文学。有了国语的文学，方才可有文学的国语。有了文学的国语，我们的国语才可算得真正国语。国语没有文学，便没有生命，便没有价值，便不能成立，便不能发达。"① 胡适对如何建设国语的思路非常超前，看问题也相当深刻。在没有标准国语的情况下，唯一的工作便是用白话工具去做白话的活文学，如尽量采用四大古典白话小说的白话，采用今日的白话，甚至还可采用浅显文言来补助。当时只是有采用今日的白话这一提法，没有直接点明今日白话的方言本质，到稍后的阶段，随着对国语讨论的深入，方言文学名正言顺地提到议事日程上来了。其中，在沟通国语与方言文学之关系上，胡适、

———————————

① 胡适：《建设的文学革命论》，姜义华主编、沈寂编《胡适学术文集·新文学运动》，中华书局1993年版，第41页。

周作人、钱玄同等人的主张大同小异，呼声也最为响亮。

胡适认为"一切方言都是候补的国语"，变成正式的国语则有两点：一是在各种方言之中，通行最广；二是在各种方言中，产生的文学最多。① 钱玄同除了肯定方言是国语的基础之外，还认为方言文学与国语文学是成正比例的，"它不但不跟国语文学背道而驰，而且它是组成国语文学的最重要的原料。方言文学日见发达，国语文学便日见完美。"② 周作人在倡导方言调查时也抱这一目的："现在中国语体文的缺点在于语汇之太贫弱，而文法之不密还在其次，这个救济的方法当然有采用古文及外来语这两件事，但采用方言也是同样重要的事情。……方言调查如能成功，这个希望便可达到，我相信于国语及新文学的发达上一定有不少的影响。"③ 诸如此类的观点还相当多，这里不一一赘引。归纳起来，他们言述的中心点之一，便是在北方方言"升格"为国语后，方言文学是其不可缺少的语料库与庞大资源。这种视方言文学为资源性质的观念，当然是从国语文学自身的建设着眼，体现了一种先入为主的思维模式。如果换一角度，站在方言文学这一角度来看，它就不仅仅是一种被动的角色，它自身的发展是在不分主次这一平台上发生的，这样也有充分发展、生长甚至翻身的机会。不过，与后来越来越重视"民族共同语"及其文学，排斥贬低方言与方言文学来说，在当时客观情形下，能把国语文学与方言文学之关系作如此平等、互惠性质的定位，还是较为公道的。

基于整合各地方言之力、一心一意建设国语的设想，五四时

---

① 胡适：《国语文法概论》，胡适著、季羡林主编《胡适全集》第 1 卷，安徽教育出版社 2003 年版，第 421—422 页。

② 钱玄同：《吴歌甲集·序四》，顾颉刚等辑、王煦华整理《吴歌·吴歌小史》，江苏古籍出版社 1999 年版，第 25 页。

③ 周作人：《歌谣与方言调查》，《歌谣》周刊，1923 年 11 月 4 日，第 31 号。

期，不论是民间各地歌谣的搜集与整理，还是新文学各文体的发展与建设，不论是五四新文学一代先驱元老们，还是后来在文坛上大展身手的新作家们都重视各地方言。"方言—母舌（母语）"这一对等关系，也大为流行。对每一个具体的现代作家而言，来自各自家乡的母语方言往往是他最适合、最熟悉的书写工具，虽然全部用方言来创作的作家并不多见，但拒绝或完全没有方言因素的作家作品，是绝无仅有的。在现代文学三十年的短暂历史中，这一趋势基本得以保留，对最熟悉的语言略加提炼，去呈现作家个体最为熟悉的生活，是普遍意义上的公式。这里无暇多顾，仅以现代文学中吴语区作家为例。

吴语作为生活在吴越地区人们日常通用的方言，在中国文学史上，对诗词戏曲、话本小说、弹词说唱等文艺产生了相当深远的影响，不但有大量吴语方言成分渗入的文艺作品，还有纯用吴语方言的作品。从远一点看，典型个案如韩邦庆写苏州胭脂生活圈的《海上花列传》，张春帆写沪上青楼生活的《九尾龟》，张南庄以鬼话形式写成的诙谐之作《何典》，一般套路是叙事用北方方言而对话用苏白。至于现代文学史上，出身吴语区或在浙沪长期居住工作的作家，以省份计是最多的，某词典性质的著作中，收录作家数量由高到低的前三位分别是：浙江 77 人，江苏 66 人，四川 44 人。[①] 可见，吴语区的现代著名作家，在数量上高居榜首，具体如鲁迅兄弟、茅盾、刘半农、叶圣陶、俞平伯、郑振铎、郁达夫、徐志摩、冯雪峰、周瘦鹃、孙伏园、许钦文、柯灵……既然他们出身吴语区，从小习惯的是吴地方言，那么他们的作品中留下吴方言痕迹是非常自然的事。其作品的字里行间，流露出吴语方言成分，或是语汇上的，或是语法句式上的，甚至整段整段皆以吴地方言出之，这也较为普遍，如鲁迅的小说、散

---

① 现代文学研究馆主编：《中国现代作家大词典》，新世界出版社 1992 年版。

文、诗中，就有不少吴语成分，现在流行的国民教科书，凡载有鲁迅作品的，几乎都配有这方面的相关注释；另外学术界专门注释鲁迅作品中绍兴方言的，就有专著数本。① 又如现代小说巨匠茅盾、诗人兼散文作家徐志摩，都对家乡方言有所汲取：茅盾不但在"农村三部曲"等小说中折射出浙江水乡浓郁的乡土气息，而且在 20 世纪 40 年代对方言文学的争论中，给予方言相当高的评价；徐志摩的土白诗是一大特色，散文中熔铸方言的功夫也颇受欢迎。

这还是以最为熟悉的例子为证，如扩大到湘方言、粤方言、客家方言等大的方言区来严格梳理，则是一个浩大的工程。从某一方言的语言特征出发，以该方言区出身或受此方言影响的具体作家立论，都可以发现类似的语言痕迹，得出厚实的研究结论。另一方面，即使是大的方言区域，再细分为若干细的次方言区或方言点，其差异之大，也是令人咋舌的。"南方某些方言与共同语之间差异之大，竟达到互相听不懂的地步"，② 客观地说，放大开来看并不是南方某些方言如此，就是北方方言区内部，这样的情况也不会少见，互相听不懂的情况实际上也存在着。地域辽阔、山川分割的客观地理背景，分化与统一相交错的不平衡历史演变，再加上人口的不断迁徙，这一切自然给方言文学提供了生长的土壤，更何况 20 世纪前半叶长期处于军阀割据、战争不息这一大一统乏力的时代语境中呢？

---

① 笔者所见就有：谢德铣二本：《鲁迅作品中的绍兴方言注释》，浙江人民出版社 1979 年版；《鲁迅作品方言词典》，重庆出版社 1992 年版。倪大白一本：《鲁迅著作中方言集释》增订本，辽宁人民出版社 1981 年版。任根宝一本：《鲁迅著作的江浙方言》，中国文联出版公司 2005 年版。

② 黄伯荣、廖序东主编：《现代汉语》增订三版上，高等教育出版社 2002 年版，第 4 页。

二

方言文学是一个笼统的概念，具体从文学内部的文体来看，各种文体与方言之间的吻合性与匹配程度也大为不同。在文学理论介绍性质的著作中，一般以小说、戏剧、诗歌、散文四分法来划分文体类型①，虽然也有一些著作划分不一，但这四类占据主体地位，因此这里也以此四类为准，略作比较。

在四类文体中，现代小说与方言的关系最为密切。作为一种侧重刻画人物形象、叙述故事情节而又在篇幅伸缩上最灵活的文学样式，小说所具有的这一文体特征有助于它对各地方言的大量吸纳与吞吐。运用地域方言来塑造地域环境，或为了描摹人物口吻而通过大量原生态的个性化口语来塑造人物性格，都是小说家的必然选择。优秀的现代小说，一般给读者印象最深的是个性化的人物形象，因身份地位文化职业等诸方面不同，他们各有各的声口，为了惟妙惟肖地予以呈现便不得不考虑折射在语言上的特点。用方言，能绘声绘色，刻画入微，人物脾气语调和态度，跃然纸上，这正是方言文学的特色，使读者产生一种如见其人，如闻其声的现场感。正如胡适所说"通俗的白话固然远胜于古文，但终不如方言的能表现说话的人的神情口气。……通俗官话里的人物是做作不自然的活人；方言土话里的人物是自然流露的活人。"② 另外，现代小说一般篇幅没有太多的限制、伸缩性最大，从短篇小说的数千字到长篇小说的数百万字，卷帙浩繁，容纳一点方言基本不起眼，所以除了在对白中大量采用方言外，在叙述、描写、抒情等部分也照样可以纳入各地方言。如专注于运用

---

① 参见童庆炳主编：《文学理论教程》修订版，高等教育出版社 1998 年版，第243—253 页。

② 胡适：《〈海上花列传〉序》，胡适著、季羡林主编《胡适全集》第 3 卷，安徽教育出版社 2003 年版，第 523 页。

北平方言写作的小说家老舍，自长篇处女作《老张的哲学》问世始，不论是长篇《二马》、《牛天赐传》、《骆驼祥子》等，还是《月牙儿》、《断魂枪》等中短篇小说，无不创造性地运用北平市民浅易地道的京白口语，其所使用的语汇、句式、语气以至说话的神态气韵，都渗透着北京文化的精髓，以独特的"京味"而获得"语言大师"之誉。运用四川方言的沙汀、李劼人、艾芜等人，不仅在小说中大量运用四川方言，保留了四川方言原有的语法规则和思维逻辑，形成带有地域文化标签性质的特有声腔韵调。又如粤语区的欧阳山、草明、黄谷柳等小说家，也以母语来创作了大量优秀、富有个性的作品。这些广义上的方言小说，因注意采用方言（或称之为广大群众熟悉的语言）而做到作品的通俗易懂、生动形象，不但受到本地方言区以底层工人、店员、市民以及学生等为基本受众的读者的欢迎，还流传到别的方言区，同样产生了广泛而深远的影响。

体式灵活、伸缩自如的散文文体，吸附方言的能量也较为显著。不论是杂文随笔、笔记小品、游记序跋，还是日记书信、新闻传记等附属文类，涉及面相当丰富，呈现出杂糅性特点，它或叙事、或描写、或写意，写法自由，对"方言入文"这一传承顾虑甚少。这里也仅举一例，如徐志摩就在精美的行文中掺杂方言，得到了评论者的肯定，"散文方面志摩的成就也并不小……志摩可以与冰心女士归在一派，仿佛是鸭儿梨的样子，流丽清脆，在白话的基础上加入古文方言欧化种种成分，使引车卖浆之徒的话进而成一种富有表现力的文章，这就是单从文体变迁上讲也是很大的一个贡献了。"① 可见，以白话为骨干，适当加入种种语言成分，有充分的自由。散文文体在日益拓展边界的同时，在篇幅上也更为灵活多样，语言的包容能力也会无形中扩大；此

---

① 周作人：《志摩纪念》，《新月》第 4 卷第 1 期，1932 年 1 月。

外，散文内容的日常化，也帮助它具有对方言土语积极的吐纳功能，帮助各地方言俗语轻松地拥有进出散文的许可证。

戏剧的脚本——剧本，是一种侧重以人物台词为手段，集中反映矛盾冲突的文学体裁。它浓缩性地反映现实生活，以人物台词推进戏剧动作，这一点，也让戏剧为鲜活在人物嘴唇上的活语"出场"创造了条件。事实上，从传统的戏曲始，到现代偏于一隅的戏剧，一般流行在某一地域，在语言倾向上基本上是以方言为主。现代文明戏、话剧、活报剧等品种，基本上沿此路数发展；另一方面，当地看戏的观众，对我们今天褒奖有加的"普通话"反而听不懂。"戏剧中的方言剧虽然不能传播到较大的区域去，但是对于观众是特别亲切些，旧戏中的地方戏特别受民众的欢迎，也就是语言亲切的缘故。有些国语剧不但南方人不感到亲切，就是北方的下层民众，恐怕也不感到亲切，因为使用着高级语言作近乎哲理的谈话，这只有知识分子能了解。如果要使戏剧深入民众，国语剧应当使用通俗的语言，方言剧更是值得提倡的。"① 试以上海为例，新剧最初在上海演出时，本地居民对普通话是陌生的，后来浙江、江苏、广东、山东等地移民迁入，他们也都是操原先本地的语言，其家乡小戏也在沪上小范围内流行。随着城市现代化历史进程的推进，五方杂处日久，上海自然产生了瞿秋白所肯定的无产阶级的普通话。② 在舞台人物塑造上，人物说话或者是多重方言混合进行，或者是单一方言自始至终，有戏剧研究者曾发现在新剧进行民族化尝试时："最大的改

---

① 伯韩:《方言的使用和研究》,《文化杂志》第 2 卷第 3 号, 1942 年 4 月。

② 瞿秋白认为"无产阶级在五方杂处的大都市里面，在现代化工厂里面，他的言语事实上已经在产生一种中国的普通话（不是官僚的所谓国语）！容纳许多地方的土话，消磨各种土话的偏僻性质，并且接受外国的字眼，创造着现代科学艺术以及政治的新的术语……是根据于中国人口头上说话的文法习惯的。"见《大众文艺的问题》,《瞿秋白文集》文学编第 3 卷，人民文学出版社 1989 年版，第 16—17 页。

变是方言的运用，例如军官警官都说山东话，阔太太交际花都说苏州话，洋行买办和翻译都说广东话，大老板大商贩都说宁波话，师爷文书算命先生都说绍兴话，理发师黄包车夫都说扬州话，等等。"①延至 20 世纪 40 年代，全国各地使用方言创作、演出的活动仍在进行，如全国范围内用四川方言写作、演出的《抓壮丁》、《啷格办》等就是。笔者在查阅曾经以苏州话译《诗经》和创作方言诗文的倪海曙的资料时，也发现有典型的例子，1940 年前后的上海，生于上海的倪海曙在华光戏剧学校教"方言剧"，用上海话演出《黄昏》，还由上海剧艺社演出了夏衍原著、倪海曙用上海话改写的《上海屋檐下》，接着上海的一些报刊展开了方言剧的讨论。多数意见认为，用方言演话剧在当时上海大多数群众听不懂普通话的情况下是话剧大众化的有效手段之一。② 这些例子，可以从侧面反映出戏剧与方言的亲缘关系。③又如秧歌剧，"更大的困难是语言。秧歌剧都是写老百姓的事，而又是以方言演出的，语言成了一个首先需要解决的问题。采用方言是绝对必要的，我以为以边区老百姓生活为题材的秧歌队必须用方言写和演，同样题材的话剧也必须如此。方言剧是值得提倡的，青年剧院演出的话剧《抓壮丁》，一个写得很成功的讽刺剧，就是用四川方言写和演的，收到了很好的演出上的效果。"④这样的论述，在戏剧文体内部也较为常见。

与以上三类文体不同的是，诗歌大概是对方言"消化不良"

---

① 蒋星煜：《话剧的民族化与方言问题》，《齐鲁学刊》1998 年第 3 期。

② 参见叶籁士：《倪海曙年谱》，《倪海曙语文论集》，上海教育出版社 1991 年版，第 516—517 页。

③ 还可参见刘进才：《从"文学的国语"到方言创作》，《文学评论》2006 年第 4 期。

④ 周扬：《表现新的群众的时代——看了春节秧歌以后》，《周扬文集》第 1 卷，人民文学出版社 1984 年版，第 448 页。

型的文体了。它篇幅短小、富于韵律、长于抒情，语言又高度凝练、简洁，富有弹性。所以在一般人心目中，诗歌是最为讲究语言艺术的文体。从传统诗话评价倾向来看，评说者一般对方言入诗采取反对、诋毁的态度。然而白话新诗本身以白话为语言基础，白话与方言在语言的基座上有内在的联系，白话新诗对方言也有自己的消化系统。因此，虽然没有小说等文体大量吞纳方言的气魄与能力，但方言与新诗的不解之缘，也并没有断流过，只是一般居于潜流地位而已。自胡适尝试白话新诗以来，笼统地包括方言化在内的"口语化"倾向一直左右着新诗的产生、发展；另一方面，自刘半农力挺方言入诗并拿出《瓦釜集》、《扬鞭集》中数目不少的方言新诗以来，方言入诗一路络绎不绝，较为纯粹的方言诗也绝非罕见。

方言入诗在文体优劣上究竟如何判断，方言新诗在方言文学中到底有何地位？相信寻求共同的答案已无可能，而作出符合实际的回答，则显得必要而迫切。

三

相比之下，方言入诗与方言入文，本质上不能全部归结为文体优劣，我们不能完全根据进入不同文体的难易、方式、多寡来作判断。方言入诗，从源头上看，《诗经》、《楚辞》中，就有不少篇什是当时的地域方言诗篇，另外的诗作里方言成分及地域特色也不少，但后来这一事实被历史有意无意地遮蔽了。随着文言在汉代以后逐渐与口语脱节，大一统的封建统治方式，唇齿相依地巩固着文言的正宗地位，致使口语进入诗歌的途径越来越狭小、崎岖。白话新诗的语言观念恰恰相反，新诗的生命是白话所给予的，因此在语言取向上，与口语一道前行的白话应当一直是新诗最主要的语言资源。沿此方向，任何活的、流动的口头文学，譬如民谣、儿歌、说唱文艺等，都推动着新诗语言、体式的流变。古典诗歌拒绝了这一联系，结果是朝僵化、凝滞、呆板的窄路上走，虽然它被拖着走了一千年之久。另外一层，新诗总是会变化的，但它只可能朝新颖的、未知的方向流动，即使有短暂的复古、倒退，也阻止不了这一历史趋势。同时，我们无法预言将来的诗歌会怎样变化，会变成什么模样，但生活本身的变迁与口语的变迁并行不悖，口语就会内在地裹挟着精神世界的变革，这是历史的潜在规律。

另一方面，客观而言，不同文体对方言的调用、提取、支配能力是有差异的。为方便计，这里缩小到四川方言与小说、新诗的关系来阐述。现代四川小说独具魅力的原因之一，可归结到四川作家对本地方言土语的青睐与采用。有论者称"四川话和北京话一起成为中国现代文学里最有影响力的两大地方性语言"、把四川现代作家对方言土语的运用"看作是对四川文学传统的又一次创造性转化"。① 炮制方言土语大体上标志着文人话语体系的基本成形，正是在 20 世纪 30 年代以后，操京白的老舍走向了他的成熟，操四川土语的几位四川作家如沙汀、李劼人、艾芜、周文、王余杞、罗淑等也先后在现代文坛上确立了自己的地位。具体如沙汀的《丁跛公》、《淘金记》，罗淑的《刘嫂》，周文的《烟苗季》，王余杞的《自流井》，以及艾芜以《山峡中》等为代表的《南行记》系列小说，在运用土语塑造人物上可以说是倾其所有。现代四川这些作家都是讲述大量的四川下层群众或基层实力派的生活，这些川人没有太多的曲折委婉，谈吐粗野率直，不讲忌讳，没有禁区。其次，方言本身是一种地域文化现象，川语作家展示的是巴蜀地域文化风

---

① 李怡：《从文化的角度看现代四川文学中的方言》，《西南民族学院学报》哲社版 1998 年第 2 期。

貌，川籍作家或在自我联想中自由取譬，将抽象的意义转化为生动具体的物象活动，粗野率真、重视用土白传达语义，带有初民文化特点。即使这样，川籍作家在调用方言时，一般还是遵循把方言安插在道白、对话中，而不是叙述等陈述中；也注重对方言词汇的解释，如沙汀小说中在方言词汇出现前后有提示性短句，王余杞的《自流井》则集中在一章后面以注释方式注明，李劼人则在他的小说里留下关于方言的种种探讨和解释，有的小说的注释简直密密麻麻，不可胜数，这些注释或注音、或释意、或溯源、或考证、或造字，体现出对民俗、方言的良好素养。

新诗中的四川方言，虽然没有小说那么惹眼、鲜明，但也是较多的，自康白情、郭沫若等诗人把川语带入新诗后，一直有诗人紧跟，如曹葆华、何其芳、方敬、沙鸥，以及不甚知名的野谷、老粗等诗人，其中有些诗人在上编集中论述过，这里就不重复了。这里仅以何其芳为例略作补充，同时换一个角度即从地域文化角度来重审何其芳与地域文化之关系。出生于川东夔门一带山城中的何其芳，整个童年与少年时期除8岁那年与弟弟在母亲的庇护下离开家乡出川去湖北避难三年外，在日常起居上呼吸着封建守旧大家庭的污浊空气。一直到17岁那年，在读了总共两年的新式学校后，何其芳反抗父辈、家庭所安排的道路而负气出走，与几位同乡好友东出夔门，先后赴上海、北平求学。从此，一生中不知多少次在行动与心灵上先后出蜀、还乡，成为一个带有标志性的文化符号。

"我从童时翻读着那小楼上的木箱里的书籍以来便坠入了文字魔障。我喜欢那种锤炼，那种彩色的配合，那种镜花水月。我喜欢读一些唐人的绝句。那譬如一微笑，一挥手，纵然表达着意思但我欣赏的却是姿态。""我从陈旧的诗文里选择着一些可以重新燃烧的字。使用着一些可以引起新的联想的典故。"① 按照自己的心性，何其芳像个文化偏食的小孩，从小沉溺在古典诗词中，逐渐寻觅到传统文化中阴柔靡丽、讲究形式的分支系统中去了。就在此时，不只是方言而更多的是伴随着方言精神的地域文化质素，通过显性或隐性渠道潜移默化地渗透进他的思维方式与艺术观念，日后梦中道路的徘徊、"夜歌"式的咏叹便是一种呈现。这种文化的渗透与传承体现在以下几点：首先，三峡地区是长江上游的巴渝诗歌文化大区，从考古发现的遗迹分析最早就是原始人类栖居之所，以奉节等地为中心，古代巴人就在那里劳作生息，世世代代用下里巴人的民歌来"劳者歌其事"，大抵因自然地貌方面多高山大江，闭塞、险恶，故民俗淳朴而尚武好勇之风颇盛。"山地山险水滩，人多戆勇……县邑阿党，斗讼必死。无蚕桑，少文学。"② 其次，巴渝及西南是当时闭塞、蛮夷之地，历来是被贬官员的流放地或必经之处，有很深的贬谪文化传统。如唐朝诗人李白、杜甫、顾况、李涉、张籍、白居易、刘禹锡，宋代的苏辙、黄庭坚、范成大、陆游等人，或被贬或为客，出蜀入蜀之间皆留下了不少相关的诗篇。被贬之人，带来两种东西：一是自身的难以排遣的委屈与满腹的牢骚，二是作为一个文化人所携带的人文素养。无数的文人骚客，或借山川之力以排遣内心的失意与寂寞，抚慰心灵之痛，或感山川之灵激发才气豪情、怡养性情。因此，山地劳动民歌的艰辛、贬谪文化的哀怨成为巴渝文化传统的一大支脉。对照何其芳的自述，这种支脉精神的传递应在情理之中。

与此同时，立足于川西山地和成都平原地区的西蜀，自古以来便以"沃野千里"、"人富粟多"而著称，农耕文明的发

---

① 何其芳：《梦中道路》，《何其芳全集·一》，蓝棣之主编《何其芳全集》，河北人民出版社 2000 年版，第 191—192 页。

② 《华阳国志》第 1 卷《巴志》，见（晋）常璩撰、刘琳校注《华阳国志校注》，巴蜀书社 1984 年版，第 83 页。

达，地大物博的自足，滋养了重精美形式、色彩鲜艳的艺术品，如青铜器物、漆器蜀锦，也滋养了杜鹃啼血之类的神话原型与讲究形式、词风独特的诗词曲赋。其中，哀婉、凄迷的原型也作为文化的有机部分，沉淀在蜀人的记忆中成为无意识，不管隔多久，这一切都会有历史的承袭者与开掘人，这种地域文化特色浮现在何其芳作品中，营造类似的氛围与格调，既是跨越时空的偶然，也是承袭规律下的必然。总而言之，无论在行动上，还是精神上，生活在巴蜀的何其芳，经常面临着一个身体和心灵出蜀与还乡的问题。他适应、接纳巴蜀文化的某种滋养，就会在特定时期与之保持着某种默契与联系，沟通与对话。下面主要就何其芳带有商标性质的作品——《预言》略作阐述。这些作品字句之雕琢，情感之纤弱，风格之浓艳，都较为典型。我认为，从受巴蜀文化影响的角度来看，具体受巴地贬谪文化与民间竹枝词的影响，尤其受西蜀花间词风影响甚大。竹枝词既受到巴渝贬谪文化的影响，又一起推动着地域文化特征的生长。它发源于巴渝民间，《华阳国志·补志》"巴渠县"条载："其民俗聚会则击鼓，踏木牙，唱竹枝歌以为乐。"西晋左思《魏都赋》云"明发而耀歌"。由此可见在当地流传、生长之一斑。此外，被贬士大夫对竹枝词走向文人化，走出夔门都有所贡献。但其中大多数诗篇的艺术精神难免归于伤感怅惘、悲情寡欢一路。如杜甫长期流落巴蜀，在夔州一带作诗四百余首，其中回忆往昔、感时伤怀之作占相当大的比例，《秋兴八首》、《咏怀古迹五首》、《登高》便是其中的代表作。其次，就晚唐西蜀的"花间词"而言，它是五代时后蜀赵崇祚选录温庭筠、韦庄等十八家词为《花间集》而得名，其中温、韦为流落巴蜀的词人，其余绝大部分为西蜀本地文人，其词风大体相近：辞藻华艳、字句雕琢、题材较为狭窄。正如欧阳炯在《花间集叙》中所说："不无清绝之词，用助娇娆之态。自南朝之宫体，扇北里之娼风。何止言之不文，所谓秀而不实。"① 西蜀文人或溺于错彩镂金、锦罗绣衾的闺阁，或浸于优裕闲适、佳人陪侍的美食生活。信笔所至，大多是佳景难再、人生苦短的伤时怀人，芳草美人、两性欢愉的情爱追求，及时行乐、觥筹交错的世俗生活。这一切似乎离现实很远，但在物化的器物与文本载体上仍鲜活如初。"这时我读着晚唐五代时期的那些精致的冶艳的诗词，蛊惑于那种憔悴的红颜上的妩媚"。② 从贬谪文化的命运关怀到晚唐五代冶艳之词的蛊惑，何其芳为读者敞开了进入《预言》的门径。第一，从辞藻的选择与安排来看，何其芳对词语的锤炼与把玩是相当认真、苛刻的，相比于他当时写作散文时几乎每一个字都经过其精神手指的抚摩还更甚。例如描写爱情的诗句"北方的爱情是警醒着的，/而且有轻捷的残忍的脚步"中对脚步的形容，用"美丽"来修饰"日子、夭亡"，以及林叶和夜风的"私语"、麋鹿"驰过苔径的细碎"的蹄声，诸如此类，在全集中俯拾即是。在词语排列上可以看出，作者通过通感、模拟、比喻等手法达到诗意的饱满与新颖。此外对词语在句子中的地方色彩、声音、图案格外关注，鲜艳夺目得很，仿佛在编织蜀锦一样。第二，从意象的设置与来源来看，不用说"梦过绿藤缘进你窗里，/金色的小花坠落到你发上"、"琉璃似的梧桐叶，流到积霜的瓦上"、"飞在朦胧的树阴"中的"萤火虫"等与南方地貌相关的自然意象，也不用说少女妆台间的"镜子"、襟上留着荷香的"罗衫"等日常之物，单是笔下不同的南方女性人物意象，就炫目得很。如："我将忘记快乐的是冰与雪的冬天，/永远不信你甜蜜的声音是欺骗"的眉眉（《罗衫》），""你有美丽得使你忧愁的日子，/

<hr />

① 引自赵崇祚辑、李一氓校：《花间集校》，人民文学出版社 1981 年版，第 1 页。

② 何其芳：《梦中道路》，《何其芳全集·一》，蓝棣之主编《何其芳全集》，河北人民出版社 2000 年版，第 189 页。

你有更美丽的夭亡"的小玲玲（《花环》），《希冀》中薇薇，以及无所不在的第二人称的"你"，这些女性人物，无名多于有名，神韵多于描摹，既有古典式香消玉殒的哀叹，又有现代意义上的童年玩伴的回眸。同时，在描写内容上差不多来了一个全角度描摹与透视，如"明珠似的"、"甜蜜"的声音，"浅油黑"的肤色，流滴着凉滑的幽芬的"鬓发"，"沉默的朱唇"……大多较为素淡，但容光焕发，这些人物意象，像花间词人笔下的古代女子一样，无不给人一种既娇艳美丽，又妩媚动人的美好印象，虽然在服饰之华贵、容貌之艳丽、体态之丰盈等方面并不强调。第三，从题材与声韵来看，前者撇开远逝的马蹄，废圮的城堞，低飞的鸟翅等情境，便可看到，爱情与青春宛如二重奏，是其中两个永恒的主题；后者撇开古代诗词的平仄对仗，也可在吟诵中感受到声律的协调与和谐，整个读来如一曲曲高低起伏、幽婉如诉的迷幻曲。

语言雕琢而华丽、格调精致而浓艳、形式矫饰而完整，《预言》不但在词语层面，而且在精神气质层面也体现了作者对于巴渝竹枝词风的偏离与对于西蜀文化的皈依。它们是阴性的、唯美的，是内敛的真实与自觉的柔媚。

四

地域方言与新诗乃至地域文化的关系带有社会存在性。从现代文学到方言文学，从文体冲突到文体融合，方言入诗的通道似乎还应更为宽阔。作为人类最本真的思维方式，按海德格尔的观点看，方言也是存在之家。万物均可入诗，更何况方言，更何况承载方言因素从而呈现出独特的地域文化风貌的一切存在。在我看来，它倒是检验语言流动、生长的一个标志，是建构地域文化的有机部分。另外，值得反思的是，社会对文体的神秘感似乎还有待重新清理，传统古典诗歌重雅言、轻白话的清规戒律，像早已过期的不平等条约一样，仍有重新摆在桌上讨论的必要。

第三节 口语:现代白话新诗的一个关键词

整个白话新诗语言工具的刷新——由文言而白话——与现代汉语的产生、发展、转型是密不可分的。在从古代汉语到现代汉语这一漫长的变迁过程中,一个显著的现象是强调言文合一这一"口语化"的呼声不绝于耳。大致而言,自清末切音字运动始至上世纪初,王照、卢戆章、吴汝纶等一大批文字改革主张者有感于"言文分离"的苦状,想让汉字向拼音文字靠拢并成为普及文化教育、沟通朝野的工具,便先后抛出"言文为一"、"言文合一"或类似的主张,虽然步骤不一、方案有异,但目标大体一致。后来胡适继续并改写了这一历史,从"白话入诗"、以白话为文学唯一工具等主张出发,敏锐地意识到时代的巨变,站在前人思想资源之上,举起并挥舞着文学革命大旗,最终汇聚历史的合力,推动言文合一向前流动。

但是,站在成功了的文学革命的身后来回看"言文合一",问题仍然存在,怎样看待言文合一,言文合一在五四一代学人手中抵达到了哪一步,其实际情况与当初黄遵宪等人所说的"我手写我口"这一理想图景拉开了多远的距离?这些问题答案本身与问题距离之远,足以惊觉当初的提倡者们。后来虽然也有一些努力,如20世纪30年代瞿秋白竭力把五四以来争取到的白话文喻为非驴非马的东西,但连他自己的文章也无法摆脱这一点,更何况私下承认只是一个策略。[①] 20世纪30年代的大众语运动提倡

---

① 瞿秋白发表这番意见后,茅盾曾私自问他,是否真的认为五四以后12年来的新文学一无可取时,瞿秋白回答"不用猛烈的泻药,大众化这口号就喊不响呀!"为了要给大众化这口号打出一条路来,就不惜矫枉过正。见茅盾:《瞿秋白在文学上的贡献——瞿秋白逝世十四周年纪念》,《茅盾全集》第24卷,人民文学出版社1996年版,第36页。

"大众说得出、听得懂、看得明白的语言文字",[①] 但最终也不了了之。因为他们所指的大众，是"国民的主体"，即占全民百分之八十以上的农民，以及手工业者，新式产业工人，店员，小商人，小贩，等等。这一庞大的群体，正是他们不得不面临的现实障碍，也不是他们一朝一夕所能改变得了的。因此，虽然根据时代变化提出了比白话更进一步的大众语、国语、普通话等标签式的目标，但都无法实行完全的"言文合一"这一理想，它似乎成了一个审美乌托邦。

目标虽然没有实现，但在现代汉语逐渐成熟、定型之后，倒产生了口语与书面语这两个对立而又统一的概念。自然而然，对"言文合一"本身的关注与讨论，便部分地转移到了作为关键词的"口语"概念上。也许是由于这一传承关系，"口语"时时成为文学研究领域一个众说纷纭的命题，具体到新诗而言，在诗人与新诗评论者眼里和笔下，"口语"更是一个频率极高、应用最广但又极其含混的词汇（前述各章不少地方也用过此概念）。

一

"口语"一方面被广泛地应用，另一方面在习焉不察中掩盖着一系列的疑问。"口语"的外延与内涵到底怎样限定？如何辨析并把握口语以及相关概念如口语写作、口语化？口语有何本质特征，它对不同时期新诗发展、转化、变迁的推动意义如何？等等，这一切相当复杂。本文将围绕这些较为关键的问题，一一加以分析。

何谓口语？它给人的直觉便是不同主体触及的"口语"这一概念往往具有模糊性、歧义性。历史地看，"口语"作为一个词

---

① 陈子展：《文言—白话—大众语》，《申报·自由谈》1934 年 6 月 18 日。

汇面目出现，已不可考，《汉书·司马迁传》与《汉书·杨恽传》中分别出现过这样的句子"仆以口语，遇遭此祸"、"遭遇变故，横被口语"，其含意指言论或议论，后者还特指诽谤的话。显然这一含义在今天已相当遥远、陌生了。当下它作为词条，在语言学里的定义是："也叫'口头语'。口头上交际使用的语言。与书面语相对。是书面语产生和发展的基础与源泉。一般地说，它比书面语灵活简短，但不及书面语完密严谨，而且可能带有方言特征。当某种语言的文字产生以后，口语和书面语相互影响、转化而共同存在、共同发展。"① 这一定义强调的是与书面语相对、互动的性质，并通过比较来予以呈现。从方言角度看，它对口语的方言特征也用了限定词"可能带有"。事实上，口语带有方言特征，已不是可不可能的问题，而几乎是与生俱来、暗暗潜藏着的。同时，如果单纯只与书面语相对，那么新诗中的口语写作、口语化等，便成了一种难以辨析的悖论：反正界限定格在是否写出这一点上，写出来的是书面语，说出来的是口语，即使是口语化，也是在书面语范围、基础上的东西；写成口语化了，也不可能等于说话的"录音"，以通俗上口、一听就懂等为标尺来看，它也只和口头的话接近，即写出来的与说出来的差不多而已。此外还因受教育、交际对象、语言天赋、说话方式等因素导致差异性而呈现出千人千"口"现象。因此，想通过一个概念或术语来强求统一，指导一切，似乎效果也并不特别理想。这里换个简洁的个人化说法，口语就是带有方言成分、与书面语并行的口头话语。与此相关并派生而出的还可以牵出一大串，如口语化、口语性、活语等。从古至今，口语总是鲜活在具体个体的嘴唇上，流动不居而又活力十足的，它以声音为中心，带有声音中心主义意味，由声音而文字符号，在天地万物间

---

① 夏征农主编：《大辞海·语言学卷》，上海辞书出版社 2003 年版，第 4 页。

存在。

与此相关的问题也接踵而来，作为活文学的工具与源泉，"口语"中方言成分又如何取舍，方言与活语、活文学重叠到什么程度，并在其中到底占据一个怎样的地位呢？我认为这些一衣带水式的小问题也不容忽视。

文学的死活，其基础是文字的死活，照我看来，说得直接一点就是声音的死活。人们口头上说的听的语言，追随历史潮流向前推进，而代表死文学的文言，还在原地躺着未动。这一事实由来已久，直到胡适等人予以揭露出来。在"中国文学史上，改文言为白话，已是盘古以来一个大奇谈，何况方言，何况俚调！"[①] 的语境下，胡适审时度势，最初还只拈出白话大做文章，以"白话入诗"的可行性与可能性为中心议题相号召。五四前夕的文学革命，是"革文言的命"的文学运动，革命之帆刚刚扬起之际，口语、方言等字眼还绝少出现，"今语"、"俚语"、"俗语"等在梁启超论述诗界革命、文界革命时所用的术语，同样被胡适、陈独秀、刘半农、钱玄同、鲁迅、周作人等人在当时拿来作为武器。这里仅缩小到以胡适为例来略作阐述。胡适早在他自述的 1915 年至 1916 年与一帮朋友讨论白话入诗的前夕，便有大量相关的英汉白话诗文互译活动，用词也只是"极自然之语、俗语、俚语"等相关词语来概括指认，这些词与"口语"大致相近，有时替换一下也无妨。在胡适后来出版的留学日记里，详细记载着他与任叔永、梅光迪、朱经农等朋友唇枪舌剑或频频书信往来等笔战、讨论的全过程，胡适日后自诩的"死文字与活文字、死文学与活文学"等概念在这种激烈争执中慢慢成熟——即断定文言已是已死或半死之文

---

① 刘复：《瓦釜集代自序》，《语丝》周刊第 75 期，1926 年 4 月 19 日（但作于英国伦敦，1921 年）。

字，今日之白话是一种活的语言。① 这一断定无疑具有积极的意义，一"死"一"活"，自然让现代人"求"活而"避"死。正因如此，他把自己当时作诗颇同说话自谓为进境，认为文学史几次诗体大解放都是朝"活语、俚语"方向走，大胆归纳出"文学革命，至元代而登峰造极。其时，词也，曲也，剧本也，小说也，皆第一流之文学，而皆以俚语为之。其时吾国真可谓有一种'活文学'出世。"② 自胡适始，当今文学走哪一条路，怎样走，形象地演变成了"活"的诱惑与"死"的纠缠。

后来，胡适把在国外略成规模的试验田搬到了国内《新青年》等杂志上，白话入诗几经周折，"活文学"自身的本质力量，加上人事的扶助，终于在死文学这一故纸堆里找到了位置。其中，胡适个人历史地划分了文言与白话，死文字、文学与活文字、文学的分水岭，应是带有阶段性特征的标志。今天看来，胡适对文字与文学的"死活"观，在反对文学革命的保守派人士乃至同一阵营中一部分人苛刻的眼光看来，不论是立论的角度还是论证的逻辑方面，有简单、浅薄、粗疏之嫌，如果从中拈出几点提出商榷、反对的意见也是很容易的。但站在当时的语境来看，连白话也得不到支持与认同的背景下，胡适这样立论体现了普遍意义上的讲求策略、置敌于绝地的战略性眼光，又有笔走偏锋、引导大众的考虑。

与此同时，当白话文运动还在进行攻坚战时，胡适把目光时

---

① 胡适在坚持"今日之白话是一种活的语言"后，有以下几个标准："今日所需，乃是一种可读、可听、可歌、可讲、可记的言语。要读书不须口译，演说不须笔译，要施诸讲坛舞台而皆可，诵之村妪妇孺而皆懂。不知此者，非活的言语也"。见胡适：《留学日记卷十三》，胡适著、季羡林主编《胡适全集》第 28 卷，安徽教育出版社 2003 年版，第 393 页。

② 胡适：《留学日记卷十二》，胡适著、季羡林主编《胡适全集》第 28 卷，安徽教育出版社 2003 年版，第 337 页。

不时地在白话与方言之间来回逡巡，对以方言为基础的方言文学颇为重视，巩固了两者的联结。他是这样道出个中原因的："方言未尝不可入文。如江苏人说'像煞有介事'五字，我所知各种方言中竟无一语可表达出这个意思。这五个字将来便有入国语的价值，便有入文学的价值。并且将来国语文学兴起之后，尽可以有'方言的文学'。"① 胡适在提文学的国语、国语的文学时，因方言文学还不是问题的焦点，方言在很多方面也难和白话比肩，所以不便也不必多谈，直到数年之后他才打消疑虑，如他在给顾颉刚所编的《吴歌甲集》作序时便直言不讳地承认：当时因不愿惊骇一班提倡国语文学的人，所以在说上述那段话时，很小心地加上几句限制的话，如"将来国语文学兴起之后"，如"国语的文学造成之后，有了标准"等话，而"在现在看来，都用不着了"。从文学的广义着想，不能不倚靠方言，即使从国语文学设想，"老实说罢，国语不过是最优胜的一种方言；今日的国语文学在多少年前都不过是方言的文学。正因为当时的人肯用方言作文学，所以一千多年之中积下了不少的活文学，其中那最有普遍性的部分遂被公认为国语文学的基础"。② 最明白的是，胡适在文中说徐志摩的硖石土白诗《一条金色的光痕》是"真正白话"、"真正活的语言"。③ 这一阐释与胡适 1917 年作"白话解"，释白话之义时的理解一脉相承。也许是时代变得太快，白话文运动进展之迅捷与顺利也出乎胡适意料等缘故，让胡适根据白话文自身发展的客观情况，游刃有余地在"白话"、"活语"、"方言俚语"之间进行自由转换与替代。换言之，白话与文言之间是活语与死

① 胡适：《答黄觉僧君〈折衷的文学革新论〉》，姜义华主编、沈寂编《胡适学术文集·新文学运动》，中华书局 1993 年版，第 70—71 页。

② 胡适：《〈吴歌甲集〉序》，姜义华主编、沈寂编《胡适学术文集·新文学运动》，中华书局 1993 年版，第 497 页。

③ 同上书，第 498 页。

语之别，再进一层，白话中的方言土语则是活语中的活语，是真正活的白话，即使不具有普遍性，但说方言是活语是毫无疑问的，这一思维与逻辑，或隐或现地彰显了方言之于文言乃至白话的地位与价值。

与胡适几乎不用"口语"但处处可以以"口语"来替换相比，"口语"与"白话"、"大白话"等概念在同时代人或后来者如周作人、朱自清、俞平伯、梁实秋、老舍、赵元任等人眼中是等量齐观的，并开始向诗歌、散文、小说、戏剧、语法专著等各个方向渗透、流行出去。现就刚刚提及的几人各举例证之，譬如，周作人在介绍得意弟子的著作时说，"以口语为基本，再加上欧化语，古文，方言等份子，杂糅调和，适宜地或斋齑地安排起来，有知识与趣味的两重的统制，才可以造出有雅致的俗语文来。"① 朱自清则在对新诗的时评中，喜欢嵌入"口语、口语化"、或"纯粹口语"一词予以强调。② 俞平伯于 1923 年在追认白话新诗时称"自从用口语入诗以来，已有五六年的历史"。③ 梁实秋认为白话新诗中"白话就是我们口头说的话"④。主要以小说著称的老舍直接指出，"大白话是咱们嘴里的活言语。大白话就是口语"⑤，自己用北平话写小说时，总是力求烧出白话里

---

① 周作人：《〈燕知草〉跋》，杨扬编《周作人批评文集》，珠海出版社 1998 年版，239 页。

② 较为集中的论述，可具体参见朱自清：《论白话》、《论朗读》、《诵读教学》、《诗与话》、《国语与普通话》等文，均见《朱自清全集》第 1—4 卷，江苏教育出版社 1996 年版。

③ 俞平伯：《读〈毁灭〉》，《俞平伯全集》第 3 卷，花山文艺出版社 1997 年版，第 565 页。

④ 梁实秋：《文学讲话》，见徐静波编《梁实秋批评文集》，珠海出版社 1998 年版，第 227 页。

⑤ 老舍：《和工人同志们谈写作·怎样运用口语》，《老舍文集》第 16 卷，人民文学出版社 1991 年版，第 8 页。

的味儿来。赵元任在著《汉语口语语法》一书时直接认定"'汉语口语'指的是二十世纪中叶的北京方言,用非正式发言的那种风格说出来的。""比之于把北京方言称为汉语口语,有更充分理由把北京方言的语法称为汉语口语语法。"① 显然,不同领域学者在调用"口语"时都是各取所需,为立论、言说的方便考虑,其前提是因为前人已把道路清理干净了。至于在他们之后,直到今天的论者们接着说时,"口语"及其衍生的"口语化"等概念,则成了一个脱口而出的日常词汇,甚至到了滥用的地步。其滥用的标志就是随意指证某某诗人在语言上的特点是口语化,这样的例子太多,稍微翻翻相关的专著或鉴赏新诗一类的词典时,均可大量找到,这里恕不列举了。

总而言之,口语、活语、方言土语等概念之间有着异常紧密的联系,作为带有方言成分的口头语,口语或口语入诗在新诗创作中连带并渗透着方言入诗的因素。所以,口语入诗,或方言入诗,它们在整个新诗创作过程中普遍存在,虽然在大多数场合,"口语入诗"一般代替着"方言入诗"出场,人们愿意肯定前者而忽略后者。

二

在术语互换中,掺杂各地方言成分的口语,携带着方言的力量,赢得了独立的地位,在新诗中应用也相当广泛。作为一种最初最本真的语言,口语入诗的诗创作,不但跳跃着方言的语音、词汇,还呈现出反映不同地域特征的语法结构。但它有何本质特征供人辨析与捕捉?在它背后,口语入诗如何推动新诗的流变?这里结合这两个问题接着论述。

---

① 赵元任:《汉语口语语法》,吕叔湘译,见《吕叔湘文集》第18卷,辽宁教育出版社2002年版,第16—17页。

不同的口语观，或不同的介入角度，衍生出的口语特征差异很大。总的来看，在现代新诗中，口语的不同层次性最为突出。大致有两个大的类别：一是以群众语言为基质的口语观，它因靠近民众的嘴唇而具有浓郁的方言性；二是知识分子的口语观，如以艾青和穆旦为代表的知识分子口语观，他们因自身丰厚的知识背景与知识储备，影响口语的成分，所以名为口语，实际带有更多书面语性质，而且两者之间内部也差别较大，可以细分为两种小类型（关于这方面较为详细的论述，参见第三章第一节的相关内容）。从口语与活语、方言成分相参差的角度来审视的话，除了上述不同知识背景的知识分子所具有的阶层性外，口语的主要特点似乎可以归纳为以下几点，即方言性、流动性、混融性。首先来看口语的方言性。众所周知，方言是在人类历史发展过程中，因地理、民族、社会方面的因素，或语言自身发展不平衡，不同语言之间接触影响等原因造成的，它发生发展的历史不以人的意志为转移。事实上，同源异流的同一民族语言，被划割于不同的地域，在各地人们的日常生活中充当交际工具，代代相传，形象地说，是一方水土养一方人，一方人共一方"话"，与此同时，人们在说话时也创作，产生丰富深厚的口头文学，如各地的大鼓词、山歌、小调、儿歌、童话、花儿等民间文学。直到今天，在推广普通话的语境下，各地方言仍在各地人们嘴巴上流动，成了一个辨别籍贯、职业、阶层、性格等诸方面的显著标志；各地特有的民间艺术形式，或在本地根深蒂固，或相互渗透、交错影响，在土生土长中印证了自身生生不息的生命活力。这一切潜在地影响着从当地走向全国的诗人与评论者，在他们的话语结构中占有一席之地：譬如，像胡适论新诗时挂在嘴边的"戏台里喝彩"这一徽语说法一样，《尝试集》、《蕙的风》等诗集中掩不住的徽语腔调；《瓦釜集》、《冬夜》、《十年诗草》、《马凡陀的山歌》、《解放山歌》等作品中摆不脱的吴侬软语格调；《女神》、《草儿》、《化雪夜》等诗中不自觉流露出的川地乡谈；《王贵与李香香》、《王九诉苦》、《死不着》等叙事诗中自由流淌的西北信天游腔调，都会内在地指归到某一地域，与某一方言有千丝万缕的联系。又如胡适、刘半农、沈尹默、闻一多、徐志摩等诗人因久居京城而在创作中时时半露着面的北京土白；瞿秋白、鲁迅、袁水拍民谣体诗作中偶尔夹杂的上海方言；抗战中广东香港报刊杂志如《华商报》、《中国诗坛》上的粤语新诗……诗人们或录自口头，或活学活用，呈现出各地俚语方言在新诗中此起彼伏的景观。正是来自不同方言区的不同诗人，把丰富的各地语言烙在新诗的字里行间，使新诗在语言层面上就能呈现出地域文化的异彩，诸如一时之民风、一地之风俗，也能窥见几分。

其次，口语的流动性。口语的生命力，在于它唯一的源头便是不同生命个体的"嘴唇"，嘴里的言语，跟着主体不断"向前看"，在现实生活的推进中包孕着语言的流转。譬如说话的对象、具体语境、心态情绪等不同，口里说出的话都会因人因时因地而不同，如果说一代有一代之文学的话，也可以仿照说一句，一代人有一代人的口语，一时一地也有一时一地之口语。它流动不居、瞬息万变，自然让人捉摸不透。五四时期，刘半农在国语建设讨论中反对以京话为国语，理由是这样几点：一是以京语为准，不好选某一具体的地点方言；二是存在怎样教、怎样学的问题，因为一个人说得最圆熟的只是一种语言——母语；三是言语是变动的，不是固定的，若采用京语为国语，京语本身变动了，别处总赶不完。[①] 语言之流正像电脑软件的升级一样，它时时逼着使用者升级，让人"赶不完"，一生都走在路上。

另外一层，口语本身在流动中不定型、不僵化的质地，带来

---

① 参见刘半农：《国语问题中一个大争点》，《半农杂文》，河北教育出版社1994 年版，第 139—149 页。

句式构造的灵活性，不断促生新的语义。在诗语一层，这一特点倒是暗暗吻合诗歌的语言方式，即对日常语言的颠覆与超越。带来的好处，一是反抗语言以经典化为幌子的语言堆积，自动洗刷陈旧、矫情、装饰、重复的酸腐腔调，使语言还原到及物见体的本原；二是在诗心自由中，主体体验与现实生活相吞吐，个体寻思与寻言相缠绕，把诗歌写作变成一种没有规范、无所依傍、流动向前的个人化精神活动。这一点恐怕是诗歌不断解放的关键原因之一。由初期白话诗而格律诗，由格律诗而自由体诗，由主情诗而主智性诗；或者由新诗偏于说理写实而转到抒情反讽为主，由散文叙事化而到强调戏剧性，可以说，新诗诗体的重迭更替，虚词助词的渗入补充，不同诗风诗路的生成，都在流动中推动着新诗写作向前走，不断重临梁宗岱所说的"分歧的十字路口"。这一切都是流动的口语在背后推动，口语的同盟者则是无处不在的方言元素。

再次，混融性，是口语的又一个特征。口语的容纳能力相当显著，在现代社会中，不同年龄、职业、性别、地位、教育背景的人都与它不可分割，方言/普通话对立视野下的生活用语/专业用语、大众术语/行业术语、本地语/外来语，一切都是纠结着的。在这种纠结、混杂中，包含着口语的消费，或是一次性的，或是可重复的。日常的情思与语言大多粗浅芜杂，形成一种强大的惯性与牵引力。古人所称道的"语不惊人死不休"、"吟安一个字、捻断数茎须"之类的精神，从侧面反映了提炼语言与情思之艰难。不重蹈前人的老路，抓住灵感火花的照射，诗人们偏重的是，在混沌一团的口语这一汪洋大海中来一次"个人化消费"，正因为寻言过程一瞬即逝，古代诗人准备了诗囊，现代诗人如闻一多、臧克家、何其芳、戴望舒、艾青、冯至等诗人也不乏苦吟推敲、十年磨剑的故事。另一方面，经不住历史考验的新诗，大多在语言层面上是重复性消费的，往往是量的积累而非质的飞跃。

因此，口语的混融性，使得万物既可以入诗，也不尽然。这是一种辩证法，言其可以入诗，是指其资格而言；谓其不可以入诗，是针对入诗的过程而言。像大众语运动中讨论五四以来的白话文面临一个洗练白话人文的问题一样，口语与新诗也面临这一难题。这里仅举方言成分的取舍、提炼为例。朱光潜在经典著作《诗论》中说，"但丁选定'土语'（the vulgar tongue）为诗，同时却主张丢去'土语'的土性，取各地的'土语'放在一起'筛'过一遍，筛出最精纯的一部分来另造一种'精练的土语'（the illustrious vulgar）为作诗之用。"① 这一说法是切中肯綮的。因为各地的方言有些太冷僻，有些有音无字，有些只是在极小范围内流行；首先，口语中的方言，具有芜杂、丰富、原生态的质地，使得口语也带有非诗性因素，比如它的啰唆、断续、驳杂、粗鄙等。对口语的警惕和剔除是必要的，吸收、调用口语的过程同时也是纠正、提升口语的过程。其次，口语的交际功能与优势地位，容易给人造成错觉，它往往牵着诗人朝庸俗化、口水化的轨道滑行。这样，口语化反而看不清楚，诗质反而稀薄起来。从口语与修辞角度来看，两者之间有相互生发的一面，也有相互牵制的一面；口语受到修辞的限制，修辞也在分辨口语的混融特质。这一切，都注定口语、方言是基础，是基座。从具体例证而言，李季的《王贵与李香香》是比较典范的，如对陕北信天游的原生态借用、大量巧妙而细腻的糅合、冷僻方言成分的回避、比兴手法的改进，是既依傍口语而又有所超越的范例。

最后补充一下口语运用上的策略性现象，这不是口语本身的特点，但主体在运用它时变成了一个核心问题。口语附带着某种策略，指的就是把它当做目标，去反击强大的对手，从而提升自

---

① 朱光潜：《诗论》，上海古籍出版社 2001 年版，第 82 页。

我。如果说前面三点还是口语本身所携带的话，这一点则是人为地附加上去的。作为策略性，也有几方面的情况，一是它本身符合不同主体的需要，把庞大芜杂的潜能释放出来，起到意想不到的效果；二是它自己永远处于发展、流动中，时时需要人去支配，带有被动的一面，正因为这样，方言、口语有足够的能量，它需要的是引发、释放。

三

　　口语、方言的优劣，以及两者呈现的方式、消长的过程也是较为复杂多变的。相比之下，口语入诗在名义上可以说是名正言顺，而方言入诗则一直饱受非议。虽然它们在相当程度上有重叠的成分，诗人们或诗评家在言及二者时，一般也很少作明确的辨析，但情感倾向基本是固定的，即偏于口语而疏于方言。方言，从定义上看是某一地域的标志，给人一种地方文艺的印象，而且这一印象始终没有得到改善。从整个新诗发展现状来看，方言入诗虽也有人提及，但一般不予提倡，对方言涌进新诗所设下的障碍是普遍的，因此方言诗在诗歌史上并不多见，即使有也是民间文艺工作者的仿效之作，在整个纯文学队伍中，除胡适、刘半农、刘大白、徐志摩、闻一多、卞之琳、蒲风、艾青、沙鸥、李季、楼栖等诗人比较专业地从事或多或少的试验之外，大多数诗人都是在无意识中携带了一些方言因素。首先，几乎没有诗人为方言入诗而紧闭大门，横加指责；不同时期的诗人尽管没有具体言及"方言入诗"之类的自我体认，但几乎都以走口语化的道路来容纳方言因素的存在。所以口语的优势正是方言的优势，方言比一般人心目中的口语还更"口语"一些。在新诗写作实践中，大量口语、俚俗语入诗成为诗人们抵抗僵化和拓展诗域、塑造人物与深入现实的有力手段，新诗中的平民化、现时性、亲切感等美学特征，也由此而立。

其次，方言入诗呈现的方式是有规律可言的。大致情况是，它在叙事诗中常见而在抒情诗中较少出现，在知识分子精英意识高涨时隐失而又在他们"向下看"的时候冒出来，在政治意识形态提倡偏于农工时大面积集中而在诗人们躲入象牙塔、与社会保持距离时逐步减少，在主观精神高度集中时减少而又在主体精神松弛下加多。如以举例方式来说，则在写下层人物时较为普遍化，因为底层普通民众的口语中方言占据优势，影响所致，新诗中的车夫题材是较为常见的。新诗中的车夫形象队伍庞大、鲜明，诗人们创作这一类诗作时往往采取车夫们自身嘴巴上的语言即方言来仿效，达到凸显其性格、深入其灵魂的目的。这一方面的佳作不少，如刘半农的《面包与盐》、《拟拟曲》，闻一多的《天安门》、《飞毛腿》，徐志摩的《谁知道》，等等。像车夫题材一样，以底层人物活动为对象的新诗作品，一般有较丰富的方言存在。

　　最后，口语与方言的消长。方言提炼与去芜存精化，是新诗语言方式中不断重临的起点。强调口语与方言入诗的现象，只能像朱自清论述朗诵诗时强调它只具有独立的地位而不是独占的地位一样，过分强调与忽略都得不偿失，偏于一端，不及其余，都不是正确的态度。诗歌创作过程中，不同的诗人对活语、方言价值的理解存在偏差，口头语与书面语都是语言资源，因此，书面语与口语的差异永远有必要存在，只有置身两者的差异性存在中，才能发现两者的优劣性与互补性，在二者的调适、综合、取舍中寻找新的语言出口。方言大量、直接地通过口语，间接、少量地通过书面语进入到语言系统中去，也可以说是殊途同归，口语与方言的消长，有规律地牵引新诗的发展，使它不断螺旋般地回到一个新的起点。如果被嘴唇上吐出的口水"化"得淹没时，新诗就会成为顺口溜式的仓库，它需要的是书面语修辞如戏剧性因素，寓言性、象征性手法，或深层隐喻与意象化来补救；如果钻进了崇尚僵化、艰深晦涩的小路不能自拔时，引口语这一股清流汇注，自然也能起到疏浚之效。口语、方言的消长，不只是本身的消长，而是在消长中见证诗歌语言的流变。"方言是很有价值的文学工具，它的运用可以是精巧的，而不一定必得简单搬用它的语汇；因为，方言可以变化，并非一种固定的说话习惯，它能微妙地转化为口语，以反映妙趣横生的思维"。①

四

总而言之，口语是带有方言成分的口头语，集芜杂矛盾与丰富多样于一身，与生活平行，声音与意义之间也较为稳定，它在新诗发展中一以贯之，不断丰富新诗的语料，推动新诗的发展。

带有方言因素的口语，与文艺上的先锋姿态永远有缘，它们永远走在书面语的前面，它在寻路中流动，不断剔除守旧的书面语，革除书写的语言的常态而在流动中活化书写语言，这样使言文合一的趋势得到保证，尽量缩短两者的距离。这一自律性运动，则是新诗演变的源头与保证。

---

① 〔美〕苏珊·朗格：《情感与形式》，刘大基等译，中国社会科学出版社 1986 年版，第 252 页。

第　五　章

声音的诗学及诗歌史意义

　　声音是一切语言的直观形态，是承载着丰富意义的感性显现。人类的声音与自然界的自然声响，有同有异。作为人类发声器官发出的有意义之音，因为来自不同地域，以致互相难以倾听与认同；这一过程中，共识在熟悉的声音中寻找，陌生在异质中永远隔膜。

　　在方言与新诗这两维中，方言更是因为声音的悬殊而被划为不同的圈子。同时声音与权力也产生某种关联，居于中心位置与永远合法化的只能是"官腔官调"，除此之外带有方言特质的土腔土调，蜷缩于边缘角落自生自灭。基于此，本章集中将方言入诗放在声音的诗学这一宏大的视野下加以重审，主要是从声音的角度探讨方言音韵在新诗中的意义与价值，同时通过具体分析读诗会与诗朗诵及其运动的意义与得失，来反思从词语到声音的一系列变化。

第一节　土音入韵的现代轨辙与嬗变

　　韵与诗歌这一文体有不可分割的联系，从古至今，它或强化或弱化，始终占有一席之地。现代白话新诗的音韵特征，不论是双声、叠韵等概念上的音响节奏，还是具体到技术层面的押韵方式、位置、韵音选择等诸方面，虽与古典诗歌相比已经变革而呈弱化趋势，但它总体上对音韵、节奏、音节的强调，还是作为传统的精华承继下来。在挺韵与废韵立场上，在有韵诗与无韵诗之间，存在一种非此即彼现象，但整体上韵对中国现代诗的节奏、声音仍有不可低估的意义。

除了韵与新诗文体之关系，是由于传统的影响与它自身长处的巧妙结合而处于水乳交融的状态之外，承袭传统诗歌阅读经验的读者，也在期待视野中顽固地予以牵引与制衡。新诗的合法性论争与其本身的"非诗化"驳议，就是其中此起彼伏的循环现象，"有韵即诗"① 的观念，还有相当广阔的读者市场。然而，当古典诗歌终结后进化为现代白话新诗时，如何押韵，押韵手段的变革过程与现状态势，现代用韵的机制与心理因素等一系列诗学问题，在目前却还没有得到有效的清理与反思。本节这里无意于面面俱到地讨论这一牵涉面太广的问题，仅从土音入韵这一角度来重审音韵与新诗的内在关系，通过方言韵现象之梳理、意义之分析、声韵之探讨，来把握新诗音韵形式因素的某种审美特性。

一

一般而言，韵的起源跟诗作为诗、乐、舞同源艺术相关，它是原始艺术形式的基因遗留。虽然现在根据韵的位置可以分为句内押韵与句尾押韵两种，但句尾押韵所占比重明显占绝对优势。韵的最大功能即由韵产生节奏，把涣散、无序的声音联络贯穿成一体，造成音节的前后呼应与和谐。② 此外，靠延长心理时间与加大重叠力度来辅助记忆、强化重点、区分意义等方面的功能也

---

① 譬如章太炎就认为"诗之有韵，古无所变"，并承认押韵的《百家姓》、《医方歌诀》为诗，而坚决不承认无韵的新诗为诗。见《答曹聚仁论白话诗》，《华国月刊》第 1 卷第 4 期。

② 更多论述参见朱光潜：《诗论》，上海古籍出版社 2001 年版，第 159—168 页。

是它题中之义。朱自清曾有论述，"韵是一种复沓，可以帮助情感的强调和意义的集中。至于带音乐性，方便记忆，还是次要的作用。从前往往过分重视这种次要的作用，有时会让音乐淹没了意义，反觉得浮滑而不真切"。①

从中西诗学比较来看，诗歌用韵与各国语言特性息息相关，西文符号多复音，本身的单词排列构成音的轻重相间有规则的律动，再加上韵脚字的安排，西方诗节奏和谐感便由此发端，其中韵脚安排所占比重较轻。而中国汉字是单音字为主，在声的轻重上节奏感不明显，诗歌内部句子之间断续、停顿，有必要以强化韵脚形式来加以统一。另外，汉字同音同韵字颇多，也在材料上造成某种便利。因此，中国古典诗词以韵见长，限制也严格，几乎成了诗歌文体的主要属性之一。

与诗歌重"韵"一衣带水的现象之一，便是历史上各种韵书的刊布与约束，其中涉及土音韵问题，如通押、出韵现象的背后便有方言韵的因素。具体而言，从历史来看最早的韵书出现在魏晋南北朝时期，对后代影响很大的是隋朝陆法言编的《切韵》（编成于公元601年，可惜原书没有流传下来），唐朝在科考时开始考诗、赋，改《切韵》为《唐韵》（也失传），但允许某些韵通押。宋朝官方继续修订名为《广韵》，分为206个韵部，也允许通押。据人研究，这些韵辙的划分"至今音则每杂以方音"，"《广韵》虽以长安音为主，亦兼各地方音"，② 也就是说古代语言、当代语言、方言语音混杂在一起。大约在宋、金时期才正式将这206个韵部合并为106个，这就是现在所说的"旧诗韵"，也称"平水韵"。平水韵一直定为官方标准韵书，为科举考试诗、

① 朱自清：《诗韵》，《新诗杂话》，生活·读书·新知三联书店1984年版，第106页。

② 章太炎：《小学略说》，洪治纲主编《章太炎经典文存》，上海大学出版社2003年版，第19页。此外章氏认为"白乐天用当时方音入诗"，见同书，第21页。

赋所严格遵循，也是近体诗（律诗、绝句）押韵的规范，一直到今天的旧体诗词作者还大致照此押韵。因此熟悉韵书，成为历朝士人读书作诗这一"学而优则仕"道路的前期必修课。

尽管照顾到方言韵而允许通押，但它存在一个无法摆脱而且越来越严重的问题：它的发生是紧跟诗歌创作之后的，而我国早期诗歌则完全按照当时原初的声音即口头上的活语来自然押韵，比如我国的诗歌总集《诗经》，此后楚辞、乐府民歌等也大体如此。一旦官方韵书成为权威范本之后，便放之四海而皆准。韵书虽然偶有更迭，但它以不变应万变，与汉语语音的实际变迁已有相当遥远的距离。旧诗韵与语言的实际脱节，最明显的是韵书上同韵的字有些已不同韵，而韵书上不同韵的字后来在声音上却因同韵而韵律和谐。因此，官方钦定韵书的僵化不变，导致了它与大致以口语、嘴巴上的流动的活语之间尖锐的矛盾。不过矛盾归矛盾，历代文人作诗还得遵循，最多只能偶尔在游戏性笔墨中挣脱这一规则，其常态仍是维持旧韵书的束缚。直到由诗而词而曲，这方面产生了一些突破，如词本为里巷歌谣，源出于市井与当时口语，故其韵接近当时当地的活的语言实际。与诗韵比较，词韵接近口语，多受方言的影响，"宋人作诗，入声随意混用，词则常以方音协之。"① 词的用韵能够反映当时语音的实际情况，也能适当地与方言韵保持大体一致。②

---

① 章太炎：《小学略说》，洪治纲主编《章太炎经典文存》，上海大学出版社 2003 年版，第 21 页。

② 如清朝杜文澜《憩园词话》中有一段话批评宋人的词韵不严，足以说明宋词用韵的实际情况："宋词用韵有三病：一则通转太宽，二则杂用方音，三则率意借协。故今之作词者不可以宋词为据。"他所说的"通转太宽"、"杂用方音"、"率意借协"三点并非宋人用韵之病，而是当时语言变化后在音韵上的反映。见（清）杜文澜：《憩园词话·卷一》，续修四库全书集部词类第 1734 册，上海古籍出版社 1982 年版，第 246 页。词可用方言韵，较为常见，例子还可参见《填词用方言韵》，秦似：《两间居诗词丛话》，四川人民出版社 1985 年版，第 165—166 页。

由诗而词而曲，还只是正统文体的自身演变，双线文学史的另外一端，则是大异其趣的民间诗歌与白话韵文。千百年来的历代民间歌谣，由于没有习惯袭用官方韵书，平民百姓也无科举仕进之念头，于是土音入韵便成为民歌源流中生生不息的小传统。[1] 按照各时各地的民众方言自然押韵，构成此一端上的既成事实。与此有些历史联结的是，它也会产生大致的用韵条例来予以规范，如明清之际在民歌俗曲等诗歌创作中自然形成的切合口语的"十三辙"，在北方方言区广泛流行开来，北方方言区的民歌、戏曲、曲艺等创作大致依照十三辙来押韵，同时均允许"通押"存在。"十三辙"与民国时期的《中华新韵》区别不是很大，都是以北方话为基础。从平水韵到中华新韵，韵辙数目减少，意味着相邻相近的韵辙已合并到一块形成新的韵辙，整体上对押韵的要求显得宽泛许多，束缚也减少，从这一侧面可知押韵的标准大为下降，方言韵介入这一推动力是其中积极的因素。

除北方方言区的民歌俗曲大体通行"十三辙"一类的规则之外，其他非北方方言区的民歌音韵则是丰富多彩的。像地方戏曲的韵文唱白一样，各地民歌基本上是按照本地方言的音韵特点来写来念来唱的，如徽州地区歙县民歌中"丹"与"来"押"ε"韵，绩溪民歌中"巾、声、听、婚、门、盆"同押"a"韵。[2]又如湘方言区的双峰民歌中，"飞"与"亏"押"ei"韵，"肩"

---

① 譬如冯梦龙在《山歌》开卷《笑》的评注中就苏州方言押韵作了总的评析："凡'生'字、'声'字、'争'字，俱从俗谈，叶入江阳韵。此类甚多，不能备载。吴人歌吴，譬诸'打瓦'、'抛钱'，一方之戏。正不必如钦降文规，须行天下也。"冯氏所言，指以这几字为例而已，它们在全国通语范围内韵母为"eng"，为庚耕韵。而在苏州方言中实际读音均为"ang"，系江阳韵。见冯梦龙编纂，刘瑞明注解《冯梦龙民歌集三种注解》，中华书局 2005 年版，第 320—321 页。

② 孟庆惠：《徽州民间歌谣的押韵特征》，《安徽师范大学学报》哲社版 2003 年第 1 期。

与"里"押"i"韵。① 这些用韵方式，在北方方言区不可能出现，而在非北方方言区的某些地区土话中，有点类似于"材"与"鞋"一起押"ai"韵一样，则是自然、和谐的用韵。

在笼统的诗歌文类中，土音入韵或押方言韵，不论是具体的文人，还是流传在乡野的歌谣，都成为一个不争的事实与通例。胡适在寻求白话诗的合法性时曾找出山谷词中带土音、押土音韵的例子。② 历代诗人如杜甫、苏东坡、陆游等诗人偶然以方音叶韵，白话小说中的诗词也不乏类似例子。③ 20世纪旧体诗词的巨匠毛泽东，其诗词中也不时以湘方言押韵。④ 这些用韵习见，有时以酷肖口语为佳，有时以本色为妙，所以土音入韵，是不可抹杀的存在。⑤

沿此历史，以白话新体诗为正统的现代新诗，在节奏建设上押韵与否既失去了古代诗词那样的严肃性、神圣性，又根据自身特点出现了丢弃韵律、自创新韵、借用土韵等艺术新质。韵的丰

---

① 甘于恩主编：《七彩方言·方言与文化趣谈》，华南理工大学出版社 2005 年版。

② 胡适：《山谷词中带土音》，胡适著、季羡林主编《胡适全集》第 28 卷，安徽教育出版社 2003 年版，第 157 页。

③ 如曹雪芹《红楼梦》中林黛玉因原籍苏州，在扬州长大，故小说中她作诗押的是扬州方音，具体例子见周振鹤、游汝杰《方言与中国文化》，上海人民出版社 2006 年版，第 168—169 页。

④ 如《西江月·井冈山》、《蝶恋花·从汀州向长沙》、《菩萨蛮·大柏地》、《清平乐·会昌》、《念奴娇·昆仑》、《临江仙·给丁玲同志》、《蝶恋花·答李淑一》、《贺新郎·读史》等，均有方音取叶现象。参见胡国强主编《毛泽东诗词疏证》，西南师范大学出版社 1996 年版。

⑤ 另外，如当代语言学界针对某一朝代或古代某某诗人用韵考之类的文章，也从反面印证了这点，这方面的文章很多，仅举数例：鲁国尧：《宋代苏轼等四川词人用韵研究》，《语言学丛刊》第八辑，商务印书馆 1980 年版；刘晓南：《宋代福建诗人用韵研究》，南京大学博士论文 1996 年；张令吾：《宋代江浙诗人用韵研究》，南京大学博士论文 1998 年；白钟仁：《北宋山东诗文用韵研究》，南京大学博士论文 2001 年，等等。

富与现代化，方言韵的芜杂与普适性，便成为一个自然而然的现象。与这一历史背景相关的是，许多语言学家开始按照现代国语语音来编制新的诗韵书籍，如 1923 年赵元任根据北平音为标准作《国音新诗韵》，1942 年，中华书局出版《中华新韵》。但这些韵书一是用韵较宽，一是与创作界脱节，实际作用均不大。[①]它是否作为当时新诗人写作时的案头书，则缺乏有力而普遍的证据。

二

韵的重要性逐渐下沉，韵书的普适性也开始动摇，其主要原因还是新诗开始了以现代活的口语为基础的语言转向，白话化导致新诗人对韵进行重新认识。白话作为新诗的正统工具，在具体声音效果上体现出悬殊甚大的地域性差异。众所周知，方音的差异是方言差异中最显著的一环，它比词汇、语法的差异大。因此一旦以白话为基础工具，就意味着方言之门已经敞开，鱼贯而入的各地方言，往往造成某种既成事实，影响韵的纯度与标准，因此土音入韵并没有消失反而更为普遍些了。余下的问题是，土音入韵在现代新诗史上呈现一个什么样的状态，占有怎样的地位？据笔者目前掌握的资料来看，还没有专门的文章涉及这一领域，学术界这一现状与客观事实显然存在不无遗憾的滞后性。

现代新诗的"土音入韵"，自胡适尝试以来就客观存在。新诗史上的胡适以《尝试集》开了初期白话新诗的先河，对于韵的理解，他认为："用韵一层，新诗有三种自由：第一，用现代的

---

① 如《国音新诗韵》得到的评价是，因为"正赶上新诗就要中衰的时候，又书中举例，与其说是诗，不如说是幽默；所以没有引起多少注意。"见朱自清：《中国新文学大系·诗集·导言》，上海良友图书印刷公司 1935 年版。

韵，不拘古韵，更不拘平仄。第二，平仄可以互相押韵，这是词曲通用的例，不单是新诗如此。第三，有韵固然好，没有韵也无妨。新诗的声调既在骨子里，——在自然的轻重高下，在语气的自然区分——故有无韵脚都不成问题。"[①] 刘半农在文学革命之初提出了他著名的韵文改良举措，分别是破坏旧韵重造新韵、增多诗体、提高戏曲对于文学上之位置。至于废除不合情理的旧韵、如何重造新韵是这样主张的：

（一）作者各就土音押韵，而注明何处土音于作物之下。此实最不妥当之法。然今之土音，尚有一着落之处，较诸古音之全无把握，固已善矣。

（二）以京音为标准，由长于京语者为造一新谱，使不解京语者有所遵依。此较前法稍妥，然而未尽善。

（三）希望于"国语研究会"诸君，以调查所得，撰一定谱，行之于世，则尽善尽美矣。

或谓第三法虽佳，而语音时有变迁。今日之定谱，将来必更有不能适用之一日。余谓沈约既无能力豫为吾辈设想，吾辈亦无能力为将来设想。将来果属不能适用，何妨更废之而更造新谱。[②]

---

① 胡适：《谈新诗——八年来一件大事》，姜义华主编、沈寂编《胡适学术文集·新文学运动》，中华书局 1993 年版，第 395 页。此外，与胡适对音韵的陌生也有关系，"丁未正月（1907）我游苏州，三月与中国公学全体同学旅行到杭州，我都有诗纪游。我那时全不知道'诗韵'是什么，只依家乡的方音，念起来同韵便算同韵。在西湖上写了一首绝句，只押了两个韵脚，杨千里先生看了大笑，说，一个字在'尤'韵，一个字在'萧'韵。他替我改了两句，意思全不是我的了。我才知道作诗要硬记诗韵，并且不妨牺牲诗的意思来迁就诗的韵脚。"见《胡适文集》第 2 卷，人民文学出版社 1998 年版，第 431 页。

② 刘半农：《我之文学改良观》，《新青年》第 3 卷第 3 号，1917 年 5 月 1 日。

从五四初期白话诗人胡适、刘半农始，便可看出土白入韵与现代韵的建设是有瓜葛的，白话入诗与土白入韵之间本身也有内在联系。或者否定韵的神圣性，或者借用土韵，通过土白入韵的尝试与介入，来破坏传统诗韵的正统地位，这一取向与通过白话入诗来推倒旧体诗的取向相一致。到了初期白话诗以后，北方白话成了国语的基础，方言被扶正，于是以北方方言为基础建立新的用韵谱系，便顺理成章了。但在北方方言这一整体的内部，出格的案例还是相当多的，时时有诗人无意识地用了家乡土音。有人曾留意过这方面的现象，"以前我评友人于庚虞的诗，说他所用的韵脚 on 和 en 以及 ing 是不分的，现在看到王独清的第一诗集《圣母像前》也是这样；因为于庚虞是河南人而王独清是陕西人的缘故。……（中间举例省略——笔者注）'恩''音'不分还可以，'恩''音'同'翁'同韵，照国音读来，就未免相差太远了。"[①] 河南与陕西，大致属于北方方言，也没有来得及意识到自己前鼻音与后鼻韵母的区别。上述这些，基本上还是不自觉地露出尾巴而已，同时还必然顾及这一点，诗人原初也许并没有用韵，而评论者却认为是押了韵，两者之间产生错位。北方方言区内部的新诗人都如此，如果是其余差别更大的来自六大方言区的作者，则更是屡见不鲜了。

　　下面就从主张格律化的新月诗派诗人诗作入手再作具体的阐释。以闻一多、徐志摩为代表的格律诗派，相对而言重视韵脚的安排，在渊源上承继探讨新诗格律化的先行者陆志韦，出身吴语区的陆氏在 1923 年因相信"节奏千万不可少，押韵不是可怕的罪恶"这一信条，所以其新诗集《渡河》大部分是有韵的诗，押韵的方法是破四声、无固定位置、押活韵不押死韵。其

---

　　① 　赵景深：《圣母像前的韵脚》，《一般》第 3 卷第 3 期（11 月号），1927 年 11 月 5 日。

中对韵的"死活"是这样理解的:"用国语或一种方言为标准,不检韵书。……我看韵书一切都不可用。我是浙人,必要时押浙江的土韵,否则尽我之能押北京韵。此后我用浙韵时,注明浙韵。我曾有一种企望,把京音照《广韵》的方法分为几十个韵,不再分平上去入。"① 承此一脉,新月诗派诗人不但有纯方言诗、土白诗的创作,而且对土白韵也多有眷顾。闻一多氏认为,"我并不反对用土白作诗,我并且相信土白是我们新诗的领域里,一块非常肥沃的土壤,理由等将来再仔细的讨论。我们现在要注意的只是土白可作'做'诗;这'做'字便说明了土白须要一番锻炼选择的工作然后才能成诗。"② 这番话说得不免有些中规中矩,与饶孟侃《土白入诗》一文中倡导土白入诗显得低调些,与其他新月诗人的土白试验也略有区别。土白入诗是前期新月诗派的关于音节试验上的重要一环,既然有土白入诗,就难以回避土音入韵。从闻一多的《红烛》,到徐志摩的《志摩的诗》,土白入韵非常普遍,对这一现象有叫好的,也有指责的。前者如徐志摩的朋友陈源,认为徐氏"平民风格的诗,尤其是土白诗,音节就很悦耳"。③ 从音节立论,显然正合新月诗派的音节试验,虽然没有讲到土白韵,但包括它在内是无疑的。后者如新月诗派的同仁朱湘,对这一现象作出了严厉的指斥。朱湘在《评徐君志摩的诗》④ 中在内容上把方言诗概括在"平民风格的诗"一类里,用"土白体"相称,一分为二地认为拿土白来作诗,也可能因诗中

---

① 陆志韦:《我的诗的躯壳》,邹建军选编《20世纪中国文学史文论精华·新诗卷》,河北教育出版社 2000 年版,第 85—89 页。

② 闻一多:《诗的格律》,《闻一多全集·三》,生活·读书·新知三联书店1982 年版,第 412—413 页。

③ 陈源:《西滢闲话》,中国文联出版公司 1993 年版(系据新月书店 1931 年 3版排印),第 211 页。

④ 朱湘:《评徐君志摩的诗》,蒲花塘、晓非编《朱湘散文》上,中国广播电视出版社 1994 年版,第 149—163 页。

本质稀薄而惹人厌，另一方面肯定土白中有些说话方法特别有趣，文法结构同词语是文人极好的材料。在土音入韵上则一口咬定是缺点。"这种土音的韵教人家看来很不畅快；尤其是在抒情诗里面，音韵为造成印象的一个很大的要素，现在忽然间插进一个土音到里面去，这真像吸凉粉正吸得滑溜有趣，忽然间一个隔逆，把趣味隔去了九霄云外的样子。推原其故，这便是因为徐君作土白诗作得太滑溜，不知不觉的也就拿土音来押韵了。"在《评闻君一多的诗》里他也持同样观点，认为闻君的诗短处之一是用韵不讲究，分别为不对（即韵用错了）、不妥、不顺，其中不对还分四层，分别是因按照土音来押；盲从古韵来押；不避阖口音而押；完全是作者自己的过失，完全没有辩解可言的。不过，朱湘在另一篇批评徐的文章里说："不管是土白诗也好，国语诗也好，作者既然用了韵，这韵就得照规矩用。真的规矩极其简单，这规矩就是：作那种土白诗用那种土白韵，作国语诗用国语韵。"① 由此分析，朱湘还是一分为二地分开来论述。与朱湘相类似，叶公超也持土音入韵为不妥的观点，他认为徐志摩的《火车擒住轨》一诗节奏的缓急轻重与火车的奔驰以及沿路经过的情景互相和谐，是一首难得的诗，其中"只是第三行用上海口音押韵是一个小小的缺憾"。② 但批评归批评，有些土音入韵照样在尝试中进行，方言韵并没有在批评声中顿时消失，更何况土音入韵与国音入韵，在当时还鲜有人严格加以区分。

其次，关于土音入韵还有一个现象，是诗本身词语在视觉上给人没有方言因素的感觉，但在读的时候暗暗地显示出方言韵

---

① 朱湘：《〈悲冷翠的一夜〉》，蒲花塘、晓非编《朱湘散文》上，中国广播电视出版社 1994 年版，第 202 页。

② 叶公超：《音节与意义》，陈子善编《叶公超批评文集》，珠海出版社 1998 年版，第 69 页。叶氏这里所指的是"鼓"与"火"两字押韵。

来。如普通民众读诗时，喜欢在朗诵到句尾加上"啊"或"呀"之类的语气词，有韵味地哼出来作为韵脚使用。可举类似一例："四川话后面带有'er'的尾音，可自然相叶。这样看来，方言诗的语言是有自然音韵的，不要勉强在韵本上去用工夫。而且有些字读方言与本来的一般的音是不同的。"① 另有一层，作者本人不用方言韵，但在方言区的读者，读出了方音韵效果。不过，这问题牵涉面更大，读者参与文本的完成，从读者的反应批评来看，这问题相当普遍。限于篇幅，留待以后再立论。

无独有偶，外国诗人也有押方言韵现象的，苏联诗人叶赛宁大量使用不符合标准俄语语言规范的土音入韵，呈现为五种类型，这种方言韵，并不是偶然和一时疏忽所致，而是南俄罗斯口音区域的方音。与叶赛宁类似押方言韵但程度不一的俄苏诗人还有罗蒙诺索夫、杰尔查文、普希金、莱蒙托夫、丘特切夫、阿谢耶夫等。这一现象也引起了比较文学研究界的注意。②

三

土音入韵进入新诗的资格体现在哪些方面，到底如何判断、取舍作者本人与读者的歧义性评述？土音入韵到底为什么会存在，其存在的理由值得注意吗？再就是土音入韵的意义与价值，难道它只有消极作用吗？这些问题，也是值得思考的。下面逐一展开分析。

首先，诗人本人与作者的歧义。在新诗史上，土白入韵既与

---

① 罗泅：《再谈方言诗——论方言诗的命题、方言、形式》，《时事新报·青光》1946 年 7 月 6 日第 4 版。

② 参见郭天相：《关于叶赛宁诗歌中的方音韵脚问题》，《外语学刊》1989 年第 2 期。作者郭天相则认为叶赛宁押方言韵极有可能是有意识的，主要出于对自己故乡的忠诚与坚贞，使作品具有浓厚的乡土气息和民族特点。

土白诗创作潮流一脉相承，又具有某种独立性，不提倡方言诗的诗人，有时也偶然有此现象。对土白入韵，产生对立的两种意见，一种是不允许，认为它没有出场的资格；另一种意见认为是合理的存在，如朱自清就认为"不过现在的新诗作者，押韵并不查诗韵，只以自己的蓝青官话为据，又常平仄通押，倒是不谐而谐的多"，"作方言诗自然可用方音押韵，也很新鲜别致的。"[①]这两种意见，很少有统一的时候，到底如何看待，如何把握？能否取一个折中的办法，也就是上文所述的朱湘的意见，即限制土音入韵在土白诗里面，"囚禁"于此不得自由出入。但问题是评论者约束得这样具体吗，更何况诗人自己都难以清醒地意识到。就拿反对土音入韵的朱湘本人来说，他也有土白入韵的例子，只是没有意识到、数量并不太多罢了，如《猫诰》里有四句诗"有一只老猫十分的信神，/连梦里他都咕哝着念经。/想必是夜里捉老鼠太累，/如今正午了都还在酣睡。"其中"神"与"经"押韵、"累"与"睡"押韵，就是押方言。[②]又如素以严谨著称的冯至、卞之琳等诗人，在格律化的新诗中，也有大量的方言入韵现象，如冯至《十四行集》中第一、二、五、七、九、十九、二十等若干首，卞之琳《慰劳信集》商籁体诗中的一些以及像《白螺壳》、《水分》、《望》等诗，都普遍存在方言韵的例子。[③] 由此看来，这是一个非常复杂的现象，方言韵的诞生与语言的自然涌出呈同步关系，它是作者不经思索、难以剔除的产物。

　　其次来探讨一下为什么会出现土音入韵的情况。土音入韵在现代新诗中隐隐约约地存在，其原因是多方面的。不过根据

　　① 朱自清：《诗韵》，《新诗杂话》，生活·读书·新知三联书店 1984 年版，第112—113 页。
　　② 王力：《汉语诗律学》增订本，上海教育出版社 1979 年版，第 894 页。
　　③ 同上书，第 870—880 页。

当时的具体情况来看，我认为以下几点带有实质性意义。首先是当时国语不甚通行的客观环境所致，虽然有人对"国语"统一、言文合一的议题进行过鼓与呼，但事实上没有达到全国一致。这样，诗人们在一个方言的环境中长大、生活，像日常使用方言一样在创作中使用方言韵也就成了无意识的活动。有时因处理不同风格、题材，选择韵脚时会倾向于乡音，借重它来张扬某种情趣、特色。其次，整体上现代音韵已失去传统诗韵的价值，变得不甚重要了。现代新诗人虽然也偶有按照各类韵书押韵写诗的作者，但总体看法上视押韵为附属之物，押不押韵，怎么押，是否按照自己所受方言影响来适当押韵，都没有统一的清规戒律。而且现代社会，各个地域方言出身的诗人，既没有科举时期因影响功名来严格押韵的负担，也没有必须以官方韵书为经纬的文体苛求，写作较为自由，所受阻碍似乎也并不明显。

　　这一过程从当时的言论与评说中也可略知一二。为了廓清旧韵的毒害，胡适断言"新文学的语言是白话的，新文学的文体是自由的，是不拘格律的"，① 从而揭示出诗体的大解放趋势是大势所趋。沿此一轴展开声讨的络绎不绝："新诗重在精神，不必拘韵"，② "旧的韵本里的韵，距离现代的语言太远的了"，③ 现代派诗"不乞灵于音律，所以不重韵脚"④，"中国旧诗用韵法的最大毛病在拘泥韵书，不顾到各

　　① 胡适：《谈新诗——八年来一件大事》，姜义华主编、沈寂编《胡适学术文集·新文学运动》，中华书局 1993 年版，第 385 页。
　　② 康白情：《新诗底我见》，杨匡汉、刘福春编《中国现代诗论》上，花城出版社 1985 年版，第 40 页。
　　③ 蒲风：《五四到现在的中国诗坛鸟瞰》，杨匡汉、刘福春编《中国现代诗论》上，花城出版社 1985 年版，第 196 页。
　　④ 孙作云：《论"现代派"诗》，杨匡汉、刘福春编《中国现代诗论》上，花城出版社 1985 年版，第 226 页。

字的发音随时代与区域而变化"。① 这样一来，似乎归结到鲁迅式的结论，"新诗先要有节调，押大致相近的韵"，② 也就是说押大致相近的韵即可。"大致相近"这是一个富于弹性、意义模糊的词语，韵的地位下降，它对诗人的约束力也自然减少。

最后，土音入韵的意义，与人们对土白入诗的评价是捆绑在一起的。由于土白入诗的名声一直并不太佳，因此影响到土白入韵的评价，诗歌界在当时整体上给予的评价较低，基本上没有多少正面的评论。这是一种宿命，个人的力量无法推翻这一陈见。但是既然白话、现代口语占据主流，它总是会显现出来而不会大量隐失，而且它本身也有特殊的意味，由某种方言读来，人们感觉到和谐的音节，这就够了，③ 土音押韵自有本身的妙处，用土音读来，有另外的情趣，音节的和谐是地域性的。④ 换一个角度，从戏曲来看，各地戏曲有自身的音韵系统，它是自足的存在，音韵有自身的韵味，"任何一种戏曲，其起源都局限于一定地域，采用当地方言，改造当地的民间音乐、歌舞而成，其雏形阶段都是地方戏。区别地方戏最显著的特征是方言，

---

① 朱光潜：《诗论》，上海古籍出版社 2001 年版，第 166 页。

② 鲁迅：《341101 致窦隐夫》，《鲁迅全集》第 13 卷，人民文学出版社 2005 年版，第 249 页。

③ 梁实秋根据日常通用的白话音韵，曾认为郭沫若一诗中"生"与"中"是极谐和的韵脚，显然其出发点还是他当时与郭沫若关系较为亲近而已。见梁实秋：《诗的音韵》，见梁实秋著，徐静波编《梁实秋批评文集》，珠海出版社 1998 年版，第 2 页。

④ 一个方言的韵类系统，隐隐地支配着这个方言区作家的用韵。如《西游记》、《红楼梦》、《金瓶梅》等融诗入小说的白话长篇小说，其中便有不少诗歌押的正是方言韵。这样一份原始性资料，它保存着元明时代某个时期某个方言的韵类系统，研究这一韵类系统，可以取得关于作者籍贯的证据。

这是一个历史问题。"① 对方音入韵现象，即使不太明白，但真要有好诗，用韵方式宽泛些也无多大妨碍，必要时加个小注即可。

结　语

土音入韵与现代白话新诗紧密结合在一起，构成了某种杂语共生状态。土音入韵在现代轨辙中滑行、嬗变，对音韵的冲击是多方面的，如果从地域文化、方言区域来看，更多的例子等待研究者去发现。总的来看，土音入韵依傍着现代汉民族共同语的形成与发展而参差着延伸，单纯从利弊得失来衡量的话，似乎并不能看清楚问题的全部实质。虽然诗人们为追求全国影响与各地读者计，相当程度上限制了土音入韵的流行与刊布，但是这都不要紧，要紧的是它是合法的存在，即使在沉默中敞开，也构成一种声音，有声音总会有耳朵在倾听。

第二节　"读诗会"及其诗学价值

读诗活动与声音的诗学紧密相连，作为伴随新诗创作过程的

---

① 游汝杰主编：《地方戏曲音韵研究》，商务印书馆 2006 年版。另外，有研究韵律的学者曾指出："现在诗歌、唱词中还有另外一种情况，就是方音通押，那是由于作者所说的方音中某些韵辙音分不清楚形成的。比如人辰辙和中东辙的通押就属这种情况。由于这两个韵辙的韵音 en 和 eng 在全国许多方言中分不清，所以现在这两个韵辙通押在创作中十分普遍。……旧京剧也将这两个韵辙通押，是因为它的起源受到湖北、安徽方言影响的缘故，因此旧京剧中生角、旦角唱念都将'京'（jing）读成'斤'（jin）、'英'（ying）读成'因'（yin）。近年来新编的京剧唱词仍保留了两韵通押的习惯。"参见车锡伦：《韵辙新编》，内蒙古人民出版社 1978 年版，第 16—17 页。

审美活动环节，它的重要性不言而喻。① 诗人本人边写边吟，然后念（或读）给旁人听；各地读者接触到文本形态的新诗文字，通过各自声腔，以声音的方式再次个人化地呈现文字本身。在新诗史上有关诗人的传记与诗人的自述性文字中，对这一活动的叙述也是屡见不鲜的。② 但关键问题是，与旧诗相比，白话新诗如何读？能读出怎样的声音来？这声音的意义如何估价？事实上，对新诗史上这一问题的研究细加察看，便不难发现其中以蜻蜓点水、语焉不详者居多。"读诗"的过程如何，具体如何读（声音大小、轻重、缓急等）、用什么声音读（用蓝青官话、国语还是自己的母语方言），这些细微的问题似乎忽视过去了。无疑，这是一个令人遗憾的现象，因为在现代白话诗自始至终涌动着从视觉艺术到听觉艺术转型性试验的潮流，对方块汉字本身特殊"声音"的关注几乎与新诗发展道路的寻找相伴随。本节这里拟回顾、梳理新诗史上的"读诗会"活动，对它出现的过程、方式、意义，背后隐藏的声音等诗学问题，作出某种还原式的分析，以

---

① "我以为对于白话诗的不满意多半是由于读诗读法的不同。许多不赞成白话诗的人，也许是不知道读中国旧诗和读现今新诗两种读法的差异。假使能够用读新诗的读法去读新诗，也许他们的不满意可以消除一大半。"见浩徐：《新诗和读诗》，《现代评论》第 4 卷第 99 期，1926 年 10 月 30 日。

② 如俞平伯回忆在北京大学和康白情读诗时高兴的情景："有时白情念着，我听着；有时我念着，他也听着。这样谈笑的生涯，自然地过去，很迅速地过去。……我们俩一年多没见，我做诗真寂寞极了；念尽念着，写尽写着，总没有谁来分我诗中底情感。"俞平伯：《〈草儿〉序》，诸孝正、陈卓团编《康白情新诗全编》，花城出版社 1990 年版，第 246 页。又如郭沫若修改《女神》时也是"总要一面改，一面念，一再推敲，力求字句妥帖，音节和谐。"郑伯奇：《忆创造社》，饶鸿兢等编《创造社资料》，福建人民出版社 1985 年版，第 849—850 页。关于郭沫若读诗的情况，还有以下他自己的口述"至于朗读，那是常事。大概每一诗作成后三个月内还可以暗诵，比较适意的直到现在都还记得。"见郭沫若讲，蒲风记：《郭沫若创作谈》，《中国当代文学研究资料郭沫若专集（1）》，四川人民出版社 1984 年版，第 39 页。

便抛砖引玉，引起学术界的重视。

一

在谈到读诗会时，我们先要辨清一对关键性词语，即诵读与朗诵的区别。两者的词典意义差别不大，在大多数场合人们对此一般也没有作出苛刻的辨析。不过必须承认，不论是词源上，还是新诗史上的诗歌活动本身，这两者之间并没有泾渭分明的分野。这里区别既是为了论题的细化，也是为了论述的方便，同时也是为了与下一节论述诗朗诵运动相区别而达到自圆其说的目的。

由此看来，如果硬说"读诗会"（虽然有些也没有取这一专用名称）也是诗朗诵，则着重"诗"的朗诵，重点在"诗"上；朗诵诗则着重的是"朗诵"的诗，重点落在"朗诵"上。"读诗会"的"读"，主要限定于"诵读"而远离"朗诵"之意。诗作写完后，一般作者都会像古人杜甫所说的"新诗改罢自长吟"一样，来一个吟诵、推敲、自赏，然后带着创作后的喜悦念诵给身边圈子的朋友听，或是征求意见，或是自我满足，诸如此类不等。他诵读声音的对象一般是自己、家人或人数不多的朋友，具有规模较小、态度严肃和音节试验等性质。而"朗诵"诗行为一般跟诗朗诵运动关系密切，朗诵者或者通过广播、电视等电子设备，或者在大庭广众之下登台亮相"演出"，一般与宣传、鼓动、动员，以及表演化、戏剧化等"演出"性质关系密切些，其对象一般是参加大型集会的成百上千的听众，在 20 世纪 40 年代的新诗史上还意味着面对底层民众或兵士等。

在这一过程中，"诵读"新诗的性质偏重于如何把视觉向听觉艺术转移，或者说是关注视觉性问题时也一并关注到诗的"声音"问题。征之于古，有先例可循；寻之于今，也不乏事实，指称用的词语如"诵诗"、"吟诗"等均是。在古代，一般是把诗拿来吟诵，"吟诗作赋"也好，"一吟双泪流"也罢，这种方式是小范围的；而面对宗庙或群众时，最通常的方式往往是"歌"或"唱"诗，一般还牵涉到进行配乐处理。现代的白话诗人，因白话诗篇幅增长加大、风格自由多样、个人化写作居多，因此形式、方式上也显得变化颇多，没有定规，或默念于心、或发出轻微的声音，主要是检验是否悦耳、顺畅、上口，即音节上是否和谐，音乐性达到什么样的程度。因此，"诵"诗的重要性不言而喻，而"诵是介于读和唱的声音的艺术，不是读，也不是唱，而是一种感情的言语。"[①]

就现代白话诗而论，有论者曾认为："关于新诗运动，企图在诵读上将个人视觉欣赏转而为多数人听觉的欣赏，这种努力随新诗运动而发展，已有了许多年。这种诵读试验的集会，和中国新诗运动极有关系，与诗的朗诵更有关系。"[②] 既然有如此"关系"，那么有必要考察当时诗人的口语、声音情况：到底当时当地是用什么声音来进行这一活动的呢？

总的客观背景是，在整个 20 世纪前半叶，概而言之是在方言与国语之间摇摆。当时存在着一种既不是纯粹方言，又不是标准国话，而是带着方言与普通话成分的过渡语，即所谓的蓝青官话。方言地区长大的人学习国语，往往长期徘徊于这种过渡性质的语言之中。南北方言的交错、混杂，使得各地乡音的集体"出场"成为可能。有方言研究者发现解放后大力推广普通话后情况仍然如此，有三种情况：说得好一点的，别人觉得带外地腔调；

---

① 锡金：《朗诵的诗与诗的朗诵》，《战地》第 1 卷第 1 期，1938 年 3 月 20 日。
② 沈从文：《谈朗诵诗》，《昆明冬景》，文化生活出版社 1941 年版，第 9—29 页。此文是关于朗诵诗方面论述得最为深入、全面的论文，提供了很多珍贵史料。解放后的沈从文集子一般收录此文，但修改较大，这里以当时原版为准，原版直接录自最初发表、连载处——香港《星岛日报·星座》（1938 年 10 月 1 日至 10 月 5 日），特此说明；下文凡引用此文，只指出出处而不详注。

说得一般的，别人听起来吃力；说得差的，别人听不懂，扩大地说，这三种情况都是过渡语，缩小地说，好的算"普通话"，差的算"准方言"，中间的是典型的过渡语。① 反观解放前的语境，相信这一情况更为严重。在五四时期那批执牛耳的知识分子队伍中间，算好的一类并不多见，只有胡适等极少数人，能说一口较为标准的国语，其余大多数都是以母语方言为主，辅之以蓝青官话作为交流的口语，按今天的说法，也许现代汉语还存在口语的"听力问题"。

同时，在当时的社会里，一般方言区的听众，包括大中学校的学生，有些还听不懂国语。20 世纪初的上海完全是上海话的世界，各学校师生均用上海话；② 二三十年代的广州还是粤语的天下；③ 四十年代的上海大多数群众听不懂普通话。④ 这样给文人的流动带来某种不便，如绍兴话是周氏兄弟的母语方言，他们说不准普通话，也听不懂外地话，如鲁迅进广州中山大学不久就退出来，语言听力障碍是一个重要原因，周作人的演讲效果不

---

① 李如龙：《论方言和普通话之间的过渡语》，《福建师范大学学报》哲社版 1988 年第 2 期。

② "我初到上海的时候，全不懂得上海话。……完全是个乡下人。""我们现在看见上海各学校都用国语讲授，决不能想象二十年前的上海还完全是上海话的世界，各学校全用上海话教书，学生全得学上海话。中国公学是第一个用'普通话'教授的学校。"胡适：《四十自述》，人民文学出版社 1998 年版，第 408、421 页。

③ 据温梓川记载：鲁迅从厦门到广东中山大学任职，在中大并不怎样顺畅，其语言障碍是主要原因之一："他担任的功课是中国小说史。起初选课的同学相当多，甚至旁听的也不少。可是鲁迅的口才和他那口满口绍兴口音的普通话，实在不是只懂方言的广东学生所能听懂的。起初大概是好奇，后来是因为听不懂，于是听众也就渐渐地少了下来。""当年的广东学生是没有几个会说会听普通话也是事实，外省籍的教授在广州之不会被热烈欢迎，自然是顺理成章的事。"（马来西亚）温梓川著，钦鸿编：《文人的另一面》，广西师范大学出版社 2004 年版，第 240—241 页。

④ 见叶籁士：《倪海曙年谱》，《倪海曙语文论集》，上海教育出版社 1991 年版，第 516 页。

佳，原因如出一辙。甚至刘半农这样研究语言的专业工作者，语言也谈不上标准。这样的口语状态，在他们诵读白话诗时自然会露出蛛丝马迹。譬如，胡适是一个学外地土话能力很强的学者，他写诗有一个习惯就是喜欢写好后朗读给朋友听，如留学日记中大量记载与梅光迪、任叔永、朱经农等人唱和的情景，回国后与沈从文、徐志摩交流的情景，也有徐志摩等人记载他用家乡安徽乡音来读诗的细节。在沈从文印象中，由胡适自己读来，轻重缓急之间见出情感，自然很好听，可是轻轻地读，好，大声地读，有时就不免好笑。同见于沈从文一文中的还有徐志摩的诵读，在新月社的院子里，他也很有兴致地当着陌生客人的面读他的新作，他坐在墙边石条子上念诗，环境好，声音清而轻，读来很成功，新诗用诵读方式来欣赏，在沈氏的记忆上只有这次完全得到成功。朱自清也曾记有听老舍诵读《剑北篇》的回忆，朱自清自己怎么读《剑北篇》，都感觉到句句押韵的束缚，太铿锵些，重读韵脚，失去了许多意味，等听到老舍自己按着全句的意义朗读，发现不同声腔效果不一样："只按语气的自然节奏读下去，并不重读韵脚。这也就觉得能够连贯一气，不让韵隔成一小片儿一小段儿的。可见诗的诵读确是很重要的。"[1]

这是现代白话诗文献上零星的历史记载片断，诗人们在一个小圈子里认真试验新诗的"声音"，也可以称之为泛化意义上的"读诗会"。至于专门的"读诗会"，下文将具体介绍。与此相对的是，大型的诗朗诵活动在集会、广场进行，它所拥有的听众成百上千，因规模较大讲究场地而带有"演出"性质，在宣传、鼓动、教育方面的考虑更是题中应有之义，因为将单独另列一节，此处不赘。

---

[1]　朱自清：《抗战与诗》，《新诗杂话》，生活·读书·新知三联书店1984年版，第41页。

二

　　受西方读诗会的影响而举办读诗会的，主要是二三十年代的新月派诗人与京派诗人，这是新诗社团、流派内部的志同道合者所开创的精英化活动，是较为正式的"国产"式"读诗会"。

　　最早带有这一倾向的诵读活动，是从《晨报副刊·诗镌》诗人群开始的。徐志摩在《诗刊弁言》中提到，当时有"新诗人的乐窝"之誉的闻一多家里，就在进行诗诵读活动。在刘梦苇屋里，几个新月诗人的诗诵活动也在进行，①文章只简单介绍有这些活动，没有注明具体的声音形式。后来朱湘在报上登过一篇相关的文章《我的读诗会》，②"读诗会"这一名称大概是第一次付诸铅印文字，朱湘在文章中称将于 5 月 1 日（即登报之日后一星期左右，当时为 1926 年）举行个人诗作朗诵会，同时注明准确的开始时间、地点并声明不收费。文章首先介绍以读诗为主的诵读会，在西方甚为常见而我国还没有举行过（类似性质的活动还是有的——笔者注），出于新诗"内容，外形，音节三样并重"的诗学观和作为一个努力于音节的诗人，朱湘抱着主要试验"音节"这一目的来举行这一活动，他在文中说："'工欲善其事，必先利其器'，所以现在的新诗应当特别用力在音节与外形两者之上，庶几可以造成一种完善的工具；完善的工具造成之后，新诗的兴盛才有希望。如今在新诗上努力的人，注意到音节的也不少。但是这些致力于音节的人怎样才能知道他们的某种音节上的试验是成功了，可以继续努力，某种音节上的努力是失败了，应当停止进行呢？读诗会！读诗会便是解决这个问题的方法。"读诗会虽然后来没有实行，但可见几点：一是读诗会的诵读活动与

---

　　① 蹇先艾：《〈晨报诗刊〉的始终》，《新文学史料》1979 年第 3 期。

　　② 朱湘：《我的读诗会》，《晨报副刊·诗镌》，1926 年 4 月 26 日。

音节试验密切相关；二是想从一二个同道的沙龙式的诵读活动扩展开去，得到更多的帮助与反馈意见；三是作为先行者的朱湘本人一时也无法判断几位朋友的意见。① 附带提一笔，编者徐志摩还在文尾附了一个"附识"，称"朱湘先生是最不苟且最用心深刻的一位新起作者，他这初次读诗会应分是新文学界的一个愉快！注意新诗的人们不可错过这机会。"正因为新月派诗人的精英意识与土白入诗的考虑，他们在这方面进行的探索更为积极。声音上的和谐，音节节奏的建设特别是对音尺观念的重视，是当时关注的焦点。

　　接过新月派诗人接力棒的是 20 世纪 30 年代活跃并占据着平津文坛的京派作家、诗人。沈从文在《谈朗诵诗》一文中介绍过这一方面的情况，当时有声有色的主要是两个读诗会：一个在"朱光潜先生家里按时举行"，一个是中国风谣学会，在中南海举行，两个读诗会同时举行，可人员、对象、方式大相径庭。先说前者，从参加朱光潜家里的读诗会的诗人来看，有北大的梁宗岱、冯至、孙大雨、罗念生、周作人、叶公超、废名、卞之琳、何其芳、徐芳等，清华的朱自清、俞平伯、王了一、李健吾、林庚、曹葆华等，此外尚有林徽因、周煦良等人。"这些人或曾在读诗会上作过有关于诗的谈话，或曾把新诗，旧诗，外国诗当众诵过，读过，说过，哼过。大家兴致所集中的一件事，就是新诗在诵读上，究竟有无成功可能。新诗在诵读上已经得到多少成功？新诗究竟能否诵读？"具体轮流读时，"朱周二先生且用安徽

---

　　① 朱湘的读诗会没举行，但有人记载过他读诗的腔调与方法："他是用旧戏里丑角的某种道白的调子（我说不清这种调子什么戏里有）读的；那是一种很爽脆的然而很短促的调子。他读了自己的两首诗，都用的这种调子。我想利用这种调子，或旧戏里，大鼓书里其他调子，倒都可行。只是一件，若仅用一种调子去读一切的新诗，怕总是不合适的。"见朱自清：《唱新诗等等》，《朱自清全集》第 4 卷，江苏教育出版社 1996 年版，第 223 页。

腔吟诵过几回新诗旧诗，俞先生还用浙江土腔，林徽因女士还用福建土腔同样读过一些诗。总结看来，就知道自由诗不能在诵读上有什么意想不到的效力。不自由诗若读不得其法，也只是哼哼唧唧，并无多大意味。多数作者来读他自己的诗，轻轻的读，环境又优美合宜，因作者诵读的声容情感，很可以增加一点诗的好处。若不会读又来在较多人数集会中大声的读，就常常不免令人好笑。"关于第二个读诗会，则是着力于民间诗歌的，参会者有胡适、顾颉刚、罗常培、容肇祖、常惠、佟晶心、吴世昌、杨刚、徐芳、李素英等人，读诗会主要是新诗民歌的诵读，还将民间小曲用新式乐器作种种和声演奏试验。有时在集会过后一起到北平说书唱曲集中地——天桥去考察现代艺人表演各种口舌技艺的情形，他们通过收集、借鉴民歌、小曲、小调一类民间艺术的"声音"，来帮助新诗的音乐性建设。

除沈从文的记录外，还有其他当事者的一些回忆："一直不曾忘记当时李广田曾用山东胶东口音朗诵他的《上天桥去》'上天桥去，天桥在哪儿？……'"① 另外，周煦良的回忆文章也有一些片断。周氏也是常去参加北平读诗会的人，据沈氏上文交代他还用安徽土腔试验过音节，抗战后他到了大后方成都，一边参加当时成都举行的类似读诗会的活动，一边对照当时的读诗会活动来提供经验②，他说，"有许多写诗的朋友，我从来没有听他读过一首诗，有时偶尔听见读到一两句诗，那声调还是像读词，在没有调平仄的诗句里面做死做活找些平仄救急。前年在北平朋友开的朗诵会上，听一位诗人朗诵徐志摩的诗，也是这声调，很难听，总是把很长的诗句先很快的读过，后来感叹地把尾巴一拖。

---

① 段怀清：《"泉社"与"新诗座谈会"》，《新文学史料》2002 年第 4 期，第 197 页。

② 据罗念生介绍，抗战初期在成都，刘开渠家里时常开读诗会。见罗念生：《朱湘·序》，孙玉石编《朱湘》，人民文学出版社 1985 年版，第 10 页。

那天徐志摩好倒霉，这位读过，又有一位先生把他的诗照北平土话读了一阵，听起来简直不是诗，简直就是北平土话了。……诗的朗诵无论怎样，都应以诗的音律为基础，而新诗的音律直到现在还没有建筑起来。关心诗的朗诵问题的应从这方面入手；若只是作些更浅近更明白更短的诗句，以为就可以上口，美其名曰朗诵诗，未免把事情看得太容易了。"[1]

抗战发生后，在大后方各大中城市也举行过读诗会，但原始记载不多，据有人回忆，"抗战初期，我在成都时常到刘开渠家里开读诗会。"[2] 但除了本人的自述外，还很少见到相关的资料。20世纪40年代中后期的重庆诗坛，没有"读诗会"名义但也有类似的读诗活动，最典型的是当时年轻诗人沙鸥大量写方言诗，并读给当地农民听。重庆籍诗人沙鸥当时到川东农村体验生活，为追求特色大写四川方言诗，并在当地农民家举行过很多次用四川方言诵读四川方言诗的活动："在一个偶然的机会下了乡，恰恰碰到乡下在死牛，于是以一个五个大人六个小孩种十二石租的佃农家里在年三十夜里死了牛为题材写了一篇诗，我便把这篇诗带到这个佃农家里去了，在这个家庭开了一个小的朗诵会，来听的有八十岁老婆婆，中年的庄稼汉和小孩，我用着他们的语言慢慢的朗诵……他们听得懂，因为是他们的话；他们也感动了，老婆婆甚至流下眼泪来了，这是因为复述了他们悲惨的生活，但他们对于诗还是很冷淡而不亲切的。"（听得懂而不喜欢听）后来"还有几次人数比较多的朗诵，但朗诵的人不是我而是出生在本地方的朋友，得到的结果也如上述。"[3] 除沙鸥之外，还有一些记载，如有论者建议把方言诗工作者"不妨将自己的作品带到乡

①　周熙良：《诗的朗诵问题》，《工作》第8期，1938年7月1日。

②　罗念生：《朱湘·序》，孙玉石编《朱湘》，人民文学出版社1985年版，第10页。

③　失名（沙鸥）：《关于诗歌下乡》，《新华日报》1945年4月14日第4版。

下去朗诵给他们（指农民——笔者注）听，这样既得到结果，而且可以将我们作品的错误，趁此机会逐字逐句的删改。我觉得这个工作是不困难，谈到这里就有一个现成的例子，一位方言诗工作者孙音就曾这样工作过，他得到的成绩很不坏"。①

此外，笔者还在故纸堆里找到一份读者调查表性质的报告，②在四川渠河一小城里，有一个八九十人的分散性知识分子文艺团体，有些成员喜欢读诗。他们喜读马凡陀的《马凡陀的山歌》，沙鸥的《化雪夜》、《林桂清》，艾青的《吴满有》，李季的《王贵与李香香》。尤其是后者，在小城里一共有六本，读者辗转传阅，已弄得破烂不堪了，并有百里外远处的文艺青年借去阅读。其次，以上四人的诗，曾经有人朗诵给农民听过，他们对马凡陀的山歌不大懂，对沙鸥的诗则说"莫得山歌味道长"，对艾青的《吴满有》则是要"勤扒苦挣才有办法，有些字眼子还搞不清楚"。农民对李季的《王贵与李香香》的朗诵，则高兴极了。朗诵的人先把这诗的故事叙述了，然后再朗诵，他们虽对诗中少数的方言还不懂，给他们解释了，也就懂了，农民对这首诗最喜爱，朗诵一次，还请求再朗诵，并还问着，真有这号事吗？那才好，那才好！

总之，正儿八经的"读诗会"或类似的读诗活动，在小范围内进行得较多，几十年中也积累了一些经验，虽然试验的目的并不一致，但在声音的诗学这一维度上凭借的条件是一样的，都以通过聆听不同声音，来判断新诗文字与声音的关系。

三

除了上述"诗读会"活动的回忆与记录外，在新诗史料上肯

---

① 雪蕾：《谈谈方言诗歌》，《时事新报·青光》，1946年7月2日第4版。
② 庄稼：《人民喜见乐闻的诗（报告）》，《诗创造》土地篇，总第14辑，1948年第8期。

定零星存在着一些原始材料，由于本人掌握的资料所限，这里不再多举，也不补充。但我认为总的趋势主要不外乎以下二条：他们或是试验音节、聆听声音，通过文人骚客式的精英化活动来相互切磋、磨砺，取得共同进步之意；或是寻找作品接受对象，把方言诗歌与下乡结合起来，把民间的声音还给民间。

接下来的共同问题是，用方言诵读，能达到什么样的效果呢？整个新诗语言的音节与土白本身的声音有什么内在关系？这里仅从以下几个方面作一点儿探讨：一是分析方言本身地域性的声、韵、调差异，以及与此联系的音韵任意组合上的变化层次，这方面可以归纳到方言与声腔这一概念上。二是阐释方言诵读达到的效果以及可能存在的问题，主要从得失两方面立论。

不同方言本身是自足的存在，不但有独立自足的语音、词汇与语法，而且语音内部声、韵、调也完全独立自主。我们综合现代方言学知识，可以知道以下几个方面的基本情况：一是就音值差异来说，每种方言的声母和韵母数目不一，有的方言还有各自独立的声母与韵母，声调方面和调型也不尽一致，这样既影响声母与韵母的组合方式与结果，又因音值差异导致音系的繁简程度不一。概括起来，我国南方六大方言，声韵调的数目多、变化大、灵活性强，无疑声音本身及其变化也丰富复杂得多。二是音类差异，包括声类差异、韵类差异和调类差异。如声母差异方面声母的清浊、塞擦音与擦音的分合均有独特之处；韵母中"四呼"的分合，复韵母的转化和辅音韵尾的存废变化也不相同。三是音读差异和音变差异，典型的是文白异读，不同方言差异性大；方言中普遍存在的连续变调现象不一，变调的规律也不同。诸如此类，都产生形象性意义上的不同声腔。正如闻一多所说"旧词曲的音节并不全是词曲自身的音节，音节之可能性寓于一种方言中，有一种方言，自有一种'天赋的'（inherent）音节。声与音的本体是文字里内含的质素；这个质素发之于诗歌的艺术，则为节奏，平仄，韵，双声，叠韵等表象"①。

如果具体来论述的话，我们可以以个案方式进行生动的分析。不同声腔可能对诗歌的双声、叠韵有独特的认识，众所周知，某些方言如湘方言，[x] 与 [f]、[n] 与 [l] 相混淆。某些韵母的数量不一，韵母读法不统一，这就使得某一声腔下的声音质地不同。也就是说，在用某种方音诵读，不是双声的可能变成双声，没有押韵的可能暗中押过韵。胡适在谈论初期白话诗的音节问题时，曾认为陆放翁"我生不逢柏梁建宫章之宫殿，安得峨冠侍游宴"诗句中前面十一字中"逢宫叠韵，梁章叠韵，不柏双声，建宫双声，故更觉得音节和谐了。"随后又举沈尹默《三弦》为例并认为"旁边"是双声，"段"与"土"、"弹"、"荡"等是双声。② 此外胡适的另外一些著述，也提到类似的例子，这里再举一例，在"看他们三三两两，/回环来往，夷犹如意！"两句诗中，胡适认为是通过双声叠韵的法子来帮助音节的谐婉，其中"夷，犹，意，双声；如字读我们徽州音，也与夷，犹，意，为双声。"③ 今天以标准的普通话来看，这双声、叠韵就不完全正确，因为它当时的判断掺杂着他的方音背景，正是因为这种方音影响，不同声腔下的声音有不同的和谐效果。

声、韵这样，声调的差别也可能使白话诗的字调、句调与语调在曲折婉转、轻重缓急等方面有显著差异与表现。语气、语调的进行与延伸实际上是字调基础上的有序化组合，通过交融、冲突来控制可能发生的音高音色的变化。各地方言的字调不同，相

---

① 闻一多：《〈冬夜〉评论》，引自蓝棣之编《闻一多诗全编》，浙江文艺出版社1995年版，第361页。

② 胡适：《谈新诗——八年来一件大事》，姜义华主编、沈寂编《胡适学术文集·新文学运动》，中华书局1993年版，第392—394页。

③ 胡适：《〈尝试集〉再版自序》，《尝试集》，人民文学出版社1984年版，第188页。

应对音调、句调、语调有一定的制约与反制约作用。连续音变现象的规则也不尽相同，因此诵读白话诗的声腔受到方言的影响，诗歌内在的韵律就必然首先贴近语言系统内部字词本身的声音特点。这里不妨以地方戏曲作类比，研究地方戏曲的学者在论述戏曲声腔与方言的关系时认为："中国语言是单音字，同音的字和词比较多，声音相近的字和词更多，如果不咬清字，不分清四声阴阳，就无法听懂。因此在创腔、润腔的时候，充分注意到唱词的四声趋势，在这个条件下创作出旋律来。还不仅如此，中国语言中的方言是很多的，方言的重要特点之一是四声的高低抑扬各自不同，为了适应各地语言的观众的耳朵，同一剧种到了不同的地方就派生出不同的声腔来。"① 其实这番话也可移用到新诗的土腔诵读上来，方言最有标志性的是地方语音特色和个性化声腔，在一种土腔中，"声腔可以随方言变，方言却不肯随声音改"。② 因此每种土腔的基质不同，读出的声音也大异其趣、自成体系。

接着这一现象的是，我们对这一土腔读法的声音效果到底作何评估？我认为土腔的介入肯定会出现不同的新质，像诗歌因言说方式不同而具有革命性意义一样，声音不同也有类似的功效。同一文本由来自不同方言的读者来诵读，和谐与否，婉转与否，都是不一致的。比如双声、叠韵，比如字调、句调，本身构造都难以同一化，其间的抑扬顿挫、曲折流动便自然伴随左右。好比地方戏曲流布过程中，其声腔的变化与流派的成立有赖于各地方言一样，不同声腔的效果肯定是对该方言区特别亲切，对丰富诗的声音层次是有积极意义的。与此相联系的是，每一种方音与地

---

① 张庚：《戏曲艺术论》，中国戏剧出版社 1980 年版，第 91 页。

② 游汝杰主编：《地方戏曲音韵研究》，商务印书馆 2006 年版，第 1 页。另外本节个别地方参考了此书，特此说明。

域文化气质相关，在听觉辨别时都有蛮好听的感性印象，富有某种难以言说的韵味与风采。只要不带偏见去聆听，都会被其中特殊的韵味所吸引所感染。一旦在声音上出现变化，就意味着整个诗的声音系统都被改造了。放大到声音中心主义这一高度，这一影响更显著，凸显的意义也更丰富。

从语音学与音韵学的角度来看，可以知道新诗的方音诵读，实际上是新诗的一次内部革命，是一种审美再创造活动。它不是需不需要的问题，而是如何还原到大地，还原到声音本身的问题。不过事实上，它一直没有得到积极正面的肯定，一般论者仅抓住其缺陷而以偏概全，语音的歧视遮蔽了它的存在。以方言为基础的地方戏曲，对方言的去留就一直存在三种意见声音：一种是坚持保留地方语音，一种是主张逐渐普通话化，一种是永远的中庸来一个调和折中。三种观点都是共存的，没有一种占统治的意见。对比之下，新诗的方言诵读，似乎还没有争取到应有的权益。事实上，它不但对新诗的音节有启示、开拓意义，而且对土白入诗的保留与发展也有参考价值。如果几种意见在参差中互补生发，无疑有助于白话诗声音诗学的多元建构。有论者曾试验用方音诵读古诗，发现"用泉州方音文读音吟咏唐代律绝比起用普通话尤佳。唐之律绝，一般押平声韵。一些唐诗用普通话诵读不和谐，用泉州方音文读音吟咏还是谐和的"①。从方音的历史继承性看，地域性声音的生命力竟然如此持久、坚韧！可触类旁通的例子还有民歌，其起源都局限于一定地域与当地方言，其中只有少数后来流行到全国，大部分仍带有地方性，为某一具体地域服务，源源不断地提供有意义的声音。因此，白话诗本身与方言的密切联系，与诵读上的不同声腔，有某种一致性，它与大地母亲的生命默默契合，实在不应被忽视。

---

① 黄炳辉：《泉州方音与唐诗吟咏》，《华侨大学学报》哲社版 1997 年第 1 期。

综上所述，乡音、土腔的诵读，在读出来的声音效果上，有显著而独特的差别，也相应产生显著而独特的魅力。这种有差异的声音，往往有意想不到的审美根性。我们不能说哪种声音是唯一正确、高级的，哪一种是错误、低级的。从整体而言，语言本身是动态的概念，不同诵读方式、声音模式形成独特的节奏、风格，它本身的多样性、丰富性，有利于诗歌多元化的发展趋势。

四

白话新诗催生不同情感取向的"读诗会"，留下了试验的园地，更重要的是鼓励了尝试的精神。像地方戏曲的语言一样，新诗语言的白话化有必要在声音层面上呈现丰富多彩的原生态面貌。有主调，还要有地方色彩相配合，才能构成一种贴近土地、贴近本真声音的诗学。各种质地的方音，在雅俗之间穿梭，在大地之上蔓延，形成一种以某一声腔为主并与各地方音声腔相交融的局面，这样，才能既保证不同听觉系统的审美需求，又使白话诗口语化真正保持长久而不竭的生命活力。

第三节 "新诗中的新诗"：论朗诵诗及其运动

现代白话新诗史上的朗诵诗及其运动，主要在抗战语境下产生并成长起来，它在当时几乎成为新诗的主潮，推动新诗不断走向大众化、民间化与歌谣化。对朗诵诗如何评价、定位，学界意见并不统一，其中既有梁宗岱式的极力否定、嘲讽之声，也有艾青、柯仲平、高兰等积极肯定的赞赏之言，还有众多较为中肯的得失之谈。在客观评价阵营里，当时有一个饶有意味的概括，就是誉之为"新诗中的新诗"。

此说最先来自朱自清的论述。朱自清承认心里是慢慢接受朗诵诗的，他说："似乎适于朗诵的诗或专供朗诵的诗，大多数是在朗诵里才能见出完整来的。这种朗诵诗大多数只活在听觉里，群众的听觉里；独自看起来或在沙龙里念起来，就觉得不是过火，就是散漫，平淡，没味儿。对的，看起来不是诗，至少不像诗，可是在集会的群众里朗诵出来，就确乎是诗。这是一种听的诗，是新诗中的新诗。""朗诵诗是群众的诗，是集体的诗。写作者虽然是个人，可是他的出发点是群众，他只是群众的代言人。"① 无独有偶，事隔十余年，李广田在一篇文章里谈到朗诵诗时说："今天的朗诵诗，是从抗日战争以来，一直发展下来的一个新运动，而这一运动是适应了现实的大众要求而产生的。今天的朗诵诗，它既不配舞，也不配乐，既不是关在书斋里的自赏，也不是沙龙中少数人的共赏。朗诵诗的作者必须是群众之一人，而诗朗诵的对象也必须是群众，因此，它有它自己的特质，它有它自己存在、发展的社会根源。……朗诵诗是诗的一种，除朗诵诗之外，还有非朗诵诗，朗诵诗不一定全好，不能朗诵的诗也不一定全坏，然而朗诵诗是新诗中的新诗，是诗中的新生命。"②

两位论者的话，都将朗诵诗作为特定时代产生的有独特审美的新诗看待，认为是"新诗中的新诗"。但它到底以什么样的资历来占据这一位置呢？它比新诗又"新"在哪里，如何不断催生"新"的因素？本节试从以下几方面着眼：一是朗诵诗及其运动历史的简要回顾与梳理；二是朗诵诗作为"朗诵"与"诗"的联姻，"诗"中体现的语言特色，以及与"朗诵"相关的如何朗诵、声音如何等问题。三是以若干具体个案（这里选择柯仲平、高兰；四川方言诗人沙鸥、王永梭等人），探讨一下朗诵诗及其运

---

① 朱自清：《论朗诵诗》，《论雅俗共赏》，生活·读书·新知三联书店 1998 年版，第 46 页。

② 李广田：《诗与朗诵诗》，《李广田文学评论选》，云南人民出版社 1983 年版，第 305—311 页。

动的缘起、美学形态与诗学分歧。

一

朗诵诗在新诗史上能形成一种蔚为大观的运动，显然有历史与时代背景。1931年中国左联执委会的决议中提出这一主张，中国诗歌会诗人在理论上作了一些探讨，但当时没有形成大的气候，没有付诸大规模的行动。到了1937年卢沟桥事变后，由于抗日救国这一全民族的战争语境，它又被重新提出并且得到了迅速的发展。中日战争全面爆发后，作为当时大后方之一的重镇武汉，拉开了朗诵诗运动的帷幕：见诸今天各种文字资料的史实是1937年10月19日在武汉举行的鲁迅逝世周年纪念大会，在这次活动中，演员王莹朗诵了高兰的《我们的祭礼》，柯仲平朗诵了挽诗，反响很大，诗朗诵活动从此在武汉三镇热烈展开，柯仲平、高兰、王莹、穆木天、萧红都是当时朗诵诗活动的提倡者或组织者。国统区在1938年10月汉口失守之后，多数文艺工作者涌向战时陪都重庆，在山城掀起声势浩大的朗诵诗运动，经过近两年的酝酿，新诗朗诵运动逐渐走向高潮，1940年11月24日，中华全国文艺界抗敌协会召开了"诗歌朗诵队"成立大会，参加者有郭沫若、老舍、艾青等六十余人。诗歌朗诵队成立后，一系列的新诗朗诵活动有组织地、定期或不定期地连续举办，主要在大型的集会、祝寿、晚会上进行。1941年开始又举行一年一度的诗人节，朗诵诗运动是保留节目。在大后方，朗诵诗运动的影响还逐渐波及另外一些大中城市，如桂林、昆明、成都、香港等地。关于这一切，当时著名诗人，也是朗诵诗的参与者艾青，对抗战中涌现的最主要的诗歌活动——诗朗诵和诗晚会——作了如下概括：

在武汉举行过几个诗朗诵，主持的是锡金等；桂林举行过好几次诗朗诵，以"文学晚会"的名义召集，第一次的对象是知识青年，救亡工作者，文化人；参加的人数极多……第二次卖票，举行义卖献金，也满座……香港也举行朗诵，听说徐迟的《最强音》效果很好。

重庆经常举行诗歌座谈会，诗晚会，进行诗朗诵……最近并成立了"诗歌朗诵队"，扩大了诗歌朗诵运动。[①]

与朗诵诗风头媲美的恐怕只有街头诗了，此外如明信片诗、诗标语、贺年片诗、慰劳诗、大众合唱诗，都是在抗战中应运而生的新形式，诗人们把触角伸到更广大的地域，不再以在客厅吟诵为满足，相反以在广大群众中间朗诵为荣。艾青的这一概述，加上活跃的高兰、臧云远等人提供的诗朗诵活动资料，差不多就是国统区这一情况的大致概括了。

与国统区不同的是，在解放区延安，在柯仲平主持下的"战歌社"，接过了柯氏在武汉朗诵诗的火炬，在以延安为轴心的广大解放区、敌后根据地等乡村土地上，一边开展街头诗运动，一边轰轰烈烈开展着朗诵诗运动，曾经在一个时期内宣布"以开展新诗朗诵运动为中心工作"，并在 1938 年 1 月 26 日举行了第一次诗歌朗诵晚会，虽然举办的活动不甚成功，但意外的是得到了毛泽东与党中央的支持与首肯，毛泽东当时一直坐到散会，鼓励诗朗诵的作者"新诗朗诵运动是有光明的前途的"[②]。毛主席的支持估计是看中这种形式的政治与现实意义，从中发现可以吸引大众、鼓舞大众、团结抗日等时代内容的东西，这一形式显示了它当初意想不到的意义。后来也许是受此影响，则"几乎每周都

---

① 艾青：《抗战以来的中国新诗》，《中苏文化》第 9 卷第 1 期，1941 年 7 月 25 日。

② 见沙可夫、柯仲平、骆方三人在《关于诗歌民歌演唱晚会》一栏中的文章，《战地》第 1 卷第 3 期，1938 年 4 月。

举行一次诗歌朗诵会",[1] 诗歌朗诵会变成了一个群众性日常节目。

总而言之，在抗日烽火的洗礼下，朗诵诗运动此起彼伏，虽然一度有过低潮时期，但一直有运动的痕迹与轨迹，一直延伸到第三次国共内战时期，仍充当新诗主潮之一。[2] 此外在朗诵诗开展的同时，诗人在创作与理论上都有所贡献，不仅有高兰、徐迟、柯仲平、艾青等诗人的优秀诗作，还涌现出一大批朗诵诗理论探讨者：上一节曾论述过的参加读诗会的诗人，如柯可、梁宗岱、沈从文、周煦良等人附带提及的观点，支持、总结这一运动本身的诗论者如高兰、徐迟、陈纪滢、锡金等人，都有相关的论述。

二

在运动中消长的"朗诵诗"，作为"朗诵"与"诗"的联姻，"诗"中体现了什么样的语言特征呢？与"朗诵"相关的问题是，它当初又是如何朗诵的，其声腔到底是什么模样？

"由于朗诵诗的发展，诗的音韵问题又被提出来了。这是新文学运动初期曾经讨论过的问题。现在虽似是旧话重提，但却有现实的发展根据。"[3] 朗诵，是一种诉诸听觉并因人而异的艺术，不同的人群，声腔上与听觉上的差异是显而易见的。在诗朗诵上，据我看来经过了两种类型：一种类型针对宽泛意义上的知识

---

[1] 仲源、若亚：《柯仲平事略》，《柯仲平纪念文集·（二）研究卷》，云南人民出版社 2002 年版，第 161 页。

[2] 1948 年，郭良夫曾说"今天的诗，照大家公认的朗诵诗是主调。这现象就说明了今天中国新文艺一个共同特质：它排除过多的想象，径直直白新闻所见所感受，所倾向。"见《新诗问题》，《新生报·语言与文学》，第 84 期，1948 年 5 月 25 日，引自张国风编《清华学者论文学》，清华大学出版社 2001 年版，第 308 页。

[3] 郑伯奇：《略谈三年来的抗战文艺》，原载《中苏文化》"抗战三周年纪念特刊"，1940 年 7 月。引自楼适夷主编：《中国抗日战争时期大后方文学书系·第一编文学运动》，重庆出版社 1989 年版，第 548 页。

分子队伍，如文艺工作者、文艺青年、大中学生、大中城市市民等等；第二个类型是以不识字的文盲或半文盲占绝大多数的农民与兵士这一群体。在语言运用上，也相应有不同的处理方式。针对前者，可以是流行的蓝青官话，在诗作上也就是用日常生活化的诗句，讲究修辞、气势和演出效果。对于后者，则似乎遇到了难题，新诗作为个人化体验最浓厚的文体，要让它走向街头走向农村，达到下乡入伍的目的，不得不重新考虑它与自然乡村、工厂、战地、街头广大受众的客观因素。这一受众群体特别庞大，对蓝青官话听不懂，也不愿听。要想宣传、鼓动、教育他们，那就只能入乡随俗围绕受众考虑了，于是在语言上只能是口语化、通俗化、大众化，走群众底层路线。① 但如何"口语化"呢？那群众的口语又是什么货色呢？直接来说那就是不同地域上的不同方言。

虽然有方言入诗的小传统，但纯粹以各地方言来支撑朗诵诗及其运动，并不是那么容易"焊接"得上的。关于这一点，当时

---

① 这里有一份真实的材料，似乎可以用来参照，周作人曾在抗战前（1934年12月）从北平城里去了一趟农村，在了解衣食住行及卫生、教育情况后，深有感慨："其次，我们看了一下农村的情形，得到极大的一个益处，便是觉悟中国现在有许多事都还无从做起，许多好话空想都是白说，都是迷信。定县在河北不是很苦的县份，我们不过走了几个村庄，这也都是较好的，我们所得到的印象却只是农民生活的寒苦。……我对于农村问题完全是门外汉，见闻记录或亦难免有误，而且这些情形并非定县所特有，在别处大约很多，有些地方还有加倍寒苦者，这些道理也都承认，但是即使如此，即使定县的农民生活在中国要算是还好的，我的结论还是一样，或者更加确信，即是中国现在有许多事都无从说起。我是相信衣食足而后知礼仪的说法的，所以照现在情形，衣食住药都不满足，仁义道德便是空谈，此外许多大事业，如打倒帝国主义，抗日，民族复兴，理工救国，义务教育等等，也都一样的空虚，没有基础，无可下手。我想假如这些事不单是由读书人嚷嚷了事，是要以民众为基础的，那么对于他们的生活似乎不可不注意一点，现在还可以把上边的空话暂时收起，先让他有点休息的时间，把衣食住药稍稍改进，随后再谈道德讲建设不迟。"见周作人：《保定定县之游》，周作人著、止庵校订《苦茶随笔》，河北教育出版社2001年版，第137—138页。

的论者也有论述：冯乃超认为"提倡朗诵诗，并不是复古，它是对于僵死了的语言的叛逆，过去的诗，很难念……难念而且难懂，朗诵诗就是对于这种新诗的反动"[①]，他在《时调》创刊上的宣言是"让诗歌的触手伸到街头，伸到穷乡，/让它吸收埋藏在土里未经发掘的营养，/让它哑了的嗓音润泽，断了的声音重张，/让我们用活的语言作民族解放的歌唱！"茅盾看了《时调》后，认为"诗歌这东西，当其尚在民间野生的艺术时，本来是'口头的'，它的变为'非朗诵'，是在承蒙骚人墨客赏识了以后。现在我们是还它个本色，所以诗歌朗诵运动就是诗歌大众化的一个方式"。[②] 华飞认为"应该把地方语言充分表现在诗中"[③]；钟敬文主张"从民众的口头去学习活泼的语言"[④]；艾青在《诗的散文美》中认为"从欣赏韵文到散文是一种进步"，并依此逻辑提出新型的"口语"观。综观以上各种观点，"活的语言"、"地方语言"、"民众口语"之类，是当时喊得响亮的口号，当时在这些主张下，事实上也不乏修改文人化色彩较深的诗句的例子，把文人化的诗句按口语化的原则修改，把诗中不明白的个别字眼适当改动以合乎朗诵之需，如把"白鸽飞翔在朱檐间"改成"白鸽飞翔在朱红的屋檐间"，"雪白的长髯"改成"雪白的胡子"，"硝

---

① 见《抗战以来的文艺活动动态与展望（座谈会记录）》，原载《七月》第 7 期，1938 年 1 月 16 日，楼适夷主编《中国抗日战争时期大后方文学书系·第一编文学运动》，重庆出版社 1989 年版，第 165 页。

② 茅盾：《〈时调〉》，《茅盾文集》第 9 卷，人民文学出版社 1961 年版，第 307 页。

③ 李华飞语，此外他还主张诗应走叙事诗的路子，要风趣。见《我们对于抗战诗歌的意见（诗歌座谈会）》，原载《抗战文艺》第 3 卷第 3 期，《中国抗日战争时期大后方文学书系·第二编第二集理论·论争》，重庆出版社 1989 年版，第 1091—1092 页。

④ 钟敬文：《诗的话》，原载《诗创作》第 3、4 期合刊，1941 年 9 月 18 日，《中国抗日战争时期大后方文学书系·第二编第二集理论·论争》，重庆出版社 1989 年版，第 1099 页。

烟"改成"火药烟";又如田间的《参谋会随笔》中把"百鸟之合唱"改为"百鸟在合唱",诸如此类。① 这样力求"上口"、"顺耳"一些。

如果说前者还遮遮掩掩的话,还有不少论者直接涉及了"口语化"等背后的东西,他们在运用口语等概念或主张时,落实到可以直接运用方言土语。如高兰认为"在中国今日而言诗,别的姑且不说,若是为朗诵而作的诗,却非通俗不可。我觉得假如朗诵给文盲大众听,还不仅是通俗化,更要口语化。同时因了配合特殊的环境,必要时还可以用方言土语,才能发挥其更大的效能"②;陈纪滢认为"文字必须通俗化",因为"是朗诵给一般文盲大众听,所以文字必须口语化(可以用方言)"③;王冰洋认为"目下最大众化口语化的诗,仍只是文人书斋内的大众化口语化,广大群众仍不了解",解决的办法是"第一必须由口头之朗诵真能表现作者要表现的东西,第二必须尽量使用群众自身所通用的活的语言"④。音乐工作者吕骥从音乐性角度提出:"诗歌要适于朗诵,必定要口语化是毫无疑问的,仅仅口语化我以为还不够,因为我们现在的诗人很少,不是说的少数人(知识分子)所说的贫弱的口语,我们必须学习大多数人所说的流行于各地的土话,语汇最丰富,又最活泼有生命的,大多数人所熟悉的一种语言。诗歌土话化以后才能更接近群众,在通俗化这方面才能获得更大

---

① 参见徐迟:《怎样朗诵诗》,见高兰编《诗的朗诵与朗诵的诗》,山东大学出版社 1987 年版,第 120 页。

② 高兰:《诗的朗诵与朗诵的诗》,《中国抗日战争时期大后方文学书系·第二编第二集理论·论争》,重庆出版社 1989 年版,第 1157 页。

③ 陈纪滢:《序〈高兰朗诵诗集〉》,高兰编《诗的朗诵与朗诵的诗》,山东大学出版社 1987 年版,第 31 页。

④ 王冰洋:《朗诵诗论》,高兰编《诗的朗诵与朗诵的诗》,山东大学出版社 1987 年版,第 80 页。

的效果，是不仅仅对于朗诵有利的。"① 可惜这样的主张没有得到更多的反响与呼应。

富于歧义的活语，零星提倡的方言，已传达了一种重视民间的声音，但真正深入最底层民众、兵士的朗诵诗，仍然不多。那些今天诗史上流行较广的诗篇，也只是在较宽泛意义上的知识分子受众群体中得到认同与欢迎。以至臧克家在总结抗战八年来的诗歌时不无感慨地说，诗人做了衙门的文化清客，长诗似乎也失败了，而且"抗战初期的朗诵诗是好的，因为它走向街头，走向农村，走向前方。后来变成了文化沙龙的点缀，不管什么集会都有朗诵诗，实在没有什么意思。"②

不过，20 世纪 40 年代中后期一些没有进入主流的诗人，如四川方言诗人沙鸥、野谷、老粗等人，还有后来以谐剧闻名的王永梭（在新诗史上几乎从没有提到此人）倒有一些新的尝试。沙鸥在 20 世纪 40 年代中期到川东农村体验，从"艾味"转到"川味"，以四川方言诗作为突破口，并在当地农民家举行过很多次用四川方言诵读四川方言诗的活动（参见本章第二节），③ 在重庆诗朗诵的活动晚会上，据记载他的《王大爷》方言诗，由一位小姐用十足的四川语朗诵，博得掌声不少。④ 除沙鸥之外，还有一些记载，野谷、老粗在《活路》上写通俗易懂的方言诗，也下乡开展过一些以方言诗来宣传、鼓动民众的活动。

三

这里具体选择高兰、柯仲平、光未然、沙鸥、王永梭等人为

---

① 吕骥：《从朗诵说起》，《战地》第 1 卷第 1 期，1938 年 3 月。

② 臧克家在一次座谈会上报告八年来的诗歌所言，见梅林记录：《关于"抗战八年文艺检讨"——记一个文艺座谈会》，《文艺复兴》第 1 卷第 5 期，1946 年 6 月。

③ 失名（沙鸥）：《关于诗歌下乡》，《新华日报》1945 年 4 月 14 日第 4 版。

④ 雪蕾：《谈谈方言诗歌》，《时事新报·青光》1946 年 6 月 29 日第 4 版。

个案，仔细探讨一下朗诵诗本身形式及其语言上的区别。从朗诵诗来看，大致有以下两种路数出现，一种是文人化的，主要是讲究铺叙、排比，拒绝新颖的隐喻，如艾青、徐迟、高兰等人；一类是纯用方言的顺口溜、山歌小调，如沙鸥、王永梭等人。事实上，前一类人的诗歌地位要普遍高于后者。

先来看前一类人。这一批诗人把朗诵诗看做新诗大众化的最为重要的途径与方式，从20世纪20年代的平民主义到左联时期的大众化理论倡导，新诗与平民大众相结合一直是难以实现的理想，这中间有过土白诗，方言诗，歌谣化新诗，国防诗歌等各种口号与尝试，然而对一般群众还是相当陌生，或者也是出于有趣或滑稽而引起大众的注意。但尽管这样，诗人们一直没有放弃自己的责任，抗战成了行动的有利理由，新诗因抗战而新生，如中国诗歌会的干将穆木天最初是朗诵诗的提倡者，对高兰、柯仲平等人当时的朗诵诗运动有过鼓与呼，认为诗朗诵运动与大众化运动是一致的，甚至是达到大众化的最佳途径。与此相适应的是，在语言、文字方面都强调"口语化"或类似的主张，但他们在理论与作品上存在距离，"活的语言"也只能达到素朴、明快等语言表达层面上。同时为了达到吸引听众的效果，采取的方式一般借助铺陈、排比、押韵等手段。要想在大庭广众之下抓住听众的注意力，力求听众对诗的内容有一个渐进熟悉的过程，所以必须在气势、情感、内容、叙事上征服听众，排比句式、故事情节、押"洪亮级"韵成了普遍运用的技巧，如高兰的《哭亡女苏菲》、《我的家在黑龙江》，艾青的《火把》，光未然的《黄河大合唱》等都是这一模式的书写。下面依次看高兰《我的家在黑龙江》和光未然的《黄河大合唱》。从诗节音韵设置来看，高兰的诗讲究参差错落的排列，但他力求视觉刺激，在声音上体现不出优势。这首诗从对家乡人民的无穷苦难的倾诉中逐层展开，感情越来越激动，具有回肠荡气的效果，当尾声唱出抗争的力量时，全诗达到高潮，在朗诵者声泪俱下的悲痛中，流亡群众的呼天抢地之声被真切地释放出来。这首诗以热爱乡土，鼓舞人民坚持抗战为基调，突破了当时流行的流亡诗中过分哀怨悲伤的情调，令人耳目一新，这首诗很快传遍了国统区，传遍了全国。光未然的诗，主要歌颂母亲河——黄河，气势豪迈、格调粗犷，在描述中融贯着一种民族的原始力量，在主题上吻合了拯救国家、保卫母亲河等宏观命题。这两首诗都有共同的特点，一是一气贯之，抑扬顿挫，扣人心弦，给人以鼓舞与力量；二是都有铺叙成分，或句式重复、复沓，内容上也逐层深入、扩大，以加深听众的印象；三是均押"洪亮级"韵，高兰的诗，和他的绝大多数朗诵诗一样，整首诗通韵，没有换韵，哪怕是几百行的长诗；光未然的则换韵较多，换的韵比较接近。这些诗篇，现在朗诵起来，也是不可多得的精品。铺叙、夸张、层层深入，又讲究表演的性质，这类诗都能在城镇一级的大中城市得到较为积极的反响，在兵营也有影响，但在具体的农村，还达不到农人的心灵深处。

在农村朗诵诗运动集中在大后方，西南官话方言是优势方言，代表性的诗人是沙鸥，演戏的王永梭也穿插四川方言诗朗诵。他们土生土长在蜀渝一带，语言环境非常熟悉，写起来也很顺手。铺叙、排比、夸张、押"洪亮级"韵脚的艺术手段则换成了讲究故事、情节，启用当地农民语言。朗诵诗走向故事化、人物化、方言化。如沙鸥在 20 世纪 40 年代的所有诗作，几乎都是用四川方言写成的，作品之多，数量之大，在现代新诗史上可以说仅此一人。他的方言诗集《林桂清》几乎都是一些长篇叙事方言诗，语言是地道的川语。在一般的新诗史上几乎不提的王永梭[①]，据资

---

① 在钟敬文主编的《中国抗日战争时期大后方文学书系·第九编通俗文学》卷里倒有他的名字及相关情况介绍，其中独占"方言朗诵诗"专栏，栏目中有他的两首方言朗诵诗《祥少爷》与《矮幺姑》（每首诗各32节，每节4行），"谐剧"专栏也属他专有，共四篇谐剧。

料介绍，为四川本地人，国立戏剧专科学校毕业，1939 年开始创作谐剧，1941 年始创作方言诗朗诵。后一直从事这两项工作，其"谐剧"较为有名，方言朗诵诗也有近二百首（包括解放后创作的，且解放后创作的数量居多）。[①] 方言朗诵诗用于抗日救亡宣传，通过舞台演出达到街头宣传效果。作者把他纳入曲艺范畴。"它是用'方言'写的通俗的'叙事诗'"、"有完整的人物故事和情节矛盾，具有诗的一般素质——意境、潜台词、精练的语言，形象化和音乐美……从朗诵着眼，进一步的诗歌通俗化，形象化、故事化。"[②] 就其中方言地域而言，没有超出四川方言范围。这一方言朗诵诗，本是为谐剧专场演出，幕间换场使用，后来则专门研究、创作，自成一格。如《阿 Q 正传》、《矮幺姑》、《作家感伤篇》、《弟兄行》等便是。请看节录的以下两部分：

> 这个家伙喝了酒，/场口边去赌牌九，/赢了他不走，输完才歇手。//有一回，真倒霉，/他刚赢了钱，/别人就打捶，/打来只见票子飞，/结果阿 Q 最吃亏，/票子不见了，/眼睛肿一堆，/他想道：/"龟儿不懂'新生活'。/随便动手就犯规。"
>
> ——《阿 Q 正传》（根据鲁迅小说改写）
>
> 有位老作家，人人知道他，/辛苦三十年，有功于国家。//著过多少书，写过不少字。/为了多少人，做了多少事。//平生大缺点，祖宗没遗产。/说得通俗点：是个穷光杆。//虽然人很穷，文章可不同，/字字如金石，叩来响叮咚。//……
>
> ——《作家感伤篇》

---

① 据王永梭生平简介，资料来源见江润媛编《王永梭文集》，四川文艺出版社 2000 年版，此外本书所引方言朗诵诗作品，均见此书。
② 王永梭：《"方言朗诵诗"的创作与表演》，江润媛编《王永梭文集》，四川文艺出版社 2000 年版，第 235—236 页。

前一首源自改编鲁迅小说的故事梗概,以上摘引的仅是阿Q赌钱的情节,用韵文说唱,味道不同。方言词语的掺杂、人物心理的剖析、粗俗口语的调适,又加上改编时"地保"改为"保长",以及涉及"新生活"内容,折射出一定的时代信息。第二部分系1944年从报上听到戏剧家洪深在北碚服毒自杀(后来得知报道有误)、报上报道救济贫病作家等活动而写,内容充实、节奏明快、语言粗俗,倒是适合于敲着节拍朗诵。

由文人化而方言化,不断深入中却缺乏厚实的后援和新生力量,因此整体上还局限于学生与知识分子群体,如重庆的朗诵诗活动,如王永梭给学校学生的包场演出。为什么不能大面积地普及到农村腹地中去呢?在我看来它缺乏地方戏曲那样的深入方式①。地方戏曲最显著的特征是方言,不同声腔是随着各地不同方言而改变,所以要想流行到哪一地域就必然适应当地的方言。如藏戏长期在青海藏区流行不起来,就是因为所使用的方言与青海藏语安多方言不同。安多方言没有声调,在方言中特别,20世纪40年代以后使用安多方言的安多藏戏出现后,随即普遍流行于青海地区。又如一种地方戏曲的声腔从起源地流传到另一地时,往往结合当地的方言、民歌和民乐而发生衍变,造成声腔的新派别,沿用土俗,入乡随俗成为惯例。"各地方言的差异,造成同一声腔内部出现许多不同流派。这些流派的分布与方言分布在地域上自然存在重叠关系"。② 同样道理,要想朗诵诗及其活动大面积普及到农村去,就必须像地方戏曲一样沿用土俗,用当地的方言书写与朗诵,才能从根本上解决问题。只有依照方言改造声腔,白话诗才能真正达到民间化、大众化的腹地。

---

① 这里的材料引自游汝杰主编《地方戏曲音韵研究》,商务印书馆2006年版。

② 张庚:《戏曲艺术论》,中国戏剧出版社1980年版,第193页。

四

朗诵诗及其运动延续了现代文学史上的两个十年，它常常成为诗坛的中心话题，并逐渐成为新诗大众化的重要方式。朗诵诗主要诉诸听众的耳朵，如何让底层民众听得懂、喜欢听，并不是一件容易的事。通过铺叙、排比，或靠故事、情节来打动听众，是其中的条件之一。从朗诵诗运动或隐或现的新诗史实际来看，它积累了一些经验，值得借鉴总结。

从语言层面考察，我们仍不难发现它取得的进展还相当有限。当时名为群众化、大众化、口语化，但实际上仍局囿于小知识分子圈子之内，远远没有像地方戏曲一样深入广大农村与亿万群众中间。表面热闹的新诗大众化、民间化，究竟能抵达哪一个程度，朗诵诗运动到底能不能产生深刻而广泛的社会影响，其根源还是落在如何处理语言与声音的关系上。由此看来，把它定为新诗发展最主要的方式，誉之为"新诗中的新诗"似乎名实难副。朗诵诗运动与政治结合近，而与方言结合远，是其中根本原因之一。

第 六 章

方言入诗与去方言化

　　方言入诗与新诗的去方言化，一方面既关系到方言因素在新诗中的去与留，也牵涉到新诗语言价值取向上的雅与俗。另一方面，这一过程既是其合法性论争的主要导火线，也是新诗何去何从与如何面对未来书写的重要环节。

　　在白话新诗正统以立之后，它的历史形象通过不同时期各具异彩的诗人与作品获得了丰富细腻的塑造。然而这一形象并不稳固，而是包含着不断的侵袭、腐蚀与补缀，处于不断的调整与修正之中。处于双重合法性危机下的方言入诗，更是处于不同历史时期诗学论争的风口，新/旧、白话/文言、方言/白话、诗/非诗等诸如此类的二元对立与更迭彼此起伏。其中，新诗的方言化与去方言化，呈现两极化趋势。而针对这一现象的各种意见，有的来自社会习俗与意识形态层面，有的来自雅言传统与古典诗歌传承，有的来自阅读习惯与审美程式，影响所及，对方言入诗的接纳呈现出极为复杂的状态。总之，由白话新诗方言化与去方言化引发的合法性及其论争，以及由此而隐含的重新合法化构建一路延伸，持续着跨进新的历史时期。

第一节　新诗集版本变迁中的方言因素

白话新诗作品在发表刊登、结集面世的过程中，普遍存在这样一种现象：即重版过程中作者出于各种考虑而有不同程度的删削、修改，以致出现了不得不正视的版本问题。另一方面，学界对新诗版本问题的忽视由来已久，成为薄弱环节，以至于在各自进行学术研究中造成某种对话的歧义与含混。显而易见，扭转对版本意识的欠缺与滞后局面，已成为一个较为关键的问题。

就现代小说而言，曾有学者以八部长篇小说为个案，尝试了现代小说中的版本校评：即通过对校与阐释，梳理总结它们版本变迁的内容、脉络及特点、规律，并结合版本批评与文本批评，作出历史的阐释，这一成果被认为填补了中国现代文学、现代小说研究中的一项空白；作者还认为继续校评是一项刻不容缓的学术工程。① 在现代小说领域这样，在其他文体如新诗研究中，也存在类似问题。本节无意于就新诗版本变迁作全面的考察与评校，只就其中涉及的"方言入诗"这一侧面，在其版本变迁中如何浮沉来略作论述。

一

现代白话诗人一生的创作活动中，面临的一个主要问题是关注其作品的传播与流布。在这一流程中，作品在社会上产生的影响如何，结果怎样，是否需要自身作出某种调整来配合，都很重要，这些事情之所以不能忽略，是因为它既客观存在又

---

① 参见金宏宇：《中国现代长篇小说名著版本校评》，人民文学出版社 2004 年版。

影响甚大。在现代新诗史上，一般情况是诗人的作品除了在同仁朋友圈子里交流传阅外，大多乐于在各类报纸杂志刊登、转载，整理成册后交出版机构出版、发行，总之经历了一个向公共空间辗转流布的过程。在这种动态变迁中，诗人出于不同考虑而在作品重新刊布时加以修改删削，轻则剪枝除叶、重则施以斧锯，结果前后文本不一甚至面目全非。

把最初在报纸杂志上发表过的零散诗篇收集在一起合订为一册时，所添加的调整与斧削异常复杂多变，现在一般都因原始报刊资料缺失而难以得到认真的清理。[①] 后来刊行的汇校本一类只是校对著名诗人的代表性诗集之间的异文情况，个别对照了原始报刊，如郭沫若的《女神》便是如此，其中《凤凰涅槃》原发表在《时事新报·学灯》，后来在结集时改动不少。[②] 此外大多数最初发表与成集时的作品并不一致，如沙鸥的四川

---

① 试以沙鸥的方言诗《手指》为例：本诗以农民通过砍掉自己手指这一自残方式来逃避当壮丁为题材，修改较为频繁，几乎每发表或刊载一次都有所不同，其中《化雪夜》（春草社 1946 年版）中《他自己宰错了手》为一方言叙事诗，讲的是农民李德成躲了几天壮丁后有准备地自残，但砍残的是左手而不是右手，仍被抓了壮丁的悲惨故事，全诗 19 节共 96 行，因诗长不引录。其余三首摘录如下，可作比较：《手指》版本一（《新华日报》副刊 1945 年 8 月 1 日）：一刀砍手背上，/又一刀砍脱了二指姆，/像杀了一条猪流了一菜板血，/人痛得连嘴皮都咬破了。//遭刀砍的脸色青得好比张白纸，/他埋头走进屋就滚在床上，/女人晓得了流了一大摊眼睛水，/男的还哑声哑气的对女人说：/"莫要乱敞风啊！/有人问就说我宰猪草失了手……"；版本二（《农村的歌》春草社 1945 年版）：一刀砍在手背上，/又一刀砍脱了二指姆，/像杀了一条猪流了一菜板血，/人痛得连嘴皮都咬破了。//遭刀砍的脸色像白纸，/他埋头走进屋就滚在床上，/女人骇得流一大摊眼睛水，/男的还对女的说：/"莫要乱敞风呵！就说我宰猪失了手！"版本三（《红花》，作家出版社 1955 年版）：一刀砍在右手背上，/又一刀砍脱了二拇指，/菜板上淌满了鲜血呀！/人痛得连嘴唇都咬破了。//他低头走进屋就滚在床上，/老婆骇得脸色像白纸。/男的咬着牙对女的说：/"保长若来问，/就说我宰猪草失了手！"
② 参见郭沫若著，桑逢康校：《〈女神〉汇校本》，湖南人民出版社 1983 年版，第 33—53 页。

方言诗最先在重庆等地报纸杂志如《新华日报》副刊发表了很多，结集成三本四川方言诗集时面貌改变较为突出。另外一种情况是，诗集一旦畅销引起重新印刷或再版时，作者往往来一次全面修订，这自新诗源头胡适那儿便开始流行了，胡适于1920年3月出版我国第一部个人白话诗集《尝试集》，同年9月再版，1922年10月刊行经作者增删的增订4版，其后以此版为主印刷多次（其中仍少有变动）。①仿效的风习，也由此发端，在诗集再版重印过程中对诗加以删减，已成惯例：较多者如郭沫若的《女神》，初版后屡屡重版印刷，作者则时时本着"作一自我清算"②的精神，多次加以修改，前后有七八种不同版本；较少者如康白情的新诗集《草儿》（1922年版），两年后修正3版书名改为《草儿在前集》，篇目、文字上都有明显的变动。再次，因新诗在发行、读者的争取上都处于弱势地位，有机会重版的诗集比例较少，但只要诗人继续分行书写，单行本愈出愈多，以至到了一定数量不得不来一个选本或总结性的个人诗集，于是诗人在出这类合集时抓住机会把以前所出的各种单行本进行整理修订，如卞之琳的《十年诗草》，臧克家的《十年诗选》便是。

上述三种模式都存在一个不断修改的问题，遇上善于修订、喜欢修改的作者，这一过程就显得更为突出，而修改自己的诗稿，一般视为作者的权利，旁人没有多少可以非议之处。在一般印象中倒常常视之为精益求精之举而大加赞赏，但事实上并非如此，其中的问题倒是可以引起公众的兴趣，为什么诗人要不断地修改自己，改来改去是否符合越改越好的进化论观

---

① 胡适：《尝试集·四版自序》，《尝试集》，人民文学出版社1984年版，第5—7页。

② 郭沫若：《离沪之前》，引自郭沫若著，桑逢康校《〈女神〉汇校本》，湖南人民出版社1983年版，第198页。

念？类似的问题都还值得深入反思。就在这一过程中，"方言"的去留是其中普遍而重要的一环，诗人或视之为累赘而在时过境迁予以清除，或视为特色与历史真实而安然无恙地完整保留，甚至反而在保存的基础上有所强化。笼统地说，白话新诗版本中的方言化与去方言化，是一个相互交织与不断纠缠着的问题，充满了内在的张力，它有时偏向于方言化来突出诗集的特色或表达效果，有时偏向于通过去方言化来迎合时尚、语境，自觉与当下意识形态保持某种一致。方言化与去方言化往往是为了预设的某一目的服务，从中可以瞥见时代语境的变迁与作者内心伴随着的情绪应和。

新诗版本中强化方言化的举措，表现不一，举其大略有以下数端：一是在修订中适当换用方言语汇，力求地域语汇的丰富化与生动化，典型的是为了引起读者的注意与辨析而干脆以"某某土白"、"某某方言诗"在题目后面加以标记，这样题目与内容相映成趣，既避免读者误会又为这一尝试大张旗鼓地加以宣扬。二是在修订后添加方言词语的注释，通过较多的注释帮助读者了解字面意义，又给自己的方言入诗寻找合法性。归之于明白易懂一类的不加注明，归之于生硬冷僻一类的则在诗尾或字里行间予以标注，以图自圆其说。三是在自己活动的圈子内部组织倡导方言入诗的氛围，有目的有组织地开展此类活动，通过营造一种社会气势并借团体的力量来达到目的。一旦当某一方言诗在社会上引起强烈反响与争论后，作者本人或其朋友圈子中人便通过各种方式参与进去，加以阐释辨析，引起更大的争论，在产生深远社会影响后以这种既成的事实为依托，借此强化新诗的方言化。

相反，在去方言化后的过程中手法也有类似之处，只是背道而驰而已。最为主要的手段一是对方言词语加以删繁就简，只留下一些较通俗乃至与国语较为接近或读者可以接受的词语与句

305

式。二是在综合考虑当时各方意见后，根据其侧重点与社会风习风向标，首先就把发表过的方言诗歌创作整体排除在后出的集子之外，让它成为散佚之作，免得有后患之忧；或者是初版收入后再版把初版本中的方言诗删除干净，达到一种亡羊补牢式的去方言化目的。不过，因整个20世纪上半叶的时代语境没有严格地框定"去方言化"，国语运动的影响也限于学术性的小范围，宏观上的意识形态与民族国家想象也没有产生明显的干扰作用，因此新诗领域的方言化与去方言化并没有泾渭分明的分野，以致这一情况显得复杂多变，或者偏于一端，或者矛盾交错，重叠进行。在很难一下子判断清楚的情况下，借助具体的例证也许能做到以管窥豹。

二

这里主要以几本带有"完成与开端"[①]性质的诗集作为论述比较对象：一是胡适的《尝试集》，二是徐志摩的《志摩的诗》，三是臧克家的《十年诗选》。

新诗集的编撰、出版、流布、修订，是新诗发生过程中物态性的环节，也是新诗形象的塑造与流变的过程。胡适的《尝试集》立意于尝试，旨归于动作，在格律与自由、文言和白话等多重交织中，作为第一部个人白话诗集，它在很多方面首开风气，包括方言入诗与去方言化方面。《尝试集》当时的具体操作比较复杂，一是有钱玄同的序言以及胡适的自序，担负着概念廓清、合法性辩护和历史描述等重大使命。其次是讲究诗作的编次安排与整体布局，一编、二编以及作为附录的《去国集》，与他自认不多的真正白话诗夹杂在一起，对照起来更能

---

① 卞之琳：《完成与开端：纪念诗人闻一多八十生辰》，《人与诗：忆旧说新》，生活·读书·新知三联书店1984年版，这里有扩大之意。

清晰地看到白话诗流变的轨迹，保留了从旧诗到白话诗的进化痕迹。三是《尝试集》刚刚出版叫响后，作者胡适便遍求新文化运动的先驱们（也是自己友人的大家或新秀）如任叔永、陈莎菲、鲁迅、周作人、俞平伯、康白情等人删诗[①]，在集思广益的基础上自己再仔细斟酌取舍。四是在保留全诗的同时对个别诗句略加调整与变动，或删、或改、或添，都尽量朝完美的境界努力，如为了语气的舒展与口语化，添加"了"字等虚词，并进一步认为"这种地方，虽然微细的很，但也有很可研究之点。……做白话的人，若不讲究这种似微细而实重要的地方，便不配做白话，更不配做白话诗。"[②]

　　除了这些之外，早在《尝试集》最早成集之先，也有一个在纯文学视角下对应酬交际的白话诗、以方言形式出现的打油诗排斥的纯化过程（参见第一章第二节），如出于诗体进化的想象与逻辑，对留美期间所作的律诗一律不予选录；对自称"宁受'打油'之号，不欲居'返古'之名也"的打油诗，也完全排除在外。包括方言在内的白话诗，从源头始便带来了新的气象与精神，但胡适为了与文言相对的"白话"入诗能被广泛认可，争取最有利的历史合法性，不得不通过去方言化这一局部的牺牲来寻求。一旦白话诗站稳脚跟，白话的正宗地位得到巩固，方言化的历史逻辑与构想又一次通过鼓吹方言文学来重启。

　　如果说《尝试集》的成集、修订最先反映了白话诗方言化与去方言化和现实变动的关系的话，那么徐志摩的《志摩的诗》则呈现了另外的范式。《志摩的诗》初版本（以下只称初

---

　　① 陈平原：《经典是怎样形成的——周氏兄弟等为胡适删诗考》，《鲁迅研究月刊》2001年第4、5期。

　　② 胡适：《尝试集·四版自序》，《尝试集》，人民文学出版社1984年版，第6—7页。

版本）收作者 1922 年到 1925 年间的诗作 55 首，系徐志摩自编，于 1925 年 8 月自费排印聚珍仿宋线装本（上海中华书局代印），再版本于 1928 年由上海新月书店重排平装出版，[①] 从初版本到再版本一共删诗 15 首，增添 1 首，带有组诗性质的《沙扬娜拉十八首》留最后一节独立成短诗 1 首。此外保留的诗也作了个别文字的调整与改动。从整个初版本来看，55 首诗中大部分都是曾在报刊发表过的，影响很大。在搜集成集时主要以初次发表文本为主，但也有稍作修改的现象，初刊时与初版本中的文本偶有差异。

对照初版本与再版本[②]，我们就会发现背后的一些原因，主要体现在以下几方面：一是再版本中的"朱湘因素"，也就是说深受朱湘批评的影响。1926 年朱湘带着人事纷争的意气和苛求格律诗的动机，写了一篇带有个人诗学观点而又严谨求真的细读之作。这一读者因素，在徐志摩再版时起到了相当显著的作用，徐氏门生曾这样追认："他在《志摩的诗》新版里把朱湘指摘的许多诗极大部分都删去了，删得合理；而他把朱湘认为最好的一首诗《雪花的快乐》改排在卷首，把朱湘认为最坏的一首诗《默境》也删了，则未免有些盲从。……徐志摩后期，随了思想感情的日益消极、消沉，写诗技巧日益圆熟。但是他的音律实践既始终不注意严格以'音组'或'顿'来衡

---

① 当时新月广告如此说："初版《志摩的诗》是作者自己印的，现在已经卖完了，这部书的影响大家都知道，作者奠定了文坛的基础。然而作者自己还是不满意，拿起笔来，删去了几首，改正了许许多多的字句，修订先后的次序：这本书的内容焕然一新，与旧本绝不相同。读过《志摩的诗》、《翡冷翠的一夜》的人不可不读，没有读过的人更不可不读。"见《新月》第 1 卷第 4 号，1928 年 6 月 10 日。

② 这里参照徐志摩：《志摩的诗》（系中国现代文学作品原本选印，校勘甚详），人民文学出版社 1983 年版；顾永棣编：《徐志摩诗全编》，浙江文艺出版社 1987 年版。

量，他的韵律（押韵方式）也还是不大讲究。……到后来朱湘所指出的徐志摩用韵的毛病（包括'土音入韵'）也只是有所改进而已。不过朱湘要求于他的（和自己的）用韵谨严，按他们用的英美诗标准来看，也已过时。"① 这段引述着重指出了朱湘因素，不过似乎有夸大其词之嫌。事实上徐志摩因出版处女诗集起步较迟（刚开始写诗时为 24 岁，出版《志摩的诗》时已是 29 岁），自己意识到刚学步的不成熟与幼稚，对自己第一部诗集中的白璧微瑕去污化，这是很自然正常的事情。在去方言化方面，徐志摩其实仍有自己独特的考虑，反映在他修改过程中仍然坚守住方言性上。细读朱湘原文，② 主要是分两部分，一是从题材分为五类诗，反映出哲理诗不行，长处是情诗，而平民生活的诗居中间状态，基本是客观公正，经得住历史考验的。而在平民生活的诗中，以五六首作品为例，指出拿土白作诗的长处与短处，长处是某一种土白有些说话的方式特别有趣，有些词语也极佳，是别种土白或官话中所无的，短处是若是图表现上的一时新鲜，作得多了，要是诗中本质稀薄，也惹人厌，此处照朱湘看来，还努力不够；第二部分是指出其失误，有六处，其中三处专门针对押韵，即土音入韵、骈句韵不讲究、用韵有时不妥（主要指杂乱无章）。综上所述，朱湘对土白入诗，除了不能容忍"土音入韵"外基本上持中立态度。但从后来修改的情况看，徐志摩完全坚持了自己土白入诗的立场与原则，朱湘在这方面的个人意见并没有发生效力。其原因除了对自己体制的试验与输入保持信心外，估计还来自其余友人的尝试精神与喝彩声，使得徐志摩对包括"土音入韵"在内

---

① 卞之琳：《〈徐志摩选集〉序》，《人与诗：忆旧说新》，生活·读书·新知三联书店 1984 年版，第 36—37 页。

② 朱湘：《评徐君志摩的诗》，蒲花塘、晓非编《朱湘散文》上，中国广播电视出版社 1994 年版，第 149—163 页。

的土白诗较为看重。如闻一多、饶孟侃等新月同仁的尝试与赞赏，如胡适毫无保留的肯定与激励。[①] 总之这是一个既综合又分裂、既肯定方言化而又去方言化的过程，在这吸收又扬弃的过程中，不可能出现一边倒的趋势，即使如卞氏所说的把《雪花的快乐》放在首位，也是此诗音节特别漂亮之故，而对音节的重视与张扬则是新月诗派主张格律诗方向的精华之所在。

徐志摩对诗的"三美"主张的坚守中包括对"土白人诗"的偏爱。他对朱湘所指责的土音入韵没有作任何更改，客观地说，土音入韵在徐诗中实在太普遍了，是不好动大手术的。细看《志摩的诗》中的押韵，便可一览无余：如《多谢天！我的心又一度的跳荡》中"迹"与"结"、"晨"与"存"、"勤"与"冥"、"净"与"欣"、"尘"与"行"；《我有一个恋爱》中"晶"与"勤"、"忍"与"吟"；《去罢》中"埋"与"鸦"、"破"与"贺"、"峰"与"穷"。另有一类是同字相押，或押虚字如"了"押"iao"韵。在这些押韵中，有几点共同的规律是"n"与"ng"不分，"ai"与"a"通押，"u"和"o"也分不清楚，估计这在硖石土白中较为普遍。

其次是土白诗全部得到保留，如《残诗》、《卡尔佛里》等诗便是。相反，最为鲜明的是反而追求方言化，强调土白诗的纯化与独立地位，具体如《一条金色的光痕》，在再版本中既在原题下增"硖石土白"四字，又把全诗一共二节中的前一节完全删除，原因是前一节系用国语写成，在全诗中带有陈述、

---

① "最近徐志摩先生的诗集里有一篇《一条金色的光痕》，是用硖石的土白作的，在今日的活文学中，要算是最成功的尝试"。胡适：《〈吴歌甲集〉序》，姜义华主编、沈寂编《胡适学术文集·新文学运动》，中华书局1993年版，第498页。

设境性质；① 另外也把第二节第一句由 "她开口问了：——得罪那（你们），问声点看，" 改成 "得罪那，问声点看"。这样一来，从头到尾 36 行，完全是模拟家乡硖石的一个老妇的口吻，惟妙惟肖地刻画出求人的惶惑与艰难，它没有枝蔓，浑然一体。

《尝试集》是新诗史上的第一本个人白话诗集，《志摩的诗》则是 "介于《女神》和《死水》之间"、续《女神》之后，脱离旧诗词曲窠臼而用活的白话 "巩固了新阵地"② 的集子。这两本是个人诗集，修改后仍以原名出版，总的原则是取精去芜，通过删出平庸之作减少篇数来强化精品力作。这里以臧克家的《十年诗选》这一选本为例，探讨另一类型的诗选在方言化与去方言化上的思考。

顾名思义，《十年诗选》是臧克家新诗创作十年后的自选集。它于 1944 年由现代书店出版，一共收录新诗 70 首，十年磨一剑，结果删繁就简之后只认为 70 首诗可存世，可见选诗态度之严谨。臧克家师从闻一多，素以苦吟著称，自 1933 年自印诗集《烙印》以来，10 年间共出诗集 13 本，精挑细拣，又像胡适请朋友删诗一样，也请几位诗友帮助删减，终于在诗人 40 岁之际作了一个总结，其间包括自己称为 "一双宠爱"

---

① 所删的诗节如下：
来了一个妇人，一个乡里来的妇人，
穿着一件粗布棉袄，一条紫棉绸的裙，
一双发肿的脚，一头花白的头发，
慢慢的走上了我们前厅的石阶：
手扶着一扇堂窗，她抬起了她的头，
望著厅堂上的陈设，颤动着她的牙齿
脱尽了的口。
② 卞之琳：《徐志摩诗重读志感》，《人与诗：忆旧说新》，生活·读书·新知三联书店 1984 年版，第 20—25 页。

的《烙印》与《泥土的歌》。70首作品，选自这二本诗集为多。

从单行本到选本，诗中的方言词语并没有舍弃。臧克家是山东诸城人，19岁之前没有离开过家乡农村，成年后倒是在外东奔西走地谋生。不过山东诸城方言是一路携带着的，如"日头坠在鸟巢里。/黄昏还没有溶尽归鸦的翅膀"（《难民》），这两句诗一般被认为是苦吟的经典案例，但"日头"这一方言词语还是没有被"苦吟"掉。此外如"明朝"、"生怕"、"正晌"、"场园"、"巴豆"、"年头"、"生生地"、"心下"（心里）、"喉头"之类的山东方言词汇或其他方言词汇也处处可见。其次，在有些场合，也许是感到不放心，臧克家对个别方言词语的处理是用"引号"圈起来，以示区别而不作注，如《寒冷的花》中"大雪/把穷人赶到了'地屋子'里去，/用一面草'挡子'/把严寒挡在外边。/'灯笼裤子'出不得门，/瑟缩在炕头上"。另外个别的方言词汇或句式，诗人则以"作注"的形式注明以释疑，以便于读者阅读。其中最为典型的是《温柔的逆旅》一诗，它写的是诗人战火岁月中偶尔回家三日之所见所闻所感，此诗一共七个注脚：其中有方言词汇六个，如"娘娘"即母亲的乡称；"把头"即长工等，奇怪的是第七注，注脚为："一煞黑娘娘我'快滚'"一句所引为"亲热的骂词"。但"一煞黑"这一方言词倒未注，细读全诗，还有不少方言词语未注，如"干天"（即晴天）、"吃不安生"、"话头"等。诗人这样的处理方式在以前出版的单行本中并没有出现，估计是以前单行本出版后有读者指出这一问题，诗人来一个总的弥补吧。但这样是否就没有问题了呢？其实不然，当时《十年诗选》刚出后，臧克家的朋友就论述到这一点，且是作为缺点提出的："太生僻的土语，采用了，再加注子，在读者眼中即隔了一层，实是遗憾。如《温柔的逆旅》中所用土语，又《秋》

末句'拉大笆'的穷人，无注，我即不明白是什么意思。"① 由此来看，作注与不作注，都是一种两难。不过对于臧克家而言，不但分辨不清也分辨不完方言词汇，而且在当时丝毫不认为是一件影响全局的大事，因为天生拥有的山东诸城方言母舌，即使他再斟酌、推敲，也不能完全摆脱。②

换一个角度，这种现象也反映了当时没有过多的去方言化的时代要求。诗人根据自己最为熟悉的语言，写自己最为熟悉的生活，在当时带有普遍指导意义。整个社会都是沉浸在一种自然的艺术自觉中，在自为状态中达到一种对语言的自然与自觉。由此而言，白话诗的方言化与去方言化，是自然的消长，而不是外界力量的强制与逼迫。新诗创作中，纯方言化或者带有方言化是诗人成长过程中所习得的母语影响之致，它并不影响名作的知名度和艺术高度，不会因为一首诗中有若干个方言语汇或方言句式表达法就降低了全诗的审美内涵。另外诗人为了生活的逼真与还原，像臧克家一样写农村的真实生活，以山东乡村的生活来折射全国农村的生存状况一样，它还是合理的存在。语言这层外壳仍是异乡人，以及人与社会相互了解体认的起始。

三

方言化与去方言化，是现代新诗版本中一种因无意识泛化而普遍存在的现象，两者并没有优劣之分，即使想去方言化，也不

---

① 吴组缃：《读〈十年诗选〉》，《文哨》第 1 卷第 1 期，1945 年 5 月 4 日。
② 有趣的是，解放后在普通话写作语境中，臧克家对土白入诗还是持宽容态度的，如他为同乡王统照诗选作序时认为："在语言运用上，有土白（山东方言，上海方言），也有近似古诗的文言句。""他生在乡下，对民歌和人民的语言又很注意。……在土白运用方面，有的不容易懂，有的却既通俗而又美丽"。见臧克家：《王统照先生的诗（代序）》，王统照《王统照诗选》，人民文学出版社 1958 年版，第 13—15 页。

一定能全部剔除干净。土音入韵、方言词汇以及方言句式，只要大体能懂，且有特殊的韵味与表现力，也没有多大必要去加以斧削，或盲目地像排除异己一样予以挤兑。从若干新诗版本的变迁，可以一窥方言入诗的浮沉，关于这一角度的探索，值得我们以后再作详细的考察。

第二节　新诗方言化写作与普通话写作及其消长

像写什么一样，诗人如何写作也是一个既简单而又复杂、既独具个体性又兼有社会公共性的活动。诗人写什么、如何写，比写得怎样是否更重要，这要看不同时代语境的变迁。笼统地比较，解放前诗人写什么、如何写没有写得怎样重要；反之，在共和国成立后则前两者明显重要和突出一些。还原与分析比较解放前后的新诗创作，就必须对当时诗人的写作性质与状态有清醒的认识和理解。

在我看来，包括新诗写作在内，建国后全国性的普通话写作是一个不可忽视的重要存在。（这里也依据实际语境，把本书论述的时间段稍作延伸直到解放后的普通话写作时代，以便在对照中看得更为清楚，同时突出普通话写作作为参照系，使两者之间的张力得到鲜明的呈现）。对于诗人个体而言，通常情况是，每一个生命个体都是在积累其独有经历与经验的基础上，把胸中之竹凝定为笔下之竹。一挥而就也罢，推敲苦吟也罢，似乎都是常人所称道和习见的姿态与缩影。显然这一简单化了的描述，已在文人们创作经验谈之类的文章中屡见不鲜了。另一方面，其复杂与公共性在于诗人创作过程中，从微观的一个细节到宏观的整个理念，都既是它内在的问题，又并非其本身问题所能涵盖的。新中国诞生后所能提供的环境、条件与空间，使它超越了本身所能把握住的一切，其中往往又与政治、经济、意识形态、文化政策

314

等外在因素相互纠缠，并在与它们自然形成的各种复杂关系中受到种种牵制。

因此，在这一背景下可以看出，建国后新中国的诗人们写作的路径与方式，是在一个大一统式的普通话写作语境中进行的。如何运用、推动标准与规范的普通话写作，既是考验一个诗人对语言感受、把握、调配等能力高低的手段，也是考验他与集权式国家体制共存的试金石，还是他参与文化事业建设的隐形杠杆。普通话写作本身的优劣得失，规定诗人如何写作的经验教训，可以说是见仁见智的话题。与建国前呈自然形态缺乏强制性限定的泛方言化写作相比，尚须讨论的问题也随之而来，何谓普通话写作，解放前后不同时代下的普通话写作有何异同？作为它排除异己的主要对象即方言化写作（再具体到方言入诗层面），它又如何迎拒与生长？从民国时期的方言化写作到建国后的方言化写作，经历的大转折有何启示？诸如此类的问题，在今天仍在等待作出及时的阐释。

一

重审"普通话写作"这一概念，首先有必要对它的产生与发展有个大致的梳理和了解。普通话写作的意义与价值也掺杂其中。

用普通话进行写作，其中主体性的"普通话"作为一个术语，最早是清朝末年"切音字运动"的积极分子朱文熊于 1906年提出来的。他当时写了一本叫《江苏新字母》的书，把汉语分成三类，其中之一就是"普通话"，并注明"普通话"是"各省通用之话"。当时人们又称"普通话"为"蓝青官话"，因为元、明、清以来数百年间北京一直是全国政治、经济、文化的中心。各地赴京应考、做官、经商的流动人口很多，天长日久，他们也学会了这种北京话，但他们的北京话却又多少杂有地方口音，人们就用"蓝青"比喻它（"蓝青"比喻不纯粹）。① 拆开来看可理解为"普通"的话语，重点在前面的定语身上，有"普遍、全面、通用"等意义。透过字面意义，"普通"一词有普遍、通用等内涵，这均指向语言的求同性，而语言的这一性质是自古皆然的。语言，作为人们之间交际与交流的有力工具，与人的思维习惯与群居方式相适应，也与国家统治分合的政治历程相协调。像方言岛大都为移民所造成一样，族群的流动与迁徙，集体式的生活与共同劳动，也就迫切地需要求同存异。以某种口语、方言为基础，各个地域的人群在地理空间内部借此沟通与联系，是现实之所需，也是历史发展之所系。在我国不同历史时期，国人曾把它称为"雅言"、"凡语"、"通语"、"通名"、"官话"、"国语"之类。讲究语言的通畅无阻，似乎与政通人和之类的愿望也有内在契合关系。如大约在周秦时代，"雅言"便占据统治地位，《论语》中有这样的话："子所雅言，诗、书、执礼，皆雅言也。"不过，重要区别之一是，它是以当时关中方言为基础的普通话罢了。沿此下来，"通语"之于汉朝，"官话"之于元明清，"国语"之于中华民国，"普通话"之于新中国，语言名称之变，与政权更替息息相关。其次，语言的自然发展，总是受到人力的牵制而改变了原来的生长状态。语言发展态势时时被不同历史时期的领军式先锋人物所洞悉，或被激活，大为提速，或被扭转，改变航道。譬如 20 世纪初叶提倡的白话文运动便是如此，胡适、陈独秀、鲁迅，以及后来提倡大众语的瞿秋白等人，结合各自的立场与功用目的，都置身于语言"求同"、"求易"这一语言变迁的历程中，去服务民众，去争取民众。他们或论或著，或鼓吹或示范，为摆脱文言、成就白话变革而

---

① 还可参见倪海曙《推广普通话的历史发展》一文，《倪海曙语文论集》，上海教育出版社 1991 年版。

推波助澜，为语言工具的普遍、简易摇旗呐喊。五四以后的新文学作家，也基本上认同这一语言现实，其结果是北方方言、白话与"普通话"逐渐合流。其中，北方地区的平原地貌，北京六七百年来的首都历史，北方"官话"数百年历史沿袭的积淀，是客观背景；新文化运动的风流人物，新文学作家队伍以蓝青官话为主的集体白话文写作，或当时意义上的类似"普通话写作"，是改变历史进程的又一主导因素，二者整合了各自附加的力量，大为加速了当时意义上的普通话的推广与流布。

不可否认，这一过程极其复杂，有矛盾，有起伏，有寒潮也有暖流，当时各个时期留下来的相关著作中，也对应着歧义甚多的各类表述。譬如，瞿秋白在 20 世纪 30 年代曾对当时意义上的"普通话"具体内容有所涉及。"最近三十年来，凡是新的研究学术所用的言语，工商业发展之中的技术上的言语，政治上社会交际上的言语，事实上大半发生于'南边人'的嘴里。——江，浙，赣，粤，湘，鄂，川等省的人的嘴里。同时，这里又并没有历史久远的一个中心城市；大家只能学着北京话。结果，势必至于是'蓝青官话'变成实际上的普通话。"[①] 这里说的是由蓝青官话即北京话而普通话的简单而又形象化的演变过程，不过，当时的普通话实际是掺杂丰富方言成分的混合语而已，当时的蓝青官话并不纯粹而富于自然主义特质。这一点，与当时政治、国家的不统一有关，与长期内忧外患、人群不兴流动迁徙有关，更与当时囿于极少范围内的学术讨论层面、很难大规模地借助行政力量推行有关。

与新中国建立前的自由散步式地推行普通话写作相比，建国

---

① 瞿秋白：《罗马字的中国文还是肉麻字中国文?》，《瞿秋白文集》文学编第三卷，人民文学出版社 1989 年版，第 228 页。

后整个国家机器则以只争朝夕的紧迫感，在文化建设中也以突击、集团方式，举全国之力强化普通话的步伐与历史进程。而且，它相应带动了对新社会满怀憧憬的诗人们用普通话写作的热潮，不管你是否犹疑与观望，都混在涌动的人群中迈出了整齐划一的步伐。诗人如何写作，都似乎跟当时的政治、经济、文化、国防统一有了某种联系，一切都成为高度统一的国家机器的一部分。客观事实是，党与国家在宣布中国人民从此站起来了之后，又紧锣密鼓地制定与贯彻过渡路线，社会主义改造与社会主义建设，是响遏行云的口号，也是热火朝天的现实。怎样建设？文艺工作者如何参与？包括推行普通话在内的文字改革，究竟占一个什么地位，起一个什么作用？诗人们很快就得到了上边指定的答案，诗人的普通话写作是文化教育事业的一部分。像其他的文化教育事业一样，它必须按照国家管理政治、进行经济和国防建设、普及文化教育的模式，逐步地、有计划地改造、提高，整个文艺队伍也就成了某方面军，带有类似"军事化生活"的性质。从呈庞大体系、规模推广普通话写作来看，无论是 1955 年 10 月召开的全国性的"全国文字改革会议"和"现代汉语规范问题学术讨论会议"，还是《人民日报》、《光明日报》、《中国语文》等各类媒体发表的社论，还是教育部、国务院等机构发表的关于推广普通话的各类指示，乃至最后定格成宪法规定中的法律条文，整个形势可谓水涨船高、步步为营，虽然也让人感到身不由己之叹。

就"普通话写作"中普通话的概念内涵来看，还吻合了逐渐添加内涵的特征。最早是模糊地指汉民族共同语，其中首先是统一音，即以北京语音为标准音，随后是确定以北方方言为基础方言，最后是在此基础上统一以典范的现代白话文著作为语法规范。这样，正式确定普通话的定义为"以北京语音为标准音，以北方话为基础方言，以典范的现代白话文著作为语法规范的全民族的共同语"①。显然，这一过程所遮蔽的矛盾，所留下的缝隙，在今天似乎仍有讨论的余地。再次，从可资借鉴的标准来看，1951年的《人民日报》社论便高举毛泽东与鲁迅两人的著作，视其著作是纯洁与健康的标准，不相符合者，则是不纯洁与非健康的。普通话与规范化、语言的标准连为一体。正如后来的社论所言："要促使每一个说话和写文章的人，特别是在语言使用上有示范作用的人，注意语言的纯洁和健康。语言的规范必须寄托在有形的东西上。这首先是一切作品，特别重要的是文学作品，因为语言的规范主要是通过作品传播开来的。作家们和翻译工作者们重视或不重视语言的规范，影响所及是难以估计的，我们不能不对他们提出特别严格的要求。"② 反正，道路已经铺好。剩下的事情是，诗人们，你准备好了吗？

这一切影响甚至左右着诗人们的写作，包括投入的愉悦与不适的焦虑。像写什么一样，如何写作便是当时横亘在每一个诗人面前的具体问题。要么表态支持普通话写作，并落到实处，在自己的每一次写作中得到体现，要么停止创作，收起自由创作的权利，这似乎成了当时的两条背道而驰的道路。像重新学会怎样说话一样，抛开对熟悉语言的迷恋，投入到宏大而陌生的共同语规范化汪洋中，也是一个重新开始、适应的过程。时代主潮裹挟着运动的激流，在不断分化中凝聚着人流。具体来说，首先是已成

---

① 在1955年召开的"全国文字改革会议"上，张奚若在大会主题报告中说明：汉民族共同语早已存在，现在定名为普通话，需进一步规范，确定标准："这种事实上已经逐渐形成的汉民族共同语是什么呢？这就是以北方话为基础方言，以北京语音为标准音的普通话。""为简便起见，这种民族共同语也可以就叫普通话。"1956年2月6日，国务院发布的《推广普通话的指示》中，对普通话的含义作了增补和完善，第一次正式确定普通话"以北京语音为标准音，以北方话为基础方言，以典范的现代白话文著作为语法规范"。

② 《人民日报》社论：《为促进汉字改革、推广普通话、实现汉语规范化而努力》1955年10月26日。

为各种政府部门、文化单位、出版机构、社会团体中的领导型文人集体加入到这一运动中去，如郭沫若、茅盾、周扬、叶圣陶、老舍，如艾青、何其芳、田间、李季、臧克家、袁水拍、沙鸥、公木……他们有的直接参与了这一系列事件，在共商国是中制定各种规则；有的在大会小会上贯彻和落实党与政府所交代的这一政治任务；有的则在创作中或者改弦易辙、另觅出路，或者明显放慢探索脚步、在观望中前行，甚至有些还身不由己地陷入到参与批判同行的阵列中去。其次，具体落实到散居全国各地的诗人们身上，一方面是引导、规范，将其写作纳入既定的轨道；另一方面通过各种批评，乃至批判，正反出击，强制执行普通话写作这一大一统的文化政策。正如有论者通过精细的考察后得出的结论："就中国整体而言，20 世纪 50 年代以前的中国新诗，并不存在以'非此即彼'的斗争思维障碍创作实践的事实。……这一'新思维'的出现便在 20 世纪 50 年代。正是通过 20 世纪 50 年代，中国新诗以至中国文学形成了一套完整的严密的'非此即彼'的二元对立思维。"[①] 具体落实到写作中，其中不可忽视的环节就是普通话写作，它也借此跃居到了一元的位置。作为对立面的非普通话写作，也就成了被约束、被清理的对象。

在普通话内涵的不断添加、丰富中，各类诗人的非普通话写作局面得到了牵制与扭转。这里关键的问题是，什么是非普通话写作呢？汉语规范化原先针对的是什么？客观地看，以汉字简化、推广普通话为支柱的汉语规范化运动，最早的出发点主要是针对全社会文化水平低下而言的，如作文中普遍的含糊、混乱、文理不通现象，至于语法不严谨，病句错句流行，乱用简语、自创别字等等自然包括在内，而且在新闻写作、公

---

① 李怡：《现代性：批判的批判》，人民文学出版社 2006 年版，第 255 页。

文写作中呈蔓延之势。后来随着文化生态环境的恶化，清理的范围与方式都发生了变化。其中，包括批判写作中运用方言、土语这一主要倾向。——饶有意味的是批判对象的滑动，新的问题也油然而生，方言、土语在文学作品中到底占一个什么地位？对推广普通话、汉语规范化的强调，必然压制方言、土语吗？语言本身有尊卑之别吗？如果有，为什么在建国前的抗日语境中与解放战争时期里，写作中的方言土语却得到大力提倡？解放前曾大力提倡的群众语言至上观，它内在的方言性与普通话之间的缝隙又如何弥合？——事实上，对隐于民间，在诗人笔下普遍存在的方言问题的包围与批判，绝不是一个语言问题所能简单包括的。

二

　　语言本身有地域性，分隔在不同的时空中生长、发展。这一事实由来已久，有"合"有"分"是中国数千年的国家建制史实，多民族杂居的现状与语言固有的地域性，形成了共同语与各地方言彼此长期共存的局面。两者的生长形态是各自服务一方，此起彼伏，绵延不绝。只是服务对象有多寡，所占社会"市场空间"份额有厚薄而已。

　　然而，一旦语言追求各自的生存与发展跟国家追求统一与强大联系起来，两者出现矛盾冲突时，弱势地位的语言也被挟持着要突破既有的地域限制，一步一步地去地方化，也就是去方言化，以便求"通"求"同"。普通话与方言之间的关系，也就变得非常重要了。20世纪50年代在推行普通话、讲究汉语规范化时，曾有明确的表述与界定："普通话是为全民服务的，方言是为一个地区的人民服务的，推行普通话并不意味着人为地消灭方言，只是逐步地缩小方言的使用范围，而这是符合社会进步的客观规律的。方言可以而且必然会同着普通话在相当长的时期内并存。"类似的表述还很多。不"人为地消灭",而是"逐步地缩小",让方言自动掉队并逐渐自行消失,这就是想象中对待方言的方式,也是持方言消亡论者的理论预设。然而事情并非想象的那样简单,方言本身也会发展;当时奉为典范的毛泽东同志、鲁迅先生两人的著作中,既有方言成分,也有对方言价值的保留说法。此外,这一时期的诗人大多数在解放前成名,且又正值壮年,各地方言区域所培养与输送出的这批大地之子,母舌的影响并不是说丢就能丢得了的外衣。

方言写作曾在民国时期得到了有力的提倡与保护,其原因,一是与白话文运动的兴起与发展相依托,二是与政党自身的发展生存共风雨。对于前者,主要是突破文言的窠臼,把口语与白话捆绑在一起,取得了白话文运动的胜利,在 20 世纪 30 年代又提倡大众语,让文化普及,进一步对各地民众的口头语加以平等对待。对于后者,主要是共产党政党最初来自草根阶层,本身一直在弱势中,在夹缝中求生存、求支持。在实施战略性步骤上主要是通过民族形式的提出与讨论达到这一目的,[①] 如在国统区发起持续不断的各地方言文艺运动,就取得了良好的政治影响与社会影响。但到了建国后,方言文艺作为助手的角色被搁置起来,逐渐转变成为被批判的对象。早在建国初期,报刊上就开展了对这一问题的讨论。语言文字专业的工作者比作家们最早重视,如邢公畹等提出文艺工作者应该用普通话进行创作,尽管那时普通话的具体内涵也还是众说纷纭,但反正方言写作应该退出历史的舞台。邢氏认为过去我们写农民,用农民群众的口语——方言,都有革命的意义。现在全国解放而且统一了,"特别是在人民政治

---

① "民族形式"问题既与大众化问题联系在一起,又受特定政治因素的深刻影响。参见钱理群等著:《中国现代文学三十年》(修订本),北京大学出版社 1998 年版,第 462—470 页。

协商会议召开之后的今天"，不能再用方言来创作，来写农民了。他在另一篇文章里又说："方言文学这个口号不是引导着我们向前看，而是引导着我们向后看的东西；不是引导着我们走向统一，而是引导着我们走向分裂的东西。"① 此外，他在相关文章中以周立波小说《暴风骤雨》为例，对书中使用的东北方言土语进行了大面积抨击。这一看法与立场，本身逻辑似有可商榷之处；后来虽然周立波本人在另一场有关方言文学的讨论中进行了辩驳，② 但整个社会风气似乎对方言写作均不利，讨论的结果逐渐呈一边倒的趋势，一步一步地呈现为收缩性的包围圈。与周立波坚守方言入文的立场不同的是，茅盾、叶圣陶、老舍等人则改变了立场，竭力为普通话写作鼓与呼了。小说如此，何况新诗？急于与时俱进，融入新社会的诗人们感受到了这一价值取向的压力，方言入诗的情况便变得更加艰难。在新诗创作上，绝大多数诗人也纷纷改换门庭，从不同途径寻找适应点。从时间上看，是从两个时间维度进行的，一是对现在时的影响，或者变换既有的风格，一致用陌生的声音改唱颂歌，如冯至、卞之琳、何其芳、

---

① 邢公畹：《谈〈方言文学〉——学习斯大林〈论马克思主义在语言学中的问题〉的报告之一》，《文艺学习》第3卷第1期，1950年8月。

② 湘籍作家周立波，从20世纪30年代的文艺评论，到抗日战争时期的报告文学，从《暴风骤雨》，到《山乡巨变》，所有的作品，都是为我国劳动人民所唱的颂歌。其中《暴风骤雨》、《山乡巨变》是他四五十年代的代表作，前者还获得过斯大林文艺奖金。恰恰这两部长篇，方言色彩非常浓郁，他也被视为爱运用方言土语的代表性作家。作品这样写，论文也如此立论，如《谈方言问题》一文中旗帜鲜明地认为："我以为我们在创作中应该继续的大量的采用各地的方言，继续的大量的使用地方性的土话。要是不采用在人民的口头上天天反复使用的生动活泼的，适宜于表现实际生活的地方性土话，我们的创作就不会精彩……"此外，尽管有不少反对意见，也还有些评论者仍充分肯定"方言入文"是他的优势。如方明、杨昭敏在评《山乡巨变》时说，"在很多情况下，把方言土语完全翻成普通话，就失去了色彩。小说并不是推行普通话的课本。"由此可见，作家具体创作时对普通话写作的贯彻仍有分歧；仍有人坚信，在文学创作中运用方言土话，是对普通话写作的有益补充。

艾青等诗人，开始改造艺术个性来适应更大的光明；或者在批判的硝烟中退下阵来，在反省中去自我化；① 或者置身这一时代语境，避害趋利地调整创作方向，如唱马凡陀山歌的袁水拍悄隐了（参见第三章第二节）；在书信中自认为"诗风及诗的观念的改变，是有深刻的社会原因和自身遭遇的原因"② 的方言诗人沙鸥，因解放前后"在中国历史上有了翻天覆地的变化。这个变化不能不影响我的诗。写什么，当然不同了。怎么写，也应该不同了"，虽然感到后来选择自由的形式写诗既"特别在生活气息上，都不如从前了"，又觉得"我给自己选择了一条弯路"。③ 陕北方言诗人李季建国后，感觉到用以前哀怨的信天游的调子"来描述这些正在成长中的社会主义的新型农民，那会是多么不协调呵！"④ 后来除用盘歌和五句体湖南民歌形式写了不甚成功的《菊花石》后（其失败原因之一便是对湖南方言太隔膜），逐渐减少了土气与方言气息，增添了不识字的农民看不懂的洋气，以致在 20 世纪 50 年代中期连自己都感到这七八年的诗作"太洋气了"。⑤ 二是对过去历史时间的追讨与旧我形象的修正，诗人们对解放前出版的诗集，在获准重印时往往事先"删削一番"，好比一次埋葬旧我、走向新生的自我亮相，借此来改变自己在过去历史中的形象。已在解放前成名的诗人们纷纷作自我矫正，从郭

---

① 参见李怡归纳统计的 20 世纪 50 年代中国诗坛批判运动情况，见《现代性：批判的批判》一书，人民文学出版社 2006 年版，第 263—266 页。

② 止庵：《沙鸥谈诗·跋》，《沙鸥谈诗》止庵编，首都师范大学出版社 1996 年版，第 546 页。

③ 沙鸥：《关于我写诗》，《沙鸥谈诗》止庵编，首都师范大学出版社 1996 年版，第 93 页。

④ 李季：《热爱生活大胆创造——和同代的同行们谈写作的二三感受》，《李季文集》第 4 卷，上海文艺出版社 1986 年版，第 543 页。

⑤ 李季：《要为更广大的人民群众所接受》，《李季文集》第 4 卷，上海文艺出版社 1986 年版，第 547 页。

沫若、汪静之始，冯至、何其芳、臧克家、徐迟、袁水拍、李季等等都有相类似的举动，如冯至对十四行集的自我"遗忘"，早年诗作也被改得面目全非。何其芳把"那些消极的不健康的成分"①都积极地改了。从内容与形式进行修改，那些没有此类嫌疑的也一并改过，所到之处就包括去方言化的集体冲动。

三

下面沿用上一节以同名诗集对比的方式，对汪静之的《蕙的风》与李季的《王贵与李香香》这样富有可比性的诗集为例，来辨析去方言化的方法与过程，从中看新诗中方言化写作与普通话写作的纠缠与消长。虽然在现代新诗运动中，这两种写作追求盘根错节在一起，彼此矛盾、消长，通过不断碰撞刷新诗人写作取向上的复杂性与可逆性，但从来没有哪一时期有这种摧枯拉朽之势。

首先以汪静之的成名诗集《蕙的风》为例：汪静之的白话诗集《蕙的风》曾在现代诗歌史上引起争议，誉多于毁，诗人也被称为情诗上的圣手。它初版于 1922 年，当时曾得到鲁迅、叶圣陶、朱自清的指导与关心，出版时则有胡适、朱自清、刘延陵为之作序，出版后引起攻击时又有鲁迅、周作人等专门撰文为之辩护。它的版本在解放前没有多大变化，延至 20 世纪 50 年代出新版时则变得面目全非。汪静之自述以"只剪枝、不接木"的修改原则作理论支撑，但与初版相比，解放后出的新版变化之大可谓空前，实际上连主干都剪得七零八落了。具体而言，比较初版本与 1957 年新版（下面简称新版），数量上删弃三分之二，仅剩下 51 首；总量上又与删弃三分之一的

---

① 何其芳：《〈夜歌和白天的歌〉重印题记》，蓝棣之编《何其芳全集》第 1 卷，河北人民出版社 2000 年版，第 527 页。

《寂寞的国》合并，以第一、二两辑存之，合并后仍称《蕙的风》；题目上改动的居多，有些是截取一诗首尾为二首的，分别命名，有的略改，数字出入很大。例如把《定情花》后的自注"在一师校第二厕所"删除。① 从文本改动来看，既有肆无忌惮地剪除枝丫的，也有连主干都削掉的，如《天亮之前》由四节40行改为一节24行；《我俩》由9节70行，改为《一江泪》为一节8行；《悲哀的青年》由5节31行改为《寻遍人间》为1节4行；《孤苦的小和尚》由4节38行改为《小和尚》3节12行；《愉快的歌》由3节87行压缩成1节10行；《恋爱的甜蜜》由4节18行压缩为1节13行；《我都不愿牺牲哟》由5节35行改为1节4行小诗；《醒后的悲哀》由7节46行，改为《醒后》1节4行和《希望》1节4行。再次从去方言化角度来看，去方言化的倾向较为明显。考虑到1957年全国已处于普通话如火如荼推行之时，汪静之虽然没有点明这一背景，但时代要求的具体细节还是相当清楚的。主要体现在两方面：一是改正方言韵，二是把带有方言成分的口语句子改成较为规范的普通话。首先来看他的方言韵问题。

"多数是自由体，押韵很随意，一首诗有几句有韵，有几句无韵。又因不懂国语，押了很多方言韵。现在把漏了韵的补起，把方言韵改正了。为了押韵，字句上不得不有些改动，但不改动原诗的思想内容。"② （《寂寞的国》也有改正方言韵的，这里因材料所限，存此不论）。但仔细校读，事实上不像汪静之本人所论述的那样简单，也没有他所说的那样成功，诗人似乎还是

---

① 也许是这句话引起了在美国留学的闻一多的借题发挥："《蕙底风》只可以挂在'一师校第二厕所'底墙上给没带草纸的人救急……便是我也要骂他诲淫"，见闻一多《致梁实秋》，《闻一多全集》三，生活·读书·新知三联书店1982年版，第609—610页。

② 汪静之：《蕙的风·自序》，《蕙的风》，人民文学出版社1957年版，第1页。

根据某种个人印象在改方言韵，虽然改得较多但改得不彻底，而且在改的过程中反而增添了不少，其原因大概还是不能辨别清楚哪些是方音哪些是普通话音，估计受到其普通话水平的限制。具体表现在初版中为省事安全起见，套用同音虚字结尾押比较低级的虚字韵，如"的"、"了"字韵简单重复，《蕙的风》中的"了"字韵与《尝试集》不相上下。其次是押韵的字，作者是想放弃方言韵，但很多没有押对，只是换上了另外的方言韵而已；或者反而改错了，不但连累了原诗的神韵与生气，反而留下了败笔，改来改去仍是方言韵。如《我愿》一诗"个"与"我"，《热血》中"心"与"根"，《七月的风》中的"灵"与"纹"，《蕙的风》中"醉"、"蕙"与"飞"，《谁料这里开了鲜艳的花》中"迹"与"去"，《眼睛》中"睛"与"饮"，有弄巧成拙之嫌。另外原本中也有许多因察觉不出而没有改正，如《恋爱的甜蜜》中"嘴"、"许"与"侣"，《愿望》中的"门"与"情"。此外还有机械式处理的，如《一步一回头》中加上"非难"以便与"胆寒"谐韵，《谢绝》中为了与"苦恼"押韵，改"幕了"为"帐幕一套"，但意义是重复的，是为了韵的屈就。可见方言韵切除不当并没有带来什么可圈可点之处，有些作品虽然强化了押普通话韵的意识，但也残存着方言韵的尾韵，而整体上音节的和谐倒退步了。

除改正方音韵之外，改正力度较大的是方言语汇，改正力度最大的则是口语方言句子。前者除"姆妈"、"要子"、"勿"、"烈热"、"莫来由"、"怎的"、"勦"、"闹热"之类方言语汇外，还改正了一些个人不规范语汇，如"飞红着脸"、"园角头"（《园外》），"绿浓浓的"、"蹈舞"（《西湖杂诗·五》）；后者系改方言成分的口语句子为中规中矩的普通话，在当时口语入诗色彩极浓的汪静之，尽情地讴歌爱情，是没有多少顾虑与犹疑的，字里行间都透着稚气与天真。在改口语句子时最显著的标志是大量删弃表语气、情态的语助词。这些语助词虽然没有太多的意义，但句子节奏、伸缩度、表达出的韵味，都丧失不少。另外在改句子时大多删削曲折含蓄的说法，换用板着脸的普通话，而且一般是生硬、僵化的陈述句。像"北高峰给我登上了"（《西湖杂诗·三》）、"他们滚的滚着雪球；/塑的塑着雪人"（《雪》）、"我远望着洋洋的海，/我洋洋的心更觉洋洋了。"（《洋洋》）、"我亲爱的父母，的姊妹，的朋友呵！"（《西湖杂诗·七》），"我只是我底我，/我要怎样就怎样"（《自由》）之类的口语化句子或改或删，都在新版中不见踪影了。留下的诗，几乎没有一首有生气。不妨看以下几首原版中最为杰出的作品：一是诗集中宛若唱片主打歌式的名作《蕙的风》，原诗共四节，修改后合并为一节，试比较原作的前二节："是那里吹来/这蕙花的风——/温馨的蕙花的风？//蕙花深锁在园里，/伊满怀着幽怨。/伊底幽香潜出园外，/去招伊所爱的蝶儿。"修改后成了三句"蕙花深锁在花园，/满怀着幽怨。/幽香潜出了园外。"另一例是引起广泛争议的《过伊家门外》，原诗为"我冒犯了人们的指摘，/一步一回头地瞟我意中人；/我怎样欣慰而胆寒呵。"改为《小诗八首》中的《一步一回头》，全诗为"我冒犯了人们的指摘非难，/一步一回头地瞟我意中人，我多么欣慰而胆寒。"带口语性质的曲折、舒缓的语气词、虚词在修改中大多数被删除，诗意浓郁的句子变成较为呆板的普通话（也许诗人当时对普通话的理解也有偏差），而且用的是板着面孔的陈述句。此外，如《伊底眼》、《醒后的悲哀》等较为知名的作品都接受了这样的"待遇"，结果自然可想而知。显然，这些修改之作与其他修改诗作一样，基本上像"敏慧的鸟儿，/婉转地歌唱在树上"改为"鸟儿在树上婉转地歌唱"一样，均没有达到理想效果。据此，有论者一针见血而又不无反讽地认为："'修改'实际上承认了当年攻击的合理性"。①

曾经给汪静之带来巨大声誉的《蕙的风》，时过境迁，三十多年后，在向普通话写作化的过渡中，每一首诗都逃不掉砍伐的命运，毋庸讳言，这是值得新诗史认真反思的。

四

与《蕙的风》时隔三十多年，一旦时过境迁而大举砍伐不同，李季的《王贵与李香香》倒是一直陆续进行修改，幅度有大有小，与《蕙的风》这样的大手术相比倒尽是些小手术；另外，修改并不是一人之力，而是通过群众、编辑的帮助与取舍来达到这一步的。可以说两者既有相似点，也有不同之处。

《王贵与李香香》出版过多种版本并不断被重印，自手稿始，这一名篇得到的小修改也特别多，② 从手稿来看，李季这首长诗是一气呵成，写作中很少有改动。写成后他亲自念给盐池的一些基层区乡干部听，听取他们的意见并作出相应的修改，也在当地干部群众中传阅，也许是根据作者意见，他们还在手稿上作了一些改动。手稿上的修改约为一百五十多处，大体围绕四种情况进行：加强革命斗争场面的描写；删减王贵与李香香爱情的描写；突出庄户人与地主崔二爷的阶级矛盾；根据群众口语对文字进行改动和润色。这里仅从群众口语角度来看文字改动，从当时所改情况来看，几乎是强化方言化趋势，理由就是尽量符合群众口语原生态。如把"安息"改为"睡下"，"掉队"改为"失群"；"三抢二抢抢不掉"改为"三抢二抢抢不到手"，"王贵痛昏了，啥也不知道"改为"把王贵痛得直昏过"，"又有吃穿，又有喝"改为

---

① 姜涛：《"新诗集"与中国新诗的发生》，北京大学出版社 2005 年版，第196—197 页。

② 手稿情况可参见宫苏艺：《〈王贵与李香香〉的手稿和版本》，《延安文艺研究》1987 年第 1、2 期。

"有吃有穿真受活";或者要改也是改用另一种方言表达,如改"胡骚情"为"胡日弄"。这一切,都说明在当时一切以陕北群众口语为准绳,看是否是陕北群众口头常说的语汇与句子,凡是有知识分子腔、有欧化腔的,都照改不误。如李季改"闹革命的情绪一满高"改为"闹革命的心劲一满高",留有旁注为"'情绪'这不是群众的话"。类似的例子还有不少,这里不一一列举。对于这些群众意见,《解放日报》的编辑黎辛、冯牧在诗作发表前和作者来回商讨过,也擅自作了一些改动与取舍。发表后引起轰动,自然是洛阳纸贵,除了新华通讯社用电讯发出、延安新华广播电台进行了广播之外,许多解放区报纸纷纷转载,解放区各新华书店印行了不少单行本。第一个正式版本是 1947 年 4 月香港海洋书屋刊行,第二个正式版本是 1949 年 5 月北京新华书店出版。这些均是根据《解放日报》发表本印行,印行者与编辑自行越俎代庖对个别文字进行了小的变动与修改,其中也涉及方言语汇的去留。

全国解放后,1952 年起《王贵与李香香》版权归人民文学出版社,或再版或重印,李季根据时代要求进行了大大小小的修改,最为典型的是 1956 年人民文学出版社第二版。该版出版说明中写道:"这次重排出版,作者又作了一些重要修改。"除了标点符号大作修改外,文字修改达三十余处,修改的重灾区则是推翻以前以陕北群众口语为上的观念,把陕北方言改正过来。在当时作品走向全国化的语境下,这也是顺其自然、权作表态之事。具体而言,如把"牛不老"改为"牛犊"、"牲灵"改为"牲畜"、"到黑里"改为"黑夜里"、"胡日弄"改为"胡打算"、"粪爬牛"改为"屎壳郎";"不是人敬的"改为"不识抬举"、"快里马撒红了个遍"改为"陕北红了半个天"、"那达想起你那达哭"改为"那里想起你那里哭"、"不见我妹妹在那里盛"改为"不见我妹妹在那里"……可见从词汇到句子,都进行了一次重审与筛选,

330

太土的当然毫无顾虑地抛弃了，而一些从字面意义上较易理解的则保留了，如"短钱"一说，可见在地域方言与全国性普通话之间的过渡词语保留多，方言特征词汇保留少。值得一提的是，后续版本，作者或多或少地继续作了这方面的修改。——细察《王贵与李香香》作品中方言的变迁史，似乎可以触摸、感受到纠缠其中的时代背景与创作环境，或可以通过方言化与去方言化的张力，重审群众语言的命运。

五

通过以上两部著名诗集的修改考察，我们可以大致肯定，解放前后虽然在字面意义上倡导普通话写作化的语境，但具体内容相差太大导致其实质相差甚远，在新诗方言化与去方言化的张力之间，并不是简单的背道而驰。即使在去方言化的趋势中，方言化的回归也偶有发生，同时方言也不能全部剔除净尽，方言身份的复杂、表现力与诗人语言资源等原因，以及题材上的限制也保护了这一点。

另外，从这个个案再反观新中国成立后大一统理念指导下的新诗普通话化，这一转变本身也是矛盾重重、富于歧义的。当时提倡为语言的纯洁和健康而斗争，既明显是为统一的国家想象共同体服务，它还需要经过实践的检验。其一，当时提倡普通话的语言学家，一方面是引用、学习引进的斯大林等政治领袖的语言学观点，另一方面是解释当时钦定的走拼音文字的道路来看待整个文字改革工作。这似乎在做一个论点偏颇，论据有限而论证又差强人意的论述题。现代诗人在诗作中保存包括方言语汇在内的方言因素，也是贯彻落实毛主席的关于语言问题的指示，即为工农兵服务、丢掉知识分子腔从而通过广大农村农民们的嘴头活的语言中去得到写作的语言资源。这不容反驳，事实上大多数反对者也只是用不要"滥用方言"来笼统概述。至于反对者们反复论证毛泽东、鲁迅著作中没有一处方言运用不传神，不精彩，这种论调的内在逻辑也值得怀疑。我认为，问题的复杂性就是在这些类似的地方难以逾越。

第三节　方言入诗的合法性辩难与认同焦虑

从古典旧诗到现代新诗，从白话入诗到方言入诗，作为整体意义上的"新诗"在这一历时性过程中，一方面是不断呈现并矫正自己的历史形象，另一方面则一直伴随着历史合法性的不断追寻与证明。如果我们细数现代诗歌产生与发展的脚印，就不难发现不论是诗歌圈还是整个包括文学界在内的社会，对新诗的接纳呈现出其他文体所不曾有的复杂局面，大大小小的论争，围绕"诗/非诗"、"旧诗/新诗"、"中国诗/外国诗"对立的两元此起彼伏，聚讼纷纭，构成极为韧性且还在不断延伸的历史链条。在古典诗词作为背景的对立面上，从新诗到方言诗，真正挣脱社会的非难而争得合法的身份并得到认同是如此艰难。这一合法性辩难的过程到底如何定位，它展开的历史细节有没有隐含着某种答案呢？到底是"谁"出于什么目的在说话呢？这些仍像谜一样纠缠着我们。

一

说到合法性，首先进入话题中心的便是合法性到底是谁制定的规矩，"诗/非诗"的边界在"谁"的手里强行划定？也就是说，对新诗与方言诗指手画脚表示不满的，我们听到的究竟是谁的声音，是谁在说话？到底是谁拥有了这种话语的权利，从中得知究竟有哪些因素对方言入诗的合法性起着关键性的制约作用。

合法化本来属于社会学特别是政治权力领域的一个核心概念，大致说来指的是赋予某人某集团以权力并使人们服从的凭据，大的如政权政党的建立与一个国家的统治，小的如具体某单位部门的领导权辖及其运作模式。不管是天赋人权也好，还是孟德斯鸠的权力制衡也罢，反正在政治领域应用最多。借助这一视角在文化领域也有类似之处。一种文化现象或者某种文学思潮、某一文类存在，不管其内容、形式、风格有何自身特征，当它们一旦被人"生产"出来成为存在物，它就面临被社会认同、接纳或被拒斥、反对的命运。这就可以视之为精神世界中的合法化（或合法性）问题或现象，需要不断被抛出来加以讨论、证明，并在这一过程中不断合法化。

在以上过程中，最易放到这一天平上的莫过于追新逐异之后涌现出的新鲜事物。在中国近代以来，中国旧文化经历了前所未有的深刻变革，最终蜕变成为异质性的中国新文化，于是便最有资格充当这一新鲜事物，最有机会接受合法性过程的考验。具体如新诗，如新诗中的方言入诗，更是如此。纵览现代新诗史，对方言入诗的质疑之声时时反复出现，这些声音既是诗学理论上的辩难，同时也反映出对它进入诗歌的合法化危机，我们有必要深入分析。

到底谁是判断它合法性的"立法者"呢？谁有资格与能力来论证、确认这一垄断性信息？这是合法化辩难中必要的前提。总的来说，作为精神产品的文化，其合法性是通过多种渠道与方式实现的，社会在前进、变化，新的文学形态总会不断出现，自然带来不同的意见和争执，而表达不同观念、立场的主体，便是"立法者"。这不是某一具体的人也不是某一个团体，而是文学阐释共同体合力角逐的结果。诗人（诗歌的制作者）和读者（消费者）共同承担了这一角色，此外混合两者力量的政治意识形态及商业化经济的影响也参与进来。当然其中的任何一方面都是相当复杂的，如以读者一方为例，其中包括普通读者群和专业化的读者群，后者指的是一时的文学评论工作者具体如诗歌评论精英等。

在类比意义上，这里不妨引入西方学者鲍曼、费什等人的观点。鲍曼认为在美学领域，知识精英群体扮演了"立法者"角色："在整个摩登时期（包括现代主义时期），美学家们依然牢牢地控制着趣味和艺术判断领域。这里的控制意味着不受任何挑战地操纵各种机制，以使不确定性变为确定性，意味着作出决定，发表权威评论，隔离，分离，对现实施以限制性的规定。换句话说，控制意味着对艺术领域行使权力。"① 虽然在今天看来，"几个世纪以来一直由知识分子无可争议地独占的权威领域——广义的文化领域，狭义的'高雅文化'领域，它们都被取代了。"② 也就是说，虽然立法者正走向没落，但整个格局仍然还在维持着。美国当代批评家斯坦利·费什在对一个客体的意义进行阐释时认为："所有的客体是制作的，而不是被发现的，它们是我们所实施的解释策略（interpretive strategies）的制成品。……因此，当我们承认，我们制造了诗歌（作业以及名单之类）时，这就意味着，通过解释策略，我们创造了它们；但归根结底，解释策略的根源并不在我们本身而是存在于一个适用于公众的理解系统中。"③ 综合这些看法，我们灵活性地界定诗歌领域的合法性问题是诗歌阐释共同体内所达成的某种共识，由诗歌阐释共同体的专家或精英知识分子共同担当是否合法的"裁判"工作。诗歌文本、形式、过程构成一个诗歌知识共同体，也就是一种需要阐释的整体，诗人、读者置身于诗歌阐释共同体内，根据各自的艺术趣味、审美判断力、时代的艺术时尚与社会意识形态达成某种

① ［英］齐格蒙·鲍曼：《立法者与阐释者：论现代性、后现代性与知识分子》，洪涛译，上海人民出版社 2000 年版，第 179 页。
② 同上书，第 165 页。
③ ［美］斯坦利·费什：《看到一首诗时，怎样确认它是诗》，见《读者反应批评：理论与实践》，文楚安译，中国社会科学出版社 1998 年版，第 57 页。

大致相近的合谋。

换言之，以作为专业性读者的精英群体为主和大量的普通读者为辅，拧成一股历史的合力，形成诗歌阐释共同体，对诗歌领域出现的新鲜事物进行或接纳或拒斥的"诗意裁决"。每当某一诗歌现象遭到批判和质疑时，人们就会自然地据实推测它正面临着合法性危机，它需要通过不同途径与实力来争得合法性地位与认同感、归属感。不过其具体过程实在相当复杂，有时某一个体或小团体的声音，引起的合法性危机也相当突出。对于方言入诗而言，更是如此。不过含混的是，"尽管方言能否入诗在中国现代新诗史上还有不同的议论，但在诗歌创作的口语化、朴素化这一点上却取得了极广泛的共识。"①

二

在这一背景下，我们来看方言入诗，就会发现它时时处于双重合法性危机之下。一是以白话为媒介的新诗一直处于合法性争论的焦点；二是在白话新诗内部，方言入诗成为"次一级"的合法性论争。在这双重合法性辩难中，究竟是谁在说话，谁的非难最有影响，则根据具体情况各不相同，而且似乎很难具体一一寻根溯源。

首先从第一层合法性说起，自胡适、陈独秀等人力倡白话诗与白话文运动以来，围绕它进行的争论可谓是汗牛充栋的了。当时胡适在美国开始尝试白话诗，便受到朋友们的激烈反对与嘲讽（见第一章第三节），后来他于 1917 年在国内发表白话诗时，受到的反对之声也由此开端，虽然当时陈独秀说出过"必不容反对者有讨论之余地；必以吾辈所主张者为绝对之是，而不容他人之

---

① 李怡：《中国现代新诗与古典诗歌传统》，西南师范大学出版社 1999 年版，第 126 页。

匡正也"① 的硬话，但事实上这些武断性质的片言只语对新诗合法性获得的实际意义并不大，仅仅凭借个人几句决绝的话语遮不住非议之声。而胡适本人出于本性地小心求证，到处与人往返讨论，砥砺切磋，也延长了争取合法性的时间，他的《尝试集》就是在不计其数的争论中出版的。在出版时对印行诗集的理由，他说过这样的话：

> 我的第一个理由是因为这一年以来白话散文虽然传播得很快很远，但大多数人对于白话诗仍旧很怀疑；还有许多人不但怀疑，简直持反对的态度。因此，我觉得这个时候有一两种白话韵文的集子出来，也许可以引起一般人的注意，也许可以供赞成和反对的人作一种参考的材料。第二，我实地试验白话诗已经三年了，我很想把这三年试验的结果供献给国内的文人，作为我的试验报告。我很盼望有人把我试验的结果，仔细研究一番，加上平心静气的批评，使我也可以知道这种试验究竟有没有成绩，用试验的方法，究竟有没有错误。第三，无论试验的成绩如何，我觉得我的《尝试集》至少有一件事可以供献给大家的。这一件可供献的事就是这本诗所代表的"试验的精神"。②

胡适这样给新诗史上第一本个人新诗集定位，实际上贯通了他"试验"的精神。通过在《新青年》等权威媒体上的发表、纸质文本的集中印刷出版，在传播层面上提供一种针对性、有效性的阅读消费，并在作者与读者之间拓展出一个阐释空间。既然是

<hr>

① 陈独秀：《答胡适之》，见《中国新文学大系·建设理论集》，上海良友图书印刷公司1935年版，第27页。

② 胡适：《〈尝试集〉自序》，《尝试集》，人民文学出版社1984年版，第149—150页。

试验的"新产品",又在社会流通,就进入一个公共阐释空间。置身这一公共阐释空间的人自然会作出不同的反应。事实上也是如此,从《尝试集》始,对初期白话诗(或早期新诗)的历史评价与定位,一直是个聚讼纷纭的话题,最早有林纾、胡先骕、章太炎、李思纯、梅光迪、吴宓等人,对白话新诗的历史合法性进行激烈批判,继而又有成仿吾、梁实秋、闻一多、穆木天等人,从承认白话而否定"诗"的原则出发,整体抨击初期白话诗只有白话而没有"诗",即早期白话诗完成了语言工具、诗体形式的转型,但在审美经验层面建树不多。[①] 后来的新月诗派、初期象征派、现代派、中国新诗派等诗歌团体与新的审美因素的弥补,才使新诗不断在自我否定中走上了"否定——肯定——否定"这一螺旋式发展的艺术轨道。但即使这样不断矫正,仍有人不断质疑,代表性的如 20 世纪 30 年代的鲁迅,20 世纪 60 年代的毛泽东,[②] 20 世纪 90 年代郑敏在"世纪末回顾"中对胡适等人的缺席审判[③],都不约而同地认为新诗没有取得最后的成功,不管时间如何推延仍处于尝试阶段。于是新诗的合法性危机一直延续到当下,"从胡适的'老鸦',郭沫若的'女神'到如今中国新诗的近百年的旅途中,虽说新诗从无到有,已有了相当数量的积累和不少诗歌艺术的尝试,但总的说来,作为汉语诗歌,中国新诗仍处在寻找自己的阶段;寻找自己的诗歌人格,诗歌形象,诗歌的汉语特色。"[④] "胡适之先生所提倡的'白话文'是百分之百地成

---

① 典型的如龙泉明:《五四白话新诗的"非诗化"倾向与历史局限》,《文学评论》1995 年第 1 期。

② 毛泽东 1965 年在给陈毅的一封信中说:"但用白话写诗,几十年来,迄无成功。"引自胡国强主编《毛泽东诗词疏证》,西南师范大学出版社 1996 年版,第 456页。

③ 郑敏:《世纪末的回顾:汉诗语言变革与中国新诗创作》,《文学评论》1993年第 3 期。

④ 郑敏:《新诗百年探索与后新诗潮》,《文学评论》1998 年第 4 期。

功了，但是'白话诗'则未必——至少是还未脱离'尝试'阶段。"① "中国新诗至今、甚至在今后相当的时期内，都可以说还只是一场实验运动。"② 类似的观点还不少，这里不一一罗列。作为诗歌阐释共同体内的精英人士，为什么这样说，其依据是什么，看似详备，其实我们也看不清楚，但总有人对新诗的合法性缠住不放是溢于言表的。从上述判断中不难看出，新/旧、中/外、传统/现代是始终呈现二元对立的复杂关系，对立的一方仍是批判的焦点与内定的目标。当然，在新诗史上，为新诗正名和辩护的声音也一直存在，朱自清、废名、茅盾、王富仁等人的言论就是其中的代表，如王富仁在反击当下否定新诗的论调、为新诗辩护时说："有些人用新诗创作成就的薄弱否定新诗这种文体形式的价值和意义，我认为，这是极不公平的。在任何时代，都是出类拔萃的作品少，而不能传世的作品多。但只要将现当代那些最好的诗歌精选出来，我们就会看到，它们在诗歌形式创造的成就上是远远超过中国古典格律诗的创作的"，并肯定"新诗是有前途的"。③

上述争执或者是针对初期白话诗，或者是整体意义上的新诗，除此之外，对于新诗内部多种向度展开也进行过不少合法性辩难，如诗中"丑的字句"是否合法的论争；如20世纪30年代以智性为维度的尝试何去何从；如新诗中的晦涩、抽象抒情到底如何估价；如20世纪40年代新诗如何处理普及与提高的关系，等等，也是层出不穷的。

其次，再来看新诗内部之一种即方言新诗的合法性。自从胡

---

① 唐德刚的论断，见胡适口述，唐德刚译注：《胡适口述自传》，广西师范大学出版社2005年版，第159页。

② 沈用大：《中国新诗史（1918—1949）》，福建人民出版社2006年版，第10页。

③ 王富仁：《为新诗辩护》，《文学评论》2006年第1期。

适把打油诗与方言诗删选编成《尝试集》后，对方言入诗的可能性评论并不少见，虽然也有相当多的隐匿者，常常躲过人们的批评之箭。一方面它夹杂在对新诗的整体否定中难以绅绎出来，另外一方面也有单独成为合法性辩难的时候。如林纾、黄侃对初期白话诗视为贩夫走卒之言的声讨；新月同仁朱湘对闻一多、徐志摩土音入韵的批评；20 世纪 40 年代洁泯等人对《马凡陀山歌》的指责，叶逸民等人对沙鸥四川方言诗的否定，都是其中经典性的案例。拉长历史来看，则更清楚。如就沙鸥四川方言诗而言，他三四本方言诗集在解放后从来没有重版过，自行毁弃甚为普遍，如 1955 年《红花》诗集出版时，抽取解放前少量的四川方言诗编成一辑，解放后写的大部分短诗，编成第二辑，两辑相对更鲜明地显示第二辑"为新中国歌唱"这一主题。① 后来连沙鸥之子止庵也说"现在看来，用方言写诗，在艺术上不可能是多么有价值的探索。"② 出于此观念，20 世纪 90 年代当沙鸥去世后，止庵在编辑《沙鸥诗选》一书时，整个四川方言诗就只选了九首作为附集附在书后。③ 又如徐志摩《一条金色的光痕》、《残诗》等方言诗，除建国前绝大多数论者持肯定意见外，在解放后的语境中，却遭遇了更多的非议。如巴人在 20 世纪 50 年代针对陈梦家肯定这类诗"自以为得音色之妙"、"个人总以为这条道路是正确的"④ 后，断定"就是音节推敲得怎样铿锵，也不过是'文字

---

① 据诗人自述，也改方言为中性词"口语"，原文为"一九四四年，在我学习写诗的历程中，有了一点转变。从这一年开始，我注意了我生活的四川乡村的贫苦农民的生活，我试着用诗来表现他们在蒋介石暴政下的痛苦与愤怒的情绪，也试着在诗中采用他们的口语。"见沙鸥：《红花·后记》，作家出版社 1955 年版，第 120 页。

② 止庵：《师友之间》，《插花地册子》，东方出版社 2001 年版，第 28 页。

③ 参见沙鸥著，止庵编：《沙鸥诗选》，人民文学出版社 1996 年版。

④ 陈梦家：《谈谈徐志摩的诗》，《诗刊》1957 年第 2 期。

游戏'罢了"。① 新时期以来，有论者再次宣判这一诗体的合理存在，认为它们不是新诗，其理由即"问题出在它采用了方言"，而新诗是指"国语新诗"。② 再如 20 世纪 40 年代著名刊物《中国诗坛》，当年曾大量刊载方言诗，20 世纪 80 年代有学者编成《南国诗潮——〈中国诗坛〉诗选》③ 时则完全予以剔除。这些事件或具体例子，从不同层面对方言诗的合法性进行怀疑与颠覆，可知在新诗内部这"次一级"的合法性辩难，更为艰难与漫长。

值得强调的是，对方言入诗的合法性质疑，一个突出的现象是它一直伴随着方言文学的争论而一路前行，而且往往是夹在方言文学论争里面列为"陪葬品"，说得轻一点是提倡方言文学就是为方言开路，阻止国语的统一，言重一点则是"'方言的文学'，不无倒行逆施之嫌"。④ 现代文学史上，有关方言文学较大的争论也有数起，这里仅以 20 世纪 40 年代华南（香港、广州等地）方言文学运动为例。20 世纪 40 年代后期，会聚香港的文艺工作者曾经发起过方言文学运动的高潮。滞留华南的文人如郭沫若、茅盾、钟敬文、华嘉、周钢鸣、林林、薛汕、沙鸥、冯乃超、邵荃麟、楼栖、黄绳等人，围绕《正报》、《华商报》、《华侨日报》等副刊和《新诗歌》、《大众文艺丛刊》等刊物，集体响应了共产党关于文艺大众化、群众化的号召。具体以方言诗而言，当时发表了大量的方言诗作与理论文章，仅《华商报·茶亭》副刊有一段时期差不多成了方言诗的专刊，出版过客家方言诗集《鸳鸯子》（楼栖），潮州方言诗集《暹罗救济米》（丹木）、《潮州

---

① 巴人：《也谈徐志摩的诗》，《诗刊》1957 年第 11 期。

② 骆寒超：《20 世纪新诗综论》，学林出版社 2001 年版，第 498 页。

③ 陈颂声、邓国伟编：《南国诗潮——〈中国诗坛〉诗选》，花城出版社 1986 年版。

④ 引自李冬（估计是李辰冬——笔者注）：《方言文学与国语文学》，《文艺先锋》第 3 卷第 2 期，1943 年 8 月 20 日。

有个许亚标》（黄雨）等多部。后来包括方言诗在内的整个方言文学运动进展到了这一地步，即华南方言文学运动走上和工农兵结合的道路，已取得辉煌的成绩，文协香港分会的代表，且已把《在全国各处发展方言文学运动》的提案正式带到北平的第一次文代会上去。至于后来过程如何不得而知，但结果是知道的：方言文学运动尾随着新中国的建立而烟消云散，再次陷入合法性危机的泥淖之中。仅以当时的茅盾为例，在当时的方言文学运动中，高调肯定方言文学，如《杂谈"方言文学"》、《再谈"方言文学"》，[①] 把方言文学与白话文并列，但在第一次文代会上只象征性地提及而已，[②] 随后于建国后基本上讳莫如深。

三

以上这些合法性辩难的现象背后，显然有复杂的原因，不过最基本的特征是，它有如下本质的缺陷：一是参照系的缺失，作为合法性的参照系，一直找不到客观的标准，对新诗的合法性重估，主要是相对于传统旧诗而论，如从古典诗的境界、形式、意象、语言、体式来论，或者如郑敏所论是"西化"欧化的产物并有进一步将此妖魔化的可能，新诗忽略了现代汉语的特点，宣判

---

① 前文发表于香港《群众》周刊第 2 卷第 3 期，1948 年 1 月 29 日，主要观点为：华南方言文学受解放区文学与时局开展的影响；"国语文学"不能成立，五四以来的白话文学是一种北方的口语文学，是北中国的方言文学；文学大众化恐怕只有通过方言这一条路；方言文学不但不会妨碍将来的全国性语言之产生，而且有助于它的产生。后文发表于《大众文艺丛刊》第 1 辑，1948 年 3 月 1 日，此文更进一步认为白话文学是方言文学，各地方言文学与北方话的白话文学是并列的文学；解放区文学的民间形式与大众化，是用口语，是用方言写成，都是必须的和可取的。

② 茅盾在《在反动派压迫下斗争和发展的革命文艺——十年来国统区革命文艺运动报告提纲》中提到民族形式问题的论争时说："在这次论争后若干年间，断续进行关于方言文艺、关于民歌民谣的研究与讨论，大体上都能发挥这次论争的积极成果，而给与创作活动以好的影响。"见茅盾：《茅盾全集》第 24 卷，人民文学出版社1996 年版，第 52 页。

汉语新诗的存在是不合法的，两种观念的确认结论是它导致了诗歌的历史断裂性。对于新诗的合法性而言，其不合法性根源来自诗歌阐释共同体中有一种重返传统化历史冲动的声音，它始终静态性地维护中华文化的古老传统，并将它视为一个亘古不变的整体。假如失去了自己文化上的本根，寻不到根之所在，就不承认它是合法的继承者。而对于方言入诗而言，则一般是从语言入手，认为方言是通行于某一区域的地方性语言，不能流行到全国，而不能全国性的就不合法。① 尤其在解放后普通话写作占绝对主导地位的语境中，认为普通话写作是正宗，是党与政府制定的文艺政策，不得不执行，至于它好在哪里，有没有弊病，则很少深加思索，实际上当时整个社会也没有提供多少独立空间供人自由思考。②

其次，这些合法性论争本身以及同一个体前后的表述，也是互相矛盾、冲突的。内部的不一致，往往从不同声音中可以清晰地辨别出来。对新诗的不断质疑，对方言文学与方言入诗的种种责难，这一系列的合法化与去合法化过程，其实是某些个体出于各自目的的一种权宜说法。明明知道重新传统化已无可能；明明知道这样说并不是内心真实的想法，但也不得不在外力的压制下改弦易辙。另外质疑者一般都没有开出药方，即使开了药方的也难以保证药方有效。因此总的来说，诗歌阐释共同体从来没有作

---

① 这些看法其实早在五四新文化运动以前就存在，例如中国公学竞业学会一署名"大武"的会员，在 20 世纪初便在作文《论学官话的好处》中称"要教中国，先要联合中国的人心。要联合中国的人心，先要统一中国的言语。……但现今中国的语言也不知有多少种，如何叫它们合而为一呢？……除了通用官话，更别无法子了。但是官话的种类也很不少，有南方官话，有北方官话，有北京官话。现在中国全国通行官话，只须模仿北京官话，自成一种普通国语哩。"转引自胡适：《四十自述》，《胡适文集》第 2 卷，人民文学出版社 1998 年版，第 423 页。

② 当下有不少人著文发出保护方言权的保卫战，也有法律工作者从宪法等法律条款出发来论证方言的语言权，典型的如刘飞宇、石俊：《语言权的限制与保护——从地方方言译制片被禁说起》，《法学论坛》2005 年第 6 期。

出真正一致的裁断，其内部某一种声音的出现，反映的是个体的意见，因为某个体带有相对的权威性，从表面看来又带有普遍性，从而引发阐释共同体内持续不断的关注与讨论。在合法性与非法性之间，他们或者出于意识形态变迁而出尔反尔，或者出于认同焦虑而登高一呼，一起共建并宰制了这一阐释空间。比较起来，后者带有民族主义精英文化情结，隐含着一种对中国新诗走向的深切忧虑。这种忧虑自近代以来一直像幽灵一般萦绕在阐释共同体中，体现一种对中国诗歌异质化、他者化的牵制意识。这种持传统文化断裂论的诗学观，反映出共同体内部某种价值取向和文化选择。

我认为关键的问题是，方言入诗在讨论需不需要异质化与他者化上，几乎不能整齐划一，最主要的莫过于这一合法化背后的核心因素，有以下几点：一是读者意识的迎合与经典作品的诉求，二是意识形态的宰制与趣味时尚的牵引，三是文化认同的标准与背景。

四

方言入诗合法性的认同危机，首先是读者因素的干扰与经典诉求的冲动。新诗似乎一直缺少足够的读者群，早在 20 世纪 20 年代，诗人朱湘曾有过分析，与新文学作者家庭出身之单调类似，新文学的作者也是相当狭仄的，"如今这少量的识字阶级内，还可以分成有闲阶级与无闲阶级。无闲阶级根本就看不了书，即使书中描写着他们的生活。至于有闲阶级，就中也有一部分根本就不看书，他们宁可去赌博，抽鸦片，追女人；就中看书的，也有一部分根本就不看新文学，无论它是'贵族'的，还是'平民'的。这是就读者来讲，新文学分不了贵族与平民。"[①] 茅盾

---

① 朱湘：《贵族与平民》，蒲花塘、晓非编《朱湘散文》上，中国广播电视出版社 1994 年版，第 273—274 页。

也曾估量过："粗说起来，中国有百分之八十的文盲，而在这百分之二十识字者之中，能看书报的最多不过百分之十五六罢，可是这百分之十五六中，大多数不是新文艺的读者。并不是他们不知道有新文艺作品，而是他们总觉得新文艺作品不够味。"① 从引述内容看，这还是针对整个新文学而言的，如果缩小到新诗，再缩小到方言诗，可知这一读者群特别稀疏。为了赢得更多的读者，采取大众化的方言入诗写作，但底层读者仍难以"消费"这些作品，最终还是同道中人或青年学生进行消费，他们或是以为新颖好奇好玩，或是作为一种游戏笔墨，因此浅尝辄止者居多，真正持久地进行方言诗尝试的人或流派可谓凤毛麟角。即使是新月诗派的土白入诗尝试，在比例上占的份额相当少，同时也得不到底层读者的阅读。即使是徐志摩《一条金色的光痕》以及他们的北京土白写的人力车夫题材的方言诗之类，人力车夫这一受众群体估计也是看不到的。这是一个巨大的悖论，为大众化群众化目的而写，却进入不了大众的视野；大而言之，即使是新诗史上的代表性诗集，也没有多少销量，如发行最广的胡适之的《尝试集》，出版 3 年已出 4 版，印数 15000 册，据汪原放统计，到 1953 年亚东结业时，共出47000 册。《蕙的风》刚一出版，"风行一时，到前三年止销了二万余部"。② 郭沫若的《女神》出版两年内也出 4 版，到1935 年达 12 版，在一个逐渐商业化的时代，数量显然起着不可估量的作用，而读者就意味着数量。作为消费者的普通读者，其爱好与消费趣味也暗中影响诗人们的创作兴趣。在普通读者群中，《马凡陀山歌》有相当出色的成绩，当时在城市小

---

① 茅盾：《文艺大众化问题——二月十四日在汉口量才图书馆的讲演》，《茅盾全集》第 21 卷，人民文学出版社 1991 年版，第 355 页。

② 汪原放：《回忆亚东图书馆》，学林出版社 1983 年版，第 53、82 页。

市民群体中得到普遍的欢迎，如产业工人、店员、小贩等不同职业人群。[①] 高兰的朗诵诗也是如此，在《大公报》风行期间，据当时组织者与推动者回忆"一看见副刊上有高兰的朗诵诗，无不争相阅读。高兰的朗诵诗在抗战前一年不啻战场上的千军万马那么有力，那么影响人心"。[②] 与普通受众不同的专业化读者，他们往往在诗歌知识方面以中产阶级趣味为主，几乎成为左右方言入诗合法性的主导力量，拥有某种权威性。而且不可否认的是，这两类读者群，他们的爱好、趣味、观念都会随着时代、社会、时尚、意识形态等等因素的变化而相应作出调整，有时甚至是背道而驰。因此，从读者因素而言，实在无法准确判断其观点的真理含量，从而也就无法树立一个颠扑不破的永恒合法性标准。但事实上我们缺乏的是朱自清式的态度"在读者一面，只要方言用得适当，也会觉得新鲜或别致。这不能算是脱节。我虽然赞成定北平话为标准，却也欣赏纯方言或夹方言的写作。……国语似乎该来个门户开放政策，才能成其为国语。"[③]

其次，作品经典化的诉求，也影响方言入诗的合法性与普适性。有学者认为经典既是实在本体又是关系本体，是那些能产生持久影响的伟大作品，它具有原创性、典范性和历史穿透性。意识形态、精神价值以及知识、审美诸系统的变化与整合促成了中国现代文学经典的诞生；革命化与审美化、民族化与现代化、大众化与精英化三对关系是经典延传的不同路向。[④] 但问题是，经

---

① 参见默涵：《关于马凡陀的山歌》，韩丽梅编著《袁水拍研究资料》，中国国际广播出版社 2003 年版。

② 陈纪滢：《三十年代作家论》，台湾成文出版社 1980 年版，第 289 页。

③ 朱自清：《诵读教学》，《朱自清全集》第 3 卷，江苏教育出版社 1996 年版，第 179 页。

④ 黄曼君：《中国现代文学经典的诞生与延传》，《中国社会科学》2004 年第 3 期。

典是"谁"来慢慢建构,什么是经典,这些既是一个流动的概念而且还相当模糊不清,难以给予具体而准确的理性概括。不过,普遍意义拥有经典的属性,我认为标准之一便是当时的诗歌时评,它占有一个相当重要的位置。不管出于什么原因与目的,当时的诗评一旦白纸黑字定格下来便充当了历史现场的在场者,虽然后来有不少重读与重评之作,但始终受到当时论者的牵制,现代学术一般综述与研究之研究都是建立在这一基础上。因此当某一作品在当时受到欢迎时,也就有了类似的历史效果。如以当时徐志摩的作品为例,经典性的是《志摩的诗》中的土白诗,发表当初便得到胡适、朱自清、蒲风、甚至带有一点批驳意味的朱湘等人的好评,在徐志摩死后别人为他所编的代表作诗选中,均是保留之作。① 又如李季的《王贵与李香香》,在《解放日报》发表后得到报社编者、延安宣传部门以及郭沫若、周而复、茅盾等人的高度肯定,最后还通过不断重版印刷,始终具有经典化的魅力与地位。经典化的构建与具体的出版、评论息息相关。

再次,方言入诗与社会风习和意识形态也密切相关。任何一种文学现象与文体演变,都与外部的社会因素有不可或缺的内在联系。发难时期的新文学整体上是呼唤"人的文学"的回归,是平民化运动的一环。诗歌工具的白话化,最初设想也是面对大众,为大众服务的,精英知识分子企图通过语言的言文合一来消

---

① 如以北京土白诗《残诗》和碛石土白诗《一条金色的光痕》二首为例,选编情况是:薛时进编《现代中国诗歌选》(上海亚细亚书局1933年版),选徐志摩诗10首,其中有《残诗》;朱自清选编《中国新文学大系·诗集》(上海良友图书印刷公司1935年版)选徐志摩诗26首,包括此两首;钱公侠、施瑛编《诗》(上海启明书局1936年版)选徐志摩诗15首,包括此两首;徐沉泗、叶忘忧编《徐志摩选集》(上海万象书屋1936年版),收录诗作33首,包括此两首;三通书局编辑部编《徐志摩代表作》(上海三通书局1941年版),收录诗作43首,包括此两首;李德予编《徐志摩诗选》(重庆大华书局1944年版),共录诗44首,包话此两首;闻一多《现代诗钞》(开明书店1948年版)选徐志摩诗12首,包括《残诗》一首在内。

除社会阶级的对立。因此整体上看，从白话入诗始，如果按照胡适所说"有什么话，说什么话；话怎么说，就怎么说"的逻辑，那么言文一致的新诗走上方言入诗的道路应是自然而然的过渡。但事实并非如此，胡适等人也不断修正语言资源观念，实际上越到后来，离当初的逻辑与设想越远。这就是从言文脱离的文言化轨道滑离后，再一次跌进言文再次脱轨的欧化一路，以至于到20世纪30年代大众语运动兴起时成为清算的对象。瞿秋白就偏激地批评是"五四式的新文言，是中国文言文法，欧洲文法，日本文法和现代白话以及古代白话杂凑起来的一种文字，根本是口头上读不出来的文字。"① 在当时的国语统一运动，也有人通过质疑国语而为方言正名："国语罗马字崇奉北平话为国语，名为提倡国语统一，实际上是北平话独裁……叫一个上海的、福州的或广州的苦人同时学北平话又学罗马字，那几乎是和学外国话一样的难。"②

因此，从地域方言入手去接触各个方言地域的普通民众，时时成为国家、社会，也成为新文学作家的一道重复性的难题。在抗战前夕的宣传、动员中慎重考虑过，在长期抗战烽火中更是如此。但它是阶段性的，立足于地域只是暂时目标，③ 而国语统一

---

① 瞿秋白：《大众文艺的问题》，《瞿秋白文集》文学编第3卷，人民文学出版社1989年版，第16页。

② 《我们对于推行新文字的意见》，见倪海曙编《中国语文的新生》，时代出版社1949年版，第120页。这是1935年12月在上海成立的"中国新文字研究会"征求各界人士签名中的宣言，当时签名者达688人，其中包括鲁迅、郭沫若、茅盾、蔡元培、陈望道等知名人士。

③ 如当时代表性的意见是，在群众文化水平低下时，诗歌要充分为他们所喜爱，"只有借重于开展方言诗一途"。见怀淑：《广泛开展方言诗运动》，《新诗歌》丛刊，第7辑，1948年2月。"方言诗不是诗歌最后的形式，它仅仅是完成诗歌大众化的一个必不可少的，过渡的阶段。"见沙鸥：《关于方言诗》，《新华日报》副刊，1946年11月2日。

与现代民族国家想象共同体的建设则是长远目标，一旦暂时目标实现了便丢在一边。这两方面的对立带有根本性价值取向，很难调和妥协，最多只是延长暂时目标的期限，最终还是要滑离出去。从意识形态的高度来看，这一点尤其醒目。当毛泽东的延安讲话强调文艺的民族形式与为工农兵服务的目标时，就着力宣传认真学习群众的语言（即民众方言），于是不管是华北还是华南，不管是解放区还是国统区，全都以此为圭臬。有了这一定心丸，读者意识的寻求，新诗经典化建立，也依此制定了相应的艺术标准。事实上，这一合法性的获取，普通读者群仍没有多少实质性的改变，他们不能参与到合法性的重建中来。积极全面参与进来的还是精英知识分子，虽然其作品有粗陋化、简单化的毛病，习惯以具体性、近取譬等手法来搭建作品，经不住一再推敲，但也来不及考虑这些因素了。新诗的方言化，方言入诗的合法化，可谓是成也萧何，败也萧何，最终关键与党的文艺政策与意识形态内容等因素共浮沉。

五

最后集中涉及新诗方言化与文化认同的复杂关系。文化认同与民族国家想象共同体一类的概念结合在一起，具体途径则不一，在文学艺术领域，则可以发现其背后某种一致性的东西存在。从语言上看，则是解放前国语统一运动与解放后普通话写作语境。因国语统一运动过于庞杂，而且这一时期也没有形成真正意义上的民族国家想象共同体，因此这里主要以新诗的普通话写作与方言写作作为参照系，逐一深入下去。

通过语言的统一与认同，达到文化民族国家认同的目标，实在是一脉相承的。从文化本身角度来看，文化既是某种生活方式，也是某种存在策略，不同历史时期的人们，以文化为纽带，对民族、国家、集体、时代之类的存在产生认同感。所谓认同，就包括不同区域、背景的人群在理智上达成共识，情感上产生共鸣，意志上达成共有。这样，一方面它是将自己与他者区别开来；另一方面，又把自己与其他生命个体联系起来。中国自古以来就是一个多民族国家，一个有分有合且合多于分的历史传统的统一体。不同历史时期，各民族强烈的文化认同传统与民族自豪感，有益于全民族和整个国家。特别是19世纪中期以来，中国受到殖民主义、帝国主义的侵略，国人震惊，眼界和思想都发生了极大的变化，国家观念、疆域观念、民族观念、文化观念都与以往有所不同，中华民族的历史文化认同传统进入了一个新的发展阶段。积弱积贫的国家，渴求统一、繁荣、强大，这一切自然是全体中华儿女所能理解、支持并企盼的。新中国成立后所发动的，包括普通话写作在内的具有文化认同性质的运动，也得力于这一爱国情感与归属感的历史凝结。寻找家园，寻找依托，给正在生长的共和国文化提供了有力的纽带，提供了一个空间。

去方言化而倾向普通话化写作的背后是文化认同，文化认同的背后反映着利益的诉求。择其大略，民族利益和国家利益成为建国初最紧迫的一件大事，当时认同中华文明和中华人民共和国，是一个翻身作了主人，从此站起来了的人们，从内心深处涌动的情愫。因此，反对民族分裂，实现祖国统一，大力弘扬和培育民族精神，作为一个战略性工程，它不仅是民族复兴的内在要求，也关系到我们的子孙后代对民族和国家利益的持久认同性上。同时，这也是政党利益的诉求。对于执政党与政府而言，能不能在全民族的范围内，把不同阶级、阶层、不同信仰、立场、思想的人们凝聚起来，最大限度地实现民族和国家的利益，是他们面临的重大考验。这一点毫无异议是它的生存之本，在历史上也是有例可循的。任何一个主权国家，一旦结束分裂、割据的政治局面，便会在意识形态领域中画定范围，并把自己圈在中心。如日本殖民统治台湾期间与国民党退守台湾期间便是如此。日本占据台湾期间，日本殖民政府于 1895 年在台北芝山岩设立国语传习所，日语变成了台湾的国语，学校的正规教育以日语授课为主。到 1944 年，国语（日语）普及率达到 71%。战后，台湾回归中国，为了逆转日据时期异化的文化认同，从大陆带去的汉语普通话作为国语刚性强硬地植入台湾。国民党以为被日本统治 50 年的台湾人充满日本思想遗毒，为了让台湾人认识中国文化，正规教育里必须将台湾完全去日本化而代之以中国化，包括禁止方言。从禁止台湾作家的日文写作到禁止闽南语等当地方言写作而普及国语，也即当时的普通话，这一趋势到 1991 年，国语普及率即已达 91%。①

首先，普通话写作与文化认同在互动中，催生了另一特质，它既有具体可操作性，其内涵又有不断滑离的可能。总的是从民族、国家认同的层面，逐渐滑到个人权威、个人崇拜的境地，而且在整个过程中，过渡得很自然。如前面所提及的，在建国初酝酿与强行推广的普通话，一个显著的背景是领导意志下走汉字拼音化道路，整个 20 世纪 50 年代大部分时间所发表的这方面文章与著作，都陷于这个时代的局限性中。又如对当时方言写作的指责，一方面不得不应付领袖的指示和文件，另一面又要反对，只好搬用一个大而空的不得"滥用方言"为武器而展开，这样不免是吃力的：或论而不精，或流于表态。其次，文化认同背后对体制化的纳入与整合也逐渐走强。通过知识分子的自我运动与各方面支持，政治人物的目的慢慢渗透进来，知识分子本身队伍的分化也悄然加大。一边是热火朝天的现实，一边是措手不及的生活。拉拢与压制，认同与疏离，在文化认同的同时，一群群作家失去了写作的激情与灵感，也失去了写作的动力与信心。具体而

---

① 参见方耀乾：《为父老立像，为土地照妖：论向阳的台语诗》，《台湾诗学》学刊第 3 号，2004 年 6 月。

言，像发生火灾时面对水源舍近求远一样，一个作家舍弃了他最熟悉的语言、题材、情感表达方式，变得像鹦鹉学舌一样写作，真正的写作危机便变得不可克服。就当时成为众矢之的的指责对象周立波来说，难道他的写作就是一味地摆弄东北、湖南方言吗？其实像李季、沙鸥、艾青等人一样，他不管在解放前、还是解放后所进行的写作，都是在口语这一汪洋大海中进行沙里淘金式的语言处理。有方言成分，又有什么要紧呢？退一大步看，方言土语，歇后语，也有昙花一现的生存理由。有学者总是认为，在普通话强大力量的裹挟中，有的弱小的方言可能就逐渐丧失自己的位置而融入普通话中去，另外有些流通较广，文化历史基础深厚的方言就可能原地踏步、偏安一隅。其实，地方语言本身的发展，也是不为某些人愿望所左右的。地方语的发展，与各种形式的地方文艺也是互为支撑，它的历史也是无止境的。因为"国语与方言是并立的：方言是永远不能消灭的。方言既不能消灭，在方言中就有了语言的教育。"①

总而言之，通过普通话写作提倡，达到文化认同的目的，最为关键的是进行的方式、预设的轨道与背后的真正动机。其中，思想自由与表达自由，写作自由与多样化，则是不可缺少的。文化认同的结果，不是导向文化崩溃，而是为了赢得文化繁荣。

结　语

方言入诗的合法性危机与文化认同焦虑，本身并不是单一的问题，而是纠合了各种内外、主客因素，本身与文学、文艺、文化，以及政治、经济也是层层重叠着，有着千丝万缕的联系。受到以上力量制约的诗歌阐释共同体在整个社会结构网点中，主动

---

① 刘半农：《〈四声实验录〉序赘》，《半农杂文》，河北教育出版社 1994 年版，第 154 页。

承担起了立法裁判的职责，一路追问方言入诗的合法性，在方言化与去方言化、去传统化与重新传统化的过程中，一边主动出击一边自动收缩，留下了许多经验教训。

不过值得总结的是，方言本身与传统本身一样，并不是一成不变的，传统的发展始终依赖于吸收古今中外的养分，并进一步抽出新的嫩芽，方言的发展始终与共同语及其余方言相互倚仗，并进一步输入输出。因此，我们需要的不是古典意义上的传统，而是一种现代意义上的传统，我们需要的不是静态的方言，而是现代流动不居的活的语言。差异性的写作来自异质性因素的存在，在此基础上，其合法性也获得一个开阔的视野，最终的目的不只是承认其合法性，而是肯定文化的多元性。普通话写作，像方言写作一样，自有其优劣，如果否认这一点，一刀切，既有违常理又可能作茧自缚。同时，由如何写作的取舍，渐进到文化认同的高度，归根结底是不同诗人自身的选择。

余　论

困惑与诱惑

　　通过正文上下两编的论述，本文已从纵向与横向两个层面交错阐释了方言与中国现代新诗的复杂纠结关系。不论是纵的承继与流变，还是横向维度上方言入诗内部的细节展开，论者都力求展示现代白话新诗因语言整体结构上的白话化、口语化倾向，而与原生态方言所保持的血缘关系。

　　白话诗正统以立之后，相比于旧诗而言，一方面，方言与新诗的关系在刷新中得到了某种巩固，正是因为口语、方言的推动，新诗向前流动有了根本的依靠力量。另一方面，由白话诗而新诗，乃至以现代汉语为基础的"现代汉诗"命名的出现，又意味着新诗语言具有多层面性和混合性。除直接导致语言上的提炼、纯化之外，某种受传统影响的"雅正"、"规范化"机制又无形中启动，去方言化这一牵制也在这一过程中强化了。因此，方言母语与作为笼统意义上的某种规范化民族共同语，如同一个钟摆的两端。它或偏于方言母语一端，或偏于民族共同语一端，难以真正静止下来。换言之，似乎可以借用新时期一部小说《一半是海水一半是火焰》（王朔）之名，形象地指认为"一半是困惑，一半是诱惑"。方言入诗的困惑与诱惑，构成现代白话新诗的钟摆现象，具体的摆向依赖于特定历史时期差异性因素的角逐。

一

　　就方言入诗的困惑而言，其渊源既来自它孱弱传统的传承，又是方言本性的局限所致；既源自大一统意识形态的牵制，又是具体语境下对各地诗人语言资源一体化整合所致。具体而言，首先可以从方言入诗的历史流变来看。总的来说它有悠远而又略显残破的传统，不论是原始社会失传的部落歌谣，还是后来视之为文学源头的《诗经》《楚辞》，不论是诗史上的诗人们偶尔方言入诗的背影，还是像文史学家刘知几（唐朝）、李贽（明朝）诸人对方言鄙俗之言的有限称颂，[①] 它的历史真相实在是在改写、断裂中得到延续的，以致它长期屈居于小传统之列并且基本上被压抑着。后来虽然以民间歌谣为主要载体，也出现过一些流传甚广的名篇，但有文字记载流传于史册的方言性作品并不多。明末冯梦龙辑录的《山歌》被视为吴方言的韵文歌谣，也差点儿失传湮灭。

　　方言与诗歌还缺乏文体相融的优势，如诗歌体裁对语言的高度雅化，以及短小局促的空间，都难以大量容纳原生态的方言土语，历朝诗话对方言入诗也是持严厉批评态度。与方言入诗相比，方言性质的白话小说则有文体优势，如众所周知的明清白话小说经典如《水浒传》和《红楼梦》等，但文体之间难以沟通补充，方言入文对方言入诗构成的主要是生存空间的挤压。因此，方言入诗在文学的历史流变中占不到突出的位置。与此相伴的是，垄断抑或主宰文坛的文人墨客，一向看不起随着口语变迁的方言土语以及由它组成的文艺。传统中看不起俗语方言的观念根深蒂固，即使是口耳相传的歌谣，一经文人的加工整理润色，马上雅化起来便难以认出它本来的前身；而且一旦经过这样一番处

---

　　① 参见戴昭铭：《规范语言学探索》，上海三联书店 1998 年版，第 53—75 页。

理、转型改造后，主流文化便把它弃之一旁，不可能有持久而顽强的坚守，因此它构不成古典诗词传统中有影响的支流，仅屈居末尾充任一股不断的潜流而已。

从语言本身而言，方言也有它难以克服的缺陷。从地域上看，作为地域性语言，其流布的范围相对狭窄，如流行圈子较大的吴方言与粤方言，也都只在本方言区域之内通畅无阻。[①] 相对而言，这些区域仅是中国国家观念与实体中的一部分；部分与整体的落差，决定了它最终总会去地方化而融入整体中去。因此从方言入诗的屡次争论中，都不难看到抓住此点而不及其余的论点重复出现。在部分与整体、小群体与大群体、小家与大家这一系列前后对立的概念上，人们习惯于向后者倾斜，即使照顾尊重前者的合法性，也是不需要作出选择的时候；一旦面临取舍，往往以牺牲前者的利益来满足后者的要求。围绕方言入诗展开的论辩情况，便可由具体指实的托词来呈现：即从重视方言而言，就可能有人担心由方言而引起乡土地域观念的兴盛，最终会影响全局；或者断定对方言的张扬可能助长落后愚昧与割据意识，阻碍民族共同语的形成与统一；或者从语言层面滑到政治层面，认为

---

① 汪晖在其论文中曾总结这一现象："从新文学发展的历史来看，对于民族性与地方性的关系的关注，可能导向两个方面的结论。一个方面是站在五四新文学的立场，即'国语的文学、文学的国语'的立场，批判和改造方言和地方形式，进而形成普遍的民族形式；另一方面则站在地方形式的立场或乡村文艺的立场批评五四新文学的都市化或欧化倾向。其中最为敏感和重要的问题是方言与普通话的关系。但是，直到'民族形式'讨论兴起之前，对'五四'文化运动的批评主要是从阶级论的立场出发的，几乎从未将'地方性'或'方言土语'作为批判的出发点。离开都市、进入特定区域（地方）的文学家的活动不太可能完全回避该地区的政治军事和文化的现实。如果地方形式和方言土语问题与地方政治认同发生直接的联系，那么，对于统一的民族国家的形成而言则是重要的威胁。因此，在不得不使用方言的情境中，不断地强调地方性与全国性的辩证统一关系便是非常自然的了。"见汪晖：《地方形式、方言土语与抗日战争时期"民族形式"的论争》，《汪晖自选集》，广西师范大学出版社1997年版，第353页。

强调保护方言会导致国家的分裂。诸如此类大同小异的看法，都先后出现过。试举大众语运动为例，多数人认为大众语是代表大众意识的语言，是为大众所有、为大众所需、为大众所用的"活"语言，其中必然夹杂地方土语，但总有论者认为方言土语混入大众语并进入大众语文学，其他地方的人是看不懂听不懂的，由此点便可窥见大众语本身，也早已沦为非驴非马之物。又如20世纪40年代的方言文学论争，也有论者不顾大众的实际，指出土语文学与国语运动是根本对立而水火不容的，书面语充分方言化有违民族共同语的形成；异地之人难以读懂，更谈不上喜欢。反正，出于不同的思维方式与观念，找出类似的理由并不太难；事实上，方言土语的某些自身因素也给这些理由提供了依据。

此外，方言本身强化的是声音，而不是文字。[①]声音的丰富与复杂使声音走在文字的前面，因此导致方言总有一个通病，即难以笔录、存真，声音不能落实到具体的字词上，即使以谐音为原则，采取同音字替代，也难以统筹规范，因此屡屡为人所诟病。晚清诗界革命的黄遵宪大量借助土俗语、山歌等民间形式来变革旧体诗，也在《山歌题记》中说："十五国风，妙绝古今，正以妇人女子矢口而成，使学士大夫操笔为之，反不能尔。以人籁易为，天籁难学也。……然山歌每以方言设喻，或以作韵，苟不谙土俗，即不知其妙。笔之于书，殊不易耳。"[②]鲁迅、茅盾等大家在文艺大众化讨论中也提到此关键问题，前者认为"大多数人不识字；目下通行的白话文，也非大家能懂的文章；言语又

---

① 比较典型的说法如"用生活的语言写，用方言写，大家一致承认；可是用什么样文字写下这样的语言，却还是一个等待解决的问题。"见《新华日报》关于《怎样写出生活的语言》的"新华信箱"内容，1944年7月5日，第4版。

② 黄遵宪：《山歌题记》，陈铮编《黄遵宪全集》，中华书局2005年版，第275页。

不统一，若用方言，许多字是写不出的，即使用别的字代出，也只为一处地方人所懂，阅读的范围反而收小了。"① 后者则强调"然则努力发展土话文学如何？这一点，谁都赞成，可是谁都觉得有许多困难，非一时可以克服。最大的困难是没有记录土话的符号——正确而又简便的符号。"② 这些难以克服的因素积袭已久，因此愿意尝试方言入诗的诗人，在写作过程中多了一份艰难；其夹杂特殊符号的作品，在带给某一特定地域的读者们一种亲切、熟悉感的同时，必然带给非本地域的读者一种难以亲近的隔膜感。换言之，特殊的地方韵味与声音，因为不能在存真状态下传递，使得其余广大地域的人们欣赏、体会不到，这样也就消解了它的功效，并且相应产生焦躁与不满情绪，自然而然就容易让方言元素成为公共阅读空间中带有"原罪"式的对象，并予以批判。

　　承接方言局限与诗歌文体融合性劣势而来的，还有政治意识形态的阶段性牵引。在 20 世纪 30 年代的文艺大众化讨论中，鲁迅曾说过一句精辟的话："总之，多作或一程度的大众化的文艺，也固然是现今的急务。若是大规模的设施，就必须借政治之力的帮助，一条腿是走不成路的，许多动听的话，不过文人的聊以自慰罢了。"③ 影响方言与诗歌联盟的主要力量，莫过于"政治之力"，在现代新诗史上，颇有成也萧何，败也萧何的反讽意味。挖掘方言入诗中方言的生命，再发挥底层民众的革命性力量，政党可以通过各种渠道左右这一进程。按鲁迅的说法，政治之力可以潜规则地赋予方言以权威与活力，也可以阶段性地予以有效剥离；方

---

　　① 鲁迅：《集外集拾遗·文艺的大众化》，《鲁迅全集》第 7 卷，人民文学出版社 2005 年版，第 367—368 页。

　　② 茅盾：《问题中的大众文艺》，《茅盾全集》第 19 卷，人民文学出版社 1991 年版，第 329 页。

　　③ 鲁迅：《集外集拾遗·文艺的大众化》，《鲁迅全集》第 7 卷，人民文学出版社 2005 年版，第 368 页。

言入诗的高潮与低潮，大部分都是这样造成的。两条腿走路，自然更好，但另一条腿不是自己自然长出来的，权且借来救急罢了。

二

换一角度，与方言入诗中方言本身劣势，以及外部政治因素的牵制等方面一直相随的是，我们则可以发现方言土语潜在的优势，以致在丛生的困惑中也伴随着无限的诱惑。这一现象可以说是硬币的两面。

同样从历史传统看，方言入诗像方言一样，从没有真正断流过，一直是自由自在地产生、发展，即使是自生自灭也并不以自生自灭为耻，反而在没有多少人工污染的情况下，呈现出天然的绿色，彰显出不竭的生命活力。五四时期标举白话诗的学者，曾盘算过中国文学史上这笔账："白话诗是更多了。我们简直可以断言：中国的白话诗，自从《诗经》起，直到元、明的戏曲，是没有间断过的，汉、魏、六朝的乐府歌谣，都是自由使用他们当时的语言作成的；……其他如陶潜的五言诗，李白，杜甫诸人的古体诗，白居易的新乐府，李煜，柳永，辛弃疾，苏轼诸人的词的一部分，邵雍，张九成这些理学先生的诗，关汉卿到李渔诸人的曲……都是白话诗。"① 在现代新诗史上，从刘半农到胡适，从鲁迅到瞿秋白，从华南诗人群到四川方言诗人群，坚持方言以及方言入诗不会消亡论调的也大有人在。提升到某种哲学高度，西方哲学与现代语言学更是视方言为一种语言存在，如把方言称为"因地而异的说话方式"。② "是语言说我，而不是我说语

---

① 钱玄同：《〈尝试集〉序》，胡适《尝试集》，人民文学出版社 1984 年版，第 129 页。

② ［德］海德格尔：《在通向语言的途中》，孙周兴译，商务印书馆 2004 年版，第 199 页。

言。"① 方言作为存在，它是人类直接面对大地、山川的语言，正如海德格尔所强调的，"方言的差异并不单单、而且并不首先在于语言器官的运动方式的不同。在方言中各各不同地说话的是地方，也就是大地。而口不光是在某个被表象为有机体的身体上的一个器官，倒是身体和口都归属于大地的涌动与生长——我们终有一死的人就成长于这大地的涌动和生长中，我们从大地那里获得了我们的根基的稳靠性。"② 既然是像大地一样的本真存在，它就意味着对一切非存在之物起着消解、解蔽的作用。方言作为大地的声音，渗透进大地之上人们的心灵深处，像"乡音无改鬓毛衰"一样，它是永远都不会消失的声音，与人的生命、大地长存并显现。具体到地域民俗、文化来说，方言更是以一种特有的地域文化基因影响着文学艺术的主题与灵魂，其叙述的腔调、神情、人性，都贴上了某种足够让人识别的标签，具有独特的地域神味。如果地域民俗、文化与本真的生命声音绝缘，那么就意味着差异的消失，意味着地域的消失，所以方言本身独特的语言特质，在对语言规范化的反拨中彰显生命的本真力量，恢复大地母体上各个生命的生存常态。

另外，方言作为日常语言形式，呈现出与现实生活相融的一面。夹杂方言的新诗写作，丰富了现代汉语的质感，使它重新焕发出人间性、世俗性的气象，保持跟世俗生活接触的肉感性。大的如南北文化与文学的文质差别，小的如同一方言文化圈内部的不同，都让人明白一地之语言、声音，是服务于一方民众的。由方言而方言入诗、入文，其写作具有去中心化的价值观，在民族共同语的独角戏中扮演了叛逆者的角色，并不断

---

① ［美］杰姆逊：《后现代主义与文化理论》，陕西师范大学出版社 1986 年版。
② ［德］海德格尔：《在通向语言的途中》，孙周兴译，商务印书馆 2004 年版，第 199—200 页。

地退场与出场。如果把诗歌不再看做是精英化的专属品而仅供他们消费的话，各地民众也拥有并需要自己的语言与声音。事实上，只有互有差异才是真实的丰富。退一步说，与知识分子语言有更为密切联系的民族共同语，也不是从天上掉下来的东西，而是尽量使各地的土话先发展起来，使各地方言最终成为统一的民族共同语的构成要素，在这一基础上，再造出一种超方言的共同语。由此来看，各地民众的声音始终是第一位的，民众拥有自己语言哪怕是偏僻土话的权利，其中包括用自己的土话来说话交流，用自己的声腔来吟诵诗歌、表达自己；带有土语化抑或地域性的语言艺术，也是人之为人的根本需要。而且各地方言土话只有通过真正集中而又无限丰富的表现之后，才能逐渐消失其偏僻性，缩小其地方性，逐渐打破方言之间的隔阂，在保存方言的同时，创建出符合全民族利益的民族共同语来。

最根本的还有，方言总是流动在人们的嘴唇上，是活的语言，是生活在各地的国人嘴里发出来的声音。——这有助于保持它永远的先锋形态。鲁迅曾认为说话写文章"倘要明白，我以为第一是在作者先把似识非识的字放弃，从活人的嘴上，采取有生命的词汇，搬到纸上来，也就是学学孩子，只说些自己的确能懂的话。至于旧语的复活，方言的普遍化，那自然也是必要的"。①由此看来，方言无论是从使用的对象数量上，还是最初地域空间的渊源上都占有先机，其声音的意义内在地属于它，并与具体庞大的生命主体连在一起。从长的历史时段而言，它所积累的力量足以毁坏其对手，如积数百年之力，20世纪初的白话，在很短的时间里改写了千百年来充任语言宰制的文言之身份与地位。放

---

① 鲁迅：《且介亭杂文二集·人生识字糊涂始》，《鲁迅全集》第 6 卷，人民文学出版社 2005 年版，第 307 页。

眼历史的长河，作为存在的方言，还会不断地改写历史，哪怕遭受到漫长的挤压。一旦松绑，它仍会从蛰伏状态下醒来，从边缘归来，在诗人们的彩笔下呼吸。举例来说，建国后普通话写作得到前所未有的强化，方言入诗在内的方言化写作仍然暗暗潜存。正如 20 世纪 90 年代强调口语写作的诗人所言：从当代诗歌自 20 世纪 50 年代以后出现的美学倾向和写作向度来看，"仅仅考察它的语言轨迹，我以为可以清晰发现它在语言上的两个清晰的向度：普通话写作的向度和受到方言影响的口语写作的向度。"①这一向度的保留，同样源自方言、口语的本真力量，源自新诗有保留地方言化的诱惑。

三

　　方言入诗以其永不消竭的内在生命力，随时随地"升级"诗歌的语言系统，让整个民族的语言在保持活力与个性中不断向前流动，不断书写新的诗页。显然，这一过程是困惑与诱惑不断纠缠、转化的过程。如果说民族共同语的规范化牵制，有助于诗歌扩大公共性与流通性的话，那么方言入诗创作则倾向于坚守低调的独特个性，如区域文化个性、思维基因个性等。新诗语言的方言化，不但使特定地域的人们对之感到亲切与真实，对外地的人们也会带来某种陌生而又意外的惊喜感。在我看来，其关键还是表达技巧上的高低，与语言本身的关系还是次要的。"在若干年之后，中国的国语可能是要统一的，但必然是多样的统一，而绝不是单元的划一。因为多种方言是在相互影响，相互吸收之下，而形成辩证的综合。这样，方言文学的建立在另一方面正是促进国语的统一化，而非分裂化。国语的统一才是真的统一，人民的

---

　　① 于坚：《诗歌之舌的硬与软——关于当代诗歌的两类语言向度》，杨克主编《1998 中国新诗年鉴》，花城出版社 1999 年版，第 451 页。

统一。"① 因此在某种意义上，方言作为原生态的语言，仍是博采各家之长的民族文化的基座，与体现人性的永恒神性一脉相承，方言虽然具有某种局限，但这是可贵的局限。

　　① 郭沫若：《当前的文艺诸问题》，王锦厚等编《郭沫若佚文集》下，四川大学出版社 1988 年版，第 212 页。

附　　录

方言语境下的现代诗人地域分布概况

北方方言区

<table>
<tr><th colspan="5">华北、东北方言</th></tr>
<tr><th>市（县）</th><th>姓名</th><th>出生年月</th><th>代表诗集（或诗作）</th><th>备注</th></tr>
<tr><td>北平</td><td>老舍</td><td>1899</td><td>《剑北篇》</td><td></td></tr>
<tr><td></td><td>林庚</td><td>1910</td><td>《夜》、《春野与窗》</td><td>原福建闽侯</td></tr>
<tr><td></td><td>张志民</td><td>1926</td><td>《王九诉苦》、《死不着》</td><td></td></tr>
<tr><td></td><td>李白凤</td><td>1914</td><td>《北风辞》</td><td></td></tr>
<tr><td></td><td>何达</td><td>1915</td><td>《我们开会》</td><td>原福建闽侯</td></tr>
<tr><td></td><td>陈北鸥</td><td>1912</td><td>《心曲》</td><td>原福建闽侯</td></tr>
<tr><td>天津</td><td>王辛笛</td><td>1912</td><td>《珠贝集》、《手掌集》</td><td>原江苏淮安</td></tr>
<tr><td></td><td>焦菊隐</td><td>1905</td><td>《夜哭》、《他乡》</td><td></td></tr>
<tr><td></td><td>穆旦</td><td>1918</td><td>《探险者》、《穆旦诗集》</td><td>原浙江宁海</td></tr>
<tr><td>吉林伊通</td><td>穆木天</td><td>1900</td><td>《旅心》</td><td></td></tr>
<tr><td>扶余</td><td>姚奔</td><td>1919</td><td>《痛苦的十字》</td><td></td></tr>
<tr><td>黑龙江瑷珲</td><td>高兰</td><td>1909</td><td>《高兰朗诵诗集》</td><td></td></tr>
<tr><td>辽宁辽阳</td><td>徐放</td><td>1921</td><td>《南城草》</td><td></td></tr>
<tr><td>庄河</td><td>李满红</td><td>1913</td><td>《红灯》</td><td></td></tr>
<tr><td>河北束鹿</td><td>公木</td><td>1910</td><td>《鸟枪的故事》</td><td></td></tr>
</table>

华北、东北方言

市（县）	姓名	出生年月	代表诗集（或诗作）	备注
获鹿	安娥	1905	《燕赵儿女》	
井陉	毕奂午	1910	《掘金记》	
怀柔	南星	1910	《石像辞》	
威县	王亚平	1905	《都市的冬》	
涿县	冯至	1905	《昨日之歌》、《十四行集》	
清苑	路易士	1913	《行过之生命》	
雄县	方殷	1913	《平凡的夜话》	
隆平	青勃	1921	《号角在哭泣》	
广宗	袁勃	1911	《真理的船》	
藁城	李岳南	1917	《午夜的诗祭》	
定兴	张秀中	1905	《清晨》、《动的宇宙》	
丰润	李瑛	1926	《石城底青苗》、《枪》	
河南西平	于赓虞	1902	《骷髅上的蔷薇》	
郑州	魏巍	1920	《黎明的风景》	当时未结集
唐河	李季	1922	《王贵与李香香》	
鲁山	徐玉诺	1893	《将来之花园》	
睢县	苏金伞	1906	《无弦琴》、《地层下》	
睢县	陈雨门	1908	《瓣瓣落花》	
叶县	刘心皇	1915	《人间集》、《平原诗草》	
灵宝	李根红	1921	《天外，还有天》	
山东邹平	李广田	1906	《汉园集》	
利津	李长之	1910	《夜宴》	
峄城	贺敬之	1924	《白毛女》、《乡村的夜》	
莱芜	吕剑	1919	诗论集《诗与斗争》	当时未结集
蓬莱	臧云远	1913	《炉边》、《静默的雪山》	
诸城	王统照	1897	《童心》、《横吹集》	

华北、东北方言

市（县）	姓名	出生年月	代表诗集（或诗作）	备注
诸城	臧克家	1905	《烙印》、《泥土的歌》	
诸城	孟超	1902	《残梦》、《候》	
诸城	王希坚	1918	《在黑板上写诗》、《远方集》	
临沂	叶淘	1924	《蚕豆花》、《零下四十度》	
濮县	戈茅	1915	《草原牧歌》、《将军的马》	
江苏徐州	朱丹	1916	《诅咒之歌》	

西北方言（山西、陕西等省）

市（县）	姓名	出生年月	代表诗集（或诗作）	备注
山西盂县	高长虹	1898	《给》、《闪光》	
武乡	高沐鸿	1900	《天河》、《夜风》	
武乡	冈夫	1907	《战斗与歌唱》、《申海珠》	
定襄	牛汉	1923	《鄂尔多斯草原》	
高平	毕革飞	1919	《运输队长蒋介石》	
太原	关露	1908	《太平洋上的歌声》	原河北延庆
汾城	贾芝	1913	《水磨集》	
陕西长安	王独清	1898	《圣母像前》	
米脂	高敏夫	1905	《三月七日的风暴》	提倡街头诗
临潼	王老九	1891	当时未结集	快板诗、顺口溜

西南方言

市（县）	姓名	出生年月	代表诗集（或诗作）	备注
贵州遵义	蹇先艾	1906		当时未结集
四川乐山	郭沫若	1892	《女神》、《星空》	
安岳	康白情	1896	《草儿》	
乐山	曹葆华	1906	《落日颂》、《无题草》	
乐山	陈敬容	1917	《盈盈集》、《交响集》	
古蔺	邓均吾	1898		当时未结集
成都	李唯建	1907	《祈祷》	
万县	何其芳	1912	《预言》、《夜歌》	

西南方言

市（县）	姓名	出生年月	代表诗集（或诗作）	备注
万县	方敬	1914	《雨景》、《行吟的歌》	
万县	罗泅	1922	《星空集》	
资阳	邵子南	1916	《组织》	
荣县	柳倩	1911	《生命底微痕》	
威远	罗念生	1904	《龙涎》	
重庆	沙鸥	1922	《农村的歌》、《林桂清》	纯粹四川方言诗
忠县	野谷	1925	《指望来年》	纯粹四川方言诗
芦山	余念	1919	《大渡河支流》	
泸县	屈楚	1919	《摘星者的死亡》	
广汉	覃子豪	1914	《剪影集》、《自由的旗》	
富顺	陈铨	1905	《哀梦影》	
泸州	炼虹	1921	《给夜行者》	
巴县	朱大南	1907	《饥饿》、《冷箭》	
巴县	廖晓帆	1923		当时未结集
武胜	杨本泉	1923	《早安啊，市街》	
广西桂林	陈迩冬	1913	《黑旗》、《最后的失败》	
湖南凤凰	沈从文	1903	《鸭子》	
安乡	刘梦苇	1900	《青春之花》、《孤鸿》	
常德	陈辉	1920	《十月的歌》	
云南广南	柯仲平	1902	《边区自卫军》	
昆明	陆晶清	1907	《低诉》	
洱源	马子华	1912	《坍塌的古城》	
洱源	罗铁鹰	1917	《原野之歌》	
思茅	雷溅波	1908	《战火》、《前进！中国兵》	
临沧	刘御	1912	《新歌谣》	
湖北光化	光未然	1913	《黄河大合唱》	整理《阿细的先鸡》

西南方言

市（县）	姓名	出生年月	代表诗集（或诗作）	备注
武汉	曾卓	1922	《门》	原湖北黄陂
浠水	闻一多	1899	《红烛》、《死水》	
黄梅	冯文炳	1901	《招隐集》、《水边》	
黄陂	绿原	1922	《童话》、《又是一个起点》	
蕲春	胡风	1902	《野花与箭》	
天门	郑思	1917	《夜的抒情》、《吹散的火星》	
天门	邹荻帆	1917	《在天门》、《雪与村庄》	
天门	冀仿	1920	《跃动的夜》	生于印尼
京山	聂绀弩	1903	《元旦》	
洪湖	丁力	1920	《召唤》	
云梦	晏明	1920	《三月的夜》	
沔阳	杨刚	1909	《我站在地球中央》	

江淮方言

市（县）	姓名	出生年月	代表诗集（或诗作）	备注
安徽六安	蒋光慈	1901	《新梦》、《哀中国》	
无为	田间	1916	《赶车传》、《给战斗者》	
太湖	朱湘	1904	《草莽集》、《石门集》	生于湖南沅陵
寿县	金克木	1912	《蝙蝠集》	
绩溪	胡适	1891	《尝试集》	
泾县	胡怀琛	1886	《大江集》、《劝俗新诗》	
歙县	陶行知	1891	《行知诗歌集》	
芜湖	阿英	1900	《饿人与饥鹰》	
绩溪	汪静之	1902	《蕙的风》、《寂寞的国》	
绩溪	胡思永		《胡思永的遗诗》	
绩溪	章衣萍	1902	《深誓》、《种树集》	
霍丘	韦丛芜	1905	《君山》、《冰块》	
舒城	钟鼎文	1914	《三年》	

江淮方言

市（县）	姓名	出生年月	代表诗集（或诗作）	备注
天长	吕荧	1915	《火的云霞》	
颍上	常任侠	1904	《毋忘草》	
桐城	方孝孺	1897		当时未结集
桐城	方玮德	1908	《玮德诗文集》	
和县	刘岚山	1919	《漂泊之歌》、《乡下人的歌》	
江苏南京	卢冀野	1905	《春雨》、《绿篇》	
南京	汪铭竹	1907	《自画像》	
南京	周而复	1914	《夜行集》	
南京	杜谷	1920	《泥土的梦》	
扬州	朱自清	1898	《踪迹》、《毁灭》	原浙江绍兴
扬州	许幸之	1904	《诗歌时代》	原安徽歙县
扬州	洪为法	1899	《莲子集》、《他，她》	
扬州	韩北屏	1914	《江南草》	

吴方言区

市（县）	姓名	出生年月	代表诗集（或诗作）	备注
泰兴	刘延陵	1894	《雪朝》	
江阴	刘半农	1891	《瓦釜集》、《扬鞭集》	
无锡	陶晶孙	1897		当时未结集
无锡	孙毓棠	1910	《宝马》、《海盗船》	
苏州	唐祈	1920	《诗第一册》	
苏州	叶圣陶	1894	《雪朝》	
吴县	袁水拍	1919	《马凡陀的山歌》	
宜兴	沙蕾	1919	《心跳进行曲》	

市（县）	姓名	出生年月	代表诗集（或诗作）	备注
宜兴	邵冠祥	不详	《风沙夜》	
宜兴	蒋锡金	1915	《黄昏星》	
宜兴	曹辛之	1917	《火烧的城》	
溧阳	王平陵	1898	《狮子吼》	
海门	卞之琳	1910	《三秋草》、《鱼目集》	
常州	瞿秋白	1899	《东洋人出兵》	
常熟	宗白华	1897	《流云小诗》	
常熟	孙望	1912	《煤矿夫》	
南通	白得易	1919	《白得易诗选》	
武进	严辰	1914	《生命的春天》	
上海	谢澹如	1904	《苜蓿花》	
	孙大雨	1905	《自己的写照》	原浙江诸暨
	滕固	1901	《死人之叹息》	
	朱维基	1904	《花香街诗集》	
	化铁	1925	《暴雷雨岸然轰轰而至》	
	倪海曙	1918	《苏州话诗经》	
	陈伯吹	1930	《誓言》、《游戏的诗歌》	
浙江绍兴	刘大白	1880	《旧梦》、《邮吻》	
绍兴	鲁迅	1881	《野草》、《公民科歌》	
绍兴	周作人	1885	《过去的生命》	
绍兴	罗家伦	1897	《疾风》、《西北行吟》	
吴兴	沈尹默	1883	《三弦》	
吴兴	陆志韦	1894	《渡河》、《渡河后集》	
德清	俞平伯	1900	《冬夜》、《忆》	
萧山	沈玄庐	1878	《十五娘》、《玄庐文存》	
义乌	冯雪峰	1903	《湖畔》、《真实之歌》	
海宁	徐志摩	1896	《志摩的诗》、《猛虎集》	

市（县）	姓名	出生年月	代表诗集（或诗作）	备注
杭县	戴望舒	1905	《望舒草》、《望舒诗稿》	
杭县	倪贻德	1901	《东海之滨》	
上虞	陈梦家	1911	《梦家诗集》	
镇海	丁景唐	1920	《星底梦》	
海盐	沈祖棻	1909	《微波辞》	
余姚	邵洵美	1906	《诗二十五首》、《天堂与五月》	
青田	力扬	1908	《射虎者及其家族》	
诸暨	何植三	不详	《农家的草紫》	
诸暨	姚蓬子	1905	《银铃》、《剪盼集》	
金华	艾青	1910	《大堰河》、《北方》	
杭州	阿垅	1907	《无弦琴》	
杭州	吴兴华	1921	《西迦》	
杭州	田地	1927	《告别》	原浙江奉化
吴兴	徐迟	1914	《二十岁人》、《最强音》	
鄞县	罗迦	1920	《给屠杀者》	
嵊县	吕漠野	1912	《燕子》	
宜平	潘漠华	1902	《春的歌集》	
桐乡	钱君淘	1907	《水晶座》、《素描》	
象山	殷夫	1909	《孩儿塔》	
慈溪	徐圩	1908	《灯笼集》、《进香集》	
慈溪	徐雉	1899	《雉的心》、《酸果》	
慈溪	应修人	1900	《湖畔》、《春的歌集》	
慈溪	袁可嘉	1921		当时未结集
东阳	圣野	1922	《小母亲》、《啄木鸟》	
温州	唐湜	1920	《骚动的城》	
温州	莫洛	1916	《渡运河》、《叛乱的法西斯》	

粤方言区

市（县）	姓名	出生年月	代表诗集（或诗作）	备注
广东新会	梁宗岱	1903	《晚祷》	
海丰	钟敬文	1903	《海滨的二月》	曾任广东方言文学研究会会长
南海	冯乃超	1901	《红纱灯》	生成于日本
南海	芦荻	1912	《桑野》、《驱驰集》	
南海	华嘉	1915	《论方言文艺》	
中山	阮章竞	1914	《漳河水》、《圈套》	
台山	林焕平	1911	《新的太阳》	
台山	雷石榆	1911	《国际纵队》、《小蛮牛》	
台山	黄宁婴	1915	《遣退》、《九月的太阳》	
广州	陈残云	1914	《铁蹄下的歌手》	
东莞	欧外鸥	1911	《欧外欧诗集》	
惠州	温梓川	1908	《咖啡店的侍女》	
新会	华铃	1915	《牵牛花》、《满天星》	
广西桂平	胡明树	1914	《难民船》、《朝鲜妇》	

客家方言区

市（县）	姓名	出生年月	代表诗集（或诗作）	备注
广东梅县	李金发	1900	《微雨》、《为幸福而歌》	
梅县	任钧	1909	《后方小唱》、《冷热集》	
梅县	黄药眠	1903	《桂林底撤退》、《黄花岗上》	
梅县	蒲风	1911	《茫茫夜》	
梅县	楼栖	1912	《鸳鸯子》	纯客家方言写作
梅县	温流	1912	《最后的吼声》、《我们的堡》	

市（县）	姓名	出生年月	代表诗集（或诗作）	备注
兴宁	冯宪章	1910	《梦后》	
兴宁	金帆	1916	《野火集》	
澄海	林山	1910	《战斗之歌》	
澄海	黄雨	1916	《潮州有个许亚标》	纯客家方言写作
蕉岭	野曼	1921	《短笛》	

闽方言区

市（县）	姓名	出生年月	代表诗作	备注
福建闽侯	冰心	1900	《繁星》、《春水》	原福建长乐
长乐	郑振铎	1898	《雪朝》	
闽侯	林徽因	1903	《别丢掉》	
漳州	杨骚	1900	《心曲》、《受难者的短曲》	原龙溪
古田	杜运燮	1918	《诗四十首》	15 岁前在国外生活
同安	鲁藜	1914	《醒来的时候》、《锻炼》	童年侨居越南
诏安	林林	1910	《阿莱耶山》	
闽侯	郑敏	1920	《诗集（1942—1949）》	
闽侯	林庚白	1898	《庚白诗存》	
厦门	童晴岚	1909	《南中国的歌》、《狼》	
莆田	彭燕郊	1920	《第一次爱》	
安溪	犁青	1933	《瓜红时节》、《苦难的侨村》	
福州	胡也频	1903	《也频诗选》	
广东潮州	冯铿	1901	《春宵》	
广东潮州	丹木		《暹罗救济米》	潮州话叙事诗
台湾彰化	赖和	1894	《南国哀歌》	
台北	张我军	1902	《乱都之恋》	

湘方言区

市（县）	姓名	出生年月	代表诗作（诗集）	备注
湖南邵阳	石民	不详	《良夜与恶梦》	
长沙	田汉	1898	《江户之春》	
湘乡	萧三	1896	当时未结集	俄语写作新诗
隆回	孙良工	1894	《杀到东京去》	
新化	成仿吾	1897	《流浪吾》、《使命》	
安化	吴奔星	1913	《暮霭》、《春焰》	
湘阴	宋元	1917	《三八颂》、《誓言》	
衡阳	王晨牧	1917	《往日诗草》	

赣方言区

市（县）	姓名	出生年月	代表诗集（或诗作）	备注
江西南昌	饶孟侃	1902	《泥人集》	
安福	王礼锡	1901	《市声草》	
高安	白采	1894	《羸疾者的爱》	
贵溪	芦甸	1919	《我们是幸福的》	
南昌	天蓝	1912	《预言》、《队长骑马去了》	
泰和	曾今可	1901	《路花》、《小鸟集》	
湖南资兴	白薇	1894	《打出幽灵塔》、《春笋的歌》	
汝城	朱子奇	1920		当时未结集

对此概况略作如下说明：

[1] 所列七大主要方言区的分布情况与所辖省份地区，主要参考詹伯慧等著：《汉语方言及方言调查》，湖北教育出版社

1991 年版，第 46—117 页。黄伯荣、廖序东主编：《现代汉语》（上册）增订三版，高等教育出版社 2002 年版，第 4—9 页。与七大分区不同的是，近十年来有学者主张把汉语方言划分为十区，即在此基础上，把北方方言区再分出"徽语"与"晋语"两区，以及把广西北部与南部的"平话"单独出来，但合并、切割后形成的"晋语"、"平话"能否"升格独立"，学界尚存较大争议，不过这也从另一个角度，揭示了北方方言区内部的差异性程度。

[2] 在七大主要方言区里，仍存在相当大的内部差异，因此这样划分仅仅是大概勾勒轮廓而已；另外，由于北方方言是现代汉民族共同语的基础，分布区域最广，使用人口约占七成以上，因此细分为四个次方言：华北东北方言、西北方言、西南方言和江淮方言。考虑到方言的复杂性以及不同地域地点仍存在争议与模糊性等原因，因此也只存其轮廓而已，个别诗人具体的方言区属也只是言其大略，特别是对于诗人出生地所在县市，如有数种方言混合情况，尤其突出。这里或根据作品，或根据通行程度，予以框定。

[3] 方言分区是流动的概念，20 世纪的行政区划也时有变革，加之现代诗人因出生地、祖籍所在地、童年与青少年时期生活地域也屡有变迁，同时限于相关资料的缺乏，不同资料在这方面的记载也有不少矛盾出入之处，因此此表所录只是力求准确而已。在具体操作时，大致按以下几点原则：

①新诗作品与诗人数量庞大，搜集完全，颇为困难。本表所录系节录具有代表性的诗人及其作品，且所录资料主要来源下列资料：A、北京语言学院牵头组编：《中国文学家辞典》现代分册 1—6 册，四川人民出版社出版现代分册 1—2 册与四川文艺出版社出版现代分册 3—6 册，出版时间为第 1 册 1979 年、第 2 册 1982 年、第 3、4 册 1985 年、第 5、6 册 1992 年。B、陆耀东编

著：《中国现代文学大辞典》，高等教育出版社 1998 年版。C、徐瑞岳等主编：《中国现代文学辞典》，中国矿业大学出版社 1988 年版。D、王景山主编：《台港澳暨海外华文作家辞典》，人民文学出版社 1992 年版。具体内容正误没有一一考证。

②所选诗人标准如下：一是从事新诗写作时间较长，一般有诗集问世；二是即使没有诗集行世，但参加过编辑诗刊、参与新诗社团等相关活动，成绩较显著者；三是个别作家在方言入诗方面作出过有益尝试者，也照例收录。

③在划定诗人入某方言区时，因方言小片或地点方言不详，依此只强调到省、地级行政区划，所以个别诗人的"母语"划分与实际情况也许还有差距。

④表格所录条目，分别以"市（县）"、"姓名"、"出生年月"、"代表诗集（或诗作）"、"备注"五个项目来描述，其中第一、三、四、五项强调的是地域分布、当时方言语境、特色等方面的内容。另外，"市（县）"一栏中，每一行政省份只出现一次，统领本省的区县。

⑤具体到每一个现代诗人，其童年与青少年经历变迁生活地较为丰富、频繁者，在"备注"栏内略加说明。至于是否为到外省求学或出国留学，或因随家人在内地不断搬迁等情况，考虑到篇幅所限与工作量太大，一般不另作说明与辨析。

⑥据表中所录，来自整个北方方言区的现代诗人为：华北东北方言区 47 人、西北方言区 10 人、西南方言区 46 人、江淮方言区 26 人，共 129 人；吴方言区 61 人；粤方言区 14 人；客家方言区 11 人；闽方言区 17 人；湘方言区 8 人；赣方言区 8 人。一共收录诗人 248 人，全国性意义上的代表诗人基本囊括其中。

参考文献

说明：一、各种当时出版发行以及解放后结集出版的诗集没有列入；二、现代文学旧期刊上的相关短文暂未列入；三、凡学报类文章均指人文社科版或哲社版性质上的论文；四、以下资料均以作者音序排列）。

一 相关研究论文概况与史料线索（论文类）

鲍晶：《浅谈解放区诗歌》，《延安文艺研究》1987 年第 2 期。

陈晨：《〈讲话〉：在国际大文化格局中——略论毛泽东〈讲话〉在世界各地的翻译、出版、评介、研究和反响》，《延安文艺研究》1992 年第 4 期。

陈颂声等：《中国诗坛社与华南的新诗歌运动》，《学术研究》1984 年第 3 期。

陈颂声等：《广州的诗场社及其〈诗场〉》，《中山大学学报》1983 年第 4 期。

陈平原：《经典是怎样形成的——周氏兄弟等为胡适删诗考》，《鲁迅研究月刊》2001 年第 4、5 期。

陈金淦：《胡适诗歌评价的历史回顾》，《徐州师范学院学报》1985 年第 1 期。

陈友康：《二十世纪中国旧体诗词的合法性和现代性》，《中国社会科学》2005 年第 6 期。

蔡清富：《中国诗歌会对新诗发展的贡献》，《北京师范大学学报》1986 年第 3 期。

董正宇、孙叶林：《民间话语资源的采撷与运用——论文学方言、方言文学以及当下"方言写作"》，《湖南社会科学》2005 年第 4 期。

冯宪光：《也谈"民族形式"问题讨论》，《抗战文艺研究》1982 年第 4 期。

范钦林：《如何评价"五四"白话文运动——与郑敏先生商榷》，《文学评论》1994 年第 2 期。

方耀乾：《为父老立像，为土地照妖：论向阳的台语诗》，《台湾诗学》学刊 3 号，2004 年 6 月。

宫苏艺：《〈王贵与李香香〉的手稿和版本》，《延安文艺研究》1987 年第 1、2 期。

龚喜平：《新学诗·新派诗·歌体诗·白话诗——论中国新诗的发生与发展》，《西北师范学院学报》1988 年第 3 期。

胡慧翼：《论"五四"知识分子先驱对民间歌谣的发现——以胡适、周作人、刘半农为中心》，《西南民族学院学报》2003 年第 3 期。

胡芷藩：《记录口语问题的一个建议》，《中国语文》1953 年 7 月号。

黄友凡等：《为大众的活路呐喊——回忆〈活路〉月刊及活路社》，《抗战文艺研究》1984 年第 3 期。

黄曼君：《中国现代文学经典的诞生与延传》，《中国社会科学》2004 年第 3 期。

华嘉：《香港人间书屋二三事》，《新文学史料》1982 年第 1 期。

柯玲：《论方言的文学功能》，《修辞学习》2005 年第 3 期。

李昌陟：《精益求精不断前进——阮章竞解放前诗歌创作的

艺术成就》，《中国现代文学研究丛刊》1983 年第 4 期。

李怡：《从文化的角度看现代四川文学中的方言》，《西南民族学院学报》1998 年第 2 期。

李震：《不朽的河——陕北民歌研究 ABC》上、下，《延安文艺研究》1992 年第 3、4 期。

刘继业：《朗诵诗理论探索与中国现代诗学》，《中国社会科学》2003 年第 5 期。

刘锦满：《呐喊与战斗的大众艺术——陕甘宁边区街头诗运动的发起》，《延安文艺研究》1984 年创刊号。

龙泉明：《"五四"白话新诗的"非诗化"倾向与历史局限》，《文学评论》1995 年第 1 期。

黎风：《〈王贵与李香香〉和陕北民歌》，《延安文艺研究》1988 年第 2 期。

犁青：《从"南来作家"到"香港作家"》，《新文学史料》1996 年第 1 期。

犁青：《四十年代后期的香港诗歌》，《新文学史料》2005 年第 3 期。

骆寒超：《论"五四"时期的诗体大解放》，《文学评论》1993 年第 5 期。

吕剑：《我与〈中国诗坛〉及在港活动琐忆》，《新文学史料》1996 年第 4 期。

乔惟森等：《毛主席树立了使用方言词的典范》，《中国语文》1960 年第 5 期。

任钧：《略谈一个诗歌流派——中国诗歌会》，《社会科学》1984 年第 3 期。

孙玉石：《郭沫若〈民谣集·序〉的真实性及其价值》，《北京大学学报》2003 年第 2 期。

石汝杰：《吴方言区作家的普通话和方言》，《语言文字应用》

1995 年第 3 期。

王富仁：《为新诗辩护》，《文学评论》2006 年第 1 期。

王光东：《"民间"的现代价值——中国现代文学与民间文化形态》，《中国社会科学》2003 年第 6 期。

王光东：《大众化与民间：文学意义的一种分析》，《社会科学》2003 年第 6 期。

王存奎：《北京大学与中国民俗学的建立》，《北京大学学报》2002 年第 4 期。

王继志：《论沈从文的民歌体诗歌创作》，《南京大学中文学报》1999 年。

王训昭：《中国诗歌会及其诗作》，《华东师范大学学报》1988 年第 3 期。

乌尔沁：《刘半农与中国现代的民歌研究》，《民族文学研究》2002 年第 4 期。

吴定宇：《抗战期间香港关于大众化和民族形式的讨论》，《学术研究》1984 年第 6 期。

徐新建：《采歌集谣与寻求新知——民国时期"歌谣运动"对民间资源的利用和背离》，《民族艺术研究》2004 年第 6 期。

徐瑞岳：《刘半农生平年表》，《徐州师范学院学报》1984 年第 1、2 期。

锡金：《穆木天、中国诗歌会和他的诗》，《社会科学战线》1983 年第 2 期。

薛汕：《四十年代的〈新诗歌〉》，《新文学史料》1988 年第 1 期。

燕世超：《批判的武器难以创新——论"五四"前后白话诗人对民间歌谣的扬弃》，《文学评论》2002 年第 5 期。

晏明：《飘飘何所似 天地一沙鸥（上）——记老诗人、诗评家、编辑家沙鸥》，《新文学史料》2001 年第 2 期。

游汝杰等：《方言与中国文化》，《复旦大学学报》1985 年第 3 期。

痖弦：《早春的播种者——纪念刘半农先生诞辰一百周年》，《海南师范学院学报》1991 年第 2 期。

朱爱东：《双重视角下的歌谣学研究——北大〈歌谣周刊〉对中国歌谣学研究的贡献》，《思想战线》2002 年第 2 期。

朱晓进：《从语言的角度谈新诗的评价问题》，《文学评论》1992 年第 3 期。

周晓风：《早期白话诗与"胡适之体"》，《重庆师范学院学报》1997 年第 4 期。

张伯伟：《从旧诗到新诗》，《南京大学中文学报》1998 年。

张卫中、江南：《新时期文学创作中方言使用的新特点》，《学术研究》2002 年第 1 期。

周定一：《论文艺作品中的方言土语》，《中国语文》1959 年 5 月号。

郑林曦：《怎样解决用汉字写不出民众口语的矛盾?》，《中国语文》1953 年 7 月号。

郑敏：《世纪末的回顾：汉语语言变革与中国新诗创作》，《文学评论》1993 年第 3 期。

赵园：《京味小说与北京方言文化》，《北京社会科学》1989 年第 1 期。

二　主要参考文献（书籍类）

[意] 艾柯等：《诠释与过度诠释》，王宇根译，生活·读书·新知三联书店 2005 年版。

[美] M. H. 艾布拉姆斯：《镜与灯：浪漫主义文论及批评传统》，郦稚牛等译，北京大学出版社 2004 年版。

卞之琳：《卞之琳文集》，江弱水、青乔编，安徽教育出版社

2002 年版。

卞之琳：《人与诗：忆旧说新》，生活·读书·新知三联书店1984 年版。

卞之琳：《雕虫纪历》增订版，人民文学出版社 1984 年版。

重庆出版社编：《诗人徐志摩》，重庆出版社 1982 年版。

鲍晶编：《刘半农研究资料》，天津人民出版社 1985 年版。

［英］齐格蒙·鲍曼：《立法者与阐释者：论现代性、后现代性与知识分子》，洪涛译，上海人民出版社 2000 年版。

［英］阿伦·布洛克：《西方人文主义传统》，董乐山译，生活·读书·新知三联书店 1997 年版。

［美］丹尼尔·贝尔：《资本主义文化矛盾》，赵一凡等译，生活·读书·新知三联书店 1989 年版。

曹顺庆：《中西比较诗学》，北京出版社 1988 年版。

曹聚仁：《我与我的世界》，北岳文艺出版社 2001 年版。

曹聚仁：《文坛五十年》，东方出版中心 1997 年版。

曹万生：《现代派诗学与中西诗学》，人民出版社 2003 年版。

草川未雨：《中国新诗坛的昨日今日和明日》，上海书店 1985 年影印。

陈子展：《中国近代文学之变迁·最近三十年中国文学史》，上海古籍出版社 2000 年版。

陈刚：《北京方言辞典》，商务印书馆 1985 年版。

陈恩泉主编：《双语双方言与现代中国》，北京语言文化大学出版社 1999 年版。

陈望道：《陈望道文集》，上海人民出版社 1981 年版。

陈平原主编：《现代学术史上的俗文学》，湖北教育出版社 2004 年版。

陈平原：《中国小说叙事模式的转变》，上海人民出版社 1988 年版。

陈万雄：《五四新文化的源流》，生活·读书·新知三联书店1997年版。

陈源：《西滢闲话》，河北教育出版社 1995 年版。

陈绍伟编：《中国新诗集序跋选》，湖南文艺出版社 1986年版。

陈从周编：《徐志摩年谱》，上海书店 1981 年影印版。

陈思和：《中国新文学整体观》，上海文艺出版社 2001 年版。

陈丙莹：《卞之琳评传》，重庆出版社 1998 年版。

陈金淦编：《胡适研究资料》，北京十月文艺出版社 1989年版。

陈梦家著，蓝棣之编：《陈梦家诗全编》，浙江文艺出版社1995 年版。

陈本益：《中外诗歌与诗学论集》，西南师范大学出版社2002 年版。

陈原：《语言和人》，商务印书馆 2003 年版。

陈圣生：《现代诗学》，社会科学文献出版社 1998 年版。

成仿吾：《成仿吾文集》，山东大学出版社 1985 年版。

常璩撰，刘琳校注：《华阳国志校注》，巴蜀书社 1984 年版。

常风：《逝水集》，辽宁教育出版社 1995 年版。

崔荣昌：《四川方言与巴蜀文化》，四川大学出版社 1996年版。

戴燕：《文学史的权力》，北京大学出版社 2002 年版。

杜运燮等编：《一个民族已经过来——怀念诗人、翻译家穆旦》，江苏人民出版社 1987 年版。

杜运燮等编：《丰富和丰富的痛苦：穆旦逝世二十周年纪念文集》，北京师范大学出版社 1997 年版。

戴昭铭：《规范语言学探索》，上海三联书店 1998 年版。

邓程：《论新诗的出路——新诗诗论对传统的态度述析》，中国社会科学出版社 2004 年版。

方仁念选编：《新月派评论资料选》，华东师范大学出版社 1993 年版。

冯宪光：《马克思美学的现代阐释》，四川教育出版社 2002 年版。

冯并：《中国文艺副刊史》，华文出版社 2001 年版。

冯梦龙编纂，刘瑞明注解：《冯梦龙民歌集三种注解》，中华书局 2005 年版。

冯至著，韩耀成编：《冯至全集》，河北教育出版社 1999 年版。

范培松：《中国散文批评史》，江苏教育出版社 2000 年版。

废名：《论新诗及其他》，辽宁教育出版社 1998 年版。

废名：《新诗十二讲：废名的老北大讲义》，辽宁教育出版社 2006 年版。

[美] 斯坦利·费什：《读者反应批评：理论与实践》，文楚安译，中国社会科学出版社 1998 年版。

郭沫若著，王锦厚等编：《郭沫若佚文集》，四川大学出版社 1988 年版。

郭沫若著，桑逢康校：《〈女神〉汇校本》，湖南人民出版社 1983 年版。

郭沫若：《沫若文集》，人民文学出版社 1958 年版。

郭沫若：《郭沫若全集》文学编，人民文学出版社 1992 年版。

郭绍虞：《照隅室语言文字论集》，上海古籍出版社 1985 年版。

高兰编：《诗的朗诵与朗诵的诗》，山东大学出版社 1987 年版。

高恒文：《京派文人：学院派的风采》，上海教育出版社 2000

年版。

高玉：《现代汉语与中国现代文学》，中国社会科学出版社 2003 年版。

郭绍虞主编：《中国历代文论选》1 卷本，上海古籍出版社 2001 年版。

公木主编：《新诗鉴赏辞典》，上海辞书出版社 1991 年版。

龚明德：《新文学札记》，天地出版社 1996 年版。

顾颉刚等辑、王煦华整理：《吴歌·吴歌小史》，江苏古籍出版社 1999 年版。

甘于恩主编：《七彩方言·方言与文化趣谈》，华南理工大学出版社 2005 年版。

胡适著，季羡林主编：《胡适全集》第 1—30 卷，安徽教育出版社 2003 年版。

胡适著，姜义华主编、沈寂编：《胡适学术文集·新文学运动》，中华书局 1993 年版。

胡适：《尝试集》，人民文学出版社 1984 年版。

胡适口述，唐德刚译注：《胡适口述自传》，广西师范大学出版社 2005 年版。

胡风：《胡风评论集》上中下，人民文学出版社 1984、1985 年版。

何其芳著，蓝棣之主编：《何其芳全集》，河北人民出版社 2000 年版。

洪子诚：《问题与方法——中国当代文学史研究讲稿》，生活·读书·新知三联书店 2002 年版。

贺登崧：《汉语方言地理学》，上海教育出版社 2003 年版。

韩邦庆著、典耀整理：《海上花列传》，人民文学出版社 1982 年版。

韩敬体编：《〈现代汉语词典〉编纂学术论文集》，商务印书馆 2004 年版。

韩丽梅编著:《袁水拍研究资料》,中国国际广播出版社 2003
年版。

黄遵宪著,钱仲联笺注:《人境庐诗草笺注》,上海古籍出版
社 1981 年版。

黄遵宪著,陈铮编:《黄遵宪全集》,中华书局 2005 年版。

黄伯荣、廖序东主编:《现代汉语》增订 3 版,高等教育出
版社 2002 年版。

黄伯荣编:《汉语方言语法类编》,青岛出版社 1991 年版。

黄人影编:《创造社论》,光华书局 1932 年版。

黄尚军:《四川方言与民俗》增订本,四川人民出版社 2002
年版。

贺圣谟:《论湖畔诗社》,杭州大学出版社 1998 年版。

海涛等编:《艾青专集》,江苏人民出版社 1982 年版。

[德] 黑格尔:《美学》第 1—3 卷,朱光潜译,商务印书馆
1997 年版。

[德] 海德格尔:《在通向语言的途中》,孙周兴译,商务印
书馆 2004 年版。

姜涛:《"新诗集"与中国新诗的发生》,北京大学出版社
2005 年版。

贾植芳等主编:《现代文学总书目》,福建教育出版社 1993
年版。

贾植芳编:《文学研究会资料》,河南人民出版社 1985 年版。

江弱水:《卞之琳诗艺研究》,安徽教育出版社 2000 年版。

蒋登科:《九叶诗派的合璧艺术》,西南师范大学出版社 2002
年版。

金宏宇:《中国现代长篇小说名著版本校评》,人民文学出版
社 2004 年版。

［美］杰姆逊：《后现代主义与文化理论》，陕西师范大学出版社 1986 年版。

康白情著，诸孝正等编：《康白情诗全编》，花城出版社 1990 年版。

鲁迅：《鲁迅全集》，人民文学出版社 2005 年版。

老舍：《老舍文集》，人民文学出版社 1987 年版。

老舍：《老舍生活与创作自述》，人民文学出版社 1982 年版。

李怡：《中国现代新诗与古典诗歌传统》，西南师范大学出版社 1999 年版。

李怡：《现代四川文学的巴蜀文化阐释》，湖南教育出版社 1995 年版。

李怡：《现代：繁复的中国旋律》，中央编译出版社 2001 年版。

李怡：《阅读现代——论鲁迅与中国现代文学》，西南师范大学出版社 2002 年版。

李怡：《现代性：批判的批判》，人民文学出版社 2006 年版。

李健吾著，郭宏安编：《李健吾批评文集》，珠海出版社 1998 年版。

李如龙：《汉语方言学》，高等教育出版社 2001 年版。

李季：《李季文集》第 1—4 卷，上海文艺出版社 1986 年版。

李广田：《李广田文学评论选》，云南人民出版社 1983 年版。

李泽厚：《中国现代思想史论》，东方出版社 1987 年版。

刘世南：《清诗流派史》，人民文学出版社 2004 年版。

刘纳：《嬗变——辛亥革命时期至五四时期的中国文学》，中国社会科学出版社 1998 年版。

刘纳：《从五四走来：刘纳学术随笔自选集》，福建教育出版社 2000 年版。

刘福春：《新诗纪事》，学苑出版社 2004 年版。

刘半农：《半农杂文》，河北教育出版社 1994 年版。

刘半农：《半农杂文二集》，上海书店 1983 年影印版。

刘半农：《半农诗集集评》，书目文献出版社 1984 年版。

刘半农：《刘半农诗选》，人民文学出版社 1958 年版。

赖先刚：《乐山方言》，巴蜀书社 2000 年版。

〔德〕莱辛：《拉奥孔》，朱光潜译，人民文学出版社 1982 年版。

蓝棣之：《正统的与异端的》，浙江文艺出版社 1988 年版。

蓝棣之编：《现代派诗选》，人民文学出版社 2002 年版。

蓝棣之：《新月派诗选》，人民文学出版社 1989 年版。

吕叔湘：《吕叔湘文集》，辽宁教育出版社 2002 年版。

吕进：《中国现代诗学》，重庆出版社 1991 年版。

吕进：《现代诗歌文体论》，广西师范大学出版社 2003 年版。

龙泉明：《中国新诗流变论》修订版，人民文学出版社 2003 年版。

梁德曼、黄尚军编著：《成都方言词典》，江苏教育出版社 1998 年版。

梁德曼：《四川方言与普通话》，四川人民出版社 1982 年版。

梁实秋著，徐静波编：《梁实秋批评文集》，珠海出版社 1998 年版。

梁启超著，舒芜校点：《饮冰室诗话》，人民文学出版社 1998 年版。

梁启超：《梁启超全集》第 2、5 册，北京出版社 1999 年版。

梁宗岱著、李振声编：《梁宗岱批评文集》，珠海出版社 1998 年版。

林默涵总主编：《中国抗日战争时期大后方文学书系》，重庆出版社 1989 年版。

林庚：《新诗格律与语言的诗化》，经济日报出版社 2000

年版。

陆耀东：《二十年代中国各流派诗人论》，中国社会科学出版社 1985 年版。

陆耀东：《徐志摩评传》，重庆出版社 2000 年版。

陆耀东：《中国新诗史（1916—1949）第一卷》，长江文艺出版社 2005 年版。

陆耀东等编著：《中国现代文学大辞典》，高等教育出版社 1998 年版。

蓝棣之：《现代诗的情感与形式》，华夏出版社 1994 年版。

骆寒超：《新诗创作论》，上海文艺出版社 1990 年版。

罗皑岚等著：《二罗一柳忆朱湘》，生活·读书·新知三联书店 1985 年版。

［美］苏珊·朗格：《情感与形式》，刘大基等译，中国社会科学出版社 1986 年版。

穆木天著，蔡清福、穆立立编：《穆木天诗文集》，时代文艺出版社 1985 年版。

梅光迪著，罗岗、陈春艳编：《梅光迪文录》，辽宁教育出版社 2001 年版。

茅盾：《茅盾全集》第 18—26 卷，人民文学出版社 1996 年版。

毛迅：《徐志摩论稿》，四川大学出版社 1991 年版。

闵家骥等编：《简明吴方言词典》，上海辞书出版社 1986 年版。

倪海曙：《倪海曙语文论集》，上海教育出版社 1991 年版。

倪海曙：《杂格咙咚》，生活·读书·新知三联书店 1981 年版。

牛贵琥：《古代小说与诗词》，山西人民出版社 2005 年版。

欧阳哲生编：《追忆胡适》，社会科学文献出版社 2000 年版。

潘颂德：《中国现代诗论 40 家》，重庆出版社 1991 年版。

潘颂德：《中国现代新诗理论批评史》，学林出版社 2002 年版。

蒲风著，黄安榕等编：《蒲风选集》上、下，海峡文艺出版社 1985 年版。

齐如山：《北京土话》，北京燕山出版社 1991 年版。

钱绎：《方言笺疏》，上海古籍出版社 1984 年版。

钱光培、向远：《现代诗人及流派琐谈》，人民文学出版社 1982 年版。

钱理群等著：《中国现代文学三十年》修订本，北京大学出版社 1998 年版。

钱理群：《追寻生存之根：我的退思录》，广西师范大学出版社 2005 年版。

钱玄同：《钱玄同文集》第 3 卷，中国人民大学出版社 1999 年版。

钱曾怡编著：《济南方言词典》，江苏教育出版社 1997 年版。

钱曾怡：《汉语方言研究的方法与实践》，商务印书馆 2002 年版。

瞿秋白：《瞿秋白文集》文学编 1—6 卷，人民文学出版社 1989 年版。

秦似：《两间居诗词丛话》，四川人民出版社 1985 年版。

饶孟侃著，王锦厚等编：《饶孟侃诗文集》，四川大学出版社 1997 年版。

饶鸿兢等编：《创造社资料》，福建人民出版社 1985 年版。

孙玉石：《中国现代主义诗潮史论》，北京大学出版社 1999 年版。

孙玉石编：《象征派诗选》，人民文学出版社 1986 年版。

孙大雨著，孙近仁编：《孙大雨诗文集》，河北教育出版社

1996 年版。

史亮编：《新批评》，四川文艺出版社 1989 年版。

施蛰存：《沙上的脚迹》，辽宁教育出版社 1995 年版。

沙鸥著，止庵编：《沙鸥谈诗》，首都师范大学出版社 1996 年版。

邵荃麟：《邵荃麟评论选集》上，人民文学出版社 1981 年版。

沈从文：《沈从文全集》，北岳文艺出版社 2002 年版。

沈用大：《中国新诗史（1918—1949）》，福建人民出版社 2006 年版。

[美] 爱德华·萨丕尔：《语言论》，陆卓元译，商务印书馆 2003 年版。

[瑞士] 费尔迪南·德·索绪尔：《普通语言学教程》，高名凯译，商务印书馆 2001 年版。

唐湜：《新意度集》，生活·读书·新知三联书店 1989 年版。

唐德刚：《胡适杂忆》，广西师范大学出版社 2005 年版。

田长山、连曾秀：《方言误读》，陕西人民出版社 2003 年版。

童庆炳主编：《文学理论教程》修订版，高等教育出版社 1998 年版。

王富仁：《中国反封建思想革命的一面镜子》，北京师范大学出版社 1986 年版。

王富仁：《中国文化的守夜人——鲁迅》，人民文学出版社 2002 年版。

王光东：《民间理念与当代情感：中国现当代文学解读》，广西师范大学出版社 2003 年版。

王克文：《陕北民歌艺术初探》，民间文艺出版社 1986 年版。

王永生主编：《中国现代文论选》第 1 册，贵州人民出版社 1982 年版。

王瑶:《中国新文学史稿》,新文艺出版社 1954 年版。

王毅:《中国现代主义诗歌史论 1925—1949》,西南师范大学出版社 1998 年版。

王光明:《现代汉诗的百年演变》,河北人民出版社 2003 年版。

王永梭著,江润媛编:《王永梭文集》,四川文艺出版社 2000 年版。

王训昭等编:《郭沫若研究资料》,中国社会科学出版社 1986 年版。

王训昭编:《湖畔诗社评论资料选》,华东师范大学出版社 1986 年版。

王力:《汉语诗律学》增订本,上海教育出版社 1979 年版。

王世华等编著:《扬州方言词典》,江苏教育出版社 1996 年版。

王一川:《中国形象诗学——1985 至 1995 年文学新潮阐释》,上海三联书店 1998 年版。

〔美〕雷·韦勒、克奥·沃伦:《文学理论》,刘象愚等译,生活·读书·新知三联书店 1984 年版。

〔马来西亚〕温梓川著,钦鸿编:《文人的另一面》,广西师范大学出版社 2004 年版。

温儒敏:《中国现代文学批评史》,北京大学出版社 1993 年版。

闻一多:《闻一多全集》,生活·读书·新知三联书店 1982 年版。

闻一多:《闻一多书信选集》,人民文学出版社 1986 年版。

闻一多著,蓝棣之编:《闻一多诗全编》,浙江文艺出版社 1995 年版。

闻黎明、侯菊坤编:《闻一多年谱长编》,湖北人民出版社

1994 年版。

汪晖：《汪晖自选集》，广西师范大学出版社 1997 年版。

现代汉诗百年演变课题组编：《现代汉诗：反思与求索》，作家出版社 1998 年版。

向天渊：《现代汉语诗学话语（1917—1937）》，西南师范大学出版社 2002 年版。

萧斌如编：《刘大白研究资料》，天津人民出版社 1986 年版。

肖伟胜：《现代性困境中的极端体验》，中央编译出版社 2004 年版。

夏晓虹等著：《文学语言与文章体式：从晚清到五四》，安徽教育出版社 2005 年版。

夏征农主编：《大辞海·语言学卷》，上海辞书出版社 2003 年版。

许毓峰等编：《闻一多研究资料》，北岳文艺出版社 1986 年版。

许宝华、陶寰编纂：《上海方言词典》，江苏教育出版社 1997 年版。

徐世荣：《北京土语辞典》，北京出版社 1990 年版。

徐学林：《中国历代行政区划》，安徽教育出版社 1991 年版。

徐志摩：《志摩的诗》，人民文学出版社 1983 年版。

徐志摩著，顾永棣编：《徐志摩诗全编》，浙江文艺出版社 1987 年版。

俞平伯：《俞平伯全集》，花山文艺出版社 1997 年版。

叶维廉：《中国诗学》，生活·读书·新知三联书店 1992 年版。

叶维廉：《叶维廉文集》第 1 卷，安徽教育出版社 2002 年版。

叶祥苓编纂：《苏州方言词典》，江苏教育出版社 1998 年版。

袁家骅等著：《汉语方言概要》，文字改革出版社1983年版。

叶公超著，陈子善编：《叶公超批评文集》，珠海出版社1998年版。

袁可嘉：《半个世纪的脚印——袁可嘉诗文选》，人民文学出版社1994年版。

袁可嘉：《论新诗现代化》，生活·读书·新知三联书店1988年版。

袁可嘉等编：《卞之琳与诗艺术》，河北教育出版社1990年版。

袁行霈：《中国诗歌艺术研究》增订本，北京大学出版社1996年版。

杨匡汉、刘福春编：《中国现代诗论》上，花城出版社1985年版。

伊沙等著：《十诗人批判书》，时代文艺出版社2001年版。

游友基：《中国现代诗潮与诗派》，广西师范大学出版社1993年版。

游汝杰主编：《地方戏曲音韵研究》，商务印书馆2006年版。

余英时：《内在超越之路》，中国广播电视出版社1992年版。

颜景常：《古代小说与方言》，山西人民出版社2005年版。

颜逸明：《吴语概说》，华东师范大学出版社1994年版。

颜清徽、刘丽华编纂：《娄底方言词典》，江苏教育出版社1998年版。

易明善编：《何其芳研究资料》，四川文艺出版社1986年版。

易中天：《西北风东南雨：方言与文化》，上海文化出版社2002年版。

朱自清：《朱自清全集》，江苏教育出版社1996年版。

朱自清：《新诗杂话》，生活·读书·新知三联书店1984年版。

朱自清：《论雅俗共赏》，生活·读书·新知三联书店 1998 年版。

朱光潜：《诗论》，上海古籍出版社 2001 年版。

朱光潜著，商金林编：《朱光潜批评文集》，珠海出版社 1998 年版。

朱寿桐：《新月派的绅士风情》，江苏文艺出版社 1995 年版。

朱金顺：《新文学资料引论》，北京语言学院出版社 1986 年版。

朱湘著，蒲花塘、晓非编：《朱湘散文》，中国广播电视出版社 1994 年版。

朱立元主编：《当代西方文艺理论》，华东师范大学出版社 2001 年版。

章太炎著，洪治纲主编：《章太炎经典文存》，上海大学出版社 2003 年版。

郑振铎等编：《我与文学》，上海书店 1981 年影印版。

赵家璧主编：《中国新文学大系》，上海良友图书出版印刷公司 1935 年版。

赵元任：《语言问题》，商务印书馆 1999 年版。

赵景深：《我与文坛》，上海古籍出版社 1999 年版。

赵崇祚辑、李一氓校：《花间集校》，人民文学出版社 1981 年版。

赵毅衡：《诗神远游》，上海译文出版社 2003 年版。

赵毅衡编：《"新批评"文集》，中国社会科学出版社 1988 年版。

中国社会科学院近代史研究所中华民国史研究室编：《胡适来往书信选》，中华书局 1979 年版。

周作人：《知堂回想录》，群众出版社 1999 年版。

周作人：《自己的园地·雨天的书》，人民文学出版社 1988

年版。

周作人著，止庵校订：《儿童文学小论；中国新文学的源流》，河北教育出版社 2001 年版。

周作人著，杨扬编：《周作人批评文集》，珠海出版社 1998 年版。

周红兴：《艾青研究与访问记》，文化艺术出版社 1991 年版。

周红兴：《艾青的跋涉》，文化艺术出版社 1988 年版。

周韦编：《论〈王贵与李香香〉》，上海杂志公司 1950 年版。

周扬：《周扬文集》，人民文学出版社 1984 年版。

周振鹤、游汝杰：《方言与中国文化》，上海人民出版社 2006 年版。

邹建军选编：《20 世纪中国文学史文论精华·新诗卷》，河北教育出版社 2000 年版。

张菊香、张铁荣编著：《周作人年谱》，天津人民出版社 2000 年版。

张隆溪：《道与逻各斯》，冯川译，四川人民出版社 1998 年版。

张一舟等著：《成都方言语法研究》，巴蜀书社 2001 年版。

张中行：《文言与白话》，黑龙江人民出版社 1988 年版。

张永芳：《诗界革命与文学转型》，中国社会科学出版社 2004 年版。

张绍诚：《巴蜀方言浅说》，巴蜀书社 2005 年版。

张廷琛编：《接受理论》，四川文艺出版社 1989 年版。

张怀久等编著：《吴地方言小说》，南京大学出版社 1997 年版。

张桃洲：《现代汉语的诗性空间——新诗话语研究》，北京大学出版社 2005 年版。

张庚：《戏曲艺术论》，中国戏剧出版社 1980 年版。

祝宽：《五四新诗史》，陕西师范大学出版社 1987 年版。

郑国民：《从文言文教学到白话文教学——我国近现代语文教育的变革历程》，北京师范大学出版社 2000 年版。

钟敬文：《芸香楼文艺论集》，中国文联出版公司 1996 年版。

钟敬文：《钟敬文文集》，安徽教育出版社 2002 年版。

后　记

本著作是在博士论文的基础上稍加修订而成。本书所牵涉的方言入诗以及由此而来的新的课题与视角，是至今为止中国现代新诗研究很少有人问津的。我当初以此为题，既出于本人求真的学术勇气，也源自个人的兴趣爱好。今天我重读并修订此书稿，仍能强烈地感受到这一价值取向的撞击，对论著的某种期待也油然而生。但由于论题本身过于宏阔与复杂，虽然勉力为之，但仍存留着一些学术空白，估计只能留待以后再作更深入的探究了。

作为博士学位论文，它凝聚着我求学生涯的许多美好回忆。本人在具体写作过程中得到了不少师友的帮助与鼓励，当初完稿之时曾作一后记以记之，现在翻检出来，大致如下：

人生难得一搏，由"研"而"博"便是其中"一搏"。辗转异地负笈求学，已悄然越过而立之年，等到终于能如愿以偿地画上句号之时，我的心头甚是快慰，虽然终点也意味着是另一个新的起点。

几年来与一壁旧书和冷硬板凳为伴、一心问学而心无旁骛的岁月细节却如电影的闪回镜头一样，依稀浮现在眼前。借这部凝固着自己心血与青春时光的博士论文定稿之际，对曾关心、帮助过它问世的人们表示由衷的感谢。

我要感谢百年学府四川大学给我提供的校园环境与学术平台，她的课堂、讲坛、图书馆，以及文化氛围与生活设施等条件，正是在这一有可能被人忽视的具体生存圈子中，让我个人仍感到这一大集体中的温暖与人性关怀。感谢曹顺庆、冯宪光、赵毅衡、毛迅、王晓路等老师的传道解惑；感谢王富仁、吕进、陈思广、肖伟胜、柏桦、姜飞等老师对我求学的关心或在具体论文写作过程中的指点与教诲；感谢三年来一起生活、求学过的本专业这一小集体的同届学子：熊辉、朱美禄、王平、黄曙光、陈祖君、王劲松、张志云，以及何荣幸、赵小东、朱利民等校园生活圈子中的年轻学友们所给予的一些帮助；感谢三年来流动着的众多同门学友们在学术交流、生活氛围营造上给予的帮助。由于具体名单较长，且把他们留在心里，这里就不一一列举了。

在这里，我要深深感谢具体指导我在学术道路上迅速成长、顺利完成学业的导师李怡先生。他的人格精神与学术风范，已在言传身教、耳濡目染中直接教育、影响了我。从论文选题的数次往返到具体写作过程中的切实指导，从课堂传承的春风化雨到私下的切磋交流，可以说在我的生活与梦想中，作为良师，他都给我留下了难以忘怀的记忆与异常宝贵的财富。实际上，我很难用语言来表达我对他的感谢之情。

最后，特别感谢家庭亲人的无私支持与关注，父母双亲、岳父母，以及兄弟姐姐等亲人，他们或在精神上多年默默鼓励，或在经济上无私扶持，不计日月，让我能轻松地置身于焦虑与压力之外，在宁静淡泊中愉快而又顺利完成学业。尤其是我的妻子谭琳妃女士，自结同心以来一直跟随我辗转迁徙，一起面对并走过我们人生最艰难、困顿而又亦苦亦乐的岁月。这一切也是我难以言说清楚，终生铭记在心的。

在生活细节不断隐失的时光隧道中，攻读博士的经历与这份作业，作为我生命轨迹与情感的最好见证，它也是鲜活着的，有自己的年龄与记忆。

后来论文完稿之后的答辩环节中，我有幸得到诸多学界师长的指点，受益良多。论文外审专家程光炜教授、邹红教授、宋剑华教授、袁国兴教授、方长安教授；论文答辩委员会的主席冯宪光教授，委员刘纳教授、徐新建教授、黎风教授、唐小林教授等专家们，他们在论文评审过程中给了我许多奖掖，提出了不少中肯而深刻的意见，特此深深致谢。

本书中的部分章节曾在《文艺理论与批评》、《中国社会科学院研究生院学报》、《江汉大学学报》、《红岩》、《贵州师范大学学报》、《湖南文理学院学报》等刊物发表。贵州师范大学博士科研启动基金、教材和学术著作出版基金为本书的出版提供了有力的资助；本人所处单位诸位领导与一些同事对本人的科研工作与生活提供了切实的帮助；在出版过程中，责任编辑郭晓鸿女士为本书的出版、审校付出了大量艰辛的劳动。借此机会一并向各位师长致以衷心的谢意。

最后，在本书问世之际，我愿意再次表达对恩师李怡先生的真诚谢意。不但此书曾蕴涵着先生的诸多心血，而且在促成本书的出版上他也付出了不少心血。现在李怡恩师又慨然应允，拨冗为本书作序。感动并感谢之余，也许自己在学问之路上不懈耕耘，方能感到稍许心安。

颜同林

2008 年 5 月于贵阳

Catalogue

Chapter 3

Transition and shifts: dialects and New Poetry in the context of salvation (1937—1949)

3. 1 Wandering and settling: the regional and spatial shifts of New Poetry in the war context

3. 2 Shanghai dialect and Mar Fantuo' folk song

3. 3 Outbreak and self-consciousness of dialects: ShaOu's Poems in Sichuan Dialect)

3. 4 Inquiring into Classics: Northern Shanxi dialect and *Wang gui and Li Xiangxiang* The second part

Chapter 4

The folk songs and dialect literature as a background

4. 1 Folk songs: the linguistic and spiritual resources of Poetry

4. 2 Dialect Poetry from the perspective of dialect literature)

4. 3 Spoken language: a keyword of modern vernacular Poetry

Chapter V

The voice of poetics and the significance of the history of poetry

5. 1 The evolution of dialects into poetry

5. 2 "Poetry recitation" and its poetic values

5. 3 "Poetry in Poetry": On recitation poetry and oriented campaigns

Chapter VI

Dialects in poetry and de-dialectalization in poetry

6. 1 The dialect factors in different versions of anthologies of